JN198911

「新・事業承継税制」徹底解説

竹内 陽一
有田 賢臣　共編
伊藤 良太

清文社

はしがき

平成21年度に創設された事業承継税制は、使いやすくするために、平成22年度、平成23年度、平成25年度（平成27年度施行）、平成27年度、平成29年度改正を経て、この間、基本的に納税者に有利な制度変更が積み重ねられてきた。

更に平成30年度改正においては、贈与者（被相続人）の複数化、後継者の複数化、適用対象株式３分の２上限の撤廃、贈与税のみならず相続税においても100％の納税猶予という大幅な拡充が、今後10年間の特例として講じられた。

これらの改正により、事業承継税制に対する期待が高まっており、この制度の適用に向けて検討を進める企業が増えることが想定される。

しかし、一方でこの制度は難解であり、多数の選択肢の中で適切な選択を行うに当たっては多くの留意点があるため、これらの事項を網羅的に解説した。

本書は、平成30年４月の法施行以後、財務省の解説、国税庁の通達改正、中小企業庁の申請マニュアルの公開・改訂等を受けて、平成30年10月１日現在の法令・解釈に基づくものである。

また、他方で遺留分の減殺請求権に係る民法改正も平成31年７月１日より施行される見込みである。新しい民法（相続法）においては、同日以後の相続から遺留分侵害額請求の対象となる贈与は、原則として相続開始前10年以内の贈与に限られることになるので、この意味からも企業の成長が見込まれる場合は、早期の贈与の実行が望まれる。

ところで、後継者への株式の贈与について事業承継税制の適用を受ける場合、従来の選択肢は暦年課税贈与のみであったが、平成29年度改正により相続時精算課税贈与の選択も可能とされた。

この点は財務省の平成29年度税制改正の解説において明記されているように、仮に全部期限確定となった場合の贈与税額と、相続時に精算される相続税額を比較すれば明らかに相続時精算課税贈与が有利である。しかし、贈与税の納税猶予（特例制度）適用中に、業績悪化等により低い株価で自社株式を譲渡した場合には、納税猶予額の一部が免除されるものの、相続時精算課税贈与を選択している場合には、贈与者の相続において、贈与時の株価で相続税が計算されてしまう（業績悪化等が生じた場合でも救済されない）ため、必ずしも相続時精算課税が有利という訳でもない。本書においては、これらの留意点についてもできるだけ詳しく解説した。

本書の発行について、株式会社清文社の小泉定裕社長、編集部の宇田川真一郎氏を始め関係諸氏に深く感謝します。

平成30年10月

編者　税　理　士　竹内陽一

公認会計士　有田賢臣

弁　護　士　伊藤良太

目　次

第1章　特例制度の確認及び認定要件の共通事項

1　特例承継計画の確認申請 …… 3
2　認定申請手続——第１種特例贈与の認定申請 …… 9
3　中小企業者の要件 …… 11
4　会社・後継者・先代経営者の認定要件と申請書類 …… 14
5　認定申請手続——第２種特例贈与の認定申請 …… 44
6　認定申請手続——第１種特例相続の認定申請 …… 57
7　認定申請手続——第２種特例相続の認定申請 …… 75
8　特例認定承継会社の認定要件（贈与税）…… 86
9　従業員の定義 …… 89
10　事業運営要件 …… 92
11　雇用維持要件の実質的撤廃 …… 94
12　特例認定承継会社の認定要件（相続税）…… 97
13　特例認定会社の報告手続及び維持要件 …… 100
14　特例認定承継会社の切替確認要件（切替え）…… 106
15　特別関係会社と特定特別関係会社 …… 108
16　生計を一にする親族 …… 113
17　資産保有型会社の判定 …… 114
18　代表者等への配当・損金不算入給与 …… 117
19　資産運用型会社の判定 …… 121
20　資産保有型会社等に該当する場合の事業実態要件 …… 121
21　特例認定承継会社等が上場株式等を有する場合 …… 124
22　東京都の特例認定申請の添付書類のチェックリスト …… 127
23　国税庁の特例納税猶予申告のチェックシート …… 127
24　平成30年度改正前の認定件数 …… 135
25　各 WEB サイト案内及び準用が多い特例条文番号概要（贈与税）…… 137

第2章 贈与税の納税猶予

26 贈与税の特例納税猶予制度の概要 …… 141
27 複数贈与者等及び複数後継者と贈与等の時期 …… 150
28 議決権50％超保有要件と筆頭株主要件等 …… 155
29 一括贈与要件（受贈者１人）…… 159
30 最初の贈与者（先代経営者）要件 …… 160
31 追随贈与者等の要件 …… 161
32 特例後継者要件 …… 162
33 認定会社要件 …… 164
34 中小企業者要件 …… 168
35 資産保有型会社等 …… 170
36 切替相続税の納税猶予が100％となる贈与はいつまでか…… 175
37 連続贈与は、特例期間内と特例期間終了後が想定されている …… 177
38 申告期限までの担保提供 …… 180
39 期限内申告と添付要件 …… 183
40 猶予される贈与税額 …… 186
41 承継期間内のやむを得ない事由による退任と特例贈与 …… 190
42 継続届出（承継期間内＝毎年、承継期間経過後３年に１回）…… 191
43 切替えまでの維持要件 …… 192
44 特例制度における譲渡・合併による消滅・解散の場合の減免 …… 196
45 免除事由としての贈与者の死亡 …… 205
46 免除事由としての贈与者の死亡以前の受贈者の死亡 …… 208
47 免除事由としての贈与者の死亡以前の次世代への贈与 …… 209

第3章 贈与者の死亡による切替相続税納税猶予

48 贈与者死亡の臨時報告 …… 213
49 第１種特別贈与認定中小企業者の切替確認の手続 …… 224
50 第２種特別贈与認定中小企業者の切替確認の手続の準用 …… 234
51 第１種特例贈与認定中小企業者の切替確認の手続 …… 235

52　第２種特例贈与認定中小企業者の切替確認の手続 …………………… 236
53　特例経営贈与承継期間内に贈与者が死亡した場合の承継期間 ……… 237
54　切替確認を受けない場合 …………………………………………………… 239
55　贈与同年・贈与申告期限までの贈与者の死亡 ………………………… 241
56　納税猶予分の相続税額 ……………………………………………………… 243
57　みなし相続分と実相続分がある場合 ……………………………………… 244
58　相続税の納税猶予制度に切り替えた場合における免除事由（みなし相続人の死亡ほか） …………………………………………………… 245

第4章　相続税の納税猶予

59　相続税の特例納税猶予制度の概要 ………………………………………… 249
60　期限内申告と添付要件及び申告期限内担保提供要件 ………………… 252
61　未分割の場合の不適用 ……………………………………………………… 255
62　納税猶予の手続 ……………………………………………………………… 256
63　最初の相続と追随的相続 …………………………………………………… 257
64　最初の相続と追随的贈与 …………………………………………………… 261
65　相続税における２/３枠の撤廃………………………………………………… 264
66　特例経営承継期間 …………………………………………………………… 264
67　納税猶予分の相続税額 ……………………………………………………… 265
68　免除事由としての相続人の贈与若しくは相続人の死亡 ……………… 270

第5章　贈与者複数化及び受贈者複数化の問題点

69　贈与者が複数の場合の留意点 ……………………………………………… 275
70　複数贈与者ごとの納税猶予の管理 ………………………………………… 279
71　受贈者が複数の場合の留意点 ……………………………………………… 280
72　複数後継者の手続の留意点 ………………………………………………… 286
73　贈与者又は受贈者に直系血族外・親族外の者が含まれる場合の留意点 ………………………………………………………………………… 288
74　第１種贈与と第２種贈与の受贈者が異なる場合の留意点 …………… 289

75　受贈者が複数ある場合の議決権に関する要件の判定時期の具体例 … 291
76　承継パターンの拡大と死亡の管理 …… 297
77　事業承継税制適用後の次世代以降の課題 …… 298
78　（特例）認定贈与承継会社等が２社以上ある場合の納税猶予分の贈与税額等の計算 …… 300
79　贈与税の納税猶予及び免除の特例の適用を受けた後の贈与未済株（手残り株式）についての納税猶予制度の適用の可否…… 301
80　特例承継計画の変更による特例後継者の追加・変更 …… 303
81　筆頭株主が複数いる場合 …… 304
82　中心的な同族株主に株式が集約される場合の株価評価上のデメリット …… 306

第6章　猶予税額の計算事例

83　相続税の納税猶予と免除事例 …… 313
84　贈与税の納税猶予税額の計算（暦年課税）…… 321
85　贈与税の納税猶予税額の計算（相続時精算課税）…… 323
86　暦年課税選択か相続時精算課税選択か …… 324
87　相続税の納税猶予計算事例（後継者１名の場合）…… 328
88　相続税の納税猶予計算事例（後継者２名の場合）…… 330
89　相続税の納税猶予計算事例（みなし相続と実相続がある場合）…… 332
90　遺留分の減殺請求があった場合の相続税の納税猶予計算の更正 …… 333
91　相続税額納税猶予のデメリット …… 338
92　直系血族外及び親族外贈与の場合の贈与者の相続税計算 …… 339
93　贈与税の納税猶予から相続に渡る場合 …… 342
94　相続税の納税猶予を受けていた後継者に相続が発生した場合 …… 344
95　認定承継会社が持分あり医療法人の出資を保有する場合 …… 345
96　後継者及び認定承継会社が上場株式等を保有する場合 …… 347
97　本来の資産保有型会社等に該当しない場合の上場株式等の保有 …… 348
98　特例認定承継会社が承継期間後に上場の場合の切替確認要件及びその後の課税 …… 349

99　特例認定承継会社が外国子会社株式等を保有する場合 ……………… 349
100　外国子会社等を保有する特例認定贈与承継会社に相続が発生した場合… 355

第7章　期限確定の共通事項

101　期限確定の概要 …………………………………………………………… 361
102　贈与税の承継期間内認定取消し（＝期限確定）要件 ………………… 361
103　相続税の承継期間内認定取消し（＝期限確定）要件 ………………… 367
104　雇用確保要件未達の場合の都道府県への手続 ………………………… 370
105　複数受贈者の場合の受贈者１人の一部譲渡と認定取消し＝期限確定… 371
106　贈与税及び相続税の特例経営承継期間後の期限確定事由
（全部確定） ………………………………………………………………… 371
107　贈与税及び相続税の特例経営承継期間後の期限確定事由
（一部確定） ………………………………………………………………… 372
108　特例株式等の譲渡の順序 ………………………………………………… 374
109　事業承継税制と組織再編 ………………………………………………… 376
110　承継期間内措置法適格合併 ……………………………………………… 376
111　承継期間内措置法適格株式交換 ………………………………………… 382
112　承継期間後の組織再編の概要 …………………………………………… 387

第8章　納税猶予の全部免除

113　納税猶予の免除（贈与者の死亡）………………………………………… 391
114　連続贈与の事例１（先代経営者の死亡後の連続贈与）………………… 395
115　相続人からの贈与 ………………………………………………………… 401
116　相続人の死亡 ……………………………………………………………… 403
117　贈与者の死亡前の受贈者の死亡 ………………………………………… 408
118　連続贈与の事例２（先代経営者の死亡前の連続贈与）………………… 414

第9章　納税猶予の期限確定の場合の納付

119　期限確定の場合、延納・物納制度の利用はできない …………………… 423
120　雇用確保要件に係る期限確定の場合の延納（贈与税・相続税）・
物納（相続税）規定は実質廃止 ………………………………………… 423
121　利子税の税率 ……………………………………………………………… 424
122　利子税特例＝承継期間後期限確定の場合の利子税の免除 …………… 425
123　価値下落の場合の一部免除及び一部期限確定 ………………………… 425
124　特例制度のみの緩和された価値下落の場合の再計算特例 …………… 427
125　特例制度の価値下落の場合の再計算特例に係る適用要件 …………… 434
126　価値下落の場合の再再計算 ……………………………………………… 436
127　期限確定明細書 …………………………………………………………… 438
128　価値下落の場合の再計算特例（現行制度）…………………………… 442
129　新減免の概要 ……………………………………………………………… 443

第10章　事例検討

130　事業承継税制と種類株式 ………………………………………………… 447
131　事業承継税制と持分会社 ………………………………………………… 449
132　相続等３年以内の現物出資等がある場合の適用除外 ………………… 449
133　同族会社等の行為又は計算の否認等 …………………………………… 450
134　事例検討（代表者要件）………………………………………………… 453
135　事例検討（組織再編等と筆頭株主要件）……………………………… 455
136　事例検討（資産保有型会社と従業員数）……………………………… 458
137　事例検討（資産保有型会社と子会社・孫会社）……………………… 459
138　資産保有型会社と株式等保有特定会社 ………………………………… 460
139　受贈者・相続人が非居住者の場合（国外転出時課税との重複適用）… 463
140　現行制度（一般措置）と特例制度の適用関係 ………………………… 464
141　現行制度適用者はいつから特例制度を適用できるか ………………… 466
142　持分あり医療法人におけるＭＳ法人の医療法人出資の保有 ………… 467
143　持分あり医療法人から持分なし医療法人への移行 …………………… 468

144　社団法人等が株主にいる場合 …… 469
145　筆頭株主が代表者でない場合 …… 470
146　筆頭株主が同族内法人の場合 …… 471
147　取引先企業が筆頭株主である場合 …… 471
148　必ず特例期間の贈与の実行が必要か …… 472

第11章　事業承継制度の創設以降の各年度改正

149　平成22年度税制改正 …… 475
150　平成23年度税制改正 …… 480
151　平成25年度税制改正 …… 482
152　平成27年度税制改正 …… 493
153　平成29年度税制改正 …… 499
154　平成30年度税制改正 …… 506

第12章　遺留分制度の改正

155　遺留分の減殺請求と納税猶予制度 …… 517
156　生前贈与について遺留分減殺請求があった場合の納税猶予 …… 522
157　遺留分に関する民法特例 …… 524
158　遺留分の生前放棄 …… 534
159　遺留分に係る民法改正 …… 536

凡　例

相続税法……相法
租税特別措置法……措置法、措法
租税特別措置法施行令……措令
租税特別措置法施行規則……措規
租税特別措置法（相続税法の特例関係）の取扱いについて……措通
財産評価基本通達……評基通
法人税基本通達……法基通
中小企業における経営の承継の円滑化に関する法律……（経営承継）円滑化法
中小企業における経営の承継の円滑化に関する法律施行規則
……（円滑化）省令
公益社団法人及び公益財団法人の認定等に関する法律施行令
……公益法人認定法施行令
公益社団法人及び公益財団法人の認定等に関する法律施行規則
……公益法人認定法施行規則
（※本書は、平成30年10月１日現在の法令等によっています。）

※　事業承継税制の特例措置の条文の多くは、一般措置の条文を準用しているため、根拠条文として一般措置の条文のみを掲載している箇所が多くあります。ご留意ください。

※　本書は、特例事業承継税制の解説書ですが、措置法第70条の７の５においては、第１項の適用要件、第２項の定義、第12項の新減免規定は、措置法第70条の７の準用となっていますので、項目によっては、措置法第70条の７等の引用となっています。

和暦・西暦対照表

和暦	西暦	和暦	西暦
平成31年	2019年	平成37年	2025年
平成32年	2020年	平成38年	2026年
平成33年	2021年	平成39年	2027年
平成34年	2022年	平成40年	2028年
平成35年	2023年	平成41年	2029年
平成36年	2024年	平成42年	2030年

第1章

特例制度の確認及び認定要件の共通事項

1　特例承継計画の確認申請

1　特例承継計画の確認申請の概要

非上場株式を事業承継者に贈与又は相続し、当該贈与又は相続に係る贈与税又は相続税の納税猶予・免除を受ける事業承継税制の適用を受けるには、株式の発行者である中小企業者はまず「特例承継計画」の提出をし、「特例承継計画の確認」を都道府県知事から受けなければなりません。

特例承継計画に記載された特例代表者からの贈与・相続及び、その後一定の期間内に行われた贈与・相続が、事業承継税制の特例措置の対象となります。

ただし特例承継計画を2023年３月31日までに提出しなければ、「特例承継計画の確認」を受けることはできません。

（特例承継計画と贈与時期の順序図）

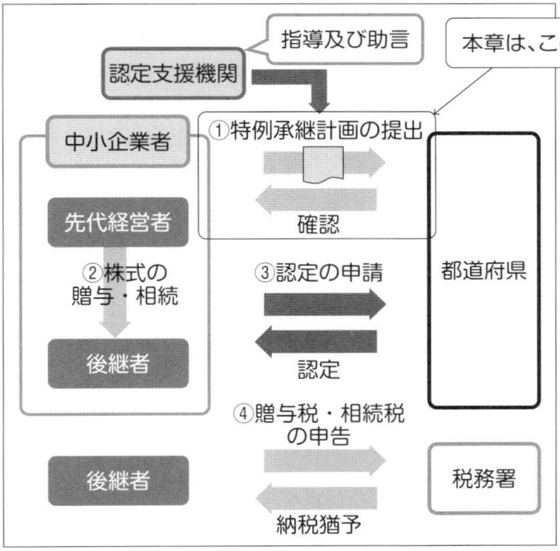

指導及び助言
本章は、この手続の解説
認定支援機関
①特例承継計画の提出
中小企業者
確認
先代経営者
②株式の
贈与・相続
後継者
③認定の申請
認定
都道府県
④贈与税・相続税
の申告
後継者
税務署
納税猶予

（中小企業庁 資料を参考に加筆）

※　2023年３月31日までは、贈与・相続後に特例承継計画の作成・提出もできます。

「特例承継計画」とは、中小企業における経営の承継の円滑化に関する法律施行規則（以下「円滑化省令」といいます。）第16条第１号の計画のことをいい、「特例承継計画の確認」とは、円滑化省令第17条第１項第１号の都道府県知事の確認をいいます。

2　特例承継計画の提出

(1)　提出の概要

中小企業者が経営承継円滑化法の認定を受けるためには、会社が作成した「特例承継計画（様式第21）」に、認定支援機関が所見を記載した書面を都道府県に提出し、確認を受ける必要があります。

特例承継計画の確認申請書には、後継者の氏名や事業承継時期、承継時までの経営の見通しや承継後５年間の事業計画等を記載し、更に、認定支援機関による所見（指導及び助言の内容）を記載します。

特例承継計画の確認申請を受けるには、次の書類の提出が必要です。

①　【様式第21】確認申請書（特例承継計画）（原本１部、写し１部）
②　履歴事項全部証明書（確認申請日前３か月以内）
③　従業員数証明書
④　その他、確認の参考となる書類
⑤　返信用封筒

(2)　確認申請書記載例

様式第21

施行規則第17条第２項の規定による確認申請書
（特例承継計画）

経営承継円滑化法の特例の認定を受けようとする事業者の名称等を登記簿謄本に基づき記載する。

都道府県知事　殿

郵便番号　00-0000
会社所在地　●●県●
会社名　中小鋳造株式会社
電話番号　＊＊＊－＊＊＊－＊＊＊＊
代表者の氏名　中小 一郎　印

中小企業における経営の承継の円滑化に関する法律施行規則第17条第１項第１号の確認を受けたいので、下記のとおり申請します。

記

１　会社について

主たる事業内容	銑鉄鋳物製造業
資本金額又は出資の総額	50,000,000円
常時使用する従業員の数	75人

> 保有する株式を承継する予定の代表者の氏名と、代表権の有無を記載する。

２　特例代表者について

特例代表者の氏名	中小　太郎
代表権の有無	□有　✓無（退任日平

> 特例承継計画提出時に、現に代表者、又は代表者であった者でなければならない

３　特例後継者について

特例後継者の氏名（１）	中小　一郎
特例後継者の氏名（２）	
特例後継者の氏名（３）	

> 特例代表者から株式を承継する予定の後継者の氏名を記載する。（最大３人まで）
> 特例後継者として氏名を記載された者でなければ、事業承継税制の特例の認定を受けることはできない。

４　特例代表者が有する株式等を特例後継者が取得するまでの期間における経営の計画について

> 株式を承継する予定の時期、当該時期までの経営上の課題、当該課題への対処方針について記載する。
> 株式等の贈与後・相続後に本計画を作成する場合や、すでに先代経営者が役員を退任している場合は記載不要。
> 当該会社がいわゆる持株会社である場合には、その子会社等における取組を記載する。

株式を承継する時期（予定）	
当該時期までの経営上の課題	工作機械向けパーツを中心に需要は好調だが、原材料の値上がりが続き、売上高営業利益率が低下している。 また、人手不足問題は大きな課題であり、例年行っている高卒採用も応募が減ってきている。発注量に対して生産が追いつかなくなっており、従業員が残業をして対応している。今年からベトナム人研修生の受け入れを開始したが、まだ十分な戦力とはなっていない
当該課題への対応	原材料値上がりに伴い、発注元との価格交渉を継続的に行っていく。合わせて、平成30年中に予定している設備の入れ替えによって、生産効率を上げコストダウンを図っていく。

	人材確保のため地元高校での説明会への参加回数を増やし、リクルート活動を積極的に行う。またベトナム人研修生のスキルアップのために、教育体制を見直すとともに、５Ｓの徹底を改めて行う。

５　特例後継者が株式等を承継した後５年間の経営計画

実施時期	具体的な実施内容
１年目	設計部 CAD を ことで、 海外の 品だけで 開発（B 計画を策定。用地選定を開始する
２年目	新工場用の用地を決定、取引先、金融機関との調整を行う。 電気炉の入れ替えを行い、製造コストの低下を図る。 オリジナルブランド開発について一定の結論を出し、商品販売を開始する。
３年目	：：：：：：
４年目	：：：　以下、５年目まで記載
５年目	：：：：：：

特例後継者が実際に事業承継を行った後の５年間で、どのような経営を行っていく予定か、具体的な取組内容を記載する。

この事業計画は必ずしも設備投資・新事業展開や、売上目標・利益目標についての記載を求めるものではなく、後継者が、先代経営者や認定支援機関とよく相談の上、後継者が事業の持続・発展に必要と考える内容を記載する。

既に後継者が代表権を有している場合であっても、株式等の取得により経営権が安定したあとの取組について記載する。

⑶　経営革新等支援機関

経営革新等支援機関にどのような者が該当するかどうかは、中小企業庁のホームページで確認することができます。

〔支援機関一覧の見つけ方〕

中小企業庁トップページ➡経営サポート➡経営革新支援➡認定経営革新等支援機関➡経営革新等支援機関一覧について➡ 経営革新等支援機関認定一覧

（認定経営革新等支援機関による所見例）

（別紙）

認定経営革新等支援機関による所見等

１　認定経営革新等支援機関の名称等

認定経営革新等支援機関の名称	●●●●税理士事務所　印
（機関が法人の場合）代表者の氏名	●●●●
住所又は所在地	●●県●●市●－●

２　指導・助言を行った年月日

平成30年６月４日

この日が、従業員数証明の基準日となる。

３　認定経営革新等支援機関による指導・助言の内容

大半の株式は先代経営者である会長が保有しているが、一部現経営者の母、伯父家族に分散しているため、贈与のみならず買い取りも行って、安定した経営権を確立することが必要。

原材料の値上げは収益力に影響を与えているため、業務フローの改善によりコストダウンを行うとともに、商品の納入先と価格交渉を継続的に行っていくことが必要。原材料価格の推移をまとめ、値上げが必要であることを説得力を持って要求する必要がある。

新工場建設については、取引先の増産に対応する必要があるか見極める必要あり。最終商品の需要を確認するとともに、投資計画の策定の支援を行っていく。

⑷　従業員数証明

確認申請書には、認定経営革新等支援機関から指導及び助言を受けた日における常時使用する従業員の数を明記した書類を添付しなければなりません。

（従業員数証明の事例）

<table><tr><td>
平成●●年●月●●日
従業員数証明書
●●県知事殿

小鋳造株式会社
代表取締役　中小一郎　（法人実印）
平成●●年●月●●日における当社の従業員数は、●●人であることを証明します。
</td></tr></table>

3　特例承継計画の提出時期

⑴　当初提出時期

贈与・相続について、事業承継税制の特例制度を受けるためには、2018年4月1日から2023年3月31日までに特例承継計画を提出し、都道府県知事の「確認」を受ける必要があります。

ただし、2023年3月31日までに贈与や相続を受ける場合には、当該贈与又は相続の認定申請と同時に特例承継計画を作成・提出することも可能です。

⑵　変更計画提出

後継者の変更、後継者の人数の変更、事業計画の大幅な変更など、特例承継計画に重大な変更がある場合には、変更後の計画について、再度、認定支援機関の指導・助言を受け、変更申請を行う必要があります。

⑶　贈与・相続が行われなかった場合

特例承継計画を提出したものの、結果として特例制度の適用期間内（2018年1月1日から2027年12月31日まで）に贈与・相続が行われなかった場合、計画は無効となりますが、株式の移転が行われていなければ、課税など新たな支出は生じません。

4　特例承継計画のポイント

特例承継計画は、次の点に注意しなければなりません。

①　特定承継計画の提出期限は、2023年3月31日までですが、変更申請は同日

以降も可能であると明記されました。(円滑化法申請マニュアル)

② 2023年３月31日までに特例承継計画の提出がない場合は、平成30年度改正の特例納税猶予制度の適用は受けられません。

③ 2023年３月31日までは、特例承継計画の提出前に不意に相続が発生した場合でも、認定申請と同時に、特例承継計画の提出ができます（贈与において同じ)。

④ 特例承継計画には、先代経営者要件を満たす特例代表者（＝最初の贈与者又は被相続人）は１名のみを記載します。

⑤ 特例後継者は１名から最大３名まで記載できます。

⑥ 特例承継計画に記載した特例後継者の内、特例の適用を受けていない者がいる場合は他の後継者へ変更申請が可能です。

⑦ 特例後継者を追加する場合（３名以内に限る）も、変更申請を行います。

⑧ 特例代表者から贈与等を受ける者だけでなく、他の贈与者（＝第２種贈与者）のみから贈与等を受ける者を特例後継者に追加・変更できます。

⑨ 特例承継計画が2023年３月31日までに提出されていれば、2023年４月以降に贈与等を受ける者について、特例後継者に追加・変更できます。

2　認定申請手続――第１種特例贈与の認定申請

1　認定申請の概要

(1)　認定申請

先代経営者から後継者に、株式を贈与することを「第１種特例贈与」といいます。

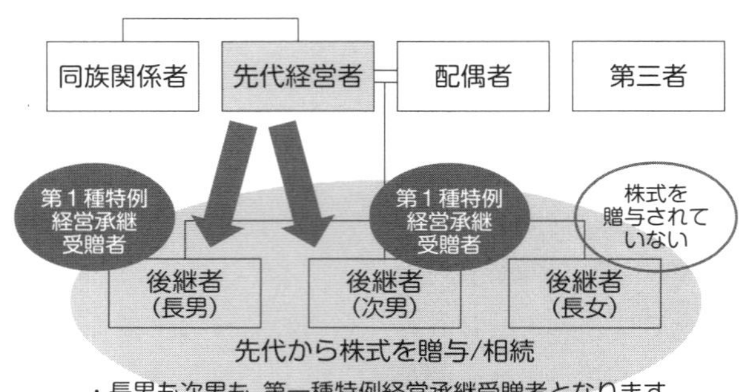

（―経営承継円滑化法―申請マニュアル　経済産業省）

贈与により取得した株式等に関して、一定の要件の下、贈与税の納税が猶予されます。

納税猶予の適用を受けるためには、贈与が行われた後に、株式を発行する会社が、経営承継円滑化法の支援対象とすべき中小企業者である会社に該当することについて、都道府県知事から認定を受けなければなりません。

（特例承継計画と贈与時期の順序図）

指導及び助言
本章は、この手続の解説
認定支援機関
中小企業者
①特例承継計画の提出
確認
先代経営者
②株式の
贈与・相続
後継者
③認定の申請
認定
都道府県
④贈与税・相続税
の申告
後継者
税務署
納税猶予

（中小企業庁　資料を参考に加筆）

⑵　認定申請時期

贈与認定申請基準日から、贈与日の属する年の翌年の１月15日までの間に、本社が所在する都道府県庁へ、様式第７の３を用いて認定申請をしなければなりません。

贈与認定申請基準日は、贈与時期によってそれぞれ次のとおりです。

（第１種特例贈与認定申請基準日）

①　当該贈与の日が１月１日から10月15日までのいずれかの日である場合（③の場合を除く。）	10月15日
②　当該贈与の日が10月16日から12月31日までのいずれかの日である場合	当該贈与の日
③　当該贈与の日の属する年の５月15日前に当該中小企業者の後継者又は贈与者の相続が開始した場合	当該相続の開始の日の翌日から５か月を経過する日※

※　５月15日前に相続が開始した場合、相続開始を知った日から10か月後に到来する相続税の申告期限が、贈与税の申告期限（翌年３月15日）より前に到来するため、相続税の申告期限に間に合わせるように、相続開始の日から５か月を経過する日となっています。

⑶　複数贈与があった場合の特例贈与認定申請基準日

同一の贈与者から複数の後継者が贈与を受けた場合、「同一年中の贈与に限り」、それぞれの後継者に対し別日に贈与することも認められます。

この場合には、その年「最後に行われた贈与の日」が上記左欄の「贈与の日」として、上記①～③のいずれの区分に該当するかに応じ、それぞれに定める日が、第１種特例贈与認定申請基準日となります。

3　中小企業者の要件

贈与税の納税猶予制度の適用を受けるには、対象会社が次の認定要件に該当

しなければならず、要件該当の有無に関して都道府県知事から認定を受けます。(円滑化省令６①十一)

対象となる中小企業者の範囲は、業種目ごとに資本金又は従業員数に応じて、次の表に該当する法人です。

業種目	資本金	又は 従業員数
製造業その他	3億円以下	300人以下
製造業のうちゴム製品製造業(自動車又は航空機用タイヤ及びチューブ製造業並びに工業用ベルト製造業を除く)	3億円以下	900人以下
卸売業	1億円以下	100人以下
小売業	5,000万円以下	50人以下
サービス業	5,000万円以下	100人以下
サービス業のうちソフトウェア業又は情報処理サービス業	3億円以下	300人以下
サービス業のうち旅館業	5,000万円以下	200人以下

業種の判断については、日本標準産業分類によります。

(日本標準産業分類抜粋)　第13回改定(平成26年4月1日施行)

中小企業基本法上の類型	日本標準産業分類上の分類
製造業その他	下記以外の全て
卸売業	大分類Ｉ(卸売業、小売業)のうち 中分類50(各種商品卸売業) 中分類51(繊維・衣服等卸売業) 中分類52(飲食料品卸売業) 中分類53(建築材料、鉱物・金属材料等卸売業) 中分類54(機械器具卸売業)

	中分類55（その他の卸売業）
小売業	大分類Ｉ（卸売業、小売業）のうち 中分類56（各種商品小売業） 中分類57（織物・衣服・身の回り品小売業） 中分類58（飲食料品小売業） 中分類59（機械器具小売業） 中分類60（その他の小売業） 中分類61（無店舗小売業） 大分類Ｍ（宿泊業、飲食サービス業）のうち 中分類76（飲食店） 中分類77（持ち帰り・配達飲食サービス業）
サービス業	大分類Ｇ（情報通信業）のうち 中分類38（放送業） 中分類39（情報サービス業） 小分類411（映像情報制作・配給業） 小分類412（音声情報制作業） 小分類415（広告制作業） 小分類416（映像・音声・文字情報制作に附帯するサービス業） 大分類Ｋ（不動産業、物品賃貸業）のうち 小分類693（駐車場業） 中分類70（物品賃貸業） 大分類Ｌ（学術研究、専門・技術サービス業） 大分類Ｍ（宿泊業、飲食サービス業）のうち 中分類75（宿泊業） 大分類Ｎ（生活関連サービス業、娯楽業） ※ただし、小分類791（旅行業）は除く 大分類Ｏ（教育、学習支援業） 大分類Ｐ（医療、福祉） 大分類Ｑ（複合サービス事業）

	大分類R（サービス業<他に分類されないもの>）

※　不動産賃貸業は製造業その他と考えられます。

なお、医療法人や社会福祉法人、士業法人は、中小企業基本法の会社でないことから、事業承継税制の対象となる中小企業者には該当しません。

4　会社・後継者・先代経営者の認定要件と申請書類

1　会社の要件

①　上場会社等・風俗営業会社に該当しないこと

認定を受けようとする中小企業者は、上場会社等又は風俗営業会社に該当してはなりません。

「風俗営業会社」とは、性風俗関連特殊営業（ソープランド、ラブホテルなど）を営む会社（風俗営業等の規制及び業務の適正化等に関する法律２⑤）です。

また、バーやパチンコ業、ゲームセンターなども、風営法の規制対象事業ですが、性風俗関連特殊営業ではありませんので、認定を受けることはできます。

②　資産保有型会社に該当しないこと

認定を受けようとする中小企業者は、贈与の日の属する事業年度の直前の事業年度の開始の日以後において、「資産保有型会社」に該当しないことが求められます。（資産保有型会社の判定は、**17**を参照）

③　資産運用型会社に該当しないこと

認定を受けようとする中小企業者は、「第１種特例贈与認定申請基準事業年度」において、「資産運用型会社」に該当しないことが求められます。（資産運用型会社の判定は、**19**を参照）

「第１種特例贈与認定申請基準事業年度」とは、次のイとロの全ての事業年度をいいます。そのため２以上の事業年度となる場合もあります。

イ　贈与の日の属する事業年度の直前の事業年度

ロ　「贈与の日の属する事業年度」から「第１種特例贈与認定申請基準日の翌日の属する事業年度の直前の事業年度」までの期間における各事業年度

④　総収入金額が零を超えていること

「第１種特例贈与認定申請基準事業年度」における損益計算書上の総収入金額（営業外収益と特別利益を除く）がゼロとなっているような、事業実態の乏しい会社は、認定を受けることができません。

⑤　常時使用従業員数が、原則として１人以上であること

認定を受けようとする中小企業者は、１人以上の常時使用する従業員がいることが必要となります。

ただし、その会社が下記イ、ロの両方に該当する場合にあっては５人以上の常時使用する従業員がいることが必要となります。

イ　申請者又はその支配関係法人が、特別子会社（ロの外国子会社）の株式又は持分を有すること

ロ　申請者の特別子会社が外国会社に該当すること

⑥　特定特別子会社が、大会社、上場会社、風俗営業会社に該当しないこと

贈与の時以後認定を受けるまでの間において、申請者の特定特別子会社が上場会社等、風俗営業会社に該当しないこと

なお、外国会社は中小企業者に該当しないため、特定特別関係会社である外国会社が大会社に該当するか否かの判定は不要です。

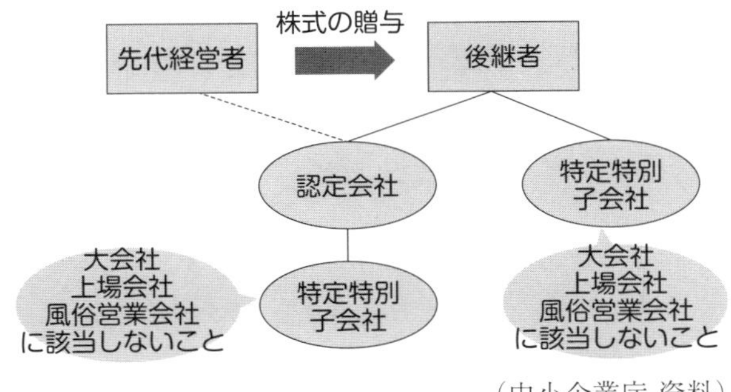

（中小企業庁 資料）

特定特別子会社とは、次に掲げる者により、その総株主議決権数の過半数を保有される会社をいいます。

(1)　その会社
(2)　後継者
(3)　後継者と生計を一にする親族

(4)　後継者と事実上婚姻関係にある者など特別の関係がある者
(5)　次に掲げる会社
　①　(2)～(4)により総株主議決権数の過半数を保有されている会社
　②　(2)～(4)及びこれと(5)①の関係がある会社により総株主議決権数の過半数を保有されている会社
　③　(2)～(4)及びこれと(5)①又は(5)②の関係がある会社により総株主議決権数の過半数を保有されている会社

なお、認定を受けようとする会社の子会社だけでなく、兄弟会社が特定特別子会社に該当するケースもあり、

⑦　第1種特例経営承継受贈者以外の者が拒否権付株式を保有していないこと

したがって、特例後継者である受贈者が、拒否権付株式を有することは問題ありません。

特例承継計画に記載された特例後継者であっても、まだ株式の贈与を受けていない者は第1種特例承継受贈者にはなり得ません。

2　（受贈者）後継者の要件

(1)　同族過半数要件

贈与によりその会社の株式等を取得した代表者であって、贈与の時において、当該代表者とその同族関係者で過半数の議決権を有していることが求められます。

例えば、次の場合、後継者である長男は過半数の議決権を有しますので、後継者要件に該当しますが、第三者は長男と親族関係がなく、合算して判定することができないため、同族過半数要件を満たせません。

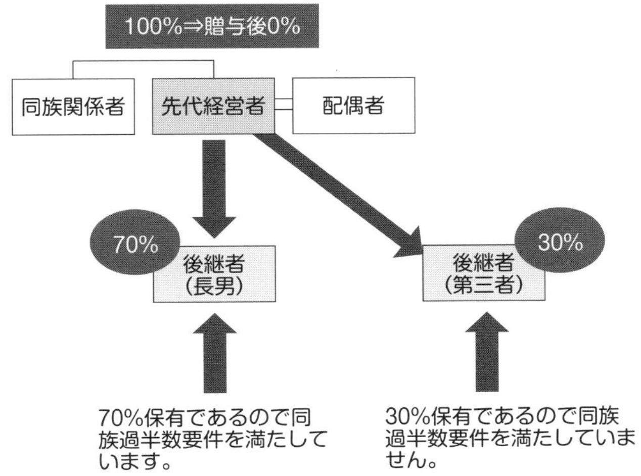

（中小企業庁 資料）

対して次の場合は、後継者が先代経営者と親族関係がなくても、後継者の議決権が過半数を超えますので、要件を満たすことができます。

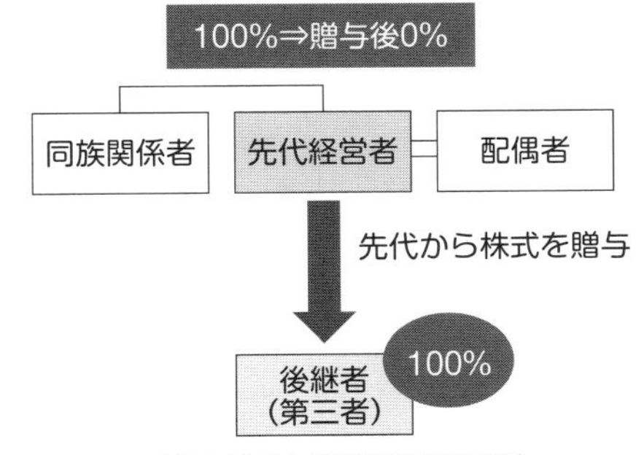

（中小企業庁 資料）

⑵　同族内筆頭要件

①　後継者が１人の場合

同一の贈与者から１人の後継者がその会社の株式の贈与を受けた場合、その後継者は同族関係者の中で最も多くの議決権を有している必要があります。

なお、同族関係者の中に当該後継者と同じ割合の議決権数を有する株主がいても当該後継者は最も多くの議決権数を有している者となります。この場合、議決権数の判定は直接保有に限られ、他の会社などを通して議決権を有する、間接保有議決権割合は考慮しません。

② 後継者が複数の場合

同一の贈与者から複数の後継者がその会社の株式の贈与を受けた場合には、各後継者が10％以上の議決権を有し、かつ、各後継者が同族関係者（特例措置の適用を受ける他の後継者を除きます。）のうちいずれの者が有する議決権の数をも下回らないことが求められます。

例えば、次の場合、長女は10％以上の議決権を有していますが、後継者でない配偶者の議決権を下回るため、要件を満たすことはできません。

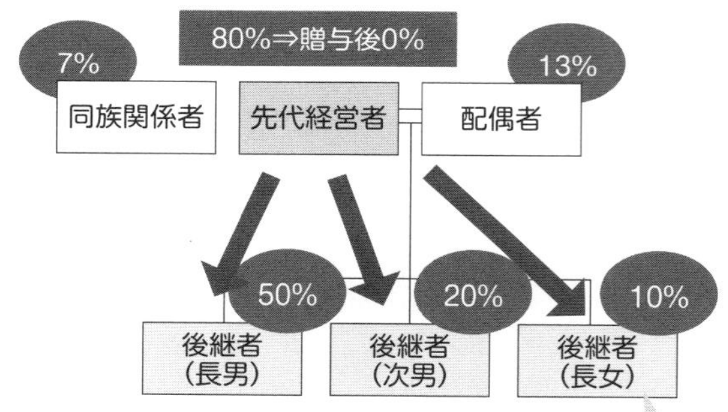

（中小企業庁 資料）

また、次の場合、長女は10％以上の議決権を有していますが、他の同族会社の議決権を下回り、間接保有の議決権は判定要素となりませんので、要件を満たすことはできません。一方、長男の議決権数は、第三者の議決権数を下回りますが、同族関係者の中で最も多くの議決権を有していれば足りることから、長男は要件を満たします。

なお、後継者要件は、後継者ごとに判定することから、長女が認定を受けられないことが、長男の要件の判定に影響を及ぼしません。

この事例については、第２章**28**（157ページ）の事例もみてください。

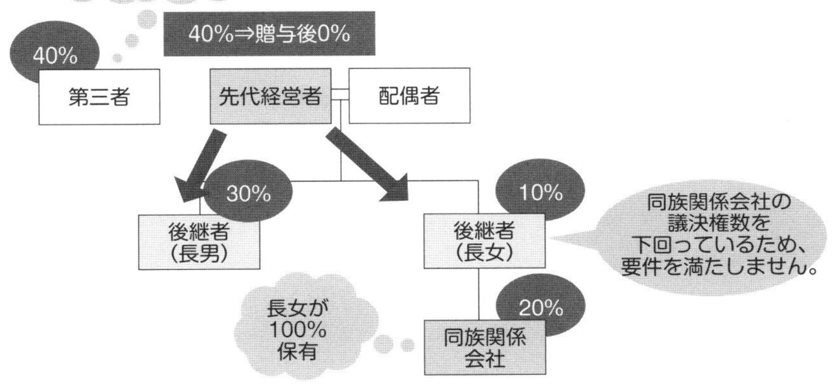

（中小企業庁 資料）

⑶　代表者要件

贈与時に20歳以上の代表者であり、かつ、贈与の直前まで継続して３年以上役員でなければなりません。

この場合の役員とは、株式会社の場合には取締役、会計参与及び監査役を指し（会社法329①)、持分会社の場合は、業務執行役員を指します。(会社法590①)

監査役の退任と同時に取締役に就任し、「継続して」３年以上役員をしている後継者は、要件を満たします。

⑷　保有継続要件

後継者が贈与により取得したその会社の株式等のうち納税猶予の対象とする部分の全てを所有し続けている必要があります。

⑸　一般措置の非適用要件

後継者が贈与により取得したその会社の株式等について、既に一般措置（特例適用を受けない承継）の適用を受けていないことが求められます。

⑹　特例承継計画記載要件

株式の贈与を受けた後継者は、特例承継計画に記載された特例後継者でなければ認定を受けることができません。

なお、特例承継計画の確認を受けたあとでも、特例後継者を変更・追加することはできますが、特例後継者が特例措置の適用を受けた後は、当該特例後継者を変更することはできません。

３　（贈与者）先代経営者の要件

(1)　同族過半数要件及び同族内筆頭要件

先代経営者がその会社の代表者であった期間内のいずれかの時及び贈与の直前において、先代経営者とその同族関係者で過半数の議決権を有しており、かつ特例の適用を受ける後継者を除き、同族関係者の中で最も多くの議決権を有する者であることが求められます。

(2)　代表者退任要件

贈与の時において、贈与者は認定会社の代表者を退任していなければなりません。

ただし、代表権のない役員の辞任までは求められず、役員として報酬を受領しても構いません。

(3)　初回要件

既に特例措置の適用を受ける贈与をしている先代経営者は、再度この特例措置の適用を受ける贈与をすることはできません。

ただし、先代経営者が複数の後継者に贈与する場合には、同年中に限り、それぞれの後継者に対し別日に贈与しても構いません。

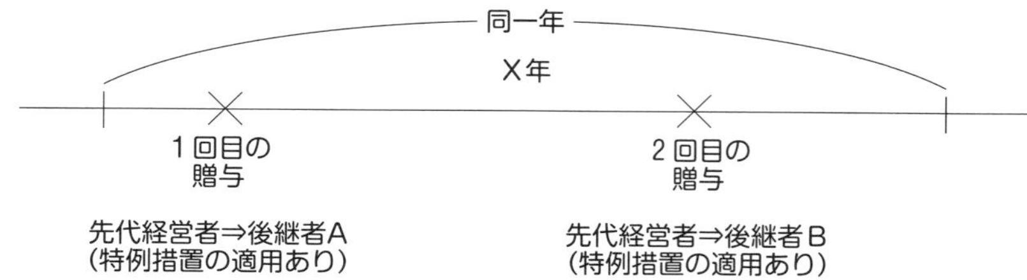

(4)　特例承継計画記載要件

贈与者は、特例承継計画に記載された先代経営者であることが求められます。

(5)　特例対象贈与要件

先代経営者と後継者の保有する議決権の数、同年中に贈与を受ける後継者の人数に応じて、最低限贈与しなければならない株式等の数が定められています。

<table>
<tr><td>

（後継者１人の場合）

①　贈与者と後継者の保有議決権数が合わせてその会社の総議決権数の２／３以上である場合⇒贈与後の後継者の議決権数が２／３以上となるように贈与

②　贈与者と後継者の保有議決権数が合わせてその会社の総議決権数の２／３未満である場合⇒先代経営者が保有する議決権株式等の全てを贈与

この場合、発行済株式の総数又は出資金の総額の３分の２に端数がある場合には、その端数は切り上げて計算します。

</td></tr>
<tr><td>

（後継者２人又は３人の場合）

贈与後に、それぞれの後継者の議決権数が10％以上であり、かつ、贈与者よりも多くの議決権数を有するように贈与すること。なお、贈与者と後継者が同率は認められません。

この要件を満たさない後継者がある場合には、他の後継者への贈与についても当該要件を満たさないものとされます。

</td></tr>
</table>

⑹　拒否権付き株式を有していないこと

黄金株ともいわれる拒否権付株式を発行している場合には、第１種特例経営承継受贈者以外の者が有していないことが認定会社要件として求められます。

例えば次の場合、長女は株式を受贈していないため、経営承継受贈者とならず、経営承継受贈者となっていない長女が、拒否権付き株式を有することから、当該中小企業者としての認定要件を満たしません。この場合には、受贈者全員が円滑化省令第６条第１項第11号の認定要件を満たさないことになります。

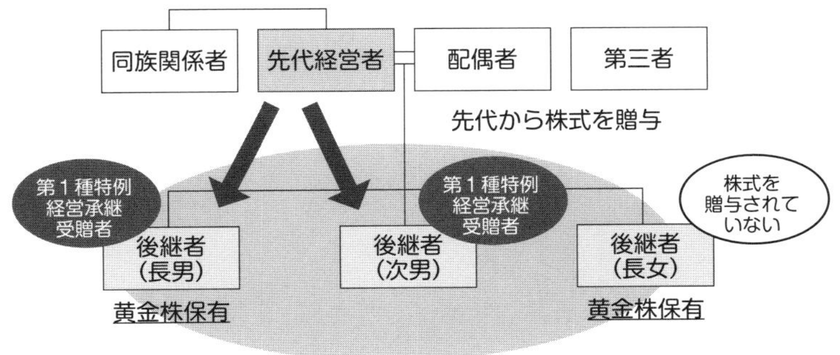

拒否権株式については、円滑化省令第6条、第9条、第13条に規定があり、複数受贈者としたときに、第2種受贈者の保有も認めたい趣旨のように思われますが、省令条文の整備が望まれます。

現行省令では、第1種特例経営承継受贈者のみが保有することが、安全であると考えます。

4　納税猶予の対象となる贈与の範囲

株式等については、贈与により取得していることが要件とされます。したがって、売買で取得した場合には、認定を受けることはできません。

また、民法上の贈与により贈与税の納付が見込まれていなければならず、所得税が課される法人からの贈与や、株価が低いためみなし贈与が課されるような場合においても、認定を受けることはできません。

5　認定申請書

第1種特例贈与認定中小企業者の認定申請には、認定申請書（様式第7の3）を提出します。（次ページ以下参照・中小企業庁ホームページより）

【第１種特例贈与認定申請書（様式第７の３）の記載例】

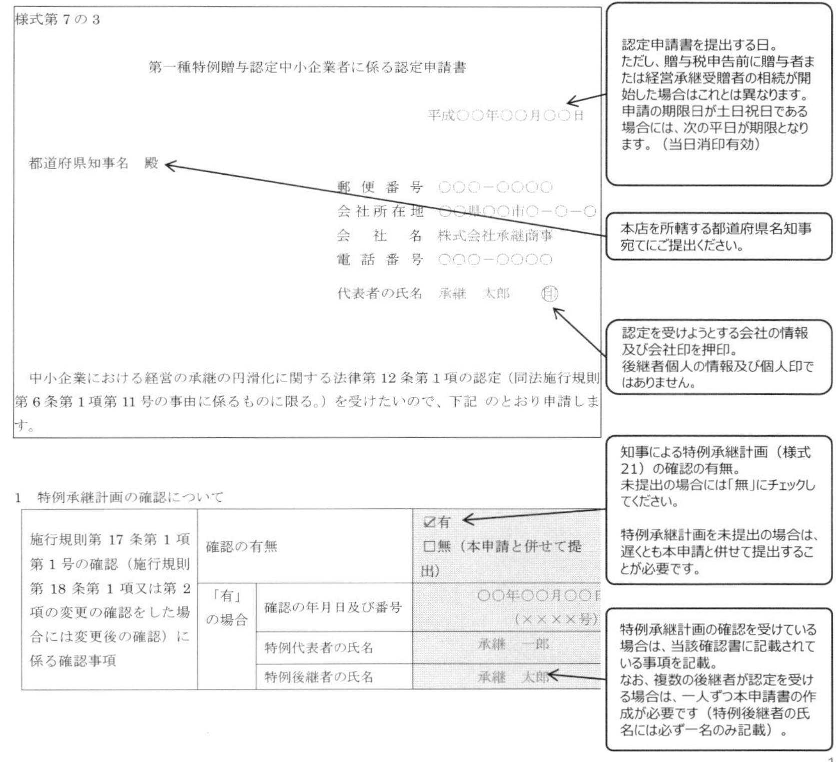

様式第７の３

第一種特例贈与認定中小企業者に係る認定申請書

平成○○年○○月○○日

都道府県知事名　殿

郵便番号　○○○－○○○○
会社所在地　○○県○○市○－○－○
会　社　名　株式会社承継商事
電話番号　○○○－○○○○
代表者の氏名　承継　太郎　㊞

中小企業における経営の承継の円滑化に関する法律第 12 条第 1 項の認定（同法施行規則第 6 条第 1 項第 11 号の事由に係るものに限る。）を受けたいので、下記 のとおり申請します。

1　特例承継計画の確認について

施行規則第 17 条第 1 項第 1 号の確認（施行規則第 18 条第 1 項又は第 2 項の変更の確認をした場合には変更後の確認）に係る確認事項	確認の有無		☑有 ☐無（本申請と併せて提出）
	「有」の場合	確認の年月日及び番号	○○年○○月○○日 （××××号）
		特例代表者の氏名	承継　一郎
		特例後継者の氏名	承継　太郎

認定申請書を提出する日。
ただし、贈与税申告前に贈与者または経営承継受贈者の相続が開始した場合はこれとは異なります。
申請の期限日が土日祝日である場合には、次の平日が期限となります。（当日消印有効）
本店を所轄する都道府県名知事宛てにご提出ください。
認定を受けようとする会社の情報及び会社印を押印。
後継者個人の情報及び個人印ではありません。
知事による特例承継計画（様式21）の確認の有無。
未提出の場合には「無」にチェックしてください。
特例承継計画を未提出の場合は、遅くとも本申請と併せて提出することが必要です。
特例承継計画の確認を受けている場合は、当該確認書に記載されている事項を記載。
なお、複数の後継者が認定を受ける場合は、一人ずつ本申請書の作成が必要です（特例後継者の氏名には必ず一名のみ記載）。
1

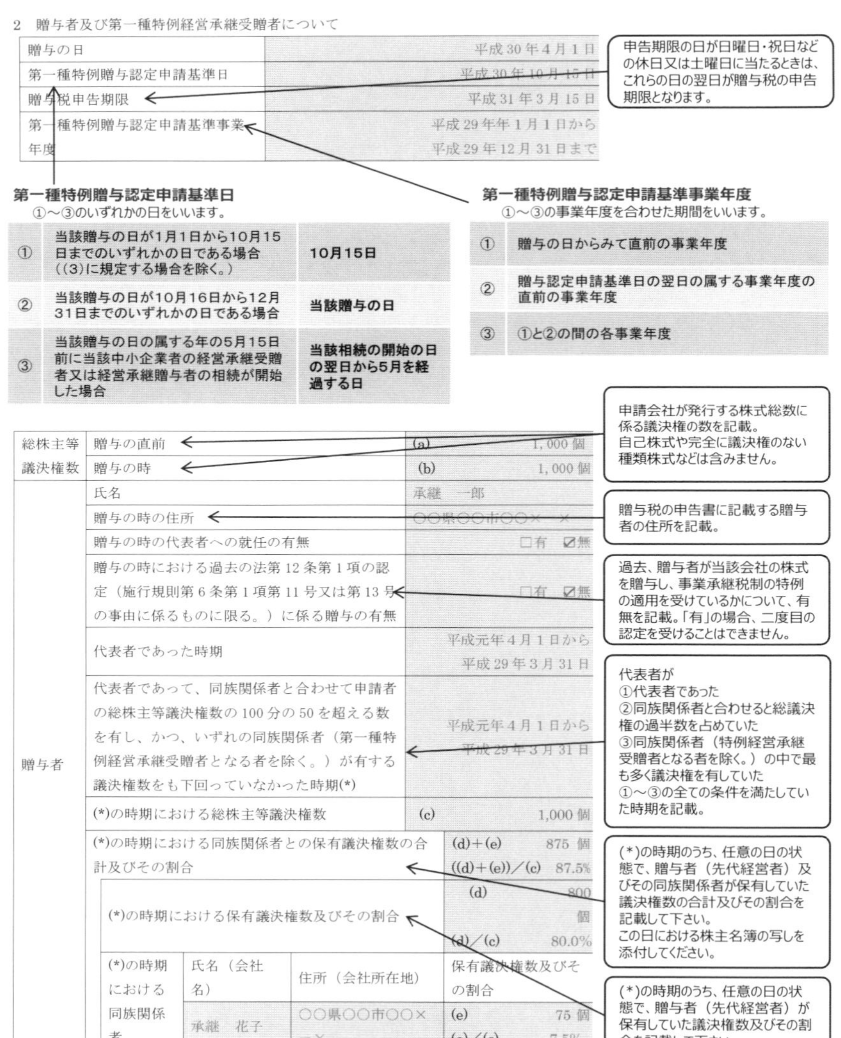

2　贈与者及び第一種特例経営承継受贈者について

贈与の日	平成30年4月1日
第一種特例贈与認定申請基準日	平成30年10月15日
贈与税申告期限	平成31年3月15日
第一種特例贈与認定申請基準事業年度	平成29年年1月1日から 平成29年12月31日まで

申告期限の日が日曜日・祝日などの休日又は土曜日に当たるときは、これらの日の翌日が贈与税の申告期限となります。

第一種特例贈与認定申請基準日

①～③のいずれかの日をいいます。

①	当該贈与の日が1月1日から10月15日までのいずれかの日である場合（（3）に規定する場合を除く。）	10月15日
②	当該贈与の日が10月16日から12月31日までのいずれかの日である場合	当該贈与の日
③	当該贈与の日の属する年の5月15日前に当該中小企業者の経営承継受贈者又は経営承継贈与者の相続が開始した場合	当該相続の開始の日の翌日から5月を経過する日

第一種特例贈与認定申請基準事業年度

①～③の事業年度を合わせた期間をいいます。

①	贈与の日からみて直前の事業年度
②	贈与認定申請基準日の翌日の属する事業年度の直前の事業年度
③	①と②の間の各事業年度

総株主等議決権数	贈与の直前	(a)	1,000個
	贈与の時	(b)	1,000個
贈与者	氏名	承継　一郎	
	贈与の時の住所	○○県○○市○○×－×	
	贈与の時の代表者への就任の有無	□有　☑無	
	贈与の時における過去の法第12条第1項の認定（施行規則第6条第1項第11号又は第13号の事由に係るものに限る。）に係る贈与の有無	□有　☑無	
	代表者であった時期	平成元年4月1日から 平成29年3月31日	
	代表者であって、同族関係者と合わせて申請者の総株主等議決権数の100分の50を超える数を有し、かつ、いずれの同族関係者（第一種特例経営承継受贈者となる者を除く。）が有する議決権数をも下回っていなかった時期(*)	平成元年4月1日から 平成29年3月31日	
	(*)の時期における総株主等議決権数	(c)	1,000個
	(*)の時期における同族関係者との保有議決権数の合計及びその割合	(d)+(e) ((d)+(e))／(c)	875個 87.5%
	(*)の時期における保有議決権数及びその割合	(d) (d)／(c)	800個 80.0%

(*)の時期における同族関係者	氏名（会社名）	住所（会社所在地）	保有議決権数及びその割合	
	承継　花子	○○県○○市○○×－×	(e) (e)／(c)	75個 7.5%

申請会社が発行する株式総数に係る議決権の数を記載。自己株式や完全に議決権のない種類株式などは含みません。

贈与税の申告書に記載する贈与者の住所を記載。

過去、贈与者が当該会社の株式を贈与し、事業承継税制の特例の適用を受けているかについて、有無を記載。「有」の場合、二度目の認定を受けることはできません。

代表者が
①代表者であった
②同族関係者と合わせると総議決権の過半数を占めていた
③同族関係者（特例経営承継受贈者となる者を除く。）の中で最も多く議決権を有していた
①～③の全ての条件を満たしていた時期を記載。

(*)の時期のうち、任意の日の状態で、贈与者（先代経営者）及びその同族関係者が保有していた議決権数の合計及びその割合を記載して下さい。
この日における株主名簿の写しを添付してください。

(*)の時期のうち、任意の日の状態で、贈与者（先代経営者）が保有していた議決権数及びその割合を記載して下さい。

2

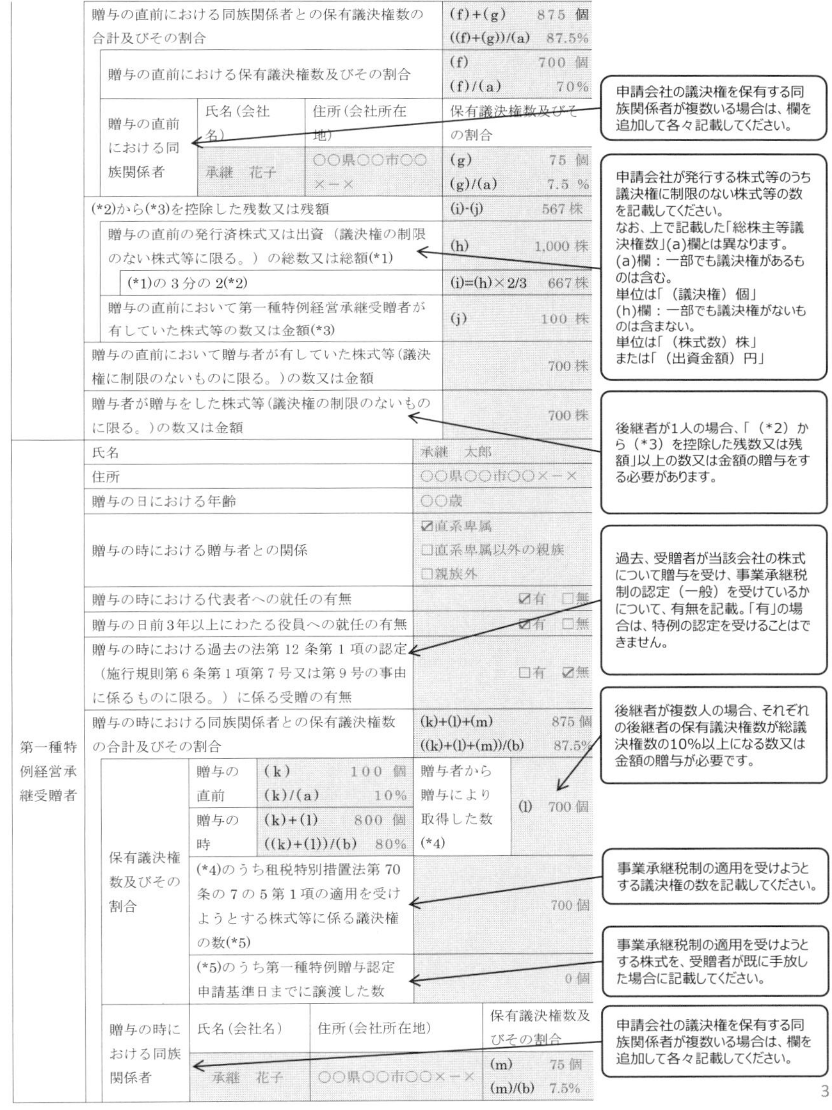

区分	項目		記載内容
	贈与の直前における同族関係者との保有議決権数の合計及びその割合		(f)+(g)　875 個 ((f)+(g))/(a)　87.5%
	贈与の直前における保有議決権数及びその割合		(f)　700 個 (f)/(a)　70%
	贈与の直前における同族関係者	氏名（会社名）：承継　花子 住所（会社所在地）：○○県○○市○○×－×	保有議決権数及びその割合 (g)　75 個 (g)/(a)　7.5 %
	(*2)から(*3)を控除した残数又は残額		(i)-(j)　567 株
	贈与の直前の発行済株式又は出資（議決権の制限のない株式等に限る。）の総数又は総額(*1)		(h)　1,000 株
	(*1)の３分の２(*2)		(i)=(h)×2/3　667 株
	贈与の直前において第一種特例経営承継受贈者が有していた株式等の数又は金額(*3)		(j)　100 株
	贈与の直前において贈与者が有していた株式等（議決権に制限のないものに限る。）の数又は金額		700 株
	贈与者が贈与をした株式等（議決権の制限のないものに限る。）の数又は金額		700 株
第一種特例経営承継受贈者	氏名		承継　太郎
	住所		○○県○○市○○×－×
	贈与の日における年齢		○○歳
	贈与の時における贈与者との関係		☑直系卑属 □直系卑属以外の親族 □親族外
	贈与の時における代表者への就任の有無		☑有　□無
	贈与の日前３年以上にわたる役員への就任の有無		☑有　□無
	贈与の時における過去の法第 12 条第１項の認定（施行規則第６条第１項第７号又は第９号の事由に係るものに限る。）に係る受贈の有無		□有　☑無
	贈与の時における同族関係者との保有議決権数の合計及びその割合		(k)+(l)+(m)　875 個 ((k)+(l)+(m))/(b)　87.5%
	保有議決権数及びその割合	贈与の直前：(k)　100 個、(k)/(a)　10% 贈与の時：(k)+(l)　800 個、((k)+(l))/(b)　80%	贈与者から贈与により取得した数(*4)：(l)　700 個
		(*4)のうち租税特別措置法第 70 条の７の５第１項の適用を受けようとする株式等に係る議決権の数(*5)	700 個
		(*5)のうち第一種特例贈与認定申請基準日までに譲渡した数	0 個
	贈与の時における同族関係者	氏名（会社名）：承継　花子 住所（会社所在地）：○○県○○市○○×－×	保有議決権数及びその割合 (m)　75 個 (m)/(b)　7.5%

申請会社の議決権を保有する同族関係者が複数いる場合は、欄を追加して各々記載してください。
申請会社が発行する株式等のうち議決権に制限のない株式等の数を記載してください。
なお、上で記載した「総株主等議決権数」(a)欄とは異なります。
(a)欄：一部でも議決権があるものは含む。
単位は「（議決権）個」
(h)欄：一部でも議決権がないものは含まない。
単位は「（株式数）株」
または「（出資金額）円」
後継者が1人の場合、「（*2）から（*3）を控除した残数又は残額」以上の数又は金額の贈与をする必要があります。
過去、受贈者が当該会社の株式について贈与を受け、事業承継税制の認定（一般）を受けているかについて、有無を記載。「有」の場合は、特例の認定を受けることはできません。
後継者が複数人の場合、それぞれの後継者の保有議決権数が総議決権数の10%以上になる数又は金額の贈与が必要です。
事業承継税制の適用を受けようとする議決権の数を記載してください。
事業承継税制の適用を受けようとする株式を、受贈者が既に手放した場合に記載してください。
申請会社の議決権を保有する同族関係者が複数いる場合は、欄を追加して各々記載してください。
3

3　贈与者が第一種特例経営承継受贈者へ第一種特例認定贈与株式を法第 12 条第 1 項の認定に係る贈与をする前に、当該認定贈与株式を法第 12 条第 1 項の認定に係る受贈をしている場合に記載すべき事項について

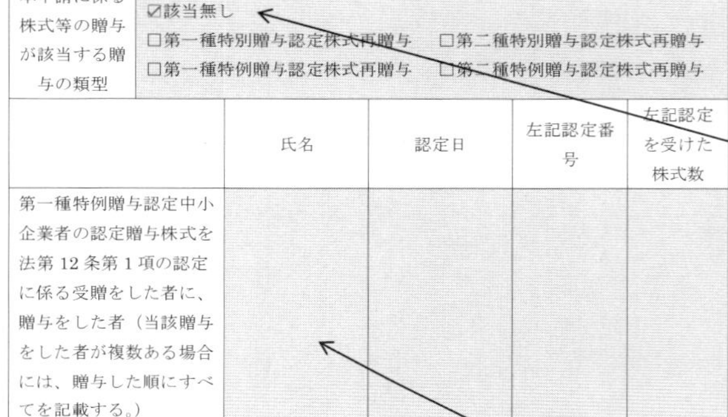

本申請に係る株式等の贈与が該当する贈与の類型	☑該当無し □第一種特別贈与認定株式再贈与　□第二種特別贈与認定株式再贈与 □第一種特例贈与認定株式再贈与　□第二種特例贈与認定株式再贈与

	氏名	認定日	左記認定番号	左記認定を受けた株式数
第一種特例贈与認定中小企業者の認定贈与株式を法第 12 条第 1 項の認定に係る受贈をした者に、贈与をした者（当該贈与をした者が複数ある場合には、贈与した順にすべてを記載する。）				

「猶予継続贈与」の適用を受ける場合（当該申請会社が過去に納税猶予制度を活用したことがある場合）のみ記載することになります。該当がない場合は「該当なし」にチェックしてください。
※該当する場合には、事前に担当者までご連絡ください。
具体的には次の例のようにケースに応じて記載してください。
（例）
本申請の贈与者：B
本申請の受贈者：C
Bは6年前にA（Bの父）からの贈与を受けた際に一般措置で認定を受け、納税猶予されている場合。

当該株式を2代目であるBが取得した原因に基づき記載することになります。
よって、このケースでは「第一種特別贈与認定株式再贈与」にチェックをしてください。
「猶予継続贈与」については、申請マニュアルをご参照ください。

※この欄は該当がある場合のみ記載して下さい。
「猶予継続贈与」の贈与者に、当該認定贈与株式に該当する株式を贈与した者を記載してください。
（例）
本申請の贈与者：B
本申請の受贈者：C
Bは6年前にA（Bの父）からの贈与を受けた際に一般措置で認定を受け、納税猶予されている場合。

氏名の欄：Aの名前
認定日：AからBの贈与について事業承継税制の認定を受けた日
認定番号：認定を受けた際の文書番号
左記認定を受けた株式数：AからBの贈与について納税猶予の認定を受けた株数

別紙１の記載例

- 明細を申請書に書ききれない場合等には、別紙（形式自由、A4）を用いても差し支えありません。
- **認定申請事業年度が２期分になる場合には、事業年度ごとに別紙１を複数作成してください。**
- **事業実態要件を満たすことにより、資産保有型会社及び資産運用型会社に該当しない場合には、緑の欄は記載不要です。事業実態があることを証明する書類等を添付してください。**

（36ページ参照）

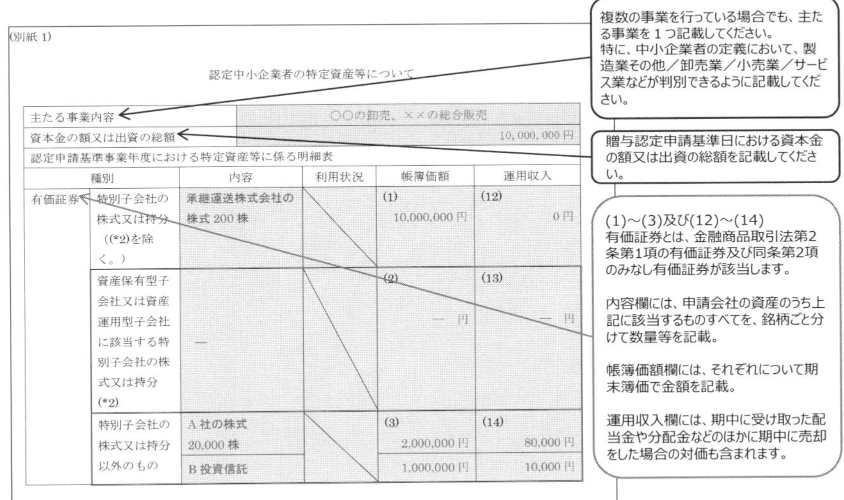

(別紙１)

認定中小企業者の特定資産等について

主たる事業内容	○○の卸売、××の総合販売
資本金の額又は出資の総額	10,000,000 円

認定申請基準事業年度における特定資産等に係る明細表

種別		内容	利用状況	帳簿価額	運用収入
有価証券	特別子会社の株式又は持分（(*2)を除く。）	承継運送株式会社の株式 200 株		(1) 10,000,000 円	(12) 0 円
	資産保有型子会社又は資産運用型子会社に該当する特別子会社の株式又は持分(*2)	―		(2) ― 円	(13) ― 円
	特別子会社の株式又は持分以外のもの	A 社の株式 20,000 株		(3) 2,000,000 円	(14) 80,000 円
		B 投資信託		1,000,000 円	10,000 円

5

不動産	現に自ら使用しているもの	○○県○○市○○×ー×		(4) 100,000,000 円	(15) 6,000,000 円
		同上所在の建物	本社	50,000,000 円	
		上記に係る建物付属設備（電気工事一式）		500,0000 円	
		○○県△△市○○×ー×所在の土地 600 ㎡のうち 3 分の 2 部分	営業所及び従業員宿舎	120,000,000 円	0 円
		同上所在の建物のうち 3F～6F 部分		30,000,000 円	
		上記に係る建物付属設備（電気工事）		1,000,000 円	
	現に自ら使用していないもの	○○県△△市○○×ー×所在の土地 600m ㎡のうち 3 分の 2 部分	子会社（承継運送株式会社）へ賃貸	(5) 60,000,000 円	(16) 0 円
		同上所在の建物のうち 1F、2F 部分		15,000,000 円	
		上記に係る建物付属設備（電気工事）		250,000 円	
ゴルフ場その他の施設の利用に関する権利	事業の用に供することを目的として有するもの	—	—	(6) — 円	(17) — 円
	事業の用に供することを目的としないで有するもの	Cゴルフクラブ会員権		(7) 3,000,000 円	(18) 0 円
		Dリゾート会員権		1,000,000 円	0 円
絵画、彫刻、工芸品その他の有形の文化的所産である動産、貴金属及び宝石	事業の用に供することを目的として有するもの	—	—	(8) — 円	(19) — 円
	事業の用に供することを目的としないで有するもの	絵画 E	社長室展示用	(9) 0 円	(20) 2,000,000 円

(4)(15)不動産とは、土地、借地権、建物、建物と一体不可分の付属設備及び建物と同一視できる構築物が該当します。

内容欄には、申請会社の資産のうち上記に該当するものすべてを、所在・面積及び種別がわかるように具体的に記載。

利用状況欄には、申請会社が事業用として使用しているか否かがわかるように記載。
（自ら使用の例：本社、支店、工場、従業員宿舎
自ら使用ではない例：販売用土地、賃貸マンション、役員住宅、遊休地）

帳簿価額欄には、それぞれについて期末簿価で金額を記載。

運用収入欄には、期中の賃貸料収入などのほかに期中に売却をした場合の対価も含まれます。

(5)(16)同一の土地・建物の中に、自社利用している部分とそうでない部分がある場合は、床面積割合など合理的な方法により按分をして記載。

(6)(7)(17)(18)ゴルフ場その他の施設の利用に関する権利

(8)(9)(19)(20)絵画、彫刻、工芸品その他の有形文化的所産である動産、貴金属及び宝石

において、事業の用に供する目的のものには、例えばゴルフ会員権販売事業者が保有する在庫、古物商や貴金属販売店が保有する在庫（棚卸資産）などが該当します。
他方、接待用で所有しているものは、事業用以外のものに該当します。

6

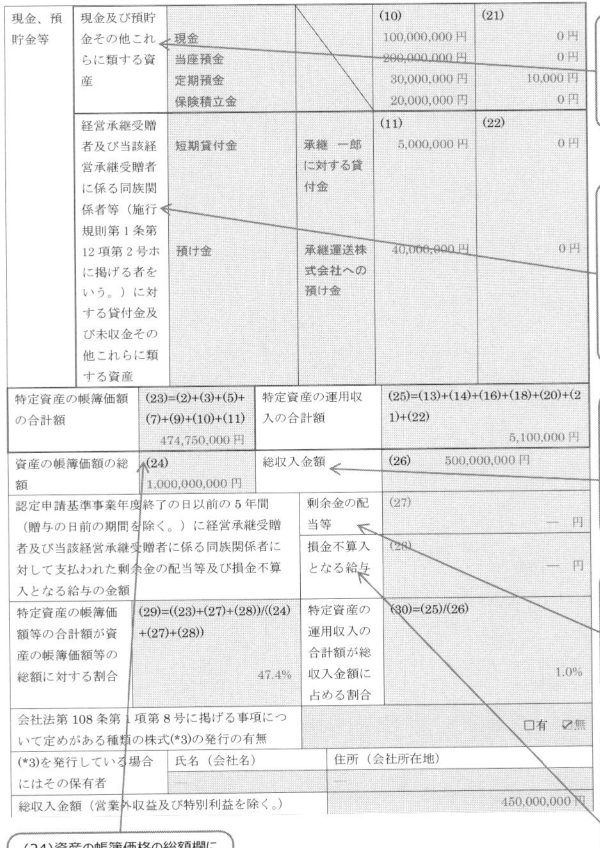

現金、預貯金等	現金及び預貯金その他これらに類する資産	現金 当座預金 定期預金 保険積立金		(10) 100,000,000 円 200,000,000 円 30,000,000 円 20,000,000 円	(21) 0 円 0 円 10,000 円 0 円
	経営承継受贈者及び当該経営承継受贈者に係る同族関係者等（施行規則第１条第12項第２号ホに掲げる者をいう。）に対する貸付金及び未収金その他これらに類する資産	短期貸付金 預け金	承継　一郎に対する貸付金 承継運送株式会社への預け金	(11) 5,000,000 円 40,000,000 円	(22) 0 円 0 円

特定資産の帳簿価額の合計額	(23)=(2)+(3)+(5)+(7)+(9)+(10)+(11) 474,750,000 円	特定資産の運用収入の合計額	(25)=(13)+(14)+(16)+(18)+(20)+(21)+(22) 5,100,000 円
資産の帳簿価額の総額	(24) 1,000,000,000 円	総収入金額	(26)　500,000,000 円

認定申請基準事業年度終了の日以前の５年間（贈与の日前の期間を除く。）に経営承継受贈者及び当該経営承継受贈者に係る同族関係者に対して支払われた剰余金の配当等及び損金不算入となる給与の金額	剰余金の配当等	(27) — 円
	損金不算入となる給与	(28) — 円
特定資産の帳簿価額等の合計額が資産の帳簿価額等の総額に対する割合	(29)=((23)+(27)+(28))/((24)+(27)+(28)) 47.4%	特定資産の運用収入の合計額が総収入金額に占める割合	(30)=(25)/(26) 1.0%
会社法第108条第１項第８号に掲げる事項について定めがある種類の株式(*3)の発行の有無		□有　☑無
(*3)を発行している場合にはその保有者	氏名（会社名） —	住所（会社所在地） —
総収入金額（営業外収益及び特別利益を除く。）		450,000,000 円

※資産の帳簿価額の総額欄の留意点

1. 貸借対照表に計上されている帳簿価額を用いて計算してください。
2. 減価償却資産・特別償却適用資産・圧縮記帳適用資産については、それぞれ対応する減価償却累計額・特別償却準備金・圧縮積立金等を控除した後の帳簿価額を用いてください（直接減額方式にあわせて計算します）。
3. 貸倒引当金・投資損失引当金等の評価性引当金については、資産の帳簿価額の総額・特定資産の帳簿価額の合計額から控除する前（引当前）の金額を記載してください。

7

別紙２の記載例

（別紙 2）

認定中小企業者の常時使用する従業員の数及び特別子会社について

1　認定中小企業者が常時使用する従業員の数について

常時使用する従業員の数		贈与の時 (a)+(b)+(c)-(d) 100 人
	厚生年金保険の被保険者の数	(a) 95 人
	厚生年金保険の被保険者ではなく健康保険の被保険者である従業員の数	(b) 7 人
	厚生年金保険・健康保険のいずれの被保険者でもない従業員の数	(c) 1 人
	役員（使用人兼務役員を除く。）の数	(d) 3 人

(a)欄には、厚生年金保険に加入している人数を記載してください。ただし、平均的な従業員と比して労働時間が４分の３に満たない短時間労働者などは含みません。

(b)欄には、厚生年金保険の加入対象外で健康保険のみに加入している人数を記載してください。（例：70歳以上の従業員または役員）

(c)欄には、社会保険加入対象外の常時使用する従業員数を記載して下さい。（例：75歳以上の従業員）
ただし、平均的な従業員と比して労働時間が４分の３に満たない短時間労働者などは含みません。

(d) 欄には、(a)(b)または(e)(f)でカウントした方のうち役員の数を記載してください（申請会社にいる全役員の人数ではありません）。なお、役員とは、株式会社の場合には取締役、会計参与及び監査役を指しますが、使用人兼務役員の方は含みません。

8

2　贈与の時以後における認定中小企業者の特別子会社について

区分			特定特別子会社に　該当　／　非該当
会社名			承継運送株式会社
会社所在地			○○県△△市○○×－×
主たる事業内容			運輸業
資本金の額又は出資の総額			10,000,000円
総株主等議決権数			(a)　100個
株主又は社員	氏名（会社名）	住所（会社所在地）	保有議決権数及びその割合
	株式会社承継商事	○○県○○市○－○－○	(ｂ)　１００　個 (ｂ)/(ａ)　１００％

贈与の時以後に特別子会社が複数ある場合は、表を追加してそれぞれ記載してください。なお、特別子会社が特定特別子会社に該当するかどうかも記載してください。

それぞれの定義は下記のとおりです。会社法上の子会社の定義とは異なりますのでご注意ください。

特別子会社

次に掲げる者により、その総株主議決権数の過半数を保有される会社
（１）中小企業者
（２）代表者
（３）代表者の親族（配偶者、６親等内の血族及び３親等内の姻族）
（４）代表者と事実上婚姻関係にある者など特別の関係がある者
（５）次に掲げる会社
①（２）～（４）により総株主議決権数の過半数を保有されている会社
②（２）～（４）及びこれと（５）①の関係がある会社により総株主議決権数の過半数を保有されている会社
③（２）～（４）及びこれと（５）①又は（５）②の関係がある会社により総株主議決権数の過半数を保有されている会社

特定特別子会社

次に掲げる者により、その総株主議決権数の過半数を保有される会社
（１）中小企業者
（２）代表者
（３）代表者と生計を一にする親族
（４）代表者と事実上婚姻関係にある者など特別の関係がある者
（５）次に掲げる会社
①（２）～（４）により総株主議決権数の過半数を保有されている会社
②（２）～（４）及びこれと（５）①の関係がある会社により総株主議決権数の過半数を保有されている会社
③（２）～（４）及びこれと（５）①又は（５）②の関係がある会社により総株主議決権数の過半数を保有されている会社

9

6　添付書類

第１種特例贈与認定中小企業者の認定申請には、⑴認定申請書（原本１部、写し１部）の他、次の書類を添付しなければなりません。

⑵　定款の写し

第１種特例贈与認定申請基準日において有効な、定款の写しを添付しなければなりません。

また、定款には次のような法人代表者による原本証明が必要です。

> **（原本証明の例）**
> この写しは、第一種特例贈与認定申請基準日（平成○○年○月○日）（第一種特例贈与認定申請基準日、11ページ参照）における当社定款の原本と相違ないことを証明します。
> 平成●●年●月●日（原本証明日）
>
> 中小鋳造株式会社
> 代表取締役　中小一郎　（法人実印）

なお、定款のみなし変更事項など定款条文を改訂していない場合は、その変更事項を記載した書類も必要となります。

⑶　株主名簿

次のそれぞれの時点における株主名簿を、原本証明を付して添付しなければなりません。

①　贈与者が代表者であった期間のうちいずれかの時における株主名簿

（贈与者とその同族関係者で過半数の議決権を有し、かつ、贈与者が同族内で筆頭株主であることを明らかになる株主名簿を要します。）

②　贈与の直前における株主名簿

（贈与者が贈与の直前において、贈与者とその同族関係者で過半数の議決権を有し、かつ、贈与者が同族内で筆頭株主であることを明らかになる株主名簿を要します。）

③　贈与の時（贈与の直後）における株主名簿

（後継者（受贈者）がその贈与により、後継者とその同族関係者で過半数の議決権を有し、かつ、後継者が同族内で筆頭株主であることを明らかになる株主名簿を要します。）

④　第1種特例贈与認定申請基準日における株主名簿（11ページ参照）

贈与日が、10月16日～12月31日である場合、③と④は同じです。

（後継者（受贈者）が、その贈与により取得した株式等を継続して保有していることを明らかになる株主名簿を要します。）

⑷　登記簿謄本

贈与認定申請基準日以降に取得した履歴事項全部証明書の原本の添付を要します。登記簿謄本によって、次の事項を明らかにしなければなりません。

- 後継者が贈与前3年以上にわたり役員に就任していたことが分かるもの
- 後継者が贈与の時には代表者に就任していたことが分かるもの
- 贈与者が贈与の時において代表者でないことが分かるもの

また、先代経営者が代表者であった旨の記載が登記簿謄本にない場合は、その旨の記載がある閉鎖登記簿も必要です。

なお、会社商業登記の閉鎖登記簿の法定保存期間は、閉鎖日から20年間とされておりますので、20年以上前に代表者を辞任している場合には、閉鎖登記簿は廃棄処分されている可能性もあります。

その際は、都道府県と打ち合わせの上、法人税申告書などにより、代表者であったことを明らかにするなどの実務が考えられます。

⑸　贈与契約書及び贈与税額の見込み額を記載した書類

認定申請書には、贈与契約書の写しを添付しますが、贈与契約書がない場合には、贈与の事実を証する書類として、譲渡承認をした取締役会議事録や、株主名簿書換請求書等の写しの添付を要します。

また、贈与により取得した認定会社株式に係る贈与税の見込額及び納税猶予見込み税額を記載した書類の添付を要します。

様式は定められていませんが、①1株当たりの評価額、②その贈与により後継者が贈与を受けた株式数、③納税猶予を受けようとする贈与税額、④相続時精算課税の適用を受ける場合にはその旨の記載を要するため、一般的には贈与税申告書を用いる実務が多いと考えられます。

なお、認定申請書に添付した書面に記載した贈与税見込み額と、実際に申告をした贈与税額が異なっていたとしても、贈与税が生じている限り問題はありません。

⑹　従業員数証明書

贈与の日における従業員数証明書に法人の実印を押印し、①厚生年金保険の標準報酬月額決定通知書、②健康保険の標準報酬月額決定通知書など、従業員数が明らかになる社会保険関連の書面の添付を要します。

（従業員数証明の事例）

> 平成●●年●月●●日
>
> 従業員数証明書
>
> ●●県知事殿
>
> 小鋳造株式会社
>
> 代表取締役　中小一郎　（法人実印）
>
> 平成○○年○月○日における当社の従業数は○○人であることを証明します。

平成●●年●月●●日は、証明書発行日を、平成○○年○月○日は、贈与日を記載します。

（厚生年金保険の標準報酬月額決定通知書）

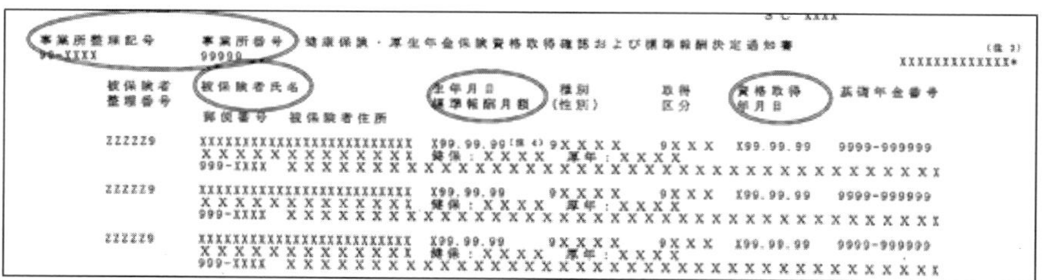

事業所整理記号　事業所番号　健康保険・厚生年金保険資格取得確認および標準報酬決定通知書
99-XXXX　99999
XXXXXXXXXXXXX*
被保険者整理番号　被保険者氏名　生年月日 標準報酬月額　種別（性別）　取得区分　資格取得年月日　基礎年金番号
郵便番号　被保険者住所
ZZZZZ9　XXXXXXXXXXXXXXXXXXXXXXXXX　X99.99.99　9XXXX　9XXX　X99.99.99　9999-999999
XXXXXXXXXXXXXXX　健保：XXXX　厚年：XXXX
999-XXXX　XXXXXXXXXXXXXXXXXXXXXXXXXXXXXXXXXXXXXX
ZZZZZ9　XXXXXXXXXXXXXXXXXXXXXXXXX　X99.99.99　9XXXX　9XXX　X99.99.99　9999-999999
XXXXXXXXXXXXXXX　健保：XXXX　厚年：XXXX
999-XXXX　XXXXXXXXXXXXXXXXXXXXXXXXXXXXXXXXXXXXXX
ZZZZZ9　XXXXXXXXXXXXXXXXXXXXXXXXX　X99.99.99　9XXXX　9XXX　X99.99.99　9999-999999
XXXXXXXXXXXXXXX　健保：XXXX　厚年：XXXX
999-XXXX　XXXXXXXXXXXXXXXXXXXXXXXXXXXXXXXXXXXXXX

従業員数の計算は、次のように行います。

（従業員数証明の手引）

> 【手順１】
>
> まず、贈与の日からみて直前に日本年金機構等から通知を受けた「健康保険・厚生年金保険被保険者標準報酬月額決定通知書」（当該通知の対象になっていない方に係る「（同）改定通知書」を含む）の写しを添付してください。
>
> 事業所ごとに通知を受けている場合は全ての事業所について添付します。

贈与の年の通知が来る前に贈与が行われた場合は、前年の通知を添付してください。

【手順２】

次に、上記標準報酬月額決定の手続をして以降、贈与認定申請基準日までの間に被保険者の増減があった場合に日本年金機構等から通知を受けた「健康保険・厚生年金保険資格取得確認および標準報酬決定通知書」の写し又は「健康保険・厚生年金保険資格喪失確認通知書」の写しを時系列に揃えて全て添付してください。

なお、贈与の年の通知が来る前に贈与が行われた場合には、贈与の年の「健康保険・厚生年金保険被保険者標準報酬月額決定通知書」の通知の写しも添付します。

【手順３】

手順１及び手順２で揃えた各通知書に記載された方のうち、申請会社の短時間労働者及び役員については、その旨が分かるマークなどを付記してください。

（例：短時間労働者 → 短・役員→ 役・使用人兼務役員→ 使）

【手順４】

厚生年金保険または健康保険のいずれにも加入対象となっていない従業員（例：75歳以上の従業員）がいる場合には、その方に関する雇用契約書（２か月を超える雇用であること及び正社員並みの雇用形態であることが分かるもの）及び給与明細書（贈与の日又は贈与認定申請基準日前後のもの）の写しを添付してください。

【手順５】

厚生年金保険又は健康保険の加入対象者に使用人兼務役員がいる場合は、使用人としての職制上の地位が分かる書類や、雇用保険に加入している事が分かる書類などを添付してください。

【手順６】

手順１～５の作業によって明らかになった、贈与の時及び贈与認定申請基準日それぞれの時点における常時使用する従業員の数を明記した書類を表紙（様式自由）に添付してください。

(7)－①　贈与認定申請基準年度の決算書類（事業実態要件を満たす会社）

従業員が５人以上いるなど、以下の全ての要件を満たす会社は、第１種特例贈与認定申請基準事業年度の決算関係書類等として、次の書類の添付を要します。

（事業実態要件）

・常時使用する従業員（後継者と生計を一にする親族を除く。）が５人以上いること
・事務所、店舗、工場などを所有していること又は賃借していること
・贈与の日まで引き続いて３年以上事業を行っていること

（添付を要する決算書類等＝事業実態要件を満たすことを証する書類）（27ページ参照）

贈与の日の３年前の日を含む事業年度以後の各事業年度分の次の決算関係書類等
・貸借対照表
・損益計算書
・株主資本等変動計算書
・個別注記表
・事業報告書
・減価償却明細表（固定資産台帳）
・勘定科目内訳書
・本社、事業所、工場など従業員が勤務するための物件を所有又は賃借していることが分かる書類（謄本や賃貸借契約書など）
・商品販売、役務提供などの業務を３年以上引き続いて行っていることが分かる書類（売買契約書、請負契約書など）

この場合、様式第７の３の特定資産明細表の(1)から(30)までは記載不要です。

(7)－②　贈与認定申請基準年度の決算書類（事業実態要件を満たさない会社）

(6)－①に該当しない法人は、資産保有型会社などに該当する可能性があるため、次の書類の添付を要します。

（添付を要する決算書類等）

《第１種特例贈与認定申請基準事業年度（当該基準年度が複数ある場合は各期）に関する決算関係書類等》
・貸借対照表
・損益計算書
・株主資本等変動計算書
・個別注記表
・事業報告書
・減価償却明細表（固定資産台帳）
・勘定科目内訳書
・法人税申告書別表４（贈与の日の３年前の日を含む事業年度以後の各事業年度分
《特定資産明細表を裏付ける書類》
・認定申請書の特定資産明細表の有価証券の項目において「特別子会社の株式又は持分」欄に記入をした場合
　□当該事業年度末日現在における当該特別子会社の株主名簿の写し
　□当該事業年度末日以降の履歴記載のある登記事項証明書
　□当該事業年度末日の翌日からみて直前の当該特別子会社の事業年度に関する特定資産明細表及び決算関係書類等）
・認定申請書の特定資産明細表の不動産の項目において「現に自ら使用しているもの」欄に記入をした場合には、以下の書類
　□当該不動産を自ら使用していることがわかる書類（会社パンフレット、所在地等が確認できる外観写真、地図など）
・認定申請書の特定資産明細表の不動産の項目において、１つの物件を「現に自ら使用しているもの」欄と「現に自ら使用していなもの」欄とに按分して記入した場合には、以下の書類
　□当該不動産の一部に関する賃貸借契約書
　□合理的な按分を行ったことが分かる書類（建物図面、按分計算書（任意様式）など）

(8)　上場会社等及び風俗営業会社のいずれにも該当しない旨の誓約書

(誓約書記載例)

> 誓約書
>
> 平成●●年●月●日
>
> 都道府県知事　殿
>
> 中小鋳造株式会社
>
> 代表取締役　中小一郎　(法人実印)
>
> 中小企業における経営の承継の円滑化に関する法律第12条第１項の認定（施行規則第６条第１項第11号の事由に該当する場合）の申請をするに当たり、当社は、贈与の時以後において、同法施行規則で規定する上場会社等又は風俗営業会社のいずれにも該当しないことを誓約します。

右上、平成●●年●月●日には、誓約書を作成した日付を記載します。

(9)　特別子会社・特定特別子会社に関する誓約書

特別子会社・特定特別子会社が存在していない場合でも、誓約書の添付が必要です。

(特別子会社がない場合の誓約書記載例)

> 誓約書
>
> 平成●●年●月●日
>
> 都道府県知事　殿
>
> 中小鋳造株式会社
>
> 代表取締役　中小一郎　(法人実印)
>
> 中小企業における経営の承継の円滑化に関する法律第12条第１項の認定（施行規則第６条第１項第11号の事由に該当する場合）の申請をするに当たり、贈与の時以後において、当社には同法施行規則で規定する特別子会社がないことを誓約します。

右上、平成●●年●月●日には、誓約書を作成した日付を記載します。

（特別子会社はいずれも外国会社ではなく、かつ、特別子会社が特定特別子会社に該当する場合の誓約書記載例）

> 誓約書
>
> 平成●●年●月●日
>
> 都道府県知事　殿
>
> 中小鋳造株式会社
>
> 代表取締役　中小一郎　（法人実印）
>
> 中小企業における経営の承継の円滑化に関する法律第12条第１項の認定（施行規則第６条第１項第11号の事由に該当する場合）の申請をするに当たり、贈与の時において、下記に掲げる当社の特別子会社は、同法施行規則で規定する外国会社に該当しません。
>
> また、贈与の時以後において、下記に掲げる特定特別子会社が同法施行規則で規定する上場会社等、大会社又は風俗営業会社のいずれにも該当しないことを誓約します。
>
> 記
>
> 関東△△物流株式会社（所在地：埼玉県さいたま市中央区新都心○－△）

（外国会社である特別子会社があるが、申請会社又は申請会社と支配関係にある法人が当該外国会社たる特別子会社の株式等を保有していない場合の記載例）

> 誓約書
>
> 平成●●年●月●日
>
> 都道府県知事　殿
>
> 中小鋳造株式会社
>
> 代表取締役　中小一郎　（法人実印）
>
> 中小企業における経営の承継の円滑化に関する法律第12条第１項の認定（施行規則第６条第１項第11号の事由に該当する場合）の申請をするに当たり、贈与の時において、当社又は当社による支配関係がある法人が、下記１に掲げる当社の特別子会社の株式を有していないことを誓約します。また、贈与の時以後において、下記２に掲げる当社の特定特別子会社が同

法施行規則で規定する上場会社等、大会社又は風俗営業会社のいずれにも該当しないことを誓約します。

記1

KEIZAI Co.Ltd.（所在地：・・・・・・・・・）

記2

関東△△物流株式会社（所在地：埼玉県さいたま市中央区新都心○－△）

（外国会社である特別子会社があり、かつ、申請会社又は申請会社と支配関係にある法人が当該外国会社たる特別子会社の株式等を保有している場合で、かつ、いずれの特別子会社も特定特別子会社に該当する場合していない場合の記載例）

この場合、贈与の時における従業員が5人以上いることが要件となります。

誓約書

平成●●年●月●日

都道府県知事　殿

中小鋳造株式会社

代表取締役　中小一郎　（法人実印）

中小企業における経営の承継の円滑化に関する法律第12条第1項の認定（施行規則第6条第1項第11号の事由に該当する場合）の申請をするに当たり、贈与の時以後において、下記に掲げる当社の特定特別子会社が同法施行規則で規定する上場会社等、大会社又は風俗営業会社のいずれにも該当しないことを誓約します。

記

関東△△物流株式会社（所在地：埼玉県さいたま市中央区新都心○－△）

KANTO Co.Ltd.（所在地：・・・・・・・・・

⑽　戸籍謄本等

認定申請中小企業者の株式を保有する、①贈与者、②後継者、③申請会社の議決権を有する親族全員の戸籍謄本等を添付し、親族関係を明らかにします。

また、事業実態要件に該当することで認定の申請をする場合を除き、剰余金の配当等又は損金不算入給与を受けた親族全員の戸籍謄本も要します。

⑾　特例承継計画又はその確認書

贈与を受けた後継者が、特例計画書に記載された特例後継者であることを証するために、都道府県から交付を受けた確認書を添付します。

特例承継計画の確認を受けていない場合には、認定申請書と同時に特例承継計画の確認申請書を提出することも可能です。

状　況	添付書類
既に特例承継計画の確認書の交付を受けている場合	確認書（様式第22）
特例承継計画に記載した特例後継者に追加・変更がある場合	変更申請書（様式第24）
既に特例承継計画の変更申請をし、確認を受けている場合	変更後の確認書（様式第22）
平成35年３月31日までに認定申請（様式第７の３又は様式第８の３）と同時に特例承継計画を提出する場合	特例承継計画（様式第21） ・履歴事項全部証明書 ・従業員数証明書

⑿　その他参考書類

直前期末から贈与時までの間の資産及び負債について著しい増減があった場合や合併、株式交換等があった場合など、大きな変動があった場合には、贈与時の貸借対照表、その事業年度開始の日から贈与時までの損益計算書、株主資本等変動計算書などを提出します。

⒀　返信用定型外封筒（宛先明記。切手貼付不要）

７　チェックリスト

様式第７の３（第１種特例贈与）の提出に関して、次のチェックリストを利用して自己チェックを行います。

第一種特例贈与認定申請書（様式第７の３）の添付書類一覧表

添付書類一覧表の見かた

無色・・・必ず添付する書類
黄色・・・いずれかの群を必ず添付する書類
青色・・・該当する場合に限り添付する書類
緑色・・・該当する場合に限り、いずれかの群を添付する書類
根拠条文欄・・・施行規則第７条第６項の号番号を表しています。 〈例〉「1」→施行規則第７条第６項第1号

認定申請書（様式第７の３）	

群	群	添付書類	根拠条文	チェック
		認定申請書（様式第７の３）の写し	柱書き	
		贈与認定申請基準日の定款の写し【認定申請日付けで原本証明】	1	
		贈与者が代表者であった時の株主名簿（持分会社は定款）の写し【認定申請日付けで原本証明】	2	
		贈与の直前の株主名簿（持分会社は定款）の写し【認定申請日付けで原本証明】	2	
		贈与の時の株主名簿（持分会社は定款）の写し【認定申請日付けで原本証明】	2	
		贈与認定申請基準日の株主名簿の写し【認定申請日付けで原本証明】	2	
		申請会社の履歴事項全部証明書※左記証明書に、先代経営者が代表者であった旨の記載がない場合は、先代経営者が代表者であった旨の記載がある閉鎖事項証明書も併せて添付	3	
		贈与契約書の写しその他の当該贈与の事実を証する書類	4	
		贈与税の見込み額を記載した書類（贈与税の申告書一式）	4	
		従業員数証明書（表紙）	5	
		健康保険・厚生年金保険標準報酬月額決定通知書の写し	11	
		a 健康保険・厚生年金保険資格取得通知及び資格喪失通知の写し	11	
		b 健康保険・厚生年金保険加入対象外の従業員の雇用契約書及び給与明細書の写し	11	
		c 使用人兼務役員であることを証する書類	11	
A群		贈与認定申請基準事業年度の決算関係書類 （貸借対照表、損益計算書、株主資本等変動計算書、個別注記表、減価償却明細表（固定資産台帳）、勘定科目内訳書、法人税申告書別表４）	6	
A群		贈与認定申請基準事業年度の事業報告書	6	
A群		d 贈与認定申請基準事業年度末日における特別子会社の株主名簿（持分会社は定款）の写し	11	
A群		d 贈与認定申請基準事業年度末日以降の履歴記載のある特別子会社の登記事項証明書	11	
A群	X群	贈与認定申請基準事業年度末日の翌日からみて直前の特別子会社の事業年度の特定資産明細表及び決算関係書類	11	
A群	X群	贈与認定申請基準事業年度末日の翌日からみて直前の特別子会社の事業年度の事業報告書	11	
A群	X群	d 贈与認定申請基準事業年度末日の翌日からみて直前の特別子会社の事業年度末日における特別子会社の特別子会社の株主名簿（持分会社は定款）の写し	11	
A群	X群	d 贈与認定申請基準事業年度末日の翌日からみて直前の特別子会社の事業年度末日以降の履歴記載のある特別子会社の特別子会社の登記事項証明書	11	
A群	X群	e 特別子会社所有の不動産を自ら使用していることを証する書類	11	
A群	X群	f 特別子会社所有の不動産の一部を自ら使用していることから、当該不動産の帳簿価格を合理的な方法で按分を行ったことを証する書類	11	
A群	X群	g 特別子会社所有の資産の売却価格を証する書類	11	
A群	Y群	特別子会社に関する従業員数証明書（表紙）	11	
A群	Y群	特別子会社に関する健康保険・厚生年金保険標準報酬月額決定通知書の写し	11	
A群	Y群	a 特別子会社に関する健康保険・厚生年金保険資格取得通知及び資格喪失通知の写し	11	
A群	Y群	b 特別子会社に関する健康保険・厚生年金保険加入対象外の従業員の雇用契約書及び給与明細書の写し	11	
A群	Y群	c 特別子会社に関する使用人兼務役員であることを証する書類	11	
A群	Y群	贈与の日前３年以内に終了した特別子会社の各事業年度の決算関係書類（法人税申告書別表４を除く）	11	
A群	Y群	贈与の日前３年以内に終了した特別子会社の各事業年度の事業報告書	11	
A群	Y群	特別子会社の従業員が勤務する物件を所有または賃借していることを証する書類	11	

	書類		
	贈与の日まで引き続き３年以上にわたって特別子会社が業務を行っていることを証する書類	11	
	e 申請会社所有の不動産を自ら使用していることを証する書類	11	
	f 申請会社所有の不動産の一部を自ら使用していることから、当該不動産の帳簿価格を合理的な方法で按分を行ったことを証する書類	11	
	g 申請会社所有の資産の売却価格を証する書類	11	
B群	贈与の日前３年以内に終了した各事業年度の決算関係書類（法人税申告書別表４を除く）	6	
B群	贈与の日前３年以内に終了した各事業年度の事業報告書	6	
B群	従業員が勤務する物件を所有または賃借していることを証する書類	11	
B群	贈与の日まで引き続き３年以上にわたって業務を行っていることを証する書類	11	
上場会社等または風俗営業会社のいずれにも該当しない旨の誓約書		7	
特別子会社・特定特別子会社に関する誓約書		8	
贈与者の戸籍謄本		9	
経営承継受贈者の戸籍謄本		9	
贈与者及び経営承継受贈者の親族の戸籍謄本及び親族関係を証する戸籍謄本等		9	
特例承継計画又はその確認書（変更があった場合は、変更申請書又は変更後の確認書）の原本		10	
h 贈与者が代表者であった時の同族関係者に該当する法人の株主名簿（持分会社は定款）の写し【原本証明】		2	
h 贈与の時の同族関係者に該当する法人の株主名簿（持分会社は定款）の写し【原本証明】		2	
h 贈与の前後の記載のある同族関係者に該当する法人の登記事項証明書		11	
h 同族関係者に該当する法人の議決権を有する経営承継受贈者の親族の戸籍謄本等		9, 11	
事前確認を受けている場合は、その確認書（変更確認書を含む）の原本		10	
その他認定の参考となる書類（　　　　　　　　　　　　　　　　　　　）		11	
認定書交付用の返信用封筒（Ａ４サイズが入る定形外封筒。返信先宛先明記。切手貼付不要）		－	

※Ａ群及びＢ群については、Ａ群またはＢ群のいずれかの書類を添付してください

Ａ群：贈与認定申請基準事業年度の特定資産明細表の判定において資産保有型会社・資産運用型会社のいずれにも該当しないことを証する場合

Ｂ群：次に掲げる①または②のいずれかに該当する場合

① 贈与認定申請基準事業年度の特定資産明細表の判定において資産保有型会社・資産運用型会社のいずれかまたは両方に該当するが、事業実態要件（施行規則第６条第２項）に適合することを証する場合

② 資産保有型会社・資産運用型会社に該当するか否かにかかわらず、事業実態要件に適合するため、贈与認定申請基準事業年度の特定資産明細表の欄（１）から（３０）までの記載を省略する場合

a：期間中に当該通知書の交付を受けた場合

b：贈与の時において該当する者がいる場合

c：贈与の時において被保険者の中に使用人兼務役員がいる場合

d：特定資産明細表の「有価証券」の項目で「特別子会社の株式又は持分（(*2)を除く)」欄に記入をした場合

e：特定資産明細表の「不動産」の項目で「現に自ら使用しているもの」欄に記入をした場合

f：特定資産明細表の「不動産」の項目で、１つの物件を「現に自ら使用しているもの」欄と「現に自ら使用していないもの」欄に按分して記入をした場合

g：期中に資産の売却があった場合

h：申請会社の議決権を有する同族関係者に法人が含まれる場合

※Ｘ群及びＹ群については、Ｘ群またはＹ群のいずれかの書類を添付してください

Ｘ群：Ａ群の書類を添付すべき時にｄに該当した場合であって、当該特別子会社が特定資産明細表の判定において資産保有型会社・資産運用型会社のいずれにも該当しないことを証する場合

Ｙ群：次に掲げる①または②のいずれかに該当する場合

① Ａ群の書類を添付すべき時にｄに該当した場合であって、当該特別子会社が特定資産明細表の判定において資産保有型会社・資産運用型会社のいずれかまたは両方に該当するが、事業実態要件（施行規則第６条第２項）に適合することを証する場合

② Ａ群の書類を添付すべき時にｄに該当した場合であって、当該特別子会社が資産保有型会社・資産運用型会社に該当するか否かにかかわらず、事業実態要件に適合することを証する場合

5　認定申請手続――第２種特例贈与の認定申請

１　認定申請の概要

(1)　認定申請

先代経営者からの贈与や相続以後、一定の期間内に行われた先代経営者以外の株主からの贈与を「第２種特例贈与」といいます。

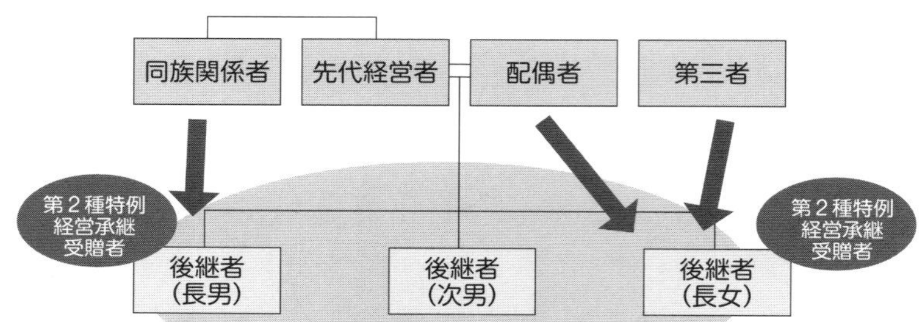

（―経営承継円滑化法―申請マニュアル　経済産業省）

第１種特例贈与・相続に追随して行う贈与により取得した株式等に関して、一定の要件の下、贈与税の納税が猶予されます。

納税猶予の適用を受けるためには、贈与が行われた後に、株式を発行する法人が納税猶予の対象となる法人に該当することについて、都道府県知事から認定を受けなければなりません。

(2)　認定申請時期

贈与認定申請基準日から、贈与日の属する年の翌年の１月15日までの間に、本社が所在する都道府県庁へ、様式第７の４を用いて認定申請しなければなりません。

贈与認定申請基準日は、贈与時期によってそれぞれ次のとおりです。

(第１種及び第２種特例贈与認定申請基準日)

①　当該贈与の日が１月１日から10月15日までのいずれかの日である場合（③の場合を除く。)	10月15日

②　当該贈与の日が10月16日から12月31日までのいずれかの日である場合	当該贈与の日
③　当該贈与の日の属する年の５月15日前に当該中小企業者の後継者又は贈与者の相続が開始した場合	当該相続の開始の日の翌日から５か月を経過する日※

※　５月15日前に相続が開始した場合、相続開始を知った日から10か月後に到来する相続税の申告期限が、贈与税の申告期限（翌年３月15日）より前に到来するため、相続税の申告期限に間に合わせるように、相続開始の日から５か月を経過する日となっています。

(30年マニュアル第２章第１節第１種特例贈与添付２ページ及び第３節第２種特例贈与添付２ページより)

③は、５月15日より前に第１種贈与をした場合において、第１種贈与者、第２種贈与者等の相続が開始した場合は、認定申請基準日等が、10月15日より先行する場合があるので注意が必要です。

(3)　認定が受けられる期間

先代経営者からの贈与の日（相続開始の日）から「第１種認定の有効期間の末日までに申告期限が到来する第２種贈与・相続」が認定の対象となります。

先代経営者以外の株主等からの贈与について、対象株式の全てについて認定が取り消された場合を除き、特例措置の適用を受けることができる期間は次の図のとおりです。

（第２種特例承継贈与の対象期間）

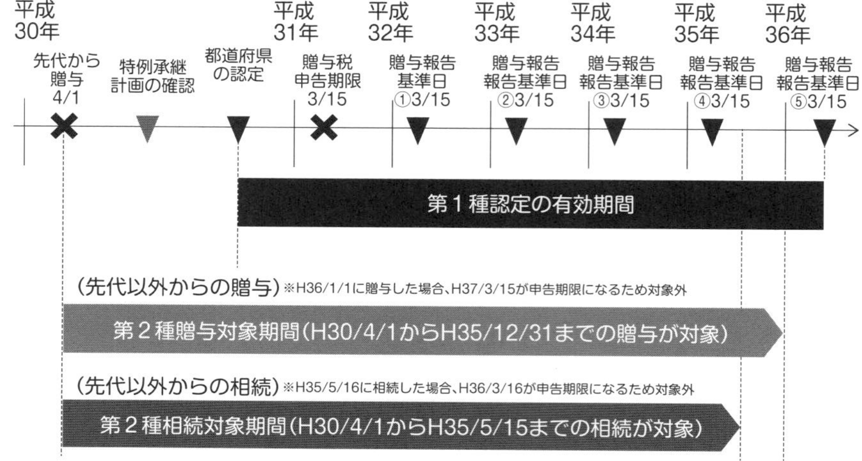

（―経営承継円滑化法―申請マニュアル　経済産業省）

２　会社の要件

贈与税の納税猶予制度の適用を受けるには、一定の認定要件に該当しなければならず、要件該当の有無に関して都道府県知事から認定を受けます。（円滑化省令６①十三）

対象会社の要件は、第１種特例贈与の認定要件と同様です。

３　（受贈者）後継者の要件

(1)　後継者要件の概要

第２種特例経営承継受贈者は、次の要件を満たす必要があります。

なお、第２種特例経営承継受贈者についても代表者であることが求められます。

・贈与時において、第２種特例経営承継受贈者とその同族関係者で過半数の議決権を有していること
・（後継者が１人の場合）同族関係者の中で最も多くの議決権数を有していること
・（後継者が複数の場合）各後継者が10％以上の議決権を有し、かつ、各後

継者が同族関係者（特例措置の適用を受ける他の後継者を除く。）のうちいずれの者が有する議決権の数をも下回らないこと
・贈与時に20歳以上の代表者であり、かつ、贈与の直前まで継続して３年以上役員であること
・贈与により取得した株式等を継続して保有していること
・その会社の株式等について、一般措置の適用を受けていないこと
・特例承継計画に記載された後継者であること

⑵　同族過半数要件

贈与によりその会社の株式等を取得した代表者であって、贈与の時において、当該代表者とその同族関係者で過半数の議決権を有していることが求められます。

また、贈与を受けた後継者が２人又は３人いる場合には、その後継者ごとにその者の親族が過半数の議決権を有しているかを判断します。

例えば、次のケースの場合、第１種特例経営承継受贈者、かつ、第２種特例経営承継受贈者である長男と、第２種特例経営承継受贈者である第三者は親族関係がないため、合算して判定できず、親族合計で過半数の議決権を有する要件を満たしておらず、認定を受けることはできません。

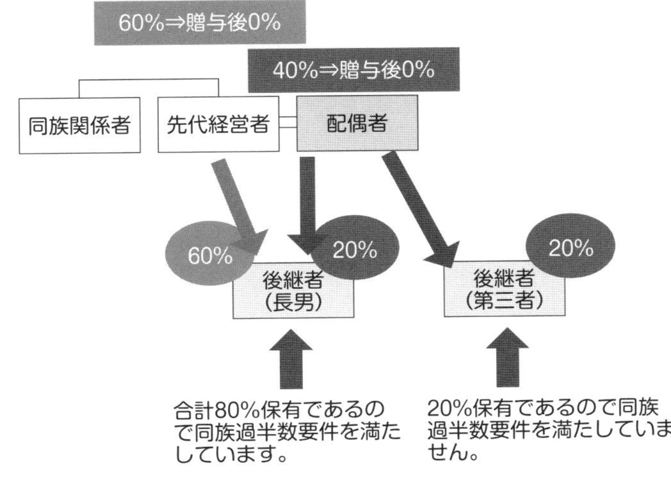

⑶　同族内筆頭要件

①　後継者が１人の場合

同一の贈与者から１人の後継者がその会社の株式の贈与を受けた場合には、その後継者は同族関係者（特例措置の適用を受ける他の後継者を除きます。）の中で最も多くの議決権数を有していることが必要です。

なお、同族関係者の中に当該後継者と同じ割合の議決権数を有する株主がいても当該後継者は最も多くの議決権数を有している者となります。

議決権数の判定は「直接保有している」割合で判定し、「間接保有している」割合は考慮に入れません。

次の例の場合、長女は、既に特例措置の適用を受けている長男を除き、最も多くの議決権を有していれば、認定を受けることが可能です。

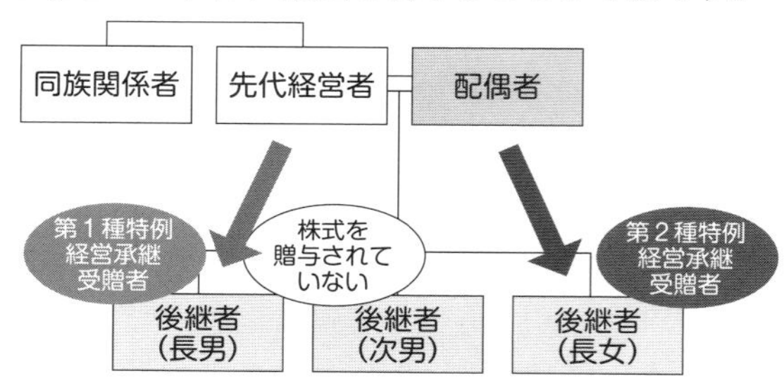

配偶者から贈与を受けた後継者は長女１人であり、
長女は後継者が１人の場合の要件を満たす必要があります。

②　後継者が複数の場合

同一の贈与者から複数の後継者がその会社の株式の贈与を受けた場合には、それぞれの後継者が、贈与後において10％以上の議決権を有し、かつ、それぞれの後継者が同族関係者（特例措置の適用を受ける他の後継者を除きます。）のうちいずれの者が有する議決権の数をも下回らないことが必要です。

同一の贈与者から複数の後継者が贈与を受けた場合には、それらの贈与のうち、最後に行われた贈与直後に有する議決権の数によって、各後継者が同族関係者のうちいずれの者が有する議決権の数をも下回らないかを判断します。

なお、同族関係者の中にその後継者と同じ割合の議決権数を有する株主がいてもその後継者は、その同族関係者（特例措置の適用を受ける他の後継者を除きます。）のうちいずれの者が有する議決権の数をも下回らない者となります。

４　贈与者の要件

① 贈与時において代表権を有していないこと

② 事業承継税制の適用に係る別の贈与者（又は被相続人）がいること

③ 既に特例措置の適用を受ける贈与をしていないこと

その贈与者が複数の後継者に贈与する場合には、同年中に限り、それぞれの後継者に対し別日に贈与しても構いません。

５　認定申請書

第２種特例贈与認定中小企業者の認定申請には、認定申請書（様式第７の４）を提出します。

第二種特例贈与認定中小企業者に係る認定申請書

認定申請書を提出する日

年　　月　　日

本店を所轄する都道府県知事名

都道府県知事名　殿

認定を受けようとする会社の情報
法人実印を押印
後継者の個人情報、個人印ではない

郵便番号
会社所在地
会　社　名
電話番号
代表者の氏名　　　　　　印

中小企業における経営の承継の円滑化に関する法律第12条第１項の認定（同法施行規則第６条第１項第13号の事由に係るものに限る。）を受けたいので、下記 のとおり申請します。

記

１　第一種特例経営承継贈与又は第一種特例経営承継相続について

本申請に係る認定にあたり必要な施行規則第６条第１項第11号又は第12号の事由に係る第一種特例経営承継贈与又は第一種特例経営承継相続の有無	□有 □無

「有」の場合	当該贈与者（当該被相続人）	
	第一種特例経営承継受贈者（第一種特例経営承継相続人）	
	□当該贈与の日 □当該相続の開始の日	年　月　日
	当該第一種特例経営承継贈与又は第一種特例経営承継相続に係る認定の有効期間（当該認定を受ける前の場合は、その見込み）	年　月　日～　年　月　日まで

2　贈与者及び第二種特例経営承継受贈者について

贈与の日		年　月　日
第二種特例贈与認定申請基準日		年　月　日
贈与税申告期限		年　月　日
第二種特例贈与認定申請基準事業年度		年　月　日から　年　月　日まで
総株主等議決権数	贈与の直前	(a)　個
	贈与の時	(b)　個
	氏名	
	贈与の時の住所	
	贈与の時の代表者への就任の有無	□有　□無
	贈与の時における過去の法第12条第1項の認定（施行規則第6	

贈与者	条第１項第11号及び第13号の事由に係るものに限る。）に係る贈与の有無	□有　□無
	贈与の直前における同族関係者との保有議	(c) ＋ (d)　個 + (d)) / (a) %
	贈与の直前における保有議決権数及びその割合	(c)　個 (c) / (a)　%
	贈与の直前における同族関係者 ／ 氏名（会社名） ／ 住所（会	保有議決権数及びそ 個 (d) / (a)　%
	（＊２）から（＊３）を控除した残数又は残額	(f) - (g)　株（円）
	贈与の直前の発行済株式又は出資（議決権の制限のない株式等に限る。）の総数又は総額（＊１）	(e)　株（円）
	（＊１）の３分の２（＊２）	(f) = (e) × 2 / 3 株(円)
	贈与の直前において経営承継受贈者が有していた株式等の数又は金額（＊３）	(g)　株（円）
	贈与の直前において贈与者が有していた株式等（議決権に制限のないものに限る。）の数又は金額	株（円）
	贈与者が贈与をした株式等（議決権の制限のないものに限る。）の数又は金額	株（円）

「%」の欄は小数点第１位までの値を記載

１株未満又は１円未満の端数切り上げ

<table>
<tr><td rowspan="11">第二種特例経営承継受贈者</td><td colspan="3">氏名</td><td colspan="2"></td></tr>
<tr><td colspan="3">住所</td><td colspan="2"></td></tr>
<tr><td colspan="3">贈与の日における年齢</td><td colspan="2"></td></tr>
<tr><td colspan="3">贈与の時における贈与者との関係</td><td colspan="2">□直系卑属
□直系卑属以外の親族
□親族外</td></tr>
<tr><td colspan="3">贈与の時における代表者への就任の有無</td><td colspan="2">□有　□無</td></tr>
<tr><td colspan="3">贈与の日前３年以上にわたる役員への就任の有無</td><td colspan="2">□有　□無</td></tr>
<tr><td colspan="3">贈与の時における過去の法第12条第１項の認定（施行規則第６条第１項第７号又は第９号の事由に係るものに限る。）に係る受贈の有無</td><td colspan="2">□有　□無</td></tr>
<tr><td colspan="3">贈与の時における同族関係者との保有議決権数の合計及びその割合</td><td colspan="2">(h) + (i) + (j)　個
((h) + (i) + (j)) / (b)
%</td></tr>
<tr><td rowspan="3">保有議決権数及びその割合</td><td>贈与の直前</td><td>(h)　個
(h) / (a)　%</td><td rowspan="2">贈与者から贈与により取得した数（＊４）</td><td rowspan="2">(i)　個</td></tr>
<tr><td>贈与の時</td><td>(h) + (i)　個
((h)+(i))/(b)
%</td></tr>
<tr><td colspan="2">（＊４）のうち租税特別措置法第70条の７の５第１項の適用を受け</td><td colspan="2">個</td></tr>
</table>

	ようとする株式等に係る議決権の数（＊５）		個	
	（＊５）のうち第二種特例贈与認定申請基準日までに譲渡した数		個	
贈与の時における同族関係者	氏名（会社名）	住所（会社所在地）	保有議決権数及びその割合	
			（m）　個 （m）／（b）　％	

3　贈与者が第二種特例経営承継受贈者へ第二種特例認定贈与株式を法第12条第１項の認定に係る贈与をする前に、当該認定贈与株式を法第12条第１項の認定に係る受贈をしている場合に記載すべき事項について

本申請に係る株式等の贈与が該当する贈与の類型	□該当無し □第一種特別贈与認定株式再贈与　□第二種特別贈与認定株式再贈与 □第一種特例贈与認定株式再贈与　□第二種特例贈与認定株式再贈与			
	氏名	認定日	左記認定番号	左記認定を受けた株式数
二種特例贈与認定中小企業者の認定贈与株式を法第12条第１項の認定に係る受贈をした者に、贈与をした者。（当該贈与をし				

た者が複数ある場合には、贈与した順にすべてを記載する。）				

※　別紙１、別紙２については、第１種特例贈与認定と同様です。

6　添付書類

第２種特例贈与認定中小企業者の認定申請には、認定申請書の他、第１種特例贈与の認定申請と同様の書類を添付しなければなりません。

ただし、第２種特例贈与認定申請基準日を基礎に添付書類を作成することになります。

7　チェックリスト

様式第７の４（第２種特例贈与）のチェックリストを利用して自己チェックを行います。

第二種特例贈与認定申請書（様式第７の４）の添付書類一覧表

添付書類一覧表の見かた

無色・・・必ず添付する書類
黄色・・・いずれかの群を必ず添付する書類
青色・・・該当する場合に限り添付する書類
緑色・・・該当する場合に限り、いずれかの群を添付する書類
根拠条文欄・・・施行規則第７条第６項の号番号を表しています。　〈例〉「1」→施行規則第７条第６項第1号
※施行規則第７条第６項は、同条第８項（第二種特例贈与の認定申請）に準用。

認定申請書（様式第７の４）	

		添付書類	根拠条文	チェック
		認定申請書（様式第７の４）の写し	柱書き	
		贈与認定申請基準日の定款の写し【認定申請日付けで原本証明】	1	
		贈与の時（直後）の株主名簿（持分会社は定款）の写し【認定申請日付けで原本証明】	2	
		贈与認定申請基準日の株主名簿の写し【認定申請日付けで原本証明】	2	
		申請会社の履歴事項全部証明書	3	
		贈与契約書の写しその他の当該贈与の事実を証する書類	4	
		贈与税の見込み額を記載した書類（贈与税の申告書一式）	4	
		従業員数証明書（表紙）	5	
		健康保険・厚生年金保険標準報酬月額決定通知書の写し	11	
		a 健康保険・厚生年金保険資格取得通知及び資格喪失通知の写し	11	
		b 健康保険・厚生年金保険加入対象外の従業員の雇用契約書及び給与明細書の写し	11	
		c 使用人兼務役員であることを証する書類	11	
A群		贈与認定申請基準事業年度の決算関係書類（貸借対照表、損益計算書、株主資本等変動計算書、個別注記表、減価償却明細表（固定資産台帳）、勘定科目内訳書、法人税申告書別表４）	6	
A群		贈与認定申請基準事業年度の事業報告書	6	
A群		d 贈与認定申請基準事業年度末日における特別子会社の株主名簿（持分会社は定款）の写し	11	
A群		d 贈与認定申請基準事業年度末日以降の履歴記載のある特別子会社の登記事項証明書	11	
A群	X群	贈与認定申請基準事業年度末日の翌日からみて直前の特別子会社の事業年度の特定資産明細表及び決算関係書類	11	
A群	X群	贈与認定申請基準事業年度末日の翌日からみて直前の特別子会社の事業年度の事業報告書	11	
A群	X群	d 贈与認定申請基準事業年度末日の翌日からみて直前の特別子会社の事業年度末日における特別子会社の特別子会社の株主名簿（持分会社は定款）の写し	11	
A群	X群	d 贈与認定申請基準事業年度末日の翌日からみて直前の特別子会社の事業年度末日以降の履歴記載のある特別子会社の特別子会社の登記事項証明書	11	
A群	X群	e 特別子会社所有の不動産を自ら使用していることを証する書類	11	
A群	X群	f 特別子会社所有の不動産の一部を自ら使用していることから、当該不動産の帳簿価格を合理的な方法で按分を行ったことを証する書類	11	
A群	X群	g 特別子会社所有の資産の売却価格を証する書類	11	
A群	Y群	特別子会社に関する従業員数証明書（表紙）	11	
A群	Y群	特別子会社に関する健康保険・厚生年金保険標準報酬月額決定通知書の写し	11	
A群	Y群	a 特別子会社に関する健康保険・厚生年金保険資格取得通知及び資格喪失通知の写し	11	
A群	Y群	b 特別子会社に関する健康保険・厚生年金保険加入対象外の従業員の雇用契約書及び給与明細書の写し	11	
A群	Y群	c 特別子会社に関する使用人兼務役員であることを証する書類	11	
A群	Y群	贈与の日前３年以内に終了した特別子会社の各事業年度の決算関係書類（法人税申告書別表４を除く）	11	
A群	Y群	贈与の日前３年以内に終了した特別子会社の各事業年度の事業報告書	11	
A群	Y群	特別子会社の従業員が勤務する物件を所有または賃借していることを証する書類	11	
A群	Y群	贈与の日まで引き続き３年以上にわたって特別子会社が業務を行っていることを証する書類	11	

	e 申請会社所有の不動産を自ら使用していることを証する書類	11	
	f 申請会社所有の不動産の一部を自ら使用していることから、当該不動産の帳簿価格を合理的な方法で按分を行ったことを証する書類	11	
	g 申請会社所有の資産の売却価格を証する書類	11	
B群	贈与の日前３年以内に終了した各事業年度の決算関係書類（法人税申告書別表４を除く）	6	
	贈与の日前３年以内に終了した各事業年度の事業報告書	6	
	従業員が勤務する物件を所有または賃借していることを証する書類	11	
	贈与の日まで引き続き３年以上にわたって業務を行っていることを証する書類	11	
上場会社等または風俗営業会社のいずれにも該当しない旨の誓約書		7	
特別子会社・特定特別子会社に関する誓約書		8	
贈与者の戸籍謄本		9	
経営承継受贈者の戸籍謄本		9	
贈与者及び経営承継受贈者の親族の戸籍謄本及び親族関係を証する戸籍謄本等		9	
h 贈与者が代表者であった時の同族関係者に該当する法人の株主名簿（持分会社は定款）の写し【原本証明】		2	
h 贈与の時の同族関係者に該当する法人の株主名簿（持分会社は定款）の写し		2	
h 贈与の前後の記載のある同族関係者に該当する法人の登記事項証明書		11	
h 同族関係者に該当する法人の議決権を有する経営承継受贈者の親族の戸籍謄本等		9, 11	
特例承継計画の変更があった場合は、変更申請書又は変更後の確認書の原本		10	
その他認定の参考となる書類（　　　）		11	
認定書交付用の返信用封筒（Ａ４サイズが入る定形外封筒。返信先宛先明記。切手貼付不要）		－	

※Ａ群及びＢ群については、Ａ群またはＢ群のいずれかの書類を添付してください

Ａ群：贈与認定申請基準事業年度の特定資産明細表の判定において資産保有型会社・資産運用型会社のいずれにも該当しないことを証する場合

Ｂ群：次に掲げる①または②のいずれかに該当する場合

① 贈与認定申請基準事業年度の特定資産明細表の判定において資産保有型会社・資産運用型会社のいずれかまたは両方に該当するが、事業実態要件（施行規則第６条第２項）に適合することを証する場合

② 資産保有型会社・資産運用型会社に該当するか否かにかかわらず、事業実態要件に適合するため、贈与認定申請基準事業年度の特定資産明細表の欄（１）から（３０）までの記載を省略する場合

a ：期間中に当該通知書の交付を受けた場合

b ：贈与の時において該当する者がいる場合

c ：贈与の時において被保険者の中に使用人兼務役員がいる場合

d ：特定資産明細表の「有価証券」の項目で「特別子会社の株式又は持分（（*2）を除く）」欄に記入をした場合

e ：特定資産明細表の「不動産」の項目で「現に自ら使用しているもの」欄に記入をした場合

f ：特定資産明細表の「不動産」の項目で、１つの物件を「現に自ら使用しているもの」欄と「現に自ら使用していないもの」欄に按分して記入をした場合

g ：期中に資産の売却があった場合

h ：申請会社の議決権を有する同族関係者に法人が含まれる場合

※Ｘ群及びＹ群については、Ｘ群またはＹ群のいずれかの書類を添付してください

Ｘ群：Ａ群の書類を添付すべき時にｄに該当した場合であって、当該特別子会社が特定資産明細表の判定において資産保有型会社・資産運用型会社のいずれにも該当しないことを証する場合

Ｙ群：次に掲げる①または②のいずれかに該当する場合

① Ａ群の書類を添付すべき時にｄに該当した場合であって、当該特別子会社が特定資産明細表の判定において資産保有型会社・資産運用型会社のいずれかまたは両方に該当するが、事業実態要件（施行規則第６条第２項）に適合することを証する場合

② Ａ群の書類を添付すべき時にｄに該当した場合であって、当該特別子会社が資産保有型会社・資産運用型会社に該当するか否かにかかわらず、事業実態要件に適合することを証する場合

6　認定申請手続――第１種特例相続の認定申請

１　認定申請の概要

⑴　認定申請

先代経営者から後継者に、株式の相続を受けることを「第１種特例相続」といいます。

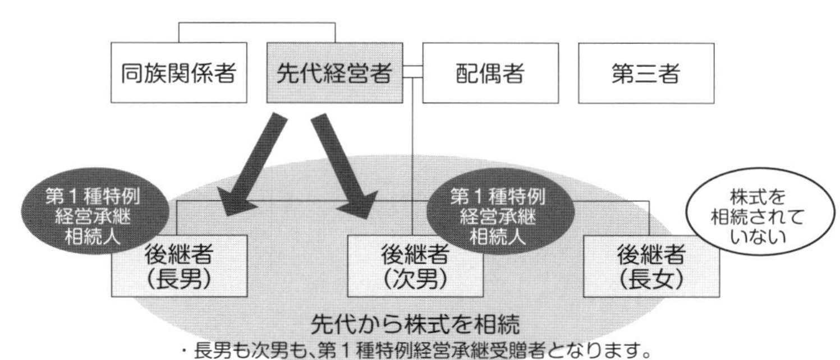

（―経営承継円滑化法―申請マニュアル　経済産業省）

相続により取得した株式等に関して、一定の要件の下、相続税の納税が猶予されます。

納税猶予の適用を受けるためには、相続の開始後に、株式を発行する法人が納税猶予の対象となる法人に該当することについて、都道府県知事から認定を受けなければなりません。

⑵　認定申請時期

相続認定申請基準日から、相続開始の日から８か月を経過する日までの間に、本社が所在する都道府県庁へ、様式第８の３を用いて認定申請しなければなりません。

第１種特例相続認定申請基準日は、次のとおりです。

（第１種特例相続認定申請基準日）

相続開始の日の翌日から５か月を経過する日

なお、相続の開始を知った日の翌日から５か月ではありません。

２　会社の要件

相続税の納税猶予制度の適用を受けるには、一定の認定要件に該当しなければならず、要件該当の有無に関して、都道府県知事から認定を受けます。

対象会社の認定要件は、第１種特例贈与の認定と同様です。

３　（相続人）後継者の要件

⑴　同族過半数要件

相続等によりその会社の株式等を取得した後継者であって、相続の開始の時において、当該後継者に係る同族関係者と合わせて過半数の議決権を有していることが求められます。

例えば次の場合、後継者である長男は過半数の議決権を有しますので、後継者要件に該当しますが、第三者は長男と親族関係がなく、合算して判定することができないため、同族過半数要件を満たせません。

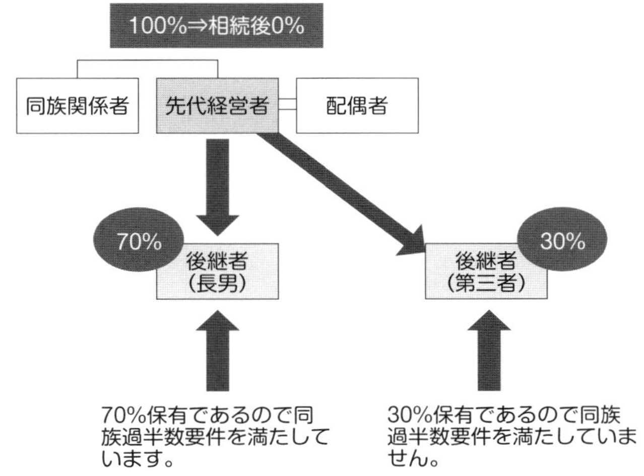

（中小企業庁 資料）

これに対して次の場合は、後継者が先代経営者と親族関係がなくても、後継者の議決権が過半数を超えますので、要件を満たすことができます。

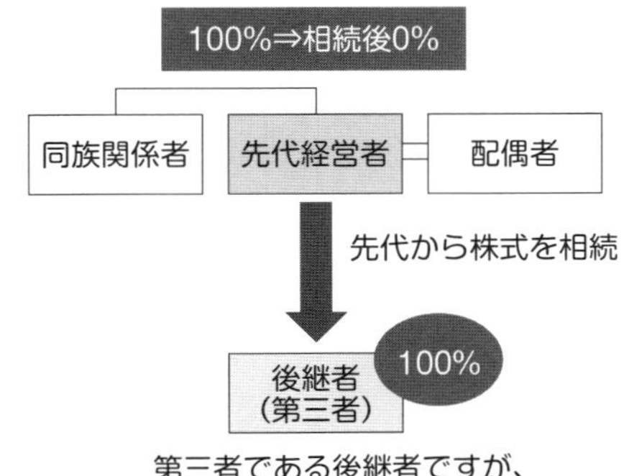

（中小企業庁 資料）

⑵　同族内筆頭要件

①　後継者が１人の場合

同一の被相続人から１人の後継者がその会社の株式を相続した場合、その後継者は同族関係者の中で最も多くの議決権を有している必要があります。

なお、同族関係者の中に当該後継者と同じ割合の議決権数を有する株主がいても当該後継者は最も多くの議決権数を有している者となります。この場合、議決権数の判定は直接保有に限られ、他の会社などを通して議決権を有する、間接保有議決権割合は考慮しません。

② 後継者が複数の場合

同一の被相続人から複数の後継者がその会社の株式を相続した場合には、各後継者が10%以上の議決権を有し、かつ、各後継者が同族関係者（特例措置の適用を受ける他の後継者を除きます。）のうちいずれの者が有する議決権の数をも下回らないことが求められます。

例えば、次の場合、長女は10%以上の議決権を有していますが、後継者でない配偶者の議決権を下回るため、要件を満たすことはできません。

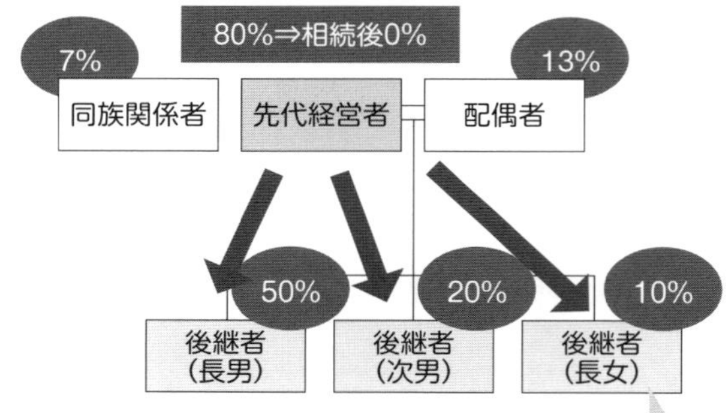

（中小企業庁 資料）

また、次の場合、長女は10%以上の議決権を有していますが、他株主の同族会社の議決権を下回り、間接保有の議決権は判定要素となりませんので、要件を満たすことはできません。一方、長男の議決権数は、第三者の議決権数を下回りますが、同族関係者の中で最も多くの議決権を有していれば足りることから、長男は要件を満たします。

なお、後継者要件は、後継者ごとに判定することから、長女が認定を受けられないことが、長男の要件の判定に影響を及ぼしません。

この事例については、第２章**28**（157ページ）の事例もみてください。

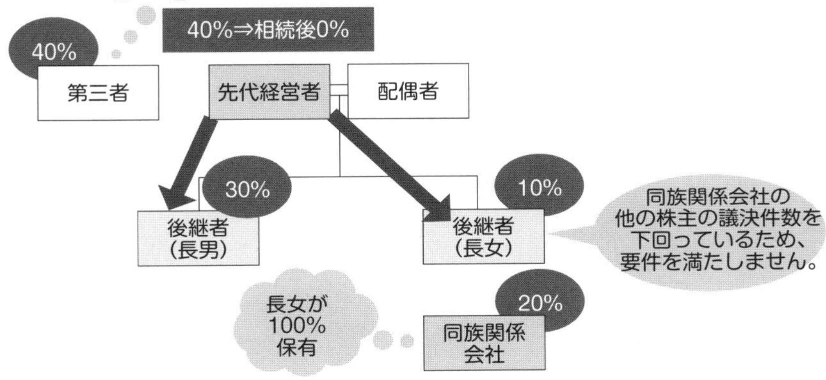

（中小企業庁 資料）

⑶　代表者要件

相続開始の直前において後継者は役員であり（先代経営者が60歳未満で死亡した場合を除きます。）、相続開始の日から５か月後に代表者であることが求められます。

この場合の役員とは、株式会社の場合には取締役、会計参与及び監査役を指し（会社法329①）、持分会社は業務執行社員を指します。（会社法590①）

⑷　保有継続要件

後継者が相続等により取得したその会社の株式等のうち納税猶予の対象とする部分の全てを所有し続けている必要があります。

⑸　一般措置の非適用要件

後継者が相続等により取得したその会社の株式等について、既に一般措置（特例適用を受けない承継）の適用を受けていないことが求められます。

⑹　承継計画記載要件

株式を相続した後継者は、特例承継計画に記載された特例後継者でなければ認定を受けることができません。

なお、特例承継計画の確認を受けた後でも、特例後継者を変更・追加することはできますが、特例後継者が特例措置の適用を受けた後は、当該特例後継者を変更することはできません。

４　（被相続人）先代経営者の要件

⑴　同族過半数要件及び同族内筆頭要件

先代経営者がその会社の代表者であった期間内のいずれかの時及び相続の開始の直前において、先代経営者とその同族関係者で議決権の過半数を保有しており、かつ、特例の適用を受ける後継者を除き、同族関係者の中で最も多くの議決権を有する者であることが求められます。

⑵　初回要件

既に特例措置の適用を受ける贈与をしている先代経営者に相続が発生した場合、その先代経営者が保有していた株式等について、第１種特例相続として認定を受けることはできません。

⑶　特例承継計画記載要件

被相続人は、特例承継計画に記載された先代経営者でなければなりません。

５　認定申請書

第１種特例相続認定中小企業者の認定申請には、認定申請書（様式第８の３）を提出します。（次ページ以下参照・中小企業庁ホームページより）

【第１種特例相続認定申請書（様式第８の３）の記載例】

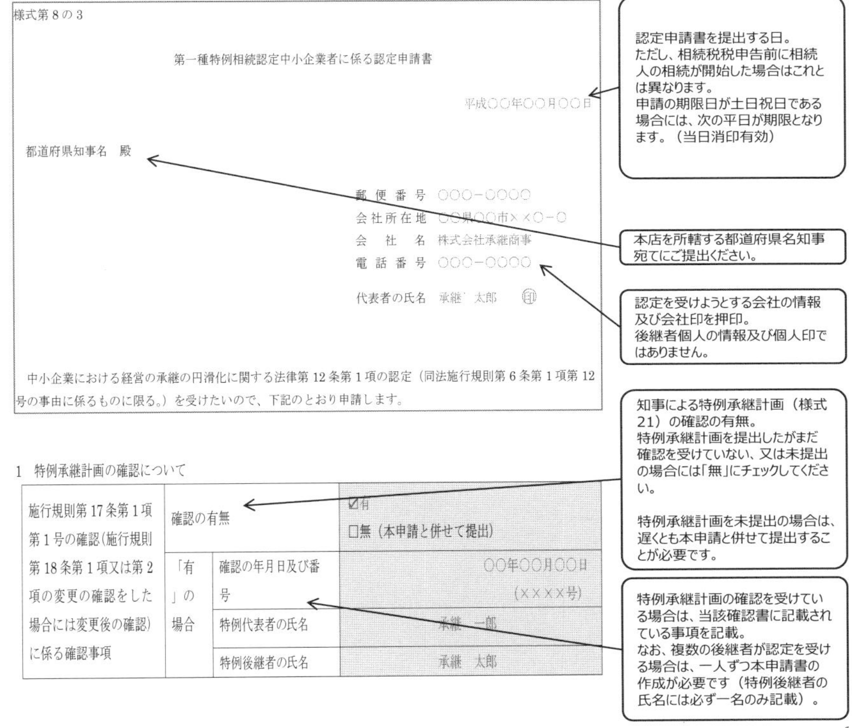

様式第８の３

第一種特例相続認定中小企業者に係る認定申請書

平成○○年○○月○○日

都道府県知事名　殿

郵便番号　○○○－○○○○
会社所在地　○○県○○市××○－○
会社名　株式会社承継商事
電話番号　○○○－○○○○
代表者の氏名　承継　太郎　㊞

中小企業における経営の承継の円滑化に関する法律第12条第１項の認定（同法施行規則第６条第１項第12号の事由に係るものに限る。）を受けたいので、下記のとおり申請します。

１　特例承継計画の確認について

施行規則第17条第１項第１号の確認(施行規則第18条第１項又は第２項の変更の確認をした場合には変更後の確認)に係る確認事項	確認の有無		☑有 □無（本申請と併せて提出）
	「有」の場合	確認の年月日及び番号	○○年○○月○○日 （××××号）
		特例代表者の氏名	承継　一郎
		特例後継者の氏名	承継　太郎

認定申請書を提出する日。
ただし、相続税税申告前に相続人の相続が開始した場合はこれとは異なります。
申請の期限日が土日祝日である場合には、次の平日が期限となります。（当日消印有効）
本店を所轄する都道府県名知事宛てにご提出ください。
認定を受けようとする会社の情報及び会社印を押印。
後継者個人の情報及び個人印ではありません。
知事による特例承継計画（様式21）の確認の有無。
特例承継計画を提出したがまだ確認を受けていない、又は未提出の場合には「無」にチェックしてください。
特例承継計画を未提出の場合は、遅くとも本申請と併せて提出することが必要です。
特例承継計画の確認を受けている場合は、当該確認書に記載されている事項を記載。
なお、複数の後継者が認定を受ける場合は、一人ずつ本申請書の作成が必要です（特例後継者の氏名には必ず一名のみ記載）。

1

2　被相続人及び第一種特例経営承継相続人について

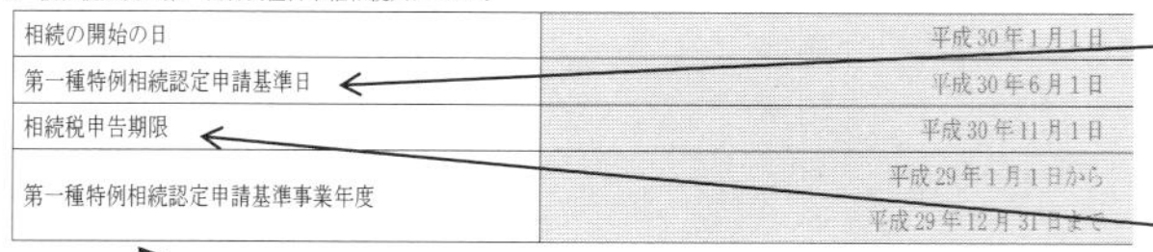

相続の開始の日	平成30年1月1日
第一種特例相続認定申請基準日	平成30年6月1日
相続税申告期限	平成30年11月1日
第一種特例相続認定申請基準事業年度	平成29年1月1日から 平成29年12月31日まで

相続認定申請基準日とは、相続開始の日の翌日から5カ月を経過する日(応当日)です。

申告期限の日が日曜日・祝日などの休日又は土曜日に当たるときは、これらの日の翌日が相続税の申告期限となります。

第一種特例相続認定申請基準事業年度
①～③の事業年度を合わせた期間をいいます。

①	相続開始の日からみて直前の事業年度
②	相続認定申請基準日の翌日からみて直前の事業年度
③	(1)と(2)の間の各事業年度

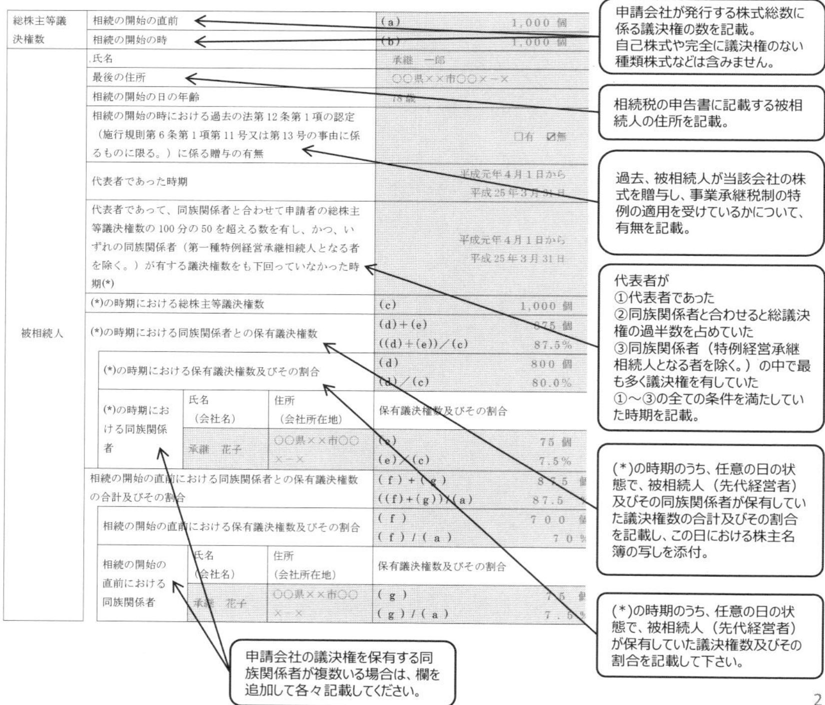

<table>
<tr><td rowspan="2">総株主等議決権数</td><td colspan="3">相続の開始の直前</td><td>(a)　1,000 個</td></tr>
<tr><td colspan="3">相続の開始の時</td><td>(b)　1,000 個</td></tr>
<tr><td rowspan="16">被相続人</td><td colspan="3">氏名</td><td>承継　一郎</td></tr>
<tr><td colspan="3">最後の住所</td><td>○○県××市○○×－×</td></tr>
<tr><td colspan="3">相続の開始の日の年齢</td><td>78 歳</td></tr>
<tr><td colspan="3">相続の開始の時における過去の法第12条第1項の認定（施行規則第6条第1項第11号又は第13号の事由に係るものに限る。）に係る贈与の有無</td><td>□有　☑無</td></tr>
<tr><td colspan="3">代表者であった時期</td><td>平成元年4月1日から
平成25年3月31日</td></tr>
<tr><td colspan="3">代表者であって、同族関係者と合わせて申請者の総株主等議決権数の100分の50を超える数を有し、かつ、いずれの同族関係者（第一種特例経営承継相続人となる者を除く。）が有する議決権数をも下回っていなかった時期(*)</td><td>平成元年4月1日から
平成25年3月31日</td></tr>
<tr><td colspan="3">(*)の時期における総株主等議決権数</td><td>(c)　1,000 個</td></tr>
<tr><td colspan="3">(*)の時期における同族関係者との保有議決権数</td><td>(d)＋(e)　875 個
((d)＋(e))／(c)　87.5%</td></tr>
<tr><td colspan="3">(*)の時期における保有議決権数及びその割合</td><td>(d)　800 個
(d)／(c)　80.0%</td></tr>
<tr><td rowspan="2">(*)の時期における同族関係者</td><td>氏名
（会社名）</td><td>住所
（会社所在地）</td><td>保有議決権数及びその割合</td></tr>
<tr><td>承継　花子</td><td>○○県××市○○×－×</td><td>(e)　75 個
(e)／(c)　7.5%</td></tr>
<tr><td colspan="3">相続の開始の直前における同族関係者との保有議決権数の合計及びその割合</td><td>(f)＋(g)　875 個
((f)＋(g))/(a)　87.5 %</td></tr>
<tr><td colspan="3">相続の開始の直前における保有議決権数及びその割合</td><td>(f)　700 個
(f)/(a)　70%</td></tr>
<tr><td rowspan="2">相続の開始の直前における同族関係者</td><td>氏名
(会社名)</td><td>住所
(会社所在地)</td><td>保有議決権数及びその割合</td></tr>
<tr><td>承継　花子</td><td>○○県××市○○×－×</td><td>(g)　75 個
(g)/(a)　7.5%</td></tr>
</table>

申請会社が発行する株式総数に係る議決権の数を記載。
自己株式や完全に議決権のない種類株式などは含みません。

相続税の申告書に記載する被相続人の住所を記載。

過去、被相続人が当該会社の株式を贈与し、事業承継税制の特例の適用を受けているかについて、有無を記載。

代表者が
①代表者であった
②同族関係者と合わせると総議決権の過半数を占めていた
③同族関係者（特例経営承継相続人となる者を除く。）の中で最も多く議決権を有していた
①～③の全ての条件を満たしていた時期を記載。

(*)の時期のうち、任意の日の状態で、被相続人（先代経営者）及びその同族関係者が保有していた議決権数の合計及びその割合を記載し、この日における株主名簿の写しを添付。

(*)の時期のうち、任意の日の状態で、被相続人（先代経営者）が保有していた議決権数及びその割合を記載して下さい。

申請会社の議決権を保有する同族関係者が複数いる場合は、欄を追加して各々記載してください。

2

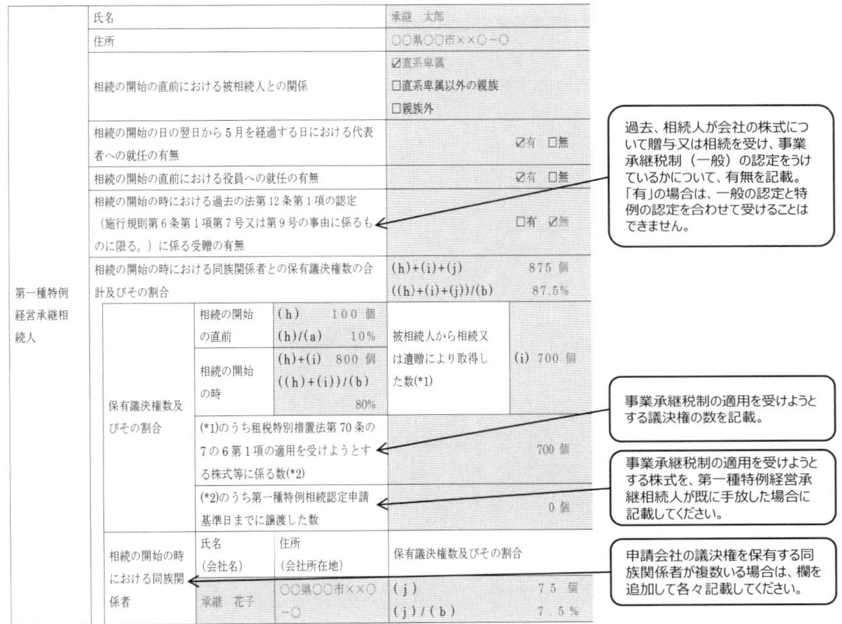

第一種特例経営承継相続人	氏名				承継　太郎
	住所				○○県○○市××○－○
	相続の開始の直前における被相続人との関係				☑直系卑属 ☐直系卑属以外の親族 ☐親族外
	相続の開始の日の翌日から５月を経過する日における代表者への就任の有無				☑有　☐無
	相続の開始の直前における役員への就任の有無				☑有　☐無
	相続の開始の時における過去の法第12条第１項の認定（施行規則第６条第１項第７号又は第９号の事由に係るものに限る。）に係る受贈の有無				☐有　☑無
	相続の開始の時における同族関係者との保有議決権数の合計及びその割合				(h)+(i)+(j)　875個 ((h)+(i)+(j))/(b)　87.5%
	保有議決権数及びその割合	相続の開始の直前	(h)　100個 (h)/(a)　10%	被相続人から相続又は遺贈により取得した数(*1)	(i)　700個
		相続の開始の時	(h)+(i)　800個 ((h)+(i))/(b)　80%		
		(*1)のうち租税特別措置法第70条の7の6第1項の適用を受けようとする株式等に係る数(*2)			700個
		(*2)のうち第一種特例相続認定申請基準日までに譲渡した数			0個
	相続の開始の時における同族関係者	氏名（会社名）	住所（会社所在地）	保有議決権数及びその割合	
		承継　花子	○○県○○市××○－○	(j)　75個 (j)/(b)　7.5%	

3

別紙１の記載例

- 明細を申請書に書ききれない場合等には、別紙（形式自由、A4）を用いても差し支えありません。
- **認定申請事業年度が２期分になる場合には、事業年度ごとに別紙１を複数作成してください。**
- **事業実態要件を満たすことにより、資産保有型会社及び資産運用型会社に該当しない場合には、緑の欄は記載不要です。事業実態があることを証明する書類等を添付してください。**

（36ページ参照）

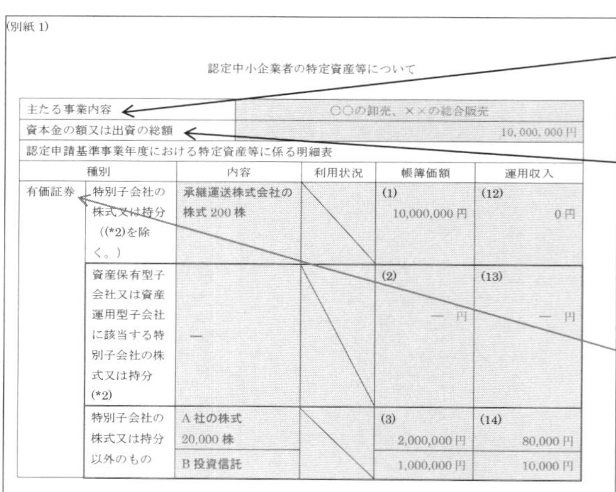

(別紙 1)

認定中小企業者の特定資産等について

主たる事業内容		○○の卸売、××の総合販売			
資本金の額又は出資の総額					10,000,000円
認定申請基準事業年度における特定資産等に係る明細表					
種別		内容	利用状況	帳簿価額	運用収入
有価証券	特別子会社の株式又は持分（(*2)を除く。）	承継運送株式会社の株式 200株		(1) 10,000,000円	(12) 0円
	資産保有型子会社又は資産運用型子会社に該当する特別子会社の株式又は持分 (*2)	—		(2) — 円	(13) — 円
	特別子会社の株式又は持分以外のもの	A社の株式 20,000株		(3) 2,000,000円	(14) 80,000円
		B投資信託		1,000,000円	10,000円

4

不動産	現に自ら使用しているもの	〇〇県〇〇市〇〇×－×		(4) 100,000,000 円	(15) 6,000,000 円
		同上所在の建物	本社	50,000,000 円	
		上記に係る建物付属設備（電気工事一式）		500,0000 円	
		〇〇県△△市〇〇×－×所在の土地 600 ㎡のうち３分の２部分	営業所及び従業員宿舎	120,000,000 円	0 円
		同上所在の建物のうち 3F～6F 部分		30,000,000 円	
		上記に係る建物付属設備（電気工事）		1,000,000 円	
	現に自ら使用していないもの	〇〇県△△市〇〇×－×所在の土地 600m ㎡のうち３分の２部分	子会社（承継運送株式会社）へ賃貸	(5) 60,000,000 円	(16) 0 円
		同上所在の建物のうち 1F、2F 部分		15,000,000 円	
		上記に係る建物付属設備（電気工事）		250,000 円	
ゴルフ場その他の施設の利用に関する権利	事業の用に供することを目的として有するもの	―	―	(6) ― 円	(17) ― 円
	事業の用に供することを目的としないで有するもの	Ｃゴルフクラブ会員権		(7) 3,000,000 円	(18) 0 円
		Ｄリゾート会員権		1,000,000 円	0 円
絵画、彫刻、工芸品その他の有形の文化的所産である動産、貴金属及び宝石	事業の用に供することを目的として有するもの	―	―	(8) ― 円	(19) ― 円
	事業の用に供することを目的としないで有するもの	絵画Ｅ	社長室展示用	(9) 0 円	(20) 2,000,000 円

(4)(15)不動産とは、土地、借地権、建物、建物と一体不可分の付属設備及び建物と同一視できる構築物が該当します。

内容欄には、申請会社の資産のうち上記に該当するものすべてを、所在・面積及び種別がわかるように具体的に記載。

利用状況欄には、申請会社が事業用として使用しているか否かがわかるように記載。
（自ら使用の例：本社、支店、工場、従業員宿舎
自ら使用ではない例：販売用土地、賃貸マンション、役員住宅、遊休地）

帳簿価格欄には、それぞれについて期末簿価で金額を記載。

運用収入欄には、期中の賃貸料収入などのほかに期中に売却をした場合の対価も含まれます。

(5)(16)同一の土地・建物の中に、自社利用している部分とそうでない部分がある場合は、床面積割合など合理的な方法により按分をして記載。

(6)(7)(17)(18)ゴルフ場その他の施設の利用に関する権利

(8)(9)(19)(20)絵画、彫刻、工芸品その他の有形文化的所産である動産、貴金属及び宝石

において、事業の用に供する目的のものには、例えばゴルフ会員権販売事業者が保有する在庫、古物商や貴金属販売店が保有する在庫（棚卸資産）などが該当します。他方、接待用で所有しているものは、事業用以外のものに該当します。

5

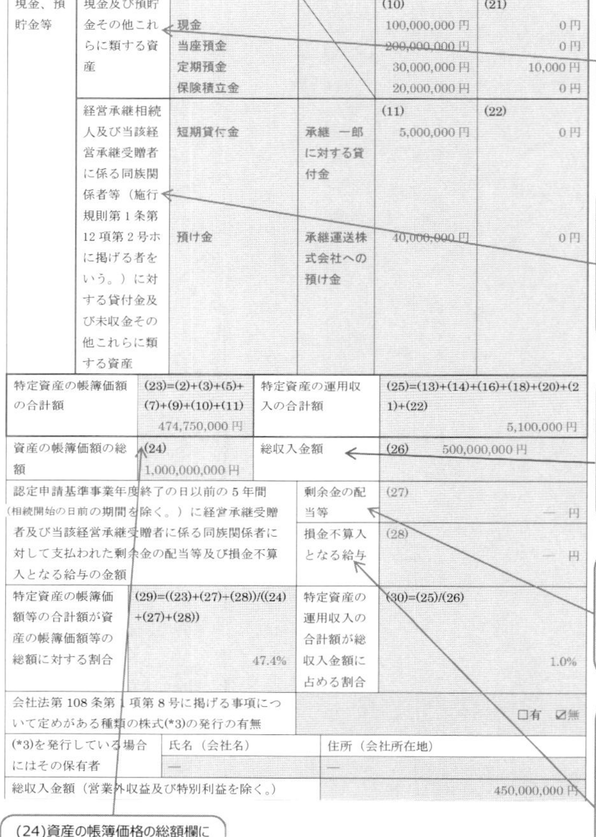

現金、預貯金等	現金及び預貯金その他これらに類する資産	現金 当座預金 定期預金 保険積立金		(10) 100,000,000 円 200,000,000 円 30,000,000 円 20,000,000 円	(21) 0 円 0 円 10,000 円 0 円
	経営承継相続人及び当該経営承継受贈者に係る同族関係者等（施行規則第1条第12項第2号ホに掲げる者をいう。）に対する貸付金及び未収金その他これらに類する資産	短期貸付金	承継 一郎に対する貸付金	(11) 5,000,000 円	(22) 0 円
		預け金	承継運送株式会社への預け金	40,000,000 円	0 円

特定資産の帳簿価額の合計額	(23)=(2)+(3)+(5)+(7)+(9)+(10)+(11) 474,750,000 円	特定資産の運用収入の合計額	(25)=(13)+(14)+(16)+(18)+(20)+(21)+(22) 5,100,000 円
資産の帳簿価額の総額	(24) 1,000,000,000 円	総収入金額	(26) 500,000,000 円
認定申請基準事業年度終了の日以前の5年間（相続開始の日前の期間を除く。）に経営承継受贈者及び当該経営承継受贈者に係る同族関係者に対して支払われた剰余金の配当等及び損金不算入となる給与の金額		剰余金の配当等	(27) — 円
		損金不算入となる給与	(28) — 円
特定資産の帳簿価額等の合計額が資産の帳簿価額等の総額に対する割合	(29)=((23)+(27)+(28))/((24)+(27)+(28)) 47.4%	特定資産の運用収入の合計額が総収入金額に占める割合	(30)=(25)/(26) 1.0%
会社法第108条第1項第8号に掲げる事項について定めがある種類の株式(*3)の発行の有無			□有 ☑無
(*3)を発行している場合にはその保有者	氏名（会社名） —	住所（会社所在地） —	
総収入金額（営業外収益及び特別利益を除く。）			450,000,000 円

(10)(21)現預金その他これらに類する資産とは、申請会社の資産のうち現金や各種預貯金以外にも、これらと同視しうる積立金なども該当します。

(11)(22)貸付金及び未収金その他これらに類する資産とは、申請会社の資産（債権）のうち、相続人及びその同族関係者に対する預け金や差入保証金、立替金等も該当します。
利用状況欄には、貸付金・未収入金の債務者氏名又は会社名を記載して下さい。

総収入金額には損益計算書の（売上高）＋（営業外収益）＋（特別利益）の合計額を記載してください。
ただし、期中に固定資産や有価証券などの売却がある場合は、損益に関わらず売却対価に直してから金額を加算し、当該年度の総収入金額を算出してください。

剰余金の配当欄には、該当期間中に相続人及びその同族関係者に対して支払った剰余金や利益の配当金額の、該当期間における合計金額を記載してください。

損金不算入給与欄には、当該期間中に相続人及びその同族関係者に対して支払われた給与のうち、法人税法第34条及び第36条の規定により損金の額に算入されない金額があった場合に、その合計金額を記載してください。
損金不算入となった金額が、いつの支払い日の給与から算出すべきか特定できない場合は、事業年度に対する該当期間の日数按分で算出してください。

(24)資産の帳簿価格の総額欄には、貸借対照表の資産の部の合計額（以下の留意点に気をつけてください。）を記載して下さい。

※資産の帳簿価額の総額欄の留意点

1. 貸借対照表に計上されている帳簿価額を用いて計算してください。
2. 減価償却資産・特別償却適用資産・圧縮記帳適用資産については、それぞれ対応する減価償却累計額・特別償却準備金・圧縮積立金等を控除した後の帳簿価額を用いてください（直接減額方式にあわせて計算します）。
3. 貸倒引当金・投資損失引当金等の評価性引当金については、資産の帳簿価額の総額・特定資産の帳簿価額の合計額から控除する前（引当前）の金額を記載してください。

別紙２の記載例

（別紙 2）

認定中小企業者の常時使用する従業員の数及び特別子会社について

1　認定中小企業者が常時使用する従業員の数について

常時使用する従業員の数		贈与の時 (a)+(b)+(c)-(d) 100 人
	厚生年金保険の被保険者の数	(a) 95 人
	厚生年金保険の被保険者ではなく健康保険の被保険者である従業員の数	(b) 7 人
	厚生年金保険・健康保険のいずれの被保険者でもない従業員の数	(c) 1 人
	役員（使用人兼務役員を除く。）の数	(d) 3 人

(a)欄には、厚生年金保険に加入している人数を記載してください。ただし、平均的な従業員と比して労働時間が４分の３に満たない短時間労働者などは含みません。

(b)欄には、厚生年金保険の加入対象外で健康保険のみに加入している人数を記載してください。（例：70歳以上の従業員または役員）

(c)欄には、社会保険加入対象外の常時使用する従業員数を記載して下さい。（例：75歳以上の従業員）ただし、平均的な従業員と比して労働時間が４分の３に満たない短時間労働者などは含みません。

(d) 欄には、(a)(b)または(e)(f)でカウントした方のうち役員の数を記載してください（申請会社にいる全役員の人数ではありません）。なお、役員とは、株式会社の場合には取締役、会計参与及び監査役を指しますが、使用人兼務役員の方は含みません。

7

2　相続の開始の時以後における特別子会社について

区分			特定特別子会社に　該当　/　非該当
会社名			承継運送株式会社
会社所在地			○○県△△市○○×－×
主たる事業内容			運輸業
資本金の額又は出資の総額			10,000,000 円
総株主等議決権数			(a)　100 個
株主又は社員	氏名（会社名）	住所（会社所在地）	保有議決権数及びその割合
	株式会社 承継商事	○○県○○市○－○－○	(b)　100 個 (b)/(a)　100%

相続開始の時以後に特別子会社が複数ある場合は、表を追加してそれぞれ記載してください。なお、特別子会社が特定特別子会社に該当するかどうかも記載してください。

それぞれの定義は下記のとおりです。会社法上の子会社の定義とは異なりますのでご注意ください。

議決権を有する株主(持分会社の場合は社員)を、欄を追加するなどして全て記載して下さい。

相続の開始の時以後で、従業員数が一番多かった時点の従業員の数を記載して下さい。

特別子会社

次に掲げる者により、その総株主議決権数の過半数を保有される会社
（１）中小企業者
（２）代表者
（３）代表者の親族（配偶者、６親等内の血族及び３親等内の姻族）
（４）代表者と事実上婚姻関係にある者など特別の関係がある者
（５）次に掲げる会社
①（２）～（４）により総株主議決権数の過半数を保有されている会社
②（２）～（４）及びこれと（５）①の関係がある会社により総株主議決権数の過半数を保有されている会社
③（２）～（４）及びこれと（５）①又は（５）②の関係がある会社により総株主議決権数の過半数を保有されている会社

特定特別子会社

次に掲げる者により、その総株主議決権数の過半数を保有される会社
（１）中小企業者
（２）代表者
（３）代表者と生計を一にする親族
（４）代表者と事実上婚姻関係にある者など特別の関係がある者
（５）次に掲げる会社
①（２）～（４）により総株主議決権数の過半数を保有されている会社
②（２）～（４）及びこれと（５）①の関係がある会社により総株主議決権数の過半数を保有されている会社
③（２）～（４）及びこれと（５）①又は（５）②の関係がある会社により総株主議決権数の過半数を保有されている会社

６　添付書類

第１種特例相続認定中小企業者の認定申請には、認定申請書のほか、第１種特例贈与認定申請とほぼ同様の書類を添付しなければなりません。

この場合、第１種特例相続認定申請基準日である、相続の開始の日の翌日から５か月を経過する日を基礎に添付書類を作成します。

⑴　遺言書又は遺産分割協議書の写し及び相続税額の見込額を記載した書類

第１種特例贈与認定申請には、贈与契約書を添付しますが、第１種特例相続認定申請には、遺言書又は遺産分割協議書の写しを添付します。

また、相続税の見込額を記載した書類の様式は定められておりませんが、①１株当たりの評価額、②後継者が相続を受けた株式数、③納税猶予を受けようとする相続税額、④相続時精算課税の適用を受ける場合にはその旨の記載を要するため、一般的には相続税の申告書のうち、第１表、第８の２表及びその付表、第11表を用いる実務が多いと考えられます。

なお、認定申請書に添付した書面に記載した相続税見込み額と、実際に申告をした相続税額が異なっていたとしても、相続税が生じている限り問題はありません。

⑵　従業員数証明書

相続開始の日における従業員数証明書に法人の実印を押印し、①厚生年金保険の標準報酬月額決定通知書、②健康保険の標準報酬月額決定通知書など、従業員数が明らかになる社会保険関連の書面の添付を要します。

（従業員数証明の事例）

平成●●年●月●●日

従業員数証明書

●●県知事殿

中小鋳造株式会社
代表取締役　中小一郎　（法人実印）

平成○○年○月○日における当社の従業数は○○人であることを証明します。

平成●●年●月●●日は、証明書発行日を、平成○○年○月○日は、相続開始日を記載します。

7　チェックリスト

様式第８の３（第１種特例相続）の提出に関して、次のチェックリストを利用して自己チェックを行います。

第一種特例相続認定申請書（様式第８の３）の添付書類一覧表

添付書類一覧表の見かた
無色・・・必ず添付する書類
黄色・・・いずれかの群を必ず添付する書類
青色・・・該当する場合に限り添付する書類
緑色・・・該当する場合に限り、いずれかの群を添付する書類
根拠条文欄・・・施行規則第７条第７項の号番号を表しています。　〈例〉「1」→施行規則第７条第７項第1号

認定申請書（様式第８の３）	

		添付書類	根拠条文	チェック
		認定申請書（様式第８の３）の写し	柱書き	
		相続認定申請基準日の定款の写し【認定申請日付けで原本証明】	1	
		被相続人が代表者であった時の株主名簿(持分会社は定款)の写し【認定申請日付けで原本証明】	2	
		相続開始の直前の株主名簿(持分会社は定款)の写し【認定申請日付けで原本証明】	2	
		相続開始の時の株主名簿(持分会社は定款)の写し【認定申請日付けで原本証明】	2	
		相続認定申請基準日の株主名簿の写し【認定申請日付けで原本証明】	2	
		申請会社の履歴事項全部証明書※左記証明書に、先代経営者が代表者であった旨の記載がない場合は、先代経営者が代表者であった旨の記載がある閉鎖事項証明書も併せて添付	3	
		遺言書の写し、遺産分割協議書の写しその他の当該株式の取得の事実を証する書類	4	
		相続税の見込み額を記載した書類（相続税の申告書第１表、第８の２表及びその付表、第１１表）	4	
		従業員数証明書（表紙）	5	
		健康保険・厚生年金保険標準報酬月額決定通知書の写し	11	
		a 健康保険・厚生年金保険資格取得通知及び資格喪失通知の写し	11	
		b 健康保険・厚生年金保険加入対象外の従業員の雇用契約書及び給与明細書の写し	11	
		c 使用人兼務役員であることを証する書類	11	
A群		相続認定申請基準事業年度の決算関係書類（貸借対照表、損益計算書、株主資本等変動計算書、個別注記表、減価償却明細表(固定資産台帳)、勘定科目内訳書、法人税申告書別表４）	6	
		相続認定申請基準事業年度の事業報告書	6	
		d 相続認定申請基準事業年度末日における特別子会社の株主名簿(持分会社は定款)の写し	11	
		d 相続認定申請基準事業年度末日以降の履歴記載のある特別子会社の登記事項証明書	11	
	X群	相続認定申請基準事業年度末日の翌日からみて直前の特別子会社の事業年度の特定資産明細表及び決算関係書類	11	
		相続認定申請基準事業年度末日の翌日からみて直前の特別子会社の事業年度の事業報告書	11	
		d 相続認定申請基準事業年度末日の翌日からみて直前の特別子会社の事業年度末日における特別子会社の特別子会社の株主名簿(持分会社は定款)の写し	11	
		d 相続認定申請基準事業年度末日の翌日からみて直前の特別子会社の事業年度末日以降の履歴記載のある特別子会社の特別子会社の登記事項証明書	11	
		e 特別子会社所有の不動産を自ら使用していることを証する書類	11	
		f 特別子会社所有の不動産の一部を自ら使用していることから、当該不動産の帳簿価格を合理的な方法で按分を行ったことを証する書類	11	
		g 特別子会社所有の資産の売却価格を証する書類	11	
	Y群	特別子会社に関する従業員数証明書（表紙）	11	
		特別子会社に関する健康保険・厚生年金保険標準報酬月額決定通知書の写し	11	
		a 特別子会社に関する健康保険・厚生年金保険資格取得通知及び資格喪失通知の写し	11	
		b 特別子会社に関する健康保険・厚生年金保険加入対象外の従業員の雇用契約書及び給与明細書の写し	11	
		c 特別子会社に関する使用人兼務役員であることを証する書類	11	
		相続開始の日前３年以内に終了した特別子会社の各事業年度の決算関係書類（法人税申告書別表４を除く）	11	
		相続開始の日前３年以内に終了した特別子会社の各事業年度の事業報告書	11	
		特別子会社の従業員が勤務する物件を所有または賃借していることを証する書類	11	

	書類	様式	
	相続開始の日まで引き続き３年以上にわたって特別子会社が業務を行っていることを証する書類	11	
	e 申請会社所有の不動産を自ら使用していることを証する書類	11	
	f 申請会社所有の不動産の一部を自ら使用していることから、当該不動産の帳簿価格を合理的な方法で按分を行ったことを証する書類	11	
	g 申請会社所有の資産の売却価格を証する書類	11	
B群	相続開始の日前３年以内に終了した各事業年度の決算関係書類（法人税申告書別表４を除く）	6	
B群	相続開始の日前３年以内に終了した各事業年度の事業報告書	6	
B群	従業員が勤務する物件を所有または賃借していることを証する書類	11	
B群	相続開始の日まで引き続き３年以上にわたって業務を行っていることを証する書類	11	
	上場会社等または風俗営業会社のいずれにも該当しない旨の誓約書	7	
	特別子会社・特定特別子会社に関する誓約書	8	
	被相続人の除籍謄本	9	
	経営承継相続人の戸籍謄本	9	
	経営承継相続人の親族の戸籍謄本及び親族関係を証する戸籍謄本等	9	
	特例承継計画又はその確認書（変更があった場合は、変更申請書又は変更後の確認書）の原本	10	
	h 被相続人が代表者であった時の同族関係者に該当する法人の株主名簿（持分会社は定款）の写し【原本証明】	2	
	h 相続開始の時の同族関係者に該当する法人の株主名簿（持分会社は定款）の写し【原本証明】	2	
	h 相続開始の前後の記載のある同族関係者に該当する法人の登記事項証明書	11	
	h 同族関係者に該当する法人の議決権を有する経営承継相続人の親族の戸籍謄本等	9, 11	
	事前確認を受けている場合は、その確認書（変更確認書を含む）の原本	10	
	その他認定の参考となる書類（　　　　　　　　　　　　　　　）	11	
	認定書交付用の返信用封筒（Ａ４サイズが入る定形外封筒。返信先宛先明記。切手貼付不要）	－	

※Ａ群及びＢ群については、Ａ群またはＢ群のいずれかの書類を添付してください

Ａ群：相続認定申請基準事業年度の特定資産明細表の判定において資産保有型会社・資産運用型会社のいずれにも該当しないことを証する場合

Ｂ群：次に掲げる①または②のいずれかに該当する場合

① 相続認定申請基準事業年度の特定資産明細表の判定において資産保有型会社・資産運用型会社のいずれかまたは両方に該当するが、事業実態要件（施行規則第６条第２項）に適合することを証する場合

② 資産保有型会社・資産運用型会社に該当するか否かにかかわらず、事業実態要件に適合するため、相続認定申請基準事業年度の特定資産明細表の欄（１）から（３０）までの記載を省略する場合

a ：期間中に当該通知書の交付を受けた場合

b ：相続の開始の時において該当する者がいる場合

c ：相続の開始の時において被保険者の中に使用人兼務役員がいる場合

d ：特定資産明細表の「有価証券」の項目で「特別子会社の株式又は持分（(*2)を除く）」欄に記入をした場合

e ：特定資産明細表の「不動産」の項目で「現に自ら使用しているもの」欄に記入をした場合

f ：特定資産明細表の「不動産」の項目で、１つの物件を「現に自ら使用しているもの」欄と「現に自ら使用していないもの」欄に按分して記入をした場合

g ：期中に資産の売却があった場合

h ：申請会社の議決権を有する同族関係者に法人が含まれる場合

※Ｘ群及びＹ群については、Ｘ群またはＹ群のいずれかの書類を添付してください

Ｘ群：Ａ群の書類を添付すべき時にｄに該当した場合であって、当該特別子会社が特定資産明細表の判定において資産保有型会社・資産運用型会社のいずれにも該当しないことを証する場合

Ｙ群：次に掲げる①または②のいずれかに該当する場合

① Ａ群の書類を添付すべき時にｄに該当した場合であって、当該特別子会社が特定資産明細表の判定において資産保有型会社・資産運用型会社のいずれかまたは両方に該当するが、事業実態要件（施行規則第６条第２項）に適合することを証する場合

② Ａ群の書類を添付すべき時にｄに該当した場合であって、当該特別子会社が資産保有型会社・資産運用型会社に該当するか否かにかかわらず、事業実態要件に適合することを証する場合

7　認定申請手続――第２種特例相続の認定申請

1　認定申請の概要

(1)　認定申請

先代経営者からの贈与又は相続以後、一定の期間内に行われた株主からの相続を「第２種特例相続」といいます。

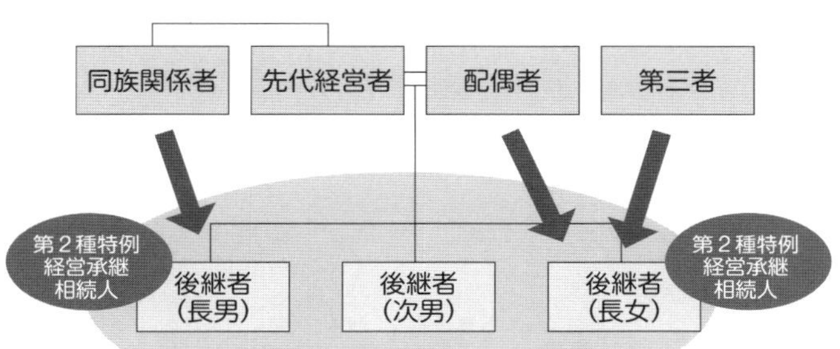

（―経営承継円滑化法―申請マニュアル　経済産業省）

第１種特例贈与・相続に追随して、株主の相続により取得した株式等に関して、一定の要件の下、相続税の納税が猶予されます。

納税猶予の適用を受けるためには、相続の開始後に、株式を発行する法人が納税猶予の対象となる法人に該当することについて、都道府県知事から認定を受けなければなりません。

(2)　認定申請時期

相続認定申請基準日から、相続開始の日の翌日から８か月を経過する日までの間に、本社が所在する都道府県庁へ、様式第８の４を用いて認定申請しなければなりません。

第２種特例相続認定申請基準日は、次のとおりです。

（第２種特例相続認定申請基準日）

相続開始の日の翌日から５か月を経過する日

なお、相続の開始を知った日の翌日から５か月ではありません。

⑶　認定が受けられる期間

先代経営者からの贈与の日（相続開始の日）から「第１種認定の有効期間の末日までに申告期限が到来する第２種贈与・相続」が認定の対象となります。

先代経営者以外の株主等からの相続について、対象株式の全てについて認定が取り消された場合を除き、特例措置の適用を受けることができる期間は次の図のとおりです。

（第２種特例承継相続の対象期間）

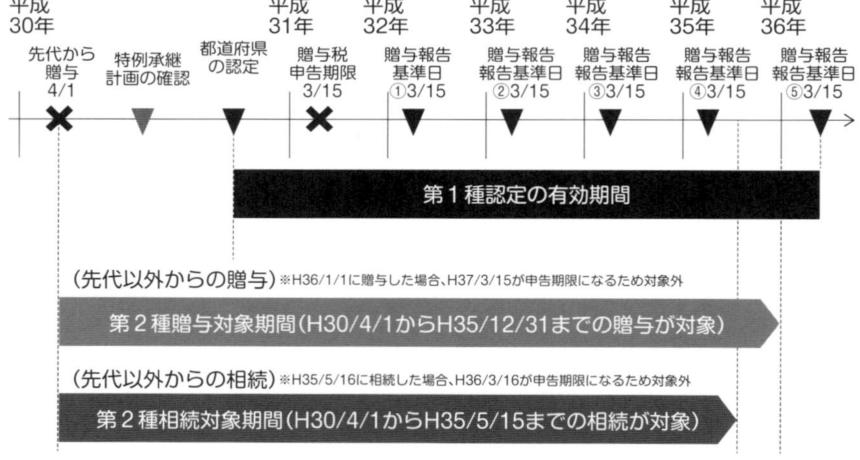

（―経営承継円滑化法―申請マニュアル　経済産業省）

2　会社の要件

相続税の納税猶予制度の適用を受けるには、一定の認定要件に該当しなければならず、要件該当の有無に関して都道府県知事から認定を受けます。（円滑化省令６①十四）

対象会社の要件は、第１種特例相続の認定要件とほぼ同様です。

３　（相続人）後継者の要件

(1)　後継者要件の概要

第２種特例経営承継相続人は、次の要件を満たす必要があります。

なお、第２種特例経営承継相続人についても代表者であることは求められます。

- 相続時において、第２種特例経営承継相続人とその同族関係者で過半数の議決権を有していること
- （後継者が１人の場合）同族関係者の中で最も多くの議決権数を有していること
- （後継者が複数の場合）各後継者が10％以上の議決権を有し、かつ、各後継者が同族関係者（特例措置の適用を受ける他の後継者を除きます。）のうちいずれの者が有する議決権の数をも下回らないこと
- 相続開始の直前において役員であり（先代経営者が60歳未満で死亡した場合を除きます。）、相続開始から５か月後に代表者であること
- 相続又は遺贈により取得した株式等を継続して保有していること
- その会社の株式等について、一般措置の適用を受けていないこと
- 特例承継計画に記載された後継者であること

(2)　同族過半数要件

相続によりその会社の株式等を取得した代表者であって、相続の時において、当該代表者とその同族関係者で過半数の議決権を有していることが求められます。

また、相続を受けた後継者が２人又は３人いる場合には、その後継者ごとにその者の親族が過半数の議決権を有しているかを判断します。

例えば、次のケースの場合、第１種特例経営承継受贈者、かつ、第２種特例経営承継相続人である長男と、第２種特例経営承継相続人である第三者は親族関係がないため、合算して判定できず、親族合計で過半数の議決権を有する要件を満たしておらず、認定を受けることはできません。

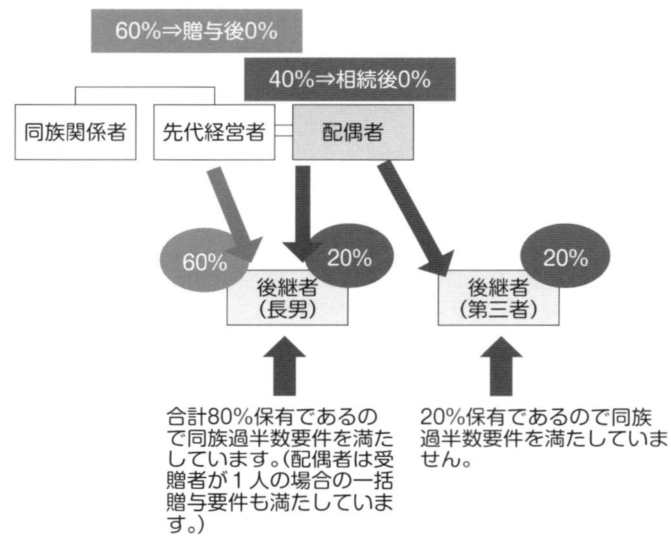

（中小企業庁 申請マニュアル）

⑶　同族内筆頭要件

①　後継者が１人の場合

同一の被相続人から１人の後継者がその会社の株式を相続した場合には、その後継者は同族関係者（特例措置の適用を受ける他の後継者を除きます。）の中で最も多くの議決権数を有していることが必要です。

なお、同族関係者の中に当該後継者と同じ割合の議決権数を有する株主がいても当該後継者は最も多くの議決権数を有している者となります。

議決権数の判定は「直接保有している」割合で判定し、「間接保有している」割合は考慮に入れません。

次の例の場合、長女は、既に特例措置の適用を受けている長男を除き、最も多くの議決権を有していれば、認定を受けることが可能です。

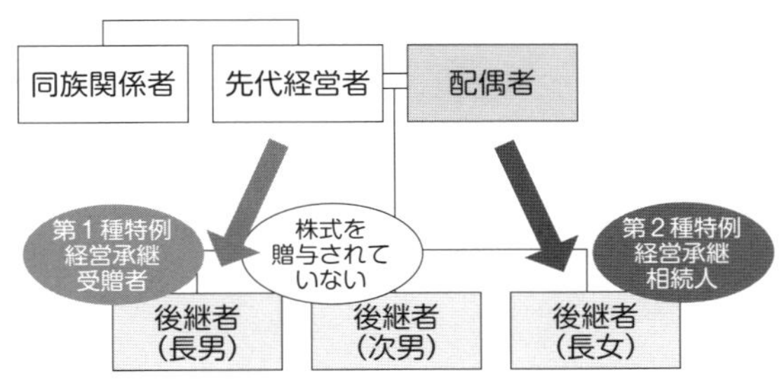

（中小企業庁 申請マニュアル）

②　後継者が複数の場合

同一の被相続人から複数の後継者がその会社の株式を相続した場合には、それぞれの後継者が、相続後において10％以上の議決権を有し、かつ、それぞれの後継者が同族関係者（特例措置の適用を受ける他の後継者を除きます。）のうちいずれの者が有する議決権の数をも下回らないことが必要です。

なお、同族関係者の中にその後継者と同じ割合の議決権を有する株主がいてもその後継者は、その同族関係者（特例措置の適用を受けている他の後継者を除きます。）のうちいずれの者が有する議決権の数をも下回らない者となります。

４　被相続人の要件

特に要件はありません。既に特例措置の適用を受ける贈与をした者（先代経営者を含みます。）であっても、第２種相続に係る被相続人になることができます。

5　認定申請書

第２種特例相続認定中小企業者の認定申請には、認定申請書（様式第８の４）を提出します。

第二種特例相続認定中小企業者に係る認定申請書

認定申請書を提出する日

年　　月　　日

本店を所轄する都道府県知事名

都道府県知事名　殿

認定を受けようとする会社の情報
法人実印を押印
後継者個人情報、個人印ではない

郵便番号

会社所在地

会社名

電話番号

代表者の氏名　　　　　　印

中小企業における経営の承継の円滑化に関する法律第12条第１項の認定（同法施行規則第６条第１項第14号の事由に係るものに限る。）を受けたいので、下記のとおり申請します。

記

１　第一種特例経営承継贈与又は第一種特例経営承継相続について

本申請に係る認定にあたり必要な施行規則第６条第１項第11号又は第12号の事由に係る第一種特例経営承継贈与又は第一種特例経営承継相続の有無		□有 □無
「有」の場合	当該贈与者（当該被相続人）	
	第一種特例経営承継受贈者 （第一種特例経営承継相続人）	
	□当該贈与の日　□当該相続の開始の日	年　　月　　日

<table>
<tr><td></td><td>当該第一種特例経営承継贈与又は第一種特例経営承継相続に係る認定の有効期間（当該認定を受ける前の場合は、その見込み）</td><td>年　月　日～　年　月　日まで</td></tr>
</table>

2　被相続人及び第二種特例経営承継相続人について

<table>
<tr><td colspan="2">相続の開始の日</td><td>年　月　日</td></tr>
<tr><td colspan="2">第二種特例相続認定申請基準日</td><td>年　月　日</td></tr>
<tr><td colspan="2">相続税申告期限</td><td>年　月　日</td></tr>
<tr><td colspan="2">第二種特例相続認定申請基準事業年度</td><td>年　月　日から　年　月　日まで</td></tr>
<tr><td rowspan="2">総株主等議決権数</td><td>相続の開始の直前</td><td>(a)　個</td></tr>
<tr><td>相続の開始の時</td><td>(b)　個</td></tr>
<tr><td rowspan="3">被相続人</td><td>氏名</td><td></td></tr>
<tr><td>最後の住所</td><td></td></tr>
<tr><td>相続の開始の日の年齢</td><td></td></tr>
<tr><td rowspan="5">第二種特例経営承継相続人</td><td>氏名</td><td></td></tr>
<tr><td>最後の住所</td><td></td></tr>
<tr><td>相続の開始の日の年齢</td><td></td></tr>
<tr><td>相続の開始の直前における被相続人との関係</td><td>□直系卑属
□直系卑属以外の親族
□親族外</td></tr>
<tr><td>相続の開始の日の翌日から５月を経過する日における代表者への就任の有無</td><td>□有　□無</td></tr>
</table>

<table>
<tr><td rowspan="7"></td><td colspan="3">相続の開始の直前における役員への就任の有無</td><td colspan="2">□有　□無</td></tr>
<tr><td colspan="3">相続開始の時における過去の法第12条第1項の認定（施行規則第6条第1項第7号又は第9号の事由に係るものに限る。）に係る受贈の有無</td><td colspan="2">□有　□無</td></tr>
<tr><td colspan="3">相続の開始の時における同族関係者との保有議決権数の合計及びその割合</td><td colspan="2">(c)＋(d)＋(e)　個
((c)＋(d)＋(e))／(b)
%</td></tr>
<tr><td rowspan="4">保有議決権数及びその割合</td><td>相続の開始の直前</td><td>(c)　個
(c)／(a)
%</td><td rowspan="2">被相続人から相続又は遺贈により取得した数（＊1）</td><td rowspan="2">(d)
個</td></tr>
<tr><td>相続の開始の時</td><td>(c)＋(d)
個
((c)＋(d))／
(b)　%</td></tr>
<tr><td colspan="2">（＊1）のうち租税特別措置法第70条の7の6第1項の適用を受けようとする株式等に係る数（＊2）</td><td colspan="2">個</td></tr>
<tr><td colspan="2">（＊2）のうち第二種特例相続認定申請基準日までに譲渡した数</td><td colspan="2">個</td></tr>
</table>

		相続の開始の時における同族関係者	氏名（会社名）	住所（会社所在地）	保有議決権数及びその割合
					(e)　個 (e) / (b)　%

※　別紙１、別紙２については、第１種特例相続認定と同様です。

６　添付書類

第２種特例贈与認定中小企業者の認定申請には、認定申請書のほか、第１種特例贈与の認定申請と同様の書類を添付しなければなりません。

ただし、第２種特例贈与認定申請基準日を基礎に添付書類を作成することになります。

７　チェックリスト

様式第８の４（第２種特例相続）のチェックリストを利用して自己チェックを行います。

第二種特例相続認定申請書（様式第８の４）の添付書類一覧表

添付書類一覧表の見かた

無色・・・必ず添付する書類
黄色・・・いずれかの群を必ず添付する書類
青色・・・該当する場合に限り添付する書類
緑色・・・該当する場合に限り、いずれかの群を添付する書類
根拠条文欄・・・施行規則第７条第７項の号番号を表しています。　〈例〉「1」→施行規則第７条第７項第1号
※施行規則第７条第７項は、同条第９項（第二種特例相続の認定申請）に準用。

認定申請書（様式第８の４）	

<table>
<tr><th colspan="3">添付書類</th><th>根拠条文</th><th>チェック</th></tr>
<tr><td colspan="3">認定申請書（様式第８の４）の写し</td><td>柱書き</td><td></td></tr>
<tr><td colspan="3">相続認定申請基準日の定款の写し【認定申請日付けで原本証明】</td><td>1</td><td></td></tr>
<tr><td colspan="3">相続開始の時の株主名簿（持分会社は定款）の写し【認定申請日付けで原本証明】</td><td>2</td><td></td></tr>
<tr><td colspan="3">相続認定申請基準日の株主名簿の写し【認定申請日付けで原本証明】</td><td>2</td><td></td></tr>
<tr><td colspan="3">申請会社の履歴事項全部証明書</td><td>3</td><td></td></tr>
<tr><td colspan="3">遺言書の写し、遺産分割協議書の写しその他の当該株式の取得の事実を証する書類</td><td>4</td><td></td></tr>
<tr><td colspan="3">相続税の見込み額を記載した書類（相続税の申告書第１表、第８の２表及びその付表、第１１表）</td><td>4</td><td></td></tr>
<tr><td colspan="3">従業員数証明書（表紙）</td><td>5</td><td></td></tr>
<tr><td colspan="3">健康保険・厚生年金保険標準報酬月額決定通知書の写し</td><td>11</td><td></td></tr>
<tr><td colspan="3">a 健康保険・厚生年金保険資格取得通知及び資格喪失通知の写し</td><td>11</td><td></td></tr>
<tr><td colspan="3">b 健康保険・厚生年金保険加入対象外の従業員の雇用契約書及び給与明細書の写し</td><td>11</td><td></td></tr>
<tr><td colspan="3">c 使用人兼務役員であることを証する書類</td><td>11</td><td></td></tr>
<tr><td rowspan="20">A群</td><td colspan="2">相続認定申請基準事業年度の決算関係書類
（貸借対照表、損益計算書、株主資本等変動計算書、個別注記表、減価償却明細表（固定資産台帳）、勘定科目内訳書、法人税申告書別表４）</td><td>6</td><td></td></tr>
<tr><td colspan="2">相続認定申請基準事業年度の事業報告書</td><td>6</td><td></td></tr>
<tr><td colspan="2">d 相続認定申請基準事業年度末日における特別子会社の株主名簿（持分会社は定款）の写し</td><td>11</td><td></td></tr>
<tr><td colspan="2">d 相続認定申請基準事業年度末日以降の履歴記載のある特別子会社の登記事項証明書</td><td>11</td><td></td></tr>
<tr><td rowspan="7">X群</td><td>相続認定申請基準事業年度末日の翌日からみて直前の特別子会社の事業年度の特定資産明細表及び決算関係書類</td><td>11</td><td></td></tr>
<tr><td>相続認定申請基準事業年度末日の翌日からみて直前の特別子会社の事業年度の事業報告書</td><td>11</td><td></td></tr>
<tr><td>d 相続認定申請基準事業年度末日の翌日からみて直前の特別子会社の事業年度末日における特別子会社の特別子会社の株主名簿（持分会社は定款）の写し</td><td>11</td><td></td></tr>
<tr><td>d 相続認定申請基準事業年度末日の翌日からみて直前の特別子会社の事業年度末日以降の履歴記載のある特別子会社の特別子会社の登記事項証明書</td><td>11</td><td></td></tr>
<tr><td>e 特別子会社所有の不動産を自ら使用していることを証する書類</td><td>11</td><td></td></tr>
<tr><td>f 特別子会社所有の不動産の一部を自ら使用していることから、当該不動産の帳簿価格を合理的な方法で按分を行ったことを証する書類</td><td>11</td><td></td></tr>
<tr><td>g 特別子会社所有の資産の売却価格を証する書類</td><td>11</td><td></td></tr>
<tr><td rowspan="9">Y群</td><td>特別子会社に関する従業員数証明書（表紙）</td><td>11</td><td></td></tr>
<tr><td>特別子会社に関する健康保険・厚生年金保険標準報酬月額決定通知書の写し</td><td>11</td><td></td></tr>
<tr><td>a 特別子会社に関する健康保険・厚生年金保険資格取得通知及び資格喪失通知の写し</td><td>11</td><td></td></tr>
<tr><td>b 特別子会社に関する健康保険・厚生年金保険加入対象外の従業員の雇用契約書及び給与明細書の写し</td><td>11</td><td></td></tr>
<tr><td>c 特別子会社に関する使用人兼務役員であることを証する書類</td><td>11</td><td></td></tr>
<tr><td>相続開始の日前３年以内に終了した特別子会社の各事業年度の決算関係書類（法人税申告書別表４を除く）</td><td>11</td><td></td></tr>
<tr><td>相続開始の日前３年以内に終了した特別子会社の各事業年度の事業報告書</td><td>11</td><td></td></tr>
<tr><td>特別子会社の従業員が勤務する物件を所有または賃借していることを証する書類</td><td>11</td><td></td></tr>
<tr><td>相続開始の日まで引き続き３年以上にわたって特別子会社が業務を行っていることを証する書類</td><td>11</td><td></td></tr>
</table>

	e 申請会社所有の不動産を自ら使用していることを証する書類	11	
	f 申請会社所有の不動産の一部を自ら使用していることから、当該不動産の帳簿価格を合理的な方法で按分を行ったことを証する書類	11	
	g 申請会社所有の資産の売却価格を証する書類	11	
B群	相続開始の日前３年以内に終了した各事業年度の決算関係書類（法人税申告書別表４を除く）	6	
	相続開始の日前３年以内に終了した各事業年度の事業報告書	6	
	従業員が勤務する物件を所有または賃借していることを証する書類	11	
	相続開始の日まで引き続き３年以上にわたって業務を行っていることを証する書類	11	
上場会社等または風俗営業会社のいずれにも該当しない旨の誓約書		7	
特別子会社・特定特別子会社に関する誓約書		8	
被相続人の除籍謄本		9	
経営承継相続人の戸籍謄本		9	
経営承継相続人の親族の戸籍謄本及び親族関係を証する戸籍謄本等		9	
h 被相続人が代表者であった時の同族関係者に該当する法人の株主名簿（持分会社は定款）の写し【原本証明】		2	
h 相続開始の時の同族関係者に該当する法人の株主名簿（持分会社は定款）の写し		2	
h 相続開始の前後の記載のある同族関係者に該当する法人の登記事項証明書		11	
h 同族関係者に該当する法人の議決権を有する経営承継相続人の親族の戸籍謄本等		9, 11	
特例承継計画の変更があった場合は、変更申請書又は変更後の確認書の原本		10	
その他認定の参考となる書類（　　　）		11	
認定書交付用の返信用封筒（Ａ４サイズが入る定形外封筒。返信先宛先明記。切手貼付不要）		－	

※Ａ群及びＢ群については、Ａ群またはＢ群のいずれかの書類を添付してください

Ａ群：相続認定申請基準事業年度の特定資産明細表の判定において資産保有型会社・資産運用型会社のいずれにも該当しないことを証する場合

Ｂ群：次に掲げる①または②のいずれかに該当する場合

① 相続認定申請基準事業年度の特定資産明細表の判定において資産保有型会社・資産運用型会社のいずれかまたは両方に該当するが、事業実態要件（施行規則第６条第２項）に適合することを証する場合

② 資産保有型会社・資産運用型会社に該当するか否かにかかわらず、事業実態要件に適合するため、相続認定申請基準事業年度の特定資産明細表の欄（１）から（３０）までの記載を省略する場合

a：期間中に当該通知書の交付を受けた場合

b：相続の開始の時において該当する者がいる場合

c：相続の開始の時において被保険者の中に使用人兼務役員がいる場合

d：特定資産明細表の「有価証券」の項目で「特別子会社の株式又は持分（(*2)を除く)」欄に記入をした場合

e：特定資産明細表の「不動産」の項目で「現に自ら使用しているもの」欄に記入をした場合

f：特定資産明細表の「不動産」の項目で、１つの物件を「現に自ら使用しているもの」欄と「現に自ら使用していないもの」欄に按分して記入をした場合

g：期中に資産の売却があった場合

h：申請会社の議決権を有する同族関係者に法人が含まれる場合

※Ｘ群及びＹ群については、Ｘ群またはＹ群のいずれかの書類を添付してください

Ｘ群：Ａ群の書類を添付すべき時にｄに該当した場合であって、当該特別子会社が特定資産明細表の判定において資産保有型会社・資産運用型会社のいずれにも該当しないことを証する場合

Ｙ群：次に掲げる①または②のいずれかに該当する場合

① Ａ群の書類を添付すべき時にｄに該当した場合であって、当該特別子会社が特定資産明細表の判定において資産保有型会社・資産運用型会社のいずれかまたは両方に該当するが、事業実態要件（施行規則第６条第２項）に適合することを証する場合

② Ａ群の書類を添付すべき時にｄに該当した場合であって、当該特別子会社が資産保有型会社・資産運用型会社に該当するか否かにかかわらず、事業実態要件に適合することを証する場合

8　特例認定承継会社の認定要件（贈与税）

特例認定承継会社（措法70の７の５②一）は、贈与の時において、次のいずれの要件にも該当する必要があります。

⑴　中小企業者で特例円滑化法認定を受けた会社に該当すること（措法70の７の５②一）

中小企業者については、前掲「**3　中小企業者の要件**」をご参照ください。

⑵　その会社の常時使用する従業員（※１）の数が１人以上であること（措法70の７の５②一イ、ホ）

なお、その会社の特別関係会社（※２）が外国会社に該当する場合（※３）にあっては、その会社の常時使用従業員の数が５人以上となります。

（※１）後掲「**9　従業員の定義**」をご参照ください。

（※２）特別関係会社と特定特別関係会社の範囲は以下のとおりですが、詳しくは後掲「**15　特別関係会社と特定特別関係会社**」をご参照ください。

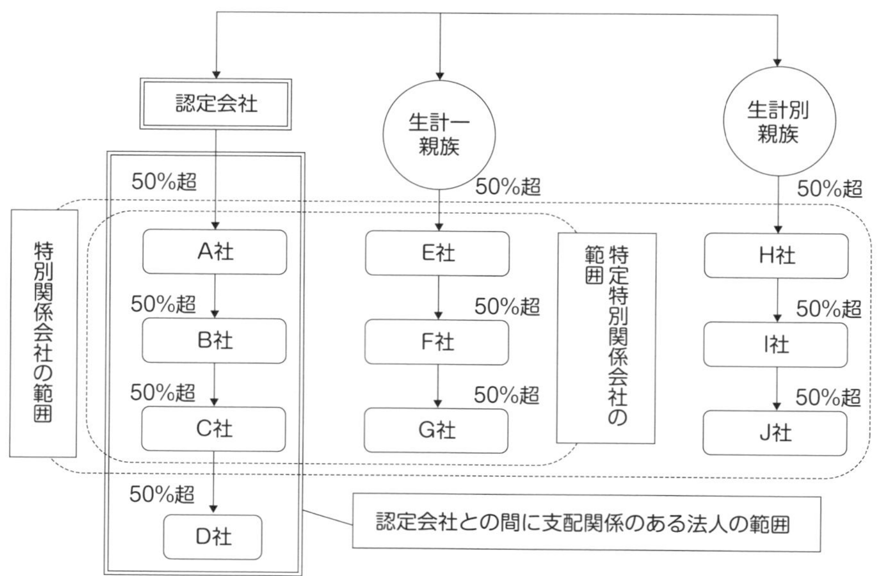

（※３）その会社又はその会社との間に支配関係（※４）がある法人がその外国会社の株式等を有する場合に限ります。つまり、上図のＡ社、Ｂ社、

Ｃ社のいずれかが外国会社に該当する場合又は認定会社若しくはＡ社、Ｂ社、Ｃ社が特別関係会社である外国会社（※５）の株式等を有する場合のみ、常時使用する従業員の数が５人以上となります。

（※４）会社が他の法人の発行済株式若しくは出資（その他の法人が有する自己の株式等を除きます。）の総数若しくは総額の100分の50を超える数若しくは金額の株式等を直接若しくは間接に保有する場合におけるその会社と他の法人との関係をいいます。

（※５）上図においてＤ社は特別関係会社に該当しません。

（応用例）

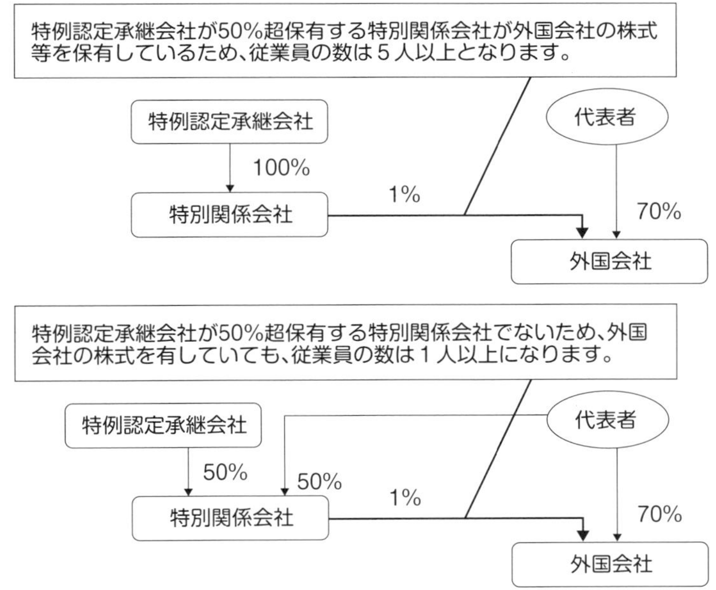

(3)　資産保有型会社又は資産運用型会社に該当しないこと（措法70の７の５②一ロ、措令40の８の５⑤、40の８⑥）

資産保有型会社・資産運用型会社については、後掲「**17　資産保有型会社の判定**」、「**19　資産運用型会社の判定**」をご参照ください。

(4)　その会社の株式等及び特定特別関係会社の株式等が非上場株式等に該当す

ること（措法70の７の５②一ハ）

非上場株式等とは、次に掲げる株式等をいいます。（措法70の７の５②五、措規23の９⑦⑧）

① 株式に係る会社の株式の全てが金融商品取引所に上場されていないこと又は上場の申請がされていないこと

② 株式の全てが金融商品取引所に類するものであって外国に所在するものに上場がされていないこと又は上場の申請がされていないこと

③ 会社の株式の全てが店頭売買有価証券登録原簿に登録がされていないこと又は登録の申請がされていないこと

④ 会社の株式の全てが店頭売買有価証券登録原簿に類するものであって外国に備えられるものに登録がされていないこと又は登録の申請がされていないこと

⑤ 合名会社、合資会社又は合同会社の出資のうち、上記②と④に準ずるもの

⑸ その会社及び特定特別関係会社が性風俗営業会社に該当しないこと（措法70の７の５②一ニ）

性風俗営業会社とは、風俗営業等の規制及び業務の適正化等に関する法律第２条５項に規定する性風俗関連特殊営業（ソープランド・テレクラなど）に該当する事業を営む会社をいいます（措法70の７②一ニ）。なお、バー、パチンコ、ゲームセンターなどは、該当しません。

⑹ 贈与の日の属する事業年度の直前事業年度において、いずれも総収入金額が零を超えていること（措法70の７の５②一へ、措令40の８の５⑨、40の８⑩一）

詳しくは、後掲「**10　事業運営要件**」をご参照ください。

⑺ いわゆる黄金株（会社法108①八）を経営承継受贈者以外の者が有していないこと（措法70の７の５②一へ、措令40の８の５⑨、40の８⑩二）

⑻ 特定特別関係会社（外国会社を除きます。）が中小企業者に該当すること（措法70の７の５②一へ、措令40の８の５⑨、40の８⑩三）

特定特別関係会社であっても、中小企業者に該当していないといけません。ただし、外国会社にはその制限がありません。

9　従業員の定義

1　常時使用する従業員

特例認定承継会社の要件の一つが「中小企業者の常時使用する従業員の数が１人以上（※１）であること」とされていますが、その常時使用する従業員とは、会社の従業員であって、次の（１）から（４）に掲げるいずれかの者をいいます。（措法70の７の５②一イ、ホ、措規23の12の２③、23の９④）

	年　令	内　容
(1)	70歳未満	厚生年金保険法第９条に規定する被保険者（同法第18条第１項の厚生労働大臣の確認があった者に限るものとし、特定短時間労働者（※２）を除きます。）
(2)	70歳以上75歳未満	健康保険法第３条第１項に規定する被保険者（同法第39条第１項に規定する保険者等の確認があった者に限るものとし、特定短時間労働者を除きます。）
(3)		船員保険法第２条第１項に規定する被保険者
(4)	75歳以上	その会社と２か月を超える雇用契約を締結している者で75歳以上である者

（※１）その会社の特別関係会社が外国会社に該当する場合にあっては、当該会社の常時使用従業員の数が５人以上となります。

（※２）特定短時間労働者とは、１週間又は１月間の所定労働日数が同一の事業所に使用される通常の労働者の１週間又は１月間の所定労働日数の４分の３未満である短時間労働者をいいます。

なお、次に掲げる者が上記のいずれかに該当する場合には、次のように取り扱います。

従業員の種類	常時使用する従業員の判定
使用人兼務役員	常時使用する従業員に含まれます。

受贈者の親族	常時使用する従業員に含まれます。（措通70の７の５－５）
健康保険の任意継続被保険者	加入事業所における雇用の実態がないため、常時使用する従業員に該当しません。
出向先での出向者	出向元で社会保険に加入しているため、出向先の常時使用する従業員に該当しません。
受入派遣社員	派遣元で社会保険に加入しているため、派遣先の常時使用する従業員に該当しません。

２　従業員数証明書

認定申請書には、従業員の人数を証明するための従業員数証明書を添付します。

従業員数証明書とは、次のような書類をいいます。（円滑化省令１⑥）

対象年齢等	証明書類	内容
70歳未満	厚生年金保険の標準報酬月額決定通知書（※１）	標準月額決定通知書は、毎年７月１日現在の全被保険者の標準月額報酬を定めたもので、年金事務所から通知されます。（※３）
70歳以上75歳未満	健康保険の標準報酬月額決定通知書（※２）	標準月額決定通知書は、毎年７月１日現在の全被保険者の標準月額報酬を定めたもので、年金事務所又は健保組合から通知されます。（※３）

	船員保険の被保険者資格を証する書類	船員保険の被保険者資格を証する書類、２か月を超える雇用契約書（正社員並みとしての雇用形態が分かるもの）及び給与明細書など
75歳以上	常時使用する従業員の数を証するために必要な書類	２か月を超える雇用契約書（正社員並みとしての雇用形態が分かるもの）及び給与明細書など
その他（使用人兼務役員）	使用人としての職制上の地位を証する書類	職業安定所に提出する兼務役員雇用実態証明書、雇用保険の被保険者資格を証する書類、２か月を超える使用人としての雇用契約書及び使用人給与明細書など

（※１）　厚生年金保険法第21条第１項及び第22条第１項の規定による標準報酬月額の決定を通知する書類

（※２）　なお、標準月額決定通知書発効後における増減については、別途「被保険者資格取得（喪失）確認通知書」等によりその変動祖証する必要があります。

（※３）　健康保険法第41条第１項及び第42条第１項の規定による標準報酬月額の決定を通知する書類

３　対応関係

それぞれの規定は、次のように対応しています。

円滑化省令	贈与税の納税猶予	相続税の納税猶予	切　替　え
１⑥	措法70の７の５②一イ、ホ	措法70の７の６②一イ、ホ	措法70の７の８②一イ、ホ

	措規23の12の２③	措規23の12の３④	措規23の12の５②
	措通70の７の５－５	措通70の７の６－６	措通70の７の８－９

10 事業運営要件

特例認定承継会社の要件の一つである会社の円滑な事業の運営を確保するために必要とされる要件は、次の３つの要件となります。（措法70の７の５②一へ、措令40の８の５⑨、40の８⑩）

⑴ 贈与の日の属する事業年度の直前の事業年度（※１）における総収入金額（※２）が、零を超えること（措令40の８⑩一）

（※１）贈与の日がその贈与の日の属する事業年度の末日である場合には、その贈与の日の属する事業年度及びその事業年度の直前の事業年度
（事業年度が１月１日から12月31日までの場合）

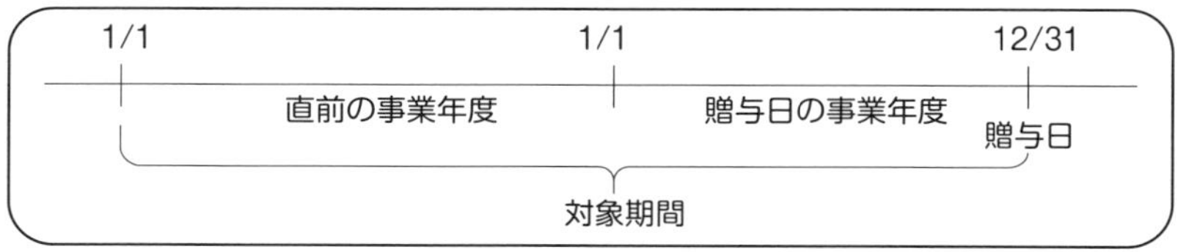

（※２）主たる事業活動から生ずる収入の額とされるべきものとして、認定贈与承継会社の総収入金額のうち会社計算規則（平成18年法務省令第13号）第88条第１項第４号に掲げる営業外収益及び同項第６号に掲げる特別利益以外のものに限ります。（措規23の12の２⑤、23の９⑥）

つまり、その事業の純粋な売上高が零を超えることが必要です。

（損益計算書等の区分）
第八十八条　損益計算書等は、次に掲げる項目に区分して表示しなければならない。
　この場合において、各項目について細分することが適当な場合には、適当な項目に細分することができる。
一　売上高
二　売上原価
三　販売費及び一般管理費
四　営業外収益
五　営業外費用
六　特別利益
七　特別損失
（以下、省略）

⑵　いわゆる黄金株（会社法108①八の種類株式）を次に掲げる者以外の者が有していないこと（措令40の８⑩二）
①　特例認定贈与承継会社の非上場株式等について、特例制度（※３）の適用を受けた者
②　①に定める者から特例認定贈与（措法70の７の５①）により特例認定贈与承継会社の非上場株式等を取得している者（①に該当する者を除きます。）
③　特例認定相続の先代経営者から特例認定相続の適用に係る相続又は遺贈により特例認定承継会社の非上場株式等を取得している者（①に該当する者を除きます。）
（※３）措置法第70条の７の５第１項、第70条の７の６第１項又は第70条の７の８第１項の規定
（※４）②③は、認定贈与・相続により特例認定承継会社の非上場株式等を取得したものの、贈与税・相続税の申告が済んでいない者を意味します。
⑶　特例認定承継会社の特定特別関係会社（外国会社に該当するものを除きます。）が、中小企業者に該当すること（措令40の８⑩三）
つまり、特定特別関係会社である外国会社は、大会社であってもよいことになります。

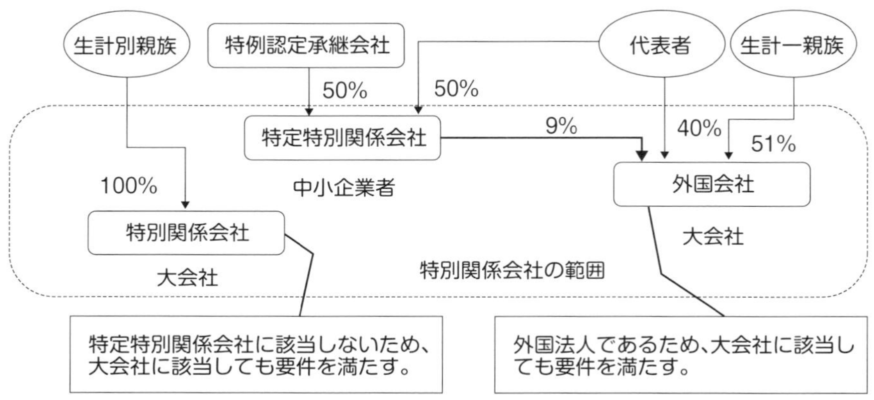

（対応関係）

贈与税の納税猶予	相続税の納税猶予	切　替　え
措法70の７の５②一へ	措法70の７の６②一へ	措法70の７の７②二へ
措令40の８の５⑨	措令40の８の６⑨	措令40の８の８⑦
措令40の８⑩	措令40の８の２⑩	措令40の８の２⑩

11　雇用維持要件の実質的撤廃

1　雇用維持要件

一般措置の納税猶予制度では、特例認定承継会社は、雇用維持を義務付けられています。（措法70の７③二、70の７の２③二、措令40の８㉓、40の８の２㉘）

(1)　納税猶予の取消し

雇用維持要件を満たさない場合には、従業員数確認期間（※１）の末日から２か月を経過する日をもって、納税猶予の期限となります。

(2)　雇用維持要件

イの数がロの数以上を維持することが要件とされています。

イ　従業員数確認期間内の各基準日（※２）におけるそれぞれの常時使用従業員の数の合計を従業員数確認期間内に存する基準日の数で除して計算した数

ロ　認定に係る贈与の時における常時使用従業員の数の100分の80を乗じて

計算した数（※３）

（※１）認定承継会社の非上場株式等の納税猶予を受けるために提出する（その後継者にとって）最初の贈与税の申告書又は相続税の申告書の提出期限の翌日から同日以後５年を経過する日（※４）までの期間をいいます。

従業員数認定期間	後継者にとって最初の贈与税・相続税の申告期限の翌日	～	左の申告期限の翌日以後５年を経過する日
経営承継期間	各贈与・相続に係る贈与税・相続税の申告期限の翌日	～	後継者にとって最初の贈与税・相続税の申告期限の翌日以後５年を経過する日
追随贈与可能期間	認定会社にとって最初の贈与税・相続税の申告期限の翌日	～	左の申告期限の翌日以後５年を経過する日

（※２）認定に係る贈与税又は相続税の申告期限の翌日から起算して１年を経過するごとの日をいいます。

（※３）その数に１未満の端数があるときは、その端数を切り捨てた数とし、贈与の時における常時使用する従業者の数が１人の時は、１人とします。

（※４）その経営承継受贈者又はその贈与者が同日までに死亡した場合には、その死亡の日の前日となります。

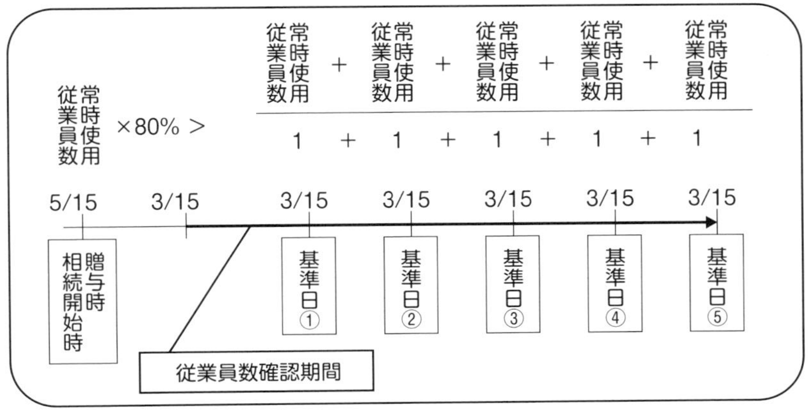

2　実質的撤廃

(1)　円滑化法の取扱い

特例措置では、認定に係る有効期限の末日において、上記１の雇用維持要件を満たさない場合には、認定を受けた会社は、認定に係る有効期限の末日の翌日から４か月を経過する日までに、認定経営革新等支援機関の所見の記載があり、その理由が経営状況の悪化である場合又は認定経営革新等支援機関が正当なものと認められないと判断したものである場合には、その認定経営革新等支援機関による経営力向上に係る指導及び助言を受けた旨が記載されている報告書を都道府県知事に提出することになりました。(円滑化省令20①～③)

雇用維持要件を満たさなくても認定の取消しを受けることはなくなりました。

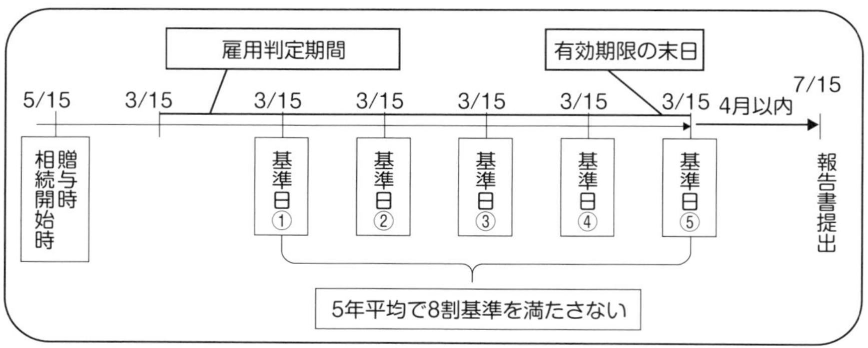

(2)　措置法の取扱い

特例措置の納税猶予制度では、上記１の雇用維持要件は、納税猶予の取消事由から除外されました。(措法70の７の５③カッコ書き、70の７の６③カッコ書き)

一般措置の納税猶予制度では、取消事由が残っています。

なお、都道府県知事への報告をしない場合には、確認書が交付されないため(円滑化省令20⑭)、その確認書を税務署に提出する（添付要件を満たす）ことができず、期限確定することになりますので、ご注意ください。(措令40の８の５⑳、措規23の12の２⑮六)

３　年次報告の記載場所

都道府県知事に提出する年次報告書（様式第11）では、以下の場所に人数を記載することになります。

各贈与報告基準日（相続報告基準日）における常時使用する従業員の数及び常時使用する従業員の数の５年平均人数	１回目（　年　月　日）	(イ)　人
	２回目（　年　月　日）	(ロ)　人
	３回目（　年　月　日）	(ハ)　人
	４回目（　年　月　日）	(ニ)　人
	５回目（　年　月　日）	(ホ)　人
	５年平均人数	((イ)+(ロ)+(ハ)+(ニ)+(ホ)) / ５　人

12　特例認定承継会社の認定要件（相続税）

特例認定承継会社（措法70の７の６②一）は、相続の開始の時において、次のいずれの要件にも該当する必要があります。

⑴　中小企業者で特例円滑化法認定を受けた会社に該当すること（措法70の７の６②一）

中小企業者については、前掲「**３　中小企業者の要件**」をご参照ください。

⑵　その会社の常時使用する従業員（※１）の数が１人以上であること（措法70の７の６②一イ、ホ）

なお、その会社の特別関係会社（※２）が外国会社に該当する場合（※３）にあっては、その会社の常時使用従業員の数が５人以上となります。

（※１）前掲「**９　従業員の定義**」をご参照ください。

（※２）特別関係会社と特定特別関係会社の範囲は以下のとおりですが、詳しくは後掲「**15　特別関係会社と特定特別関係会社**」をご参照ください。

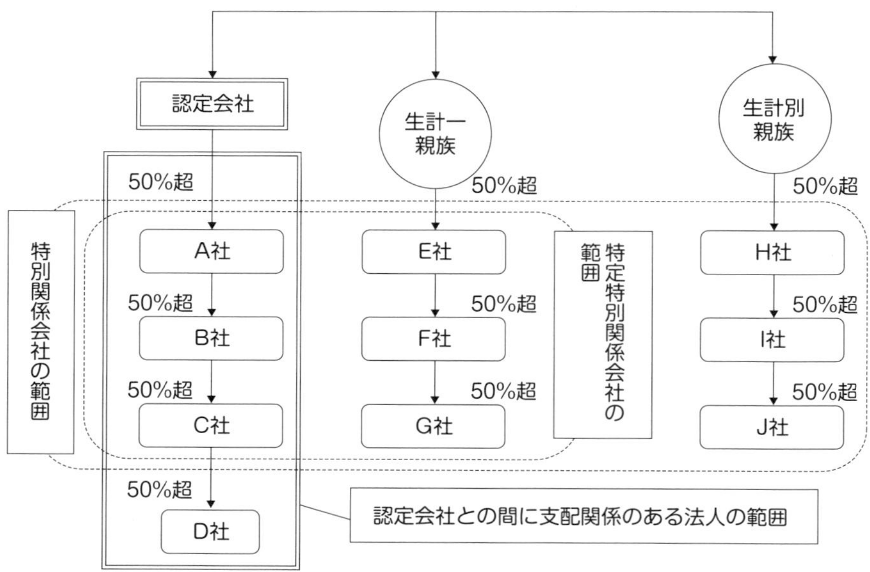

（※３）その会社又はその会社との間に支配関係（※４）がある法人がその外国会社の株式等を有する場合に限ります。つまり、上図Ａ社、Ｂ社、Ｃ社のいずれかが外国会社に該当する場合又は認定会社若しくはＡ社、Ｂ社、Ｃ社が特別関係会社であるが外国会社（※５）の株式等を有する場合のみ、常時使用する従業員の数が５人以上となります。

（※４）会社が他の法人の発行済株式若しくは出資（その他の法人が有する自己の株式等を除きます。）の総数若しくは総額の100分の50を超える数若しくは金額の株式等を直接若しくは間接に保有する場合におけるその会社と他の法人との関係をいいます。

（※５）上図においてＤ社は特別関係会社に該当しません。

（応用例）

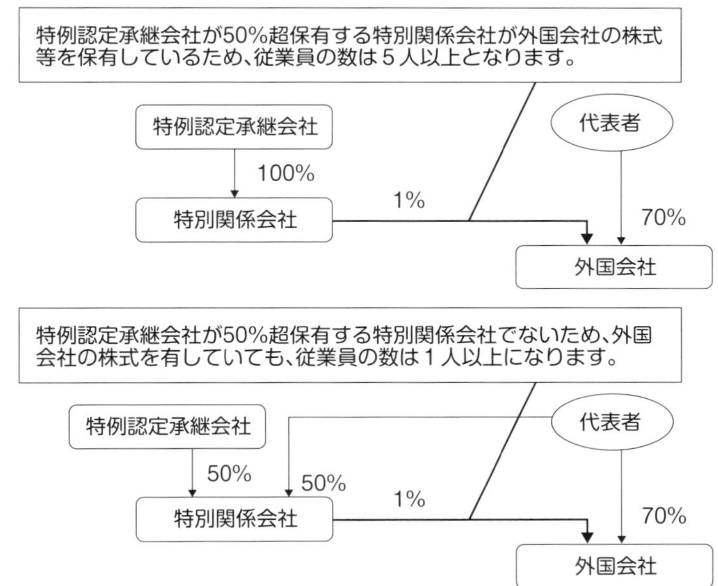

(3)　資産保有型会社又は資産運用型会社に該当しないこと（措法70の７の６②一ロ、措令40の８の６⑥、40の８の２⑦）

資産保有型会社・資産運用型会社については、後掲「**17　資産保有型会社の判定**」、「**19　資産運用型会社の判定**」をご参照ください。

(4)　その会社の株式等及び特定特別関係会社の株式等が非上場株式等に該当すること（措法70の７の６②一ハ）

非上場株式等とは、次に掲げる株式等をいいます。（措法70の７の６②五、措規23の９⑦⑧）

①　株式に係る会社の株式の全てが金融商品取引所に上場されていないこと又は上場の申請がされていないこと

②　株式の全てが金融商品取引所に類するものであって外国に所在するものに上場がされていないこと又は上場の申請がされていないこと

③　会社の株式の全てが店頭売買有価証券登録原簿に登録がされていないこと又は登録の申請がされていないこと

④　会社の株式の全てが店頭売買有価証券登録原簿に類するものであつて外国に備えられるものに登録がされていないこと又は登録の申請がされていないこと

⑤　合名会社、合資会社又は合同会社の出資のうち、上記②と④に準ずるもの

(5)　その会社及び特定特別関係会社が性風俗営業会社に該当しないこと（措法70の７の６②一ニ）

性風俗営業会社とは、風俗営業等の規制及び業務の適正化等に関する法律第２条５項に規定する性風俗関連特殊営業（ソープランド・テレクラなど）に該当する事業を営む会社をいいます（措法70の７②一ニ）。なお、バー、パチンコ、ゲームセンターなどは、該当しません。

(6)　相続の開始の日の属する事業年度の直前事業年度において、いずれも総収入金額が零を超えていること（措法70の７の６②一ヘ、措令40の８の６⑨、40の８の２⑩一）

詳しくは、前掲「**10　事業運営要件**」をご参照ください。

(7)　いわゆる黄金株（会社法108条①八）を経営承継相続人以外の者が有していないこと（措法70の７の６②一ヘ、措令40の８の６⑨、40の８の２⑩二）

(8)　特定特別関係会社（外国会社を除きます。）が中小企業者に該当すること（措法70の７の６②一ヘ、措令40の８の６⑨、40の８の２⑩三）

特定特別関係会社であっても、中小企業者に該当していないといけません。ただし、外国会社にはその制限がありません。

13　特例認定会社の報告手続及び維持要件

1　特例経営承継期間中の都道府県知事への報告

承継法上、特別認定中小企業者は、贈与税の申告期限の翌日から５年間、その申告期限の翌日から１年を経過するごとの日の翌日から３か月を経過する日までに、年次報告書（様式第11）を都道府県知事に提出しなければなりません。（円滑化省令12）

年次報告書には、定款の写し、登記事項証明書、株主名簿の写しの他、従業員数証明書、決算書、誓約書等を添付します。

２　経営承継期間中の税務署への届出

納税猶予の認定後も引き続き、税務署へ届出が必要になります。

具体的には、経営承継受贈者は、贈与税の申告期限の翌日から５年を経過する日（特例経営承継期間）まで、その申告期限の翌日から１年を経過するごとの日の翌日から５か月を経過する日までに、本制度の継続適用に係る届出書及び認定承継会社に関する明細書を納税地の所轄税務署長に提出しなければなりません。（措法70の７の５⑥）

継続届出書には、定款の写し、登記事項証明書、株主名簿の写しの他、都道府県知事に提出した年次報告書（様式第11）の写し及び当該報告書に係る確認書（様式第16）の写し等を添付します。

その特例経営承継期間中も継続して維持していなければならない要件があります。その要件を満たさない場合、その他一定の事実（下記**4**の表）が生じた場合には、その生じた日から２か月を経過する日までに、猶予税額の全額を納付しなければなりません。（措法70の７の５③、70の７③）

なお、贈与日の翌日から贈与税の申告期限までに、下記**4**の表の事実が生じた場合には、本制度を受けることはできません。（措通70の７の５－42、70の７－５）

３　特例経営承継期間経過後

経営承継受贈者等は、特例経営承継期間経過後、贈与税の納税猶予に係る期限が確定するまでの間、経営承継期間の末日から３年を経過する日ごとの日の翌日から３か月を経過する日までに、本制度の継続適用に係る届出書を納税地の所轄税務署長へ提出しなければなりません。（措法70の７の５⑥）

特例経営承継期間経過後も、一定の要件を満たさない場合、その他一定の事実（下記**4**の表）が生じた場合には、その生じた日から２か月を経過する日までに、猶予税額の全部又は一部を納付しなければなりません。（措法70の７の５③、70の７④⑤）

４　維持要件

	満たすべき要件（〇印）（下記を満たす場合）	贈与認定時	経営承継期間	左記経過後	切替確認時（期間内死亡）	切替確認時
1	特例承継計画に記載された特例後継者が代表者（複数の場合は全員）であること（相続の場合は５か月以内）	○	○	－	○	○
2	特例後継者の代表権・議決権の制限をしないこと	○	○	－	○	○
3	特例後継者が代表者を退任しないこと（やむをえない理由を除きます。）	○	○	－	○	○
4	特例代表者が代表者にならないこと	○	○	－	－	－
5	追随的贈与・相続にあっては、最初の贈与又は相続があること	○	－	－	－	－
6	特例後継者は、平成29年までの一般承継を受けた者でないこと	○	－	－	－	－

（贈与認定からみた場合、〇印で、この５列の表を作ることになります。期間内取消しからみた場合は、×印で表を作ることになります。これは第２章**43**（192ページ）の表も確認してください。）

	満たすべき要件（○印）（下記を満たす場合）	贈与認定時	経営承継期間	左記経過後	切替確認時（期間内死亡）	切替確認時
7	特例後継者贈与時20歳以上、３年以上役員であること（相続の場合は相続直前役員、被相続人60歳未満死亡は相続後役員可）	○	−	−	−	−
8	贈与者・被相続人が贈与等時において代表者でなく、第１種・第２種贈与をした者でないこと（第２種特例被相続人を除きます。）	○	−	−	−	−
9	最初の贈与者・被相続人は特例承継計画に記載された特例代表者であること	○	−	−	−	−
10	同族関係者で50％超の議決権を有すること	○	○	−	○	○
11	同族関係者の中で特例後継者が筆頭株主であること（複数の場合は上位２又は３名以内）かつ10％以上	○	○	−	○	○
12	会社が中小企業者（国内法人）であること	○	−	−	−	−

	満たすべき要件（○印）（下記を満たす場合）	贈与認定時	経営承継期間	左記経過後	切替確認時（期間内死亡）	切替確認時
13	特定特別関係会社（個人株主は代表者と生計一親族に限る、15、17において同じ）が大会社等（内国法人）に該当しないこと	○	−	−	−	−
14	会社が上場会社等（外国含む）に該当しないこと	○	○	−	○	−
15	特定特別関係会社が上場会社等に該当しないこと	○	−	−	○	−
16	会社が性風俗営業会社に該当しないこと	○	○	−	○	○
17	特定特別関係会社が性風俗営業会社に該当しないこと	○	○	−	○	○
18	会社が資産保有型会社に該当しないこと	○	○	○	○	○
19	会社が資産運用型会社に該当しないこと	○	○	○	○	○
20	会社が資産保有型会社等の場合は親族外５人以上などの事業実態要件	○	○	○	○	○

	満たすべき要件（○印）（下記を満たす場合）	贈与認定時	経営承継期間	左記経過後	切替確認時（期間内死亡）	切替確認時
21	直前の事業年度における総収入金額がゼロを超えること	○	○	○	○	○
22	常時使用する従業員の数が１人以上であること	○	−	−	○	○
23	常時使用する従業員数が８割維持要件	−	▲	−	▲	−
24	特別関係会社が外国会社に該当する場合は常時使用する従業員数が５人以上であること	○	−	−	○	○
25	拒否権株式を特例後継者以外の者が有していないこと	○	○	−	○	○
26	後継者保有特例株式の議決権に制限が加えらていないこと	○	○	−	○	○
27	各後継者が特例株式を贈与等以後１株以上の譲渡（複数後継者はその後継者につき）	×	×	△	−	−
28	会社の解散	−	×	△（減免）	−	−

	満たすべき要件（○印）（下記を満たす場合）	贈与認定時	経営承継期間	左記経過後	切替確認時（期間内死亡）	切替確認時
29	金銭交付組織変更	－	×	△	－	－
30	会社が被合併法人になること、株式交換子法人になること（認定会社間の認定承継を除きます。）	－	×	－	－	－
31	会社の資本金及び資本準備金の減少（欠損填補を除きます。）	－	×	×	－	－
32	会社の分割型分割	－	×	△	－	－
33	会社の現金交付のある合併・株式交換（期間内は認定承継に限ります。）	－	△	△	－	－
34	年次報告や届出書の未提出	－	×	×	－	－

▲　形式的にはないが、雇用確保要件が未達の場合は確認要件があり、要注意
△　一部期限確定
×　全部期限確定

14　特例認定承継会社の切替確認要件（切替え）

1　非上場株式等の特例贈与者が死亡した場合の相続税の課税の特例

特例贈与者が死亡した場合に、特例経営相続承継受贈者が相続又は遺贈により取得したものとみなされた非上場株式等については、引き続き納税猶予制度

を適用して特例経営相続承継受贈者の死亡の日まで、その相続税の納税猶予を適用することができます。（措法70の７の７①、70の７の８①）

２　都道府県知事の確認

贈与者が死亡した場合の相続税の課税の特例を受けるには、特例認定承継会社は、相続税の申告期限までに都道府県知事の確認を受ける必要があります。（円滑化省令13④⑤、措法70の７の８⑤三、措規23の12の５⑭三）

この確認は、特例経営贈与承継期間の経過後であっても、改めて要件を満たす必要があります。

また、円滑化法での申請書（様式第17）の提出期限は、贈与者の死亡の日の翌日から８か月以内になります。（円滑化省令13②）

３　特例認定相続承継会社の要件

認定贈与承継会社が、相続の開始の時において、次に掲げる要件の全てを満たす必要があります。（措法70の７の８②二、措令40の８の８⑦、40の８の２⑩）

その要件は、相続があった時の要件（「**12　特例認定承継会社の認定要件（相続税）**」）と同じものが多いですが、一部、要件が除外されているものがあります。

	相続税の納税猶予	贈与者が死亡した場合の相続税の納税猶予
1	中小企業者で特例円滑化法認定を受けた会社に該当すること	要件なし
2	中小企業者の常時使用する従業員の数が１人以上（特別関係会社が外国会社に該当する場合は５人以上）であること	同左
3	資産保有型会社又は資産運用型会社に該当しないこと	同左
4	その会社の株式等及び特定特別関係会社の株式等が非上場株式等に該当すること	同左（ただし、経営承継期間後は要件なし）

5	その会社及び特定特別関係会社が性風俗営業会社に該当しないこと	同左
6	贈与の日の属する事業年度の直前事業年度において、いずれも総収入金額が零を超えていること	同左
7	いわゆる黄金株（会社法108①八）を経営承継相続人等以外の者が有していないこと	同左
8	特定特別関係会社（外国会社を除きます。）が中小企業者に該当すること	同左

15　特別関係会社と特定特別関係会社（措法70の7の5②一、措令40の8の5⑥⑦、40の8⑦⑧）

1　定義

特別関係会社と特定特別関係会社の違いは、親族の範囲を「生計を一にする親族」と読み替えている部分です。これは、平成23年改正により、改正前までの特別関係会社の範囲があまりに広く、遠い親戚が性風俗営業会社等を経営しているかどうかまで把握することは難しいという指摘に基づき導入されたものです。

なお、円滑化省令では、特別子会社と特定特別子会社と定義されています。(円滑化省令1⑩、6⑦へ)

	特別関係会社（特別子会社）	特定特別関係会社 （特定特別子会社）
定義	次に掲げる者により、その総株主議決権数の過半数を保有される会社 ①　認定会社 ②　代表者	次に掲げる者により、その総株主議決権数の過半数を保有される会社 ①　同左 ②　同左

	③　代表者の親族（配偶者・６親等内の血族・３親等内の姻族） ④　代表者の内縁者等 ⑤　次に掲げる会社 イ　②から④により総株主議決権数の過半数を保有されている会社 ロ　②から④及びこれとイの関係がある会社により総株主議決権数の過半数を保有されている会社 ハ　②から④及びこれとイ又はロの関係がある会社により総株主議決権数の過半数を保有されている会社	**③　代表者と生計を一にする親族（※１）** ④　同左 ⑤　同左 （※１）後掲「**16　生計を一にする親族**」をご参照ください。
具体例	・認定会社が支配する子会社、孫会社 ・代表者が認定会社とは別に経営する会社 ・配偶者が経営する会社 **・従兄弟が経営する会社・配偶者の兄弟が経営する会社**	・認定会社が支配する子会社、孫会社 ・代表者が認定会社とは別に経営する会社 ・配偶者が経営する会社 **・代表者と同居している（生計一の）親、兄弟などの親族が経営する会社**
適用要件など	・特別子会社が外国会社に該当する場合には、認定会社の常時使用する従業員が５人以上いること	・特定特別子会社が上場会社等、大会社、風俗営業会社に該当しないこと

	・資産保有型会社又は資産運用型会社である特別子会社の株式は特定資産に該当する	

2　具体例

（認定会社単独で保有する子会社）

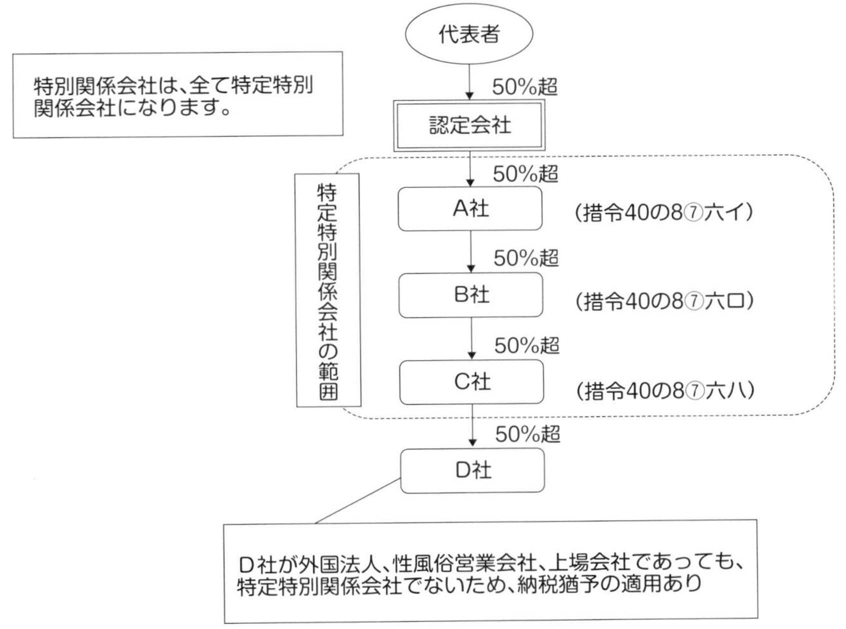

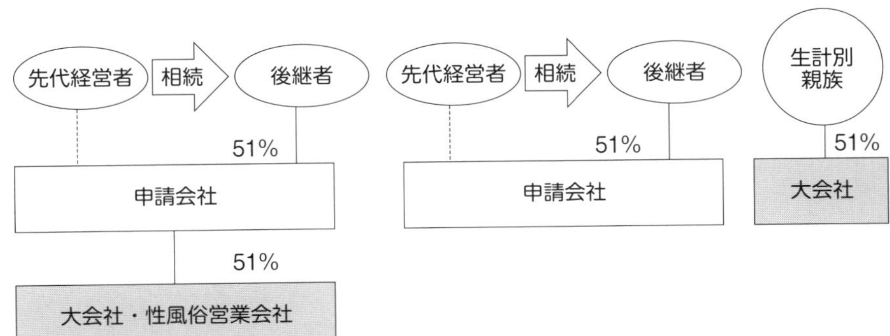

（同族株主と認定会社を保有する子会社等）

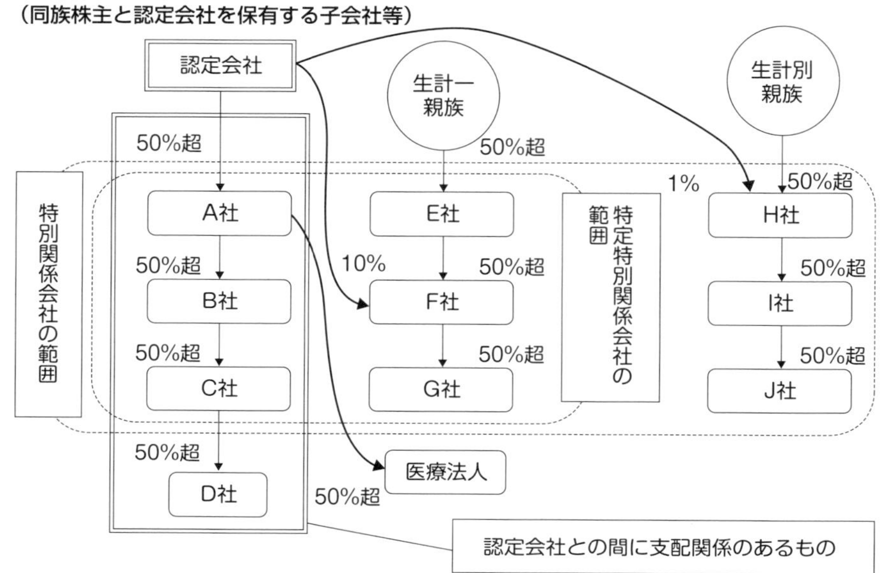

（事業承継税制の適用の有無）

・H社、I社、J社は、特定特別関係会社に該当しないため、上場会社等、性風俗営業会社、大会社であっても、事業承継税制を適用できます。

（外国会社と従業員要件の判定）

・特別関係会社であるF社が外国会社であれば、認定会社が直接F社の株式を有することから、常時使用従業員は5人以上となります。

・特別関係会社であるG社が外国会社であっても、認定会社又は認定会社との間に支配関係がある特別関係会社がG社の株式を有しないことから、常時使用従業員は1人以上となります。

・特別関係会社であるH社が外国会社であれば、認定会社が直接F社の株式を有することから、常時使用従業員は5人以上となります。

（認定会社が医療法人の株式等を有している場合の納税猶予の計算）

・認定会社との間に支配関係があるA社が医療法人の出資の額の50%超を有しているため、医療法人の出資を有していないものとして、納税猶予額を計算します。

16 生計を一にする親族

特定特別関係会社では、親族の範囲を「生計を一にする親族」と読み替えて適用されています。相続税法では、「生計を一にする」の定義がないため、所得税法基本通達にある考え方を参考に判定することになります。

所得税基本通達２－47

２－47　法に規定する「生計を一にする」とは、必ずしも同一の家屋に起居していることをいうものではないから、次のような場合には、それぞれ次による。

(1)　勤務、修学、療養等の都合上他の親族と日常の起居を共にしていない親族がいる場合であっても、次に掲げる場合に該当するときは、これらの親族は生計を一にするものとする。

イ　当該他の親族と日常の起居を共にしていない親族が、勤務、修学等の余暇には当該他の親族のもとで起居を共にすることを常例としている場合

ロ　これらの親族間において、常に生活費、学資金、療養費等の送金が行われている場合

(2)　親族が同一の家屋に起居している場合には、明らかに互いに独立した生活を営んでいると認められる場合を除き、これらの親族は生計を一にするものとする。

	事　例	判　定
例１	両親と息子の３人で１世帯に住んでいるが、息子は、サラリーマンで十分な給与をもらっています。	同じ世帯に住んでいるので、特別な理由がない限り、生計を一にする親族に該当します。

例２	２世帯住宅に両親と息子夫婦が住んでいる。	下記の条件により総合的に判断します。 ・家の中を行き来できるか ・台所、風呂、トイレが別か ・水道メーター、電気メーターが別か ・家賃の支払いがあるか

17　資産保有型会社の判定

1　資産保有型会社

資産保有型会社とは、贈与の日又は相続開始の日の属する事業年度の直前の事業年度の開始の日から贈与税額又は相続税額の全部につき納税の猶予に係る期限が確定する日までの期間（措令40の８⑲）において、次の算式の割合が100分の70以上となる会社をいいます。（措法70の７の５②三、70の７②八）

$$\frac{B + C}{A + C} \geqq 70\%$$

Ａ：その日における認定会社の総資産の貸借対照表に計上されている帳簿価額の総額

Ｂ：その日における認定会社の特定資産（下記２をご参照ください。）の貸借対照表に計上されている帳簿価額の合計額

Ｃ：その日以前５年以内において、後継者及びその後継者と特別の関係がある者（※１）が認定会社から受けた剰余金の配当等（※２）の額、損金不算入となる役員給与の額の合計額。詳しくは、後掲「**18　代表者等への配当・損金不算入給与**」をご参照ください。

（※１）後継者と特別の関係のある者は、次の者をいいます。（措令40の８⑪）

① 後継者の親族（配偶者・６親等内の血族・３親等内の姻族）
② 後継者の内縁者、使用人等
③ 次に掲げる会社

イ　後継者（①及び②の者を含む。以下、同じ。）により総株主議決権数の過半数を保有されている会社
ロ　後継者及びイの関係がある会社により総株主議決権数の過半数を保有されている会社
ハ　後継者及びこれとイ又はロの関係がある会社により総株主議決権数の過半数を保有されている会社

（※２）認定会社の株式等に係る剰余金の配当又は利益の配当をいいます。

２　特定資産

特定資産とは、次の資産をいいます。（措規23の９⑭、円滑化省令１⑫二イ～ホ）

⑴　現金、預貯金
⑵　有価証券（国債証券、地方債証券、株券、合同会社等の持分）（詳しくは、下記**３**をご参照ください。）
⑶　絵画、絵画、彫刻、工芸品その他の有形の文化的所産である動産、貴金属及び宝石（※３）
⑷　会社が現に自ら使用していない不動産（賃貸物件を含み、不動産の一部について自ら使用していない場合には、その一部分に限ります。）
⑸　ゴルフ場その他の施設の利用に関する権利（※３）
⑹　次に掲げる者に対する貸付金、未収金その他これらに類する資産
　イ　経営承継受贈者
　ロ　経営承継相続人
　ハ　イ及びロの特別の関係のある者（外国法人を含みます。）

（※３）会社の事業の用の供する目的で所有するものを除きます。

３　有価証券及び特別関係会社の株式又は持分の取扱い

⑴　認定会社の判定

認定会社の有する特別関係会社の株式等が「資産保有型会社」又は「資産運用型会社」に該当する場合には、これらの株式等は、特定資産に該当します。

認定会社が有する有価証券及び持分	
特定資産に該当するもの	特定資産に該当しないもの
・国債、地方債 ・上場会社株式等 ・資産保有型会社又は資産運用型会社に該当する特別関係会社の株式又は持分	・資産保有型会社又は資産運用型会社に該当しない特別関係会社の株式又は持分

⑵　特別関係会社の有する特別関係会社の株式又は持分の判定

特別関係会社が資産保有型会社又は資産運用型会社に該当するかどうかの判定では、上記**2**⑴～⑹の特定資産のうち、その特別関係会社の有する特別関係会社の株式又は持分を除きます（これを特別特定資産といいます。）。つまり、特別関係会社の特別関係会社が資産保有型会社又は資産運用型会社に該当しても、それを除いて判定を行います。（円滑化法申請マニュアル第７章７ページ参照）

特別関係会社が有する有価証券及び持分	
特別特定資産に該当するもの	特別特定資産に該当しないもの
・国債、地方債 ・上場会社株式等	・特別関係会社の有する特別関係会社株式 （資産保有型会社又は資産運用型会社に該当しても、特別特定資産に該当しません。）

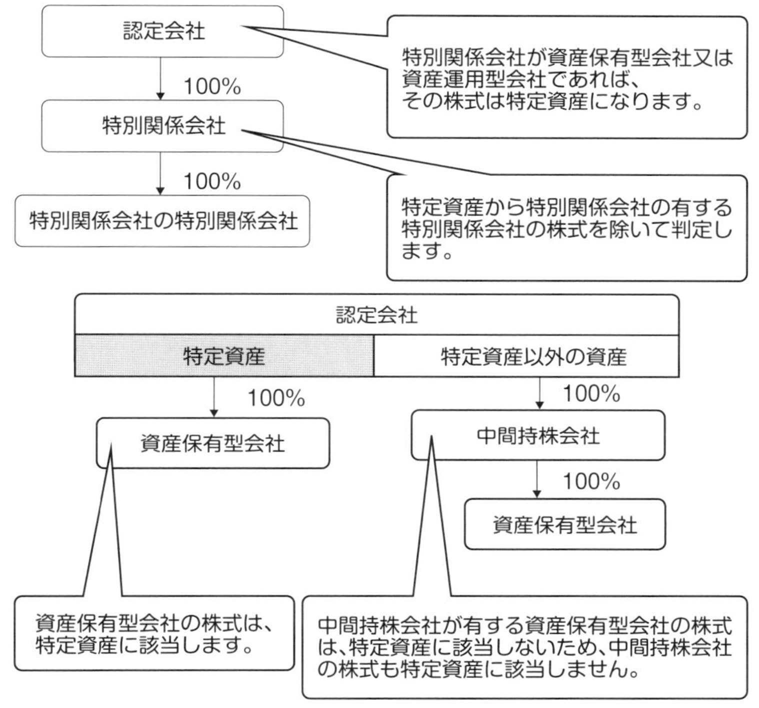

４　資産管理型会社の例外規定

一定の要件を満たす場合には、資産管理型会社に当たらないものとされます。

詳しくは、後掲「**20　資産保有型会社等に該当する場合の事業実態要件**」をご参照ください。

18　代表者等への配当・損金不算入給与

資産保有型会社の判定にあたって、判定の分母及び分子に加算する後継者グループに支払われた配当及び給与は、次のとおりです。（措令40の８の５⑫、40の８の６⑫）

⑴　対象となる期間

判定をする一の日以前の５年間（ただし、贈与の日又は相続の開始の日前の期間を除きます。)

⑵　対象となる人的範囲

次に掲げる者(以下､｢後継者グループ｣といいます。)が対象になります。(措令40の8⑳⑪)

① 後継者 ② 後継者の親族（配偶者・６親等内の血族・３親等内の姻族） ③ 後継者の内縁者等 ④ 次に掲げる会社 　イ　①から③により総株主議決権数の過半数を保有されている会社 　ロ　①から③及びこれとイの関係がある会社により総株主議決権数の過半数を保有されている会社 　ハ　①から③及びこれとイ又はロの関係がある会社により総株主議決権数の過半数を保有されている会社

⑶　剰余金の配当等

後継者グループが受け取った認定会社からの剰余金の配当又は利益の配当の額

個人だけではなく、後継者グループの会社が受けた剰余金の配当も含まれます。

⑷　給与の損金不算入額

①　加算する給与

認定会社から支給された給与（債務の免除による利益その他の経済的な利益を含みます。）のうち、役員給与の損金不算入（法人税法34）又は過大な使用人給与の損金不算入（法人税法36）の規定により認定会社の各事業年度の所得の金額の計算上、損金の額に算入されないこととなる金額

この場合の損金不算入額は現金ベースで計算します。

法人税法第34条（抜粋） 　内国法人がその役員に対して支給する給与（退職給与で業績連動給与に該当しないもの、使用人としての職務を有する役員に対して支給する当該職務に対するもの及び第３項の規定の適用があるものを除く。以下この項

において同じ。）のうち次に掲げる給与のいずれにも該当しないものの額は、その内国法人の各事業年度の所得の金額の計算上、損金の額に算入しない。
法人税法第36条
　内国法人がその役員と政令で定める特殊の関係のある使用人に対して支給する給与（債務の免除による利益その他の経済的な利益を含む。）の額のうち不相当に高額な部分の金額として政令で定める金額は、その内国法人の各事業年度の所得の金額の計算上、損金の額に算入しない。

②　債務の免除による利益その他の経済的な利益

　給与に含まれる債務の免除による利益その他の経済的な利益とは、例えば次に掲げる行為をした場合のように、その行為をしたことにより認定会社から後継者グループに対し実質的に給与が支給されたと同様の経済的効果がもたらされる利益をいいます。（措基通70の７－11の２）

　なお、香典や見舞金等で社会通念上相当と認められるものは含まれません。

イ　後継者グループに対して有する債権の放棄をし又は免除をした場合（貸倒れに該当する場合を除きます。）
ロ　後継者グループに対して物品その他の資産の贈与をした場合
ハ　後継者グループに対して資産を低い価額で譲渡した場合
ニ　後継者グループから高い価額で資産を買い入れた場合
ホ　後継者グループから債務を無償で引き受けた場合
ヘ　後継者グループに対してその居住の用に供する土地又は家屋を無償又は低い価額で提供した場合
ト　後継者グループに対して金銭を無償又は通常の利率よりも低い利率で貸し付けた場合
チ　後継者グループに対して無償又は低い対価で上記ヘ及びトに掲げるもの以外の用役の提供をした場合
リ　後継者グループに対して機密費、接待費、交際費、旅費等の名義で支給したもののうち、認定会社の業務のために使用したことが明らかでないものがある場合
ヌ　後継者グループのために個人的費用を負担した場合
ル　後継者グループが社交団体等の会員となるため又は会員となっているた

めに要するその社交団体の入会金、経常会費その他社交団体の運営のために要する費用で後継者グループが負担すべきものを認定承継会社が負担した場合

ヲ　認定承継会社が後継者グループを被保険者及び保険受取人とする生命保険契約を締結してその保険料の額の全部又は一部を負担した場合

③　支払日が不明な場合（措通70の７—11(注)）

法人税法上損金に算入されないこととなる給与等で、その支払日が特定できない部分がある場合には、その特定できない部分の金額についてはその事業年度の日数を下記イとロの日数により按分した金額をもって、贈与の日又は相続開始の日前の期間に支払われた金額を算定します。

イ　その事業年度開始の日からその贈与の日又は相続開始の日の前日までの日数

ロ　その贈与の日又は相続開始の日からその事業年度終了の日までの日数

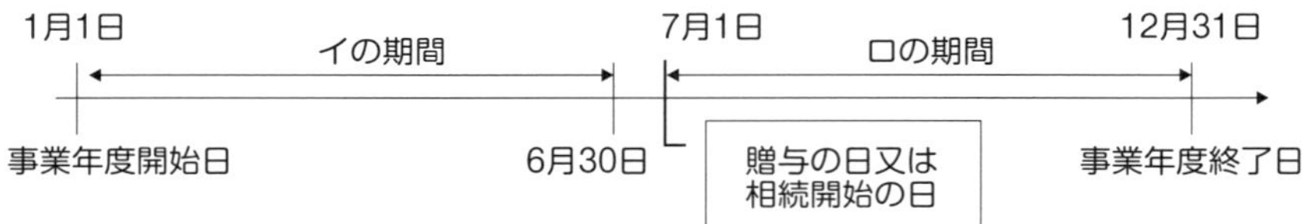

⑸　納税猶予額の減免規定における取扱い

特例措置のみに認められている経営環境の悪化に伴う納税猶予額の減免規定の計算においても代表者及びその同族関係者が受けた配当等の額と損金不算入給与の額の合計額を用います（措法70の７の５⑫一ロ）。この場合の配当等を受ける同族関係者の範囲は、資本保有型会社の判定における同族関係者の範囲と同一です。

一方で、一般措置における納税猶予額の減免規定の計算では、認定会社から配当等を受ける者は、同族関係者ではなく、代表者と代表者と生計を一にする者に限られています。（措法70の７㉑二、70の７の２㉒二、措令40の８㉑㊷、40の８の２㉖㊼）

19　資産運用型会社の判定

１　資産運用型会社

資産運用型会社とは、贈与の日又は相続開始の日の属する事業年度の直前の事業年度の開始の日から贈与税額又は相続税額の全部につき納税の猶予に係る期限が確定する日までに終了する事業年度の末日までの期間（措令40の８㉒）において、いずれかの事業年度における総収入金額に占める特定資産の運用収入の合計額の割合が75％以上の会社をいいます。（措法70の７の５②四、70の７②九）

$$\frac{\text{特定資産の運用収入（注２）の合計額}}{\text{総収入金額（注１）}} \geqq 75\%$$

（注１）　総収入金額は、損益計算上の売上高、営業外収益及び特別利益（資産の譲渡によるものについては、その資産の譲渡価額に置き換えます。）の合計額です。

（注２）　特定資産の運用収入には、特定資産である上場株式等の配当金、預金の受取利息、賃貸物件の受取家賃や特定資産の譲渡（譲渡対価）などが含まれます。

２　資産運用型会社の例外規定

一定の要件を満たすと、資産管理型会社に当たらないものとされます。

詳しくは、後掲「**20　資産保有型会社等に該当する場合の事業実態要件**」をご参照ください。

20　資産保有型会社等に該当する場合の事業実態要件

１　事業実態要件による適用除外

認定承継会社が、資産保有型会社又は資産運用型会社（以下「資産保有型会社等」といいます。）に該当する場合であっても、次の全ての要件を満たす場合には、納税猶予の対象となる資産保有型会社等に該当することになります。（措令40の８の５⑤、40の８の６⑥、40の８⑥二、40の８の２⑦二）

また、資産保有型会社等に該当する認定承継会社の特別関係会社が、次の全ての要件を満たす場合には、その特別関係会社の株式等を特定資産から除外して、その認定承継会社が資産保有型会社等に該当するかを判定し、資産保有型会社等に該当しないときは、納税猶予の対象となる資産保有型会社等に該当することになります。（措令40の８⑥一、40の８の２⑦一）

⑴　贈与の日まで引き続き３年以上にわたり、次の業務を行っていること（措規23の９⑤）

イ　商品の販売

ロ　資産の貸付（同族関係者に対する貸し付けを除きます。）

ハ　役務の提供で、継続して対価を得て行われるもの（その商品の開発若しくは生産又は役務の開発を含みます。）

⑵　贈与の時において、常時使用従業員（（※１）以下「親族外従業員」といいます。）の数が５人以上であること

⑶　贈与の時において、当該特別関係会社が、⑵の親族外従業員が勤務している事務所、店舗、工場その他これらに類するものを所有し、又は賃借していること

（※１）経営承継受贈者及び当該経営承継受贈者と生計を一にする親族を除きます。

（「一定の資産保有型会社等でないこと」の要件の判定フローチャート）（措置法第70条の７第２項第１号ロ）

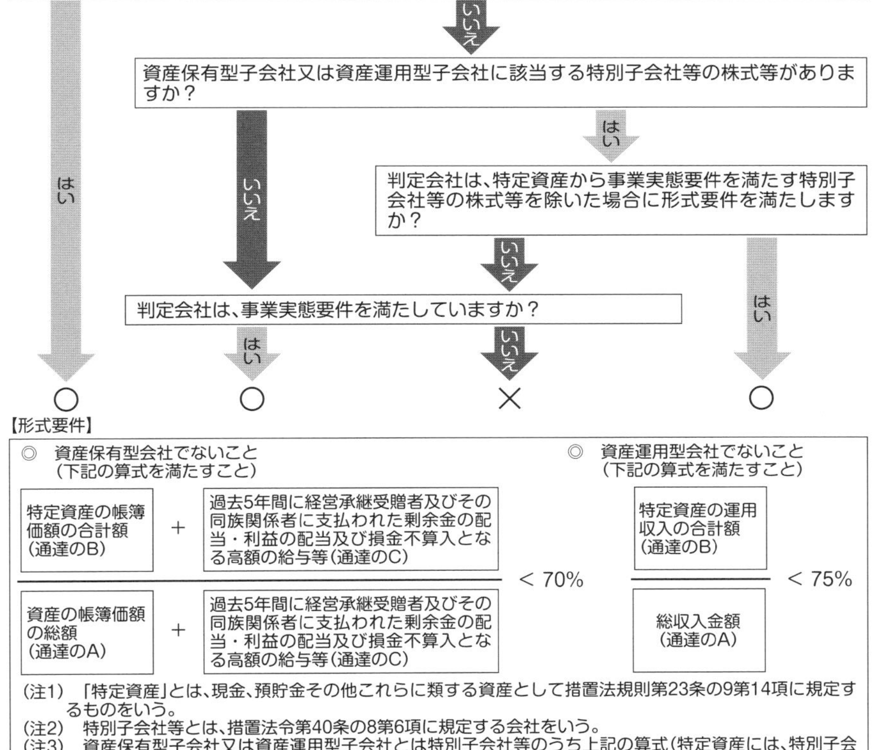

【事業実態要件】

1　会社の事業が贈与の日まで3年以上継続して、商品販売その他の業務で措置法規則第23条の9第5項に規定する業務を行っていること。
2　贈与の時において、常時使用従業員の数が5人以上であること。
3　贈与の時において常時使用従業員が勤務している事務所、店舗、工場その他これらに類するものを所有し、又は賃借していること。

（出典：国税庁 HP（特例の対象とならない資産保有型会社又は資産運用型会社の意義　措置法通達70の７－11　説明）
（https://www.nta.go.jp/law/zeiho-kaishaku/joho-zeikaishaku/sozoku/100702_2/06.htm）

2　事業実態要件を満たす資産保有型会社等の納税猶予の計算の特例

事業実態要件を満たす資産保有型会社等が、上場株式等を保有する場合には、納税猶予の計算の特例があります。

詳しくは、「**21　特例認定承継会社等が上場株式等を有する場合**」をご参照ください。

3　資料の添付

事業実態要件を満たしている場合の年次報告には、下記(1)の書類に加え、下記(2)の書類を添付して提出します。この場合、年次報告書の特定資産等に係る明細書は記載不要です。

(1)　決算書類

・貸借対照表・損益計算書・株主資本等変動計算書・個別注記表・事業報告書・附属明細書（勘定科目内訳書含む）

(2)　事業実態要件を証明する書類

事業実態要件	添付資料
従業員数が５人以上であることが分かる資料	従業員数証明書など
本社、事業所、工場など従業員が勤務するための物件を所有又は賃借していることが分かる書類	所有の場合：当該不動産に係る登記事項証明書、賃借の場合：賃貸借契約書 など
商品販売、資産貸付、役務提供などの業務を贈与報告基準期間において行っていることが分かる書類	売買契約書、請負契約書、賃貸借契約書など。１つの業務（契約）が３年に渡っていない場合は複数の業務（契約）を組み合わせて証明します。

21　特例認定承継会社等が上場株式等を有する場合

1　納税猶予額の計算の特例

特例認定承継会社及び特別関係会社のうち特例認定承継会社との間に支配関係がある法人が、次の会社又は法人の株式等を保有している場合には、その株式等を有していなかったものとして計算した価額により納税猶予額の計算をします。（措法70の７の５②八、70の７の６②八、措令40の８の５⑮、40の８⑫）

具体的な計算は、後掲第６章「**99　特例認定承継会社が外国子会社株式等を保有する場合**」をご参照ください。

⑴　外国会社（会社法２二）で特別関係会社に該当するもの

⑵　特例認定承継会社、その代表者及び特別な関係がある者の有する次に掲げる法人の株式等の数又は金額が、それぞれの数又は金額である場合におけるその法人

①　上場会社等（特例認定承継会社が例外規定で認められている資産保有型会社等（※１）に該当する場合に限ります。）

発行済株式又は出資の総数又は総額の100分の３以上に相当する数又は金額

②　医療法人の出資

その医療法人の出資の総額の100分の50を超える金額

（※１）　資産保有型会社等とは、資産保有型会社及び資産運用型会社をいいます。（措令40の８⑥）

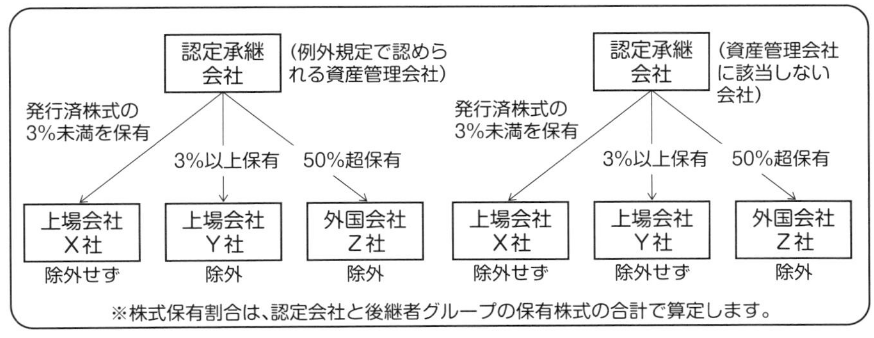

２　設例による判定

⑴　外国会社の判定

ポイントは、特例認定承継会社による50％超の支配関係がある法人が外国会社の株式を有していることと、その外国法人が特別関係会社に該当することです。

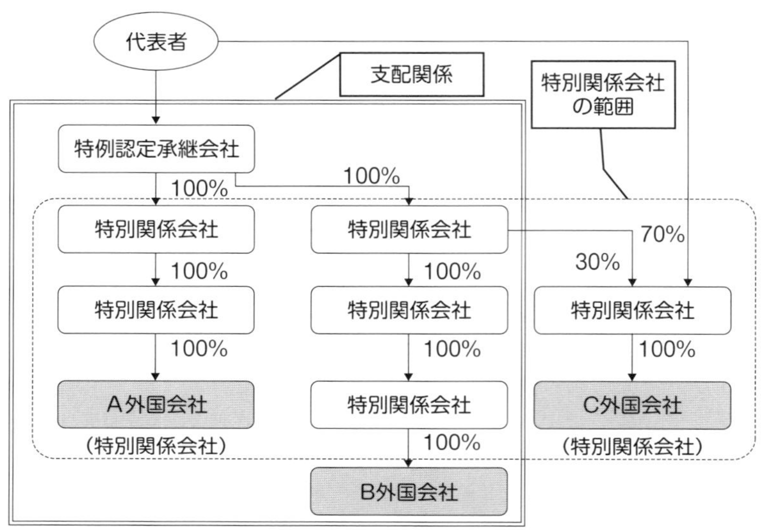

Ａ外国会社の判定：特例認定承継会社が50％を超える株式を有する会社により支配されており、特別関係会社であるため、除外の対象になります。

Ｂ外国会社の判定：特別関係会社に該当しないため、納税猶予の計算に含まれます。

Ｃ外国会社の判定：特例認定承継会社が50％超の株式を有する会社に支配されていないため、納税猶予の計算に含まれます。

(2)　上場株式の判定

ポイントは、特例認定承継会社が資産保有型会社等に該当するかどうかです。

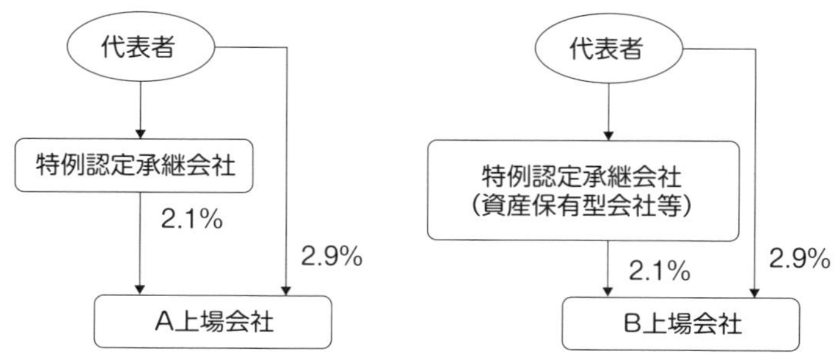

Ａ上場会社：特例認定承継会社が資産保有型会社等に該当しないため、納税猶予の計算に含まれます。

Ｂ上場会社：特例認定承継会社が資産保有型会社等に該当し、特例認定承継会社と代表者で３％以上保有しているため、除外の対象になります。

22　東京都の特例認定申請の添付書類のチェックリスト

東京都のホームページ（各自治体）にて**4**（42ページ）、**5**（55ページ）、**6**（73ページ）及び**7**（84ページ）の『認定申請書の添付書類一覧表』が掲載されていますので、事前に確認をお願いします。

23　国税庁の特例納税猶予申告のチェックシート

平成30年10月現在、相続税に関する２つのチェックシートのみ公表されています。

1　「非上場株式等についての相続税の納税猶予及び免除の特例」（特例措置）の適用要件チェックシート

国税庁のホームページにて次ページの『「非上場株式等についての相続税の納税猶予及び免除の特例」（特例措置）の適用要件チェックシート』が掲載されていますので、事前に確認をお願いします。

（１面）

（平成30年分用）「非上場株式等についての相続税の納税猶予及び免除の特例」（特例措置）の適用要件チェックシート

（はじめにお読みください。）

1　このチェックシートは、「非上場株式等についての相続税の納税猶予及び免除の特例」（租税特別措置法第70条の７の６）の適用を受けるための適用要件を確認する際に使用してください。

2　「確認結果」欄の左側のみに○がある場合には、原則としてこの特例の適用を受けることができます。

3　このチェックシートは、申告書の作成に際して、特例の適用に係る会社ごとに適用要件等を確認の上、申告書に添付してご提出ください。

4　被相続人からの特例贈与により非上場株式等を取得している場合において当該贈与の日の属する年に当該被相続人の相続が開始したことによりこの特例の適用を受ける場合には、このチェックシートは使用できません。詳しくは税務署にお尋ねください。

5　「非上場株式等の特例贈与者が死亡した場合の相続税の納税猶予及び免除の特例」（租税特別措置法第70条の７の８）の適用を受ける場合には、このチェックシートではなく、「非上場株式等の特例贈与者が死亡した場合の相続税の納税猶予及び免除の特例」（特例措置）の適用要件チェックシートを使用してください。

特例の適用に係る会社の名称：　　　　　　　　　　**被相続人氏名：**

相続人等（特例適用者）

住　所

氏　名

電話　（　　　）

関与税理士			
所在地			
氏名		電話	

項目		確認内容（適用要件）	確認結果		確認の基となる資料
被相続人	(1)　(2)の場合以外の場合ですか。		はい		－
	相続開始前のいずれかの日	①　その会社の代表権（制限が加えられたものを除きます。以下同じです。）を有していたことがありますか。	はい	いいえ	○　登記事項証明書、定款の写しなど
	相続開始の直前（注1）	②　被相続人及び被相続人と特別の関係がある者がその会社の総議決権数の50％超の議決権数を保有していますか。（注2）・（注3）	はい	いいえ	○　株主名簿の写し、定款の写し、戸籍の謄本又は抄本など
		③　被相続人が被相続人及び被相続人と特別の関係がある者（会社の特例経営承継相続人等となる者を除きます。）の中で最も多くの議決権数を保有していますか。（注2）・（注3）	はい	いいえ	○　株主名簿の写し、定款の写し、戸籍の謄本又は抄本など
	(2)　その会社の非上場株式等について既に租税特別措置法第70条の７の５第１項、第70条の７の６第１項又は第70条の７の８第１項の規定（以下、「特例措置」といいます。）の適用を受けている者がいますか。		はい		○　相続税の申告書第８の２の２表の付表１など
後継者（相続人等）	相続開始の直前	○　その会社の役員ですか（被相続人が60歳未満で死亡した場合を除きます。）。（注4）	はい	いいえ	○　登記事項証明書、定款の写しなど
	相続開始の時	①　その非上場株式等の取得が、平成30年１月１日から平成39年12月31日までの間の最初のこの特例の適用に係る相続又は遺贈（以下、「相続等」といいます。）による取得、又は、その取得の日から特例経営承継期間の末日までの間に相続税の申告書の提出期限が到来する相続等による取得ですか。（注5）	はい	いいえ	○　認定書の写し、戸籍の謄本又は抄本など
		②　後継者及び後継者と特別の関係がある者がその会社の総議決権数の50％超の議決権数を保有していますか。（注2）・（注3）	はい	いいえ	○　株主名簿の写し、定款の写し、戸籍の謄本又は抄本など
		③　次のイ、ロの場合に応じて、どちらかの要件を確認してください。 イ　後継者が１人の場合 後継者及び後継者と特別の関係がある者（その後継者以外の租税特別措置法第70条の７の５第１項、第70条の７の６第１項又は第70条の７の８第１項の適用を受ける者を除きます。ロにおいて同じです。）の中で最も多くの議決権数を保有していますか。（注2）・（注3）	はい	いいえ	○　株主名簿の写し、定款の写し、戸籍の謄本又は抄本など
		ロ　後継者が２人又は３人の場合 総議決権の10％以上の議決権数を保有し、かつ、後継者と特別の関係がある者の中で最も多くの議決権を保有していますか。（注2）・（注3）	はい	いいえ	○　株主名簿の写し、定款の写し、戸籍の謄本又は抄本など
	相続開始の日の翌日から５か月を経過する日	○　その会社の代表権を有していますか。	はい	いいえ	○　登記事項証明書、定款の写しなど
	相続開始の時から申告期限まで	○　特例対象非上場株式等の全てを保有していますか。（注6）	はい	いいえ	○　相続税の申告書第８の２の２表の付表１など
	申告期限まで	①　その会社の株式等について、租税特別措置法第70条の７第１項、第70条の７の２第１項又は第70条の７の４第１項の規定の適用を受けていませんか。	はい	いいえ	○　相続税の申告書第８の２の２表の付表１など
		②　円滑化省令第17条第１項の確認（同項第１号に係るものに限るとし、円滑化省令第18条第１項の規定による変更の確認を受けたときは、その変更後のもの）を受けた会社の特例後継者ですか。（注7）（注8）	はい	いいえ	○　確認書の写し

※　２面に続きます。

（２面）

（１面からの続きです。）

項目		確認内容（適用要件）	確認結果		確認の基となる資料
会社	相続開始の時	① 都道府県知事の円滑化法の認定を受けていますか。（注7）	はい	いいえ	○ 認定書の写し
		② 中小企業者ですか。	はい	いいえ	
		③ 非上場会社ですか。	はい	いいえ	
		④ 風俗営業会社には該当していませんか。（注9）	はい	いいえ	
		⑤ 特定特別関係会社が風俗営業会社には該当していませんか。また、特定特別関係会社は中小企業者であり、かつ、非上場会社ですか。（注10）	はい	いいえ	
		⑥ 常時使用従業員の数は１名以上ですか。 なお、特例の適用に係る会社の特別関係会社が会社法第２条第２号に規定する外国会社に該当する場合には、常時使用従業員の数は５名以上ですか。（注11）・（注12）	はい	いいえ	○ 従業員数証明書
		⑦ 一定の資産保有型会社又は資産運用型会社に該当していませんか。（注13）・（注14）	はい	いいえ	○ 貸借対照表・損益計算書など
		⑧ 一定の事業年度の総収入金額は零を超えていますか。（注15）	はい	いいえ	○ 損益計算書など
		⑨ 会社法第108条第１項第８号に規定する種類の株式を発行している場合は、後継者その他の者のみが保有していますか。（注16）	はい	いいえ	○ 株主名簿の写し、定款の写し、登記事項証明書など
		⑩ 現物出資等資産の割合は70％未満ですか。	はい	いいえ	○ 相続税の申告書第８の２の２表の付表１など

（注）１　代表権を有していた被相続人が相続開始の直前において代表権を有していない場合には、代表権を有していた期間のいずれかの日についても判定が必要となります。

２　「特別の関係がある者」とは、租税特別措置法施行令第40条の８の６第14項において準用する同令第40条の８の２第11項に定める特別の関係がある者をいいます。

３　「総議決権数」及び「議決権数」には、会社が有する自己の株式など議決権を有しない株式等の数は含まれません。
なお、株主総会等において議決権を行使できる事項の一部について制限がある株式等の議決権数及び株主総会等において議決権を行使できる事項の一部について制限がある株主等が有する株式等の議決権数は、「総議決権数」及び「議決権数」に含まれます。

４　災害等（租税特別措置法第70条の７の６第26項において準用する同法第70条の７の２第32項に規定する災害等をいいます。以下14において同じです。）が発生した日から同日以後１年を経過する日までの間に相続等により取得をした非上場株式等に係る会社が租税特別措置法第70条の７の２第31項第１号、第２号又は第４号に掲げる場合に該当するときには、相続税の申告書に一定の書類を添付等することにより、この要件が除かれます。

５　「特例経営承継期間」とは、この特例の適用に係る相続税の申告書の提出期限の翌日から次に掲げる日のいずれか早い日又はこの特例の適用を受ける特例経営承継相続人等の死亡の日の前日のいずれか早い日までの期間をいいます。
⑴　後継者の最初のこの特例の適用に係る相続に係る相続税の申告書の提出期限の翌日以後５年を経過する日
⑵　後継者の最初の租税特別措置法第70条の７の５第１項の規定の適用に係る贈与の日の属する年分の贈与税の申告書の提出期限の翌日以後５年を経過する日

６　「特例対象非上場株式等」とは、租税特別措置法第70条の７の６第１項に規定する株式等をいいます。

７　「円滑化法」とは、中小企業における経営の承継の円滑化に関する法律をいいます。また、「円滑化省令」とは、中小企業における経営の承継の円滑化に関する法律施行規則をいいます。

８　「特例後継者」とは、円滑化省令第16条第１号ロに規定する者のことをいいます。なお、円滑化省令第17条第１項の確認は、平成35年３月31日までに円滑化省令第16条第１号に規定する特例承継計画を都道府県知事に提出し、その確認を受けることとされています。

９　「風俗営業会社」とは、風俗営業等の規制及び業務の適正化等に関する法律第２条第５項に規定する性風俗関連特殊営業に該当する事業を営む会社をいいます。

10　「特定特別関係会社」とは、租税特別措置法施行令第40条の８の６第８項において準用する同令第40条８の２第９項に規定する会社をいいます。

11　「特別関係会社」とは、租税特別措置法施行令第40条の８の６第７項において準用する同令第40条８の２第８項に規定する会社をいいます。

12　会社又は会社との間に支配関係（会社が他の法人の発行済株式等（他の法人が有する自己の株式等を除きます。）の総数等の50％超の数等の株式等を直接又は間接に保有する関係として租税特別措置法施行令第40条の８第９項に定める関係をいいます。）がある法人がその外国会社の株式等を有する場合に限ります。

13　「一定の資産保有型会社又は資産運用型会社」とは、租税特別措置法施行令第40条の８の６第６項において準用する同令第40条の８の２第７項に規定する会社をいいます。

14　災害等が発生した日から同日以後１年を経過する日までの間に相続等により取得をした特例非上場株式等に係る会社が租税特別措置法第70条の７の６第26項において準用する同法第70条の７の２第35項各号に掲げる場合に該当するときには、相続税の申告書に一定の書類を添付等することにより、⑦の要件が除かれます。

15　「一定の事業年度の総収入金額」とは、租税特別措置法施行令第40条の８の６第９項において準用する同令第40条の８の２第10項第１号に規定する総収入金額をいいます。

16　「後継者その他の者」とは、その会社の非上場株式等につき特例措置の適用を受けている者など、租税特別措置法施行令第40条の８の６第１項第２号に掲げる者をいいます。

（平成30年分用）「非上場株式等についての相続税の納税猶予及び免除の特例」（特例措置）の提出書類チェックシート

（はじめにお読みください。）

1　このチェックシートは、「非上場株式等についての相続税の納税猶予及び免除の特例」（租税特別措置法第70条の７の６）の適用を受けるための提出書類を確認する際に使用してください。

2　このチェックシートは、申告書の作成に際して、特例の適用に係る会社ごとに提出書類を確認の上、申告書に添付してご提出ください。

3　被相続人からの特例贈与により非上場株式等を取得している場合において当該贈与の日の属する年に当該被相続人の相続が開始したことによりこの特例の適用を受ける場合には、このチェックシートは使用できません。詳しくは税務署にお尋ねください。

4　「非上場株式等の贈与者が死亡した場合の相続税の納税猶予及び免除の特例」（租税特別措置法第70条の７の８）の適用を受ける場合には、このチェックシートではなく、「非上場株式等の特例贈与者が死亡した場合の相続税の納税猶予及び免除の特例」（特例措置）の提出書類チェックシートを使用してください。

特例の適用に係る会社の名称：　　　　　　　　　　被相続人氏名：

相続人等（特例適用者）

住　所

氏　名

電話　　（　　）

関与税理士	所在地			
	氏名		電話	

(注)担保提供書及び担保関係書類が別途必要となります。

	提出書類	チェック欄
1	**会社の株主名簿の写しなど**、相続開始の直前及び相続開始の時における会社の全ての**株主又は社員の氏名等及び住所等並びにこれらの者が有する株式等に係る議決権の数が確認できる書類等**（その会社が証明したものに限ります。）	□
2	相続開始の時における会社の**定款の写し**（会社法その他の法律の規定により定款の変更をしたものとみなされる事項がある場合には、当該事項を記載した書面を含みます。）	□
3	**遺言書の写し又は遺産分割協議書の写し並びに相続人全員の印鑑証明書（遺産分割協議書に押印したもの）**	□
4	円滑化省令第７条第10項の都道府県知事の**認定書**（円滑化省令第６条第１項第12号又は第14号の事由に係るものに限ります。）**の写し**及び円滑化省令第７条第７項（同条第９項において準用する場合を含みます。）の**申請書の写し**	□
5	円滑化省令第17条第４項の都道府県知事の**確認書の写し**及び同条２項の**申請書の写し**	□
6	会社が租税特別措置法第70条の７の６第２項第８号に規定する外国会社又は租税特別措置法施行令第40条の８の６第15項において準用する同令第40条の８の２第12項に規定する法人の株式等を有する場合には、相続の開始の日の属する事業年度の直前の事業年度（資産保有型会社又は資産運用型会社に該当する場合は、相続開始の日の３年前の日の属する事業年度から相続開始の日の属する事業年度の直前の事業年度までの各事業年度）の**貸借対照表及び損益計算書**	□

＊　「非上場株式等についての相続税の納税猶予及び免除の特例」(特例措置)の適用要件チェックシート(２面)における、(注) ４又は14に該当する場合の提出書類については、税務署にお尋ねください。

2 「非上場株式等の特例贈与者が死亡した場合の相続税の納税猶予及び免除の特例」（特例措置）の適用要件チェックシート

国税庁のホームページにて次ページの『「非上場株式等の特例贈与者が死亡した場合の相続税の納税猶予及び免除の特例」（特例措置）の適用要件チェックシート』が掲載されていますので、事前に確認をお願いします。

（１面）

（平成30年分用）「非上場株式等の特例贈与者が死亡した場合の相続税の納税猶予及び免除の特例」（特例措置）の適用要件チェックシート

（はじめにお読みください。）

1　このチェックシートは、「非上場株式等についての贈与税の納税猶予及び免除の特例」（租税特別措置法第70条の７の５）の適用を受けている人が、特例贈与者の死亡により、その特例の適用に係る株式等について租税特別措置法第70条の７の７の規定により相続又は遺贈により取得したものとみなされた場合において、「非上場株式等の特例贈与者が死亡した場合の相続税の納税猶予及び免除の特例」（租税特別措置法第70条の７の８）の適用を受けるための適用要件を確認する際に使用してください。

2　「確認結果」欄の左側のみに○がある場合には、原則としてこの特例の適用を受けることができます。

3　このチェックシートは、申告書の作成に際して特例の適用に係る会社ごとに適用要件等を確認の上、申告書に添付してご提出ください。

4　相続又は遺贈により取得した非上場株式等（租税特別措置法第70条の７の７の適用により相続又は遺贈により取得したとみなされた株式等を除きます。）について「非上場株式等についての相続税の納税猶予及び免除の特例」（租税特別措置法第70条の７の６）の特例の適用を受ける場合には、このチェックシートではなく、「非上場株式等についての相続税の納税猶予及び免除の特例」（特例措置）の適用要件チェックシートを使用してください。

特例の適用に係る会社の名称：　　　　　**被相続人（特例贈与者）氏名：**

相続人等（特例適用者）

住　所

氏　名

電話　　（　　　）

関与税理士	所在地			
	氏名		電話	

項目		確認内容（適用要件）	確認結果		確認の基となる資料
後継者（相続人等）	相続開始の時	①　会社の代表権を有していますか。	はい	いいえ	○　登記事項証明書、定款の写しなど
		②　後継者及び後継者と特別の関係がある者がその会社の総議決権数の50%超の議決権数を保有していますか。（注1）・（注2）	はい	いいえ	○　株主名簿の写し、定款の写し、戸籍の謄本又は抄本など
		③　後継者及び後継者と特別の関係がある者（その者以外の租税特別措置法第70条の７の５第１項、第70条の７の６第１項又は第70条の７の８第１項の規定の適用を受ける他の後継者を除きます。）の中で最も多くの議決権数を保有していますか。（注1）・（注2）	はい	いいえ	○　株主名簿の写し、定款の写し、戸籍の謄本又は抄本など
会社	相続開始の時	①　円滑化省令第13条第４項及び第５項において準用する同条第１項の都道府県知事の確認を受けていますか。（注3）	はい	いいえ	○　確認書の写し（①～③）
		②　風俗営業会社には該当していませんか。（注4）	はい	いいえ	
		③　特定特別関係会社が風俗営業会社には該当していませんか。（注5）	はい	いいえ	
		④　常時使用従業員の数は１名以上ですか。 なお、特例の適用に係る会社の特別関係会社が会社法第２条第２号に規定する外国会社に該当する場合には、常時使用従業員の数は５名以上ですか。（注6）・（注7）	はい	いいえ	○　従業員数証明書
		⑤　一定の資産保有型会社又は資産運用型会社に該当していませんか。（注8）・（注9）	はい	いいえ	○　貸借対照表・損益計算書など
		⑥　一定の事業年度の総収入金額は零を超えていますか。（注10）	はい	いいえ	○　損益計算書など
		⑦　会社法第108条第１項第８号に規定する種類の株式を発行している場合は、後継者その他の者のみが保有していますか。（注11）	はい	いいえ	○　株主名簿の写し、定款の写し、登記事項証明書など
		〔租税特別措置法第70条の７の５第１項の特例の適用に係る贈与税の申告書の提出期限の翌日から同日以後５年を経過する日又は租税特別措置法第70条の７の６第１項の特例の適用に係る相続税の申告書の提出期限の翌日から同日以後５年を経過する日のいずれか早い日までの間に贈与者が死亡した場合には、次の⑧の要件についても確認してください。〕			
		⑧　その会社と特定特別関係会社は、非上場会社ですか。（注5）	はい	いいえ	○　確認書の写し

（注）1　「特別の関係がある者」とは、租税特別措置法施行令第40条の８の８第２項において準用する同令第40条の８の２第11項に規定する特別の関係がある者をいいます。

2　「総議決権数」及び「議決権数」には、会社が有する自己の株式など議決権を有しない株式等の数は含まれません。
なお、株主総会等において議決権を行使できる事項の一部について制限がある株式等の議決権数及び株主総会等において議決権を行使できる事項の一部について制限がある株主等が有する株式等の議決権数は、「総議決権数」及び「議決権数」に含まれます。

3　「円滑化省令」とは、中小企業における経営の承継の円滑化に関する法律施行規則をいいます。

4　「風俗営業会社」とは、風俗営業等の規制及び業務の適正化等に関する法律第２条第５項に規定する性風俗関連特殊営業に該当する事業を営む会社をいいます。

※　２面に続きます。

（２面）

（１面の注書の続きです。）

(注) 5　「特定特別関係会社」とは、租税特別措置法施行令第40条の８の８第６項において準用する同令第40条の８の２第９項に規定する会社をいいます。

6　「特別関係会社」とは、租税特別措置法施行令第40条の８の８第５項において準用する同令第40条の８の２第８項に規定する会社をいいます。

7　会社又は会社との間に支配関係（会社が他の法人の発行済株式等（他の法人が有する自己の株式等を除きます。）の総数等の50%超の数等の株式等を直接又は間接に保有する関係として租税特別措置法施行令第40条の８第９項に定める関係をいいます。）がある法人がその外国会社の株式等を有する場合に限ります。

8　「一定の資産保有型会社又は資産運用型会社」とは、租税特別措置法施行令第40条の８の８第４項において準用する同令第40条の８の２第７項に規定する会社をいいます。

9　災害等（租税特別措置法第70条の７の２第32項に規定する災害等をいいます。）が発生した日から同日以後１年を経過する日までの間に租税特別措置法第70条の７の３の規定により相続又は遺贈により取得をしたとみなされた株式等に係る会社が租税特別措置法第70条の７の４第18項各号に掲げる場合に該当するときには、相続税の申告書に一定の書類を添付等することにより⑤の要件が除かれます。

10　「一定の事業年度の総収入金額」とは、租税特別措置法施行令第40条の８の８第７項において準用する同令第40条の８の２第10項第１号に規定する総収入金額をいいます。

11　「後継者その他の者」とは、その会社の非上場株式等につき特例措置の適用を受けている者など、租税特別措置法施行令第40条の８の６第１項第２号に掲げる者をいいます。

(平成30年分用)「非上場株式等の特例贈与者が死亡した場合の相続税の納税猶予及び免除の特例」(特例措置)の提出書類チェックシート

(はじめにお読みください。)

1　このチェックシートは、「非上場株式等についての贈与税の納税猶予及び免除の特例」(租税特別措置法第70条の7の5)の適用を受けている人が、特例贈与者の死亡により、その特例の適用に係る株式等について租税特別措置法第70条の7の7の規定により相続又は遺贈により取得したものとみなされた場合において、「非上場株式等の特例贈与者が死亡した場合の相続税の納税猶予及び免除の特例」(租税特別措置法第70条の7の8)の適用を受けるための提出書類を確認する際に使用してください。

2　このチェックシートは、申告書の作成に際して特例の適用に係る会社ごとに提出書類を確認の上、申告書に添付してご提出ください。

3　相続又は遺贈により取得した非上場株式等(租税特別措置法第70条の7の7の適用により相続又は遺贈により取得したとみなされた株式等を除きます。)について「非上場株式等についての相続税の納税猶予及び免除の特例」(租税特別措置法第70条の7の6)の特例の適用を受ける場合には、このチェックシートではなく、「非上場株式等についての相続税の納税猶予及び免除の特例」(特例措置)の提出書類チェックシートを使用してください。

特例の適用に係る会社の名称：＿＿＿＿＿＿＿＿　被相続人(特例贈与者)氏名：＿＿＿＿＿＿＿＿

相続人等(特例適用者)

住　所＿＿＿＿＿＿＿＿

氏　名＿＿＿＿＿＿＿＿

電話　(　　　)

関与税理士	所在地			
	氏名		電話	

(注)担保提供書及び担保関係書類が別途必要となります。

	提出書類	チェック欄
1	**会社の株主名簿の写しなど**、相続開始の時における会社の全ての**株主又は社員の氏名等及び住所等並びにこれらの者が有する株式等に係る議決権の数が確認できる書類等**(その会社が証明したものに限ります。)	□
2	相続開始の時における会社の**定款の写し**(会社法その他の法律の規定により定款の変更をしたものとみなされる事項がある場合には、当該事項を記載した書面を含みます。)	□
3	円滑化法施行規則第13条第4項又は第5項において準用する同条第2項の**申請書の写し及び**同条第6項の都道府県知事の**確認書の写し**	□
4	被相続人の相続開始の日の翌日以後最初に到来する経営相続報告基準日の翌日から5か月(被相続人が次の(1)、(2)に掲げる日のいずれか早い日の翌日以後に死亡した場合には3か月)を経過する日が相続税の申告期限までに到来する場合には、**会社の経営に関する事項を記載した書類**　**(該当あり　□、該当なし　□)** (1)　後継者の最初の租税特別措置法第70条の7の5第1項の規定の適用に係る贈与税の申告書の提出期限の翌日以後5年を経過する日 (2)　後継者の最初の租税特別措置法第70条の7の6第1項の規定の適用に係る相続税の申告書の提出期限の翌日以後5年を経過する日	□

※　「非上場株式等の特例贈与者が死亡した場合の相続税の納税猶予及び免除の特例」(特例措置)の適用要件チェックシート(2面)における、(注)9に該当する場合の提出書類については、税務署にお尋ねください。

24　平成30年度改正前の認定件数

平成27年１月の新制度施行後、認定件数は、過去６年間の年平均件数173件に対して、約2.6倍になっています。

一方で、中小企業経営者の高齢化が進んでおり、今後５年間で30万人以上の経営者が70歳に達するにもかかわらず、半数以上が事業承継の準備を終えていない。このような状況を踏まえ、事業承継税制を適用しやすいように、平成30年度で抜本的な改正が行われました。

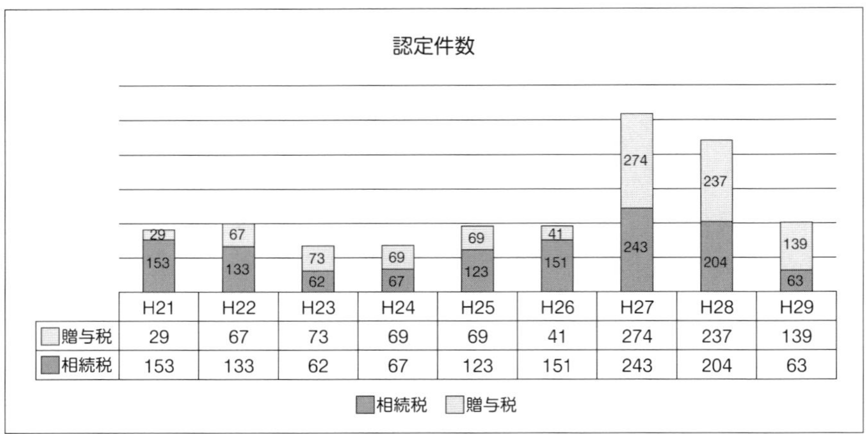

認定件数

	H21	H22	H23	H24	H25	H26	H27	H28	H29
贈与税	29	67	73	69	69	41	274	237	139
相続税	153	133	62	67	123	151	243	204	63

また、過去の相続税等の納税猶予適用額は以下のとおりです。

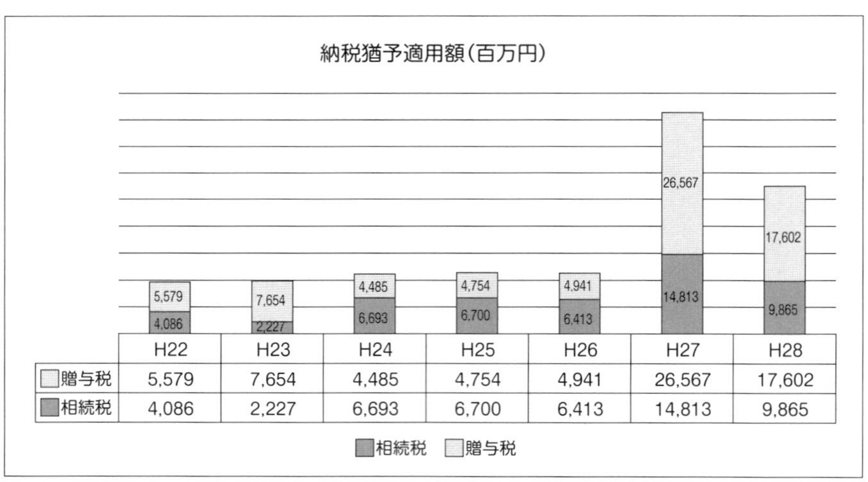

納税猶予適用額（百万円）

	H22	H23	H24	H25	H26	H27	H28
贈与税	5,579	7,654	4,485	4,754	4,941	26,567	17,602
相続税	4,086	2,227	6,693	6,700	6,413	14,813	9,865

（出典：平成29年度税制改正に関する経済産業省要望及び平成30年度及び平成31年度税制改正要望事項（経済産業省））

25　各WEBサイト案内及び準用が多い特例条文番号概要（贈与税）

１　各WEBサイト案内

・中小企業庁

http://www.chusho.meti.go.jp/zaimu/shoukei/shoukei_enkatsu_zouyo_souzoku.htm

・30年改正認定申請マニュアル

http://www.chusho.meti.go.jp/zaimu/shoukei/shoukei_enkatsu_tokurei_yoshiki.htm

（特例承継計画の提出、認定申請書）

・東京都庁

http://www.sangyo-rodo.metro.tokyo.jp/chushou/shoko/keiei/jigyoshokeizeisei/

・国税庁　事業承継税制特集

https://www.nta.go.jp/publication/pamph/jigyo-shokei/index.htm

・相続税の納税猶予等チェックシート

https://www.nta.go.jp/taxes/tetsuzuki/shinsei/annai/sozoku-zoyo/annai/h30pdf/checksheet1.pdf

・担保の提供に関するＱ＆Ａ

https://www.nta.go.jp/taxes/nozei/enno-butsuno/qa/index_6.htm

・平成30年改正対応措置法通達

https://www.nta.go.jp/law/tsutatsu/kihon/sisan/sozoku/kaisei/1806xx/pdf/002.pdf

・財務省各年度税制改正の解説

https://www.mof.go.jp/tax_policy/tax_reform/outline/index.html

2　準用が多い特例条文番号概要（贈与税）

資料2A　概要

(1)条文の項目

70の7	70の7の5	40の8	40の8の5	23の9
1 贈与者（期限内担	1 最初及び複数贈与	1 筆頭要件	1 筆頭＝先頭要件、複数	1 質権設定
2 用語	2 用語	2 2/3要件	2 追随内贈与・相続	2 同
3 期間内全部確定	3 期間内全部確定	3 担保提供	3 3項・4項準用	3 合併承継会社
4 期間内一部確定	3 期間内一部確定	4 担保解除	4 5項準用	4 従業員
5 期間外期限確定	3 期間外期限確定	5 連続贈与	5 6項準用資産保有	5 事業実態
6 担保	4 担保	6 資産保有型会社実態要件	6 7項準用	6 売上高
7 現行内重複排除	なし	7 特別関係会社	7 8項準用	7 上場株式
8 受ける旨・添付	5 受ける旨・添付	8 特定特別関係会社	8 9項準用	8 同
9 届出書	6 届出書	9 外国会社直接支配関係	9 10項準用	9 役員
10 時効の中断	7 時効の中断	10 その他会社要件	10 資産保有型会社	10 業務執行社員
11 届出失効期限確定	8 届出失効期限確定	11 特別関係者の範囲	11 資産保有型会社	11 認定
12 記載事項相違	9 記載事項相違	12 外国・上場・医療法人	12 資産保有型会社BB	12 合併存続会社
13 納税猶予中	10 13項、14項準用	13 端数	13 資産保有型会社	13 合併等
14 64条準用		14 会社が2以上	14 11項準用	14 特定資産
15 免除	11 15項から20項準用	15 同猶予税額	15 12から15項準用	15 期間内辞任
16 旧価値下落		16 贈与者及び会社の異なるご	16 16項準用	16 合併等従業員数
17 価値下落一部免除		17 期限確定する額	17 17, 18項準用	17 資本金減少
18 徴収猶予		18 純資産額	18 24から32項準用	18 期間内適格要件
19 宥恕規定		19 資産保有型会社	19 33から35項	19 同株式交換
20 政令委任		20 特別関係	20 届出書	20 担保解除
	12 新価値下落再計算	21 BB	21 37から45項	21 担保解除
21 25年民事再生	13 担保	22 資産運用型会社	22 新価値下落再計算要件	22 認定申請
22 認可決定日	14 2年経過特例	23 雇用要件	23 月端数	23 届出書（確認添
23 申請要件	15 特例再計算	24 資産運用型会社	24 合併等金銭交付	24 株式交換等
24 調査	16 申請要件	25 その他政令期限確定	25 株式交換等金銭交付	25 届出
25 政令委任	17 調査	26 一部期限確定	26 新価値下落譲渡	26 担保設定
	18 旧18項、19項準用	27 一部確定適格合併等	27 新価値下落再計算BB	27 免除
	19 政令委任	28 一部確定譲渡	28 43から45項	28 免除
	20 旧21項から25項準用	29 一部確定合併	29 担保提供・解除	29 免除
26 届出宥恕規定	21 届出宥恕規定	30 一部確定株式交換等	30 同13項	30 価値下落旧
27 利子税	22 利子税	31 一部確定分割型分割	31 同14項	31 価値下落旧
28 利子税特例	23 利子税特例	32 一部確定金銭交付組織変更	32 同14項	32 価値下落旧
29 現物出資規制	24 現物出資規制	33 担保	33 同14項	33 価値下落旧
30 災害	25 災害	34 期限後合併等担保解除	34 41, 42, 46, 47項	34 価値下落旧
31 災害	25 災害	35 同申請	35 48項	35 価値下落旧
32 災害	25 災害	36 届出書記載事項	36 40、49から61項	36 価値下落旧
33 災害	25 災害	37 免除届出書	37 62, 63項	37 価値下落旧
34 災害	25 災害	38 贈与者死亡（15項2号）	38 64項	38 価値下落旧
35 経産省→国税	26 経産省→国税	39 連続贈与（15項3号）	39 65項	39 価値下落旧
36 国税→経産省	27 国税→経産省	40 16項民再生等		40 災害
37 政令委任	28 政令委任	41 民事再生関係		49 災害
		42 BB		50 経産省→国税
旧3　暦年課税限定	70の7の6	43 一部免除延滞税		51 国税→経産省
	2 相続税納税猶予額	44 同利子税		
	以上１０年時限立法	45 再生関係担保免除		23の12
		46 25年民事再生関係		3 外国子計算
	70の7の7	47 同		
	70の7の8	48 26項届出書		
	時限立法規定なし	49 災害		
		61 災害		
	70の2の7	62 譲渡順序		
	親族外相続時精算課税	63 特例内譲渡		
	特例とセット	64 連続贈与等年死亡		
		65 64条準用関係		

第2章

贈与税の納税猶予

26 贈与税の特例納税猶予制度の概要

1　贈与税の納税猶予の基本部分

後継者である特例経営承継受贈者が、特例認定贈与承継会社の非上場株式等を有していた先代経営者である特例贈与者から、その特例認定贈与承継会社の非上場株式等を、特例制度の適用期間である平成30年１月１日から平成39年（2027年）12月31日までに特例対象贈与により取得した場合には、その非上場株式等のうち特例対象受贈非上場株式等に係る納税猶予分の贈与税額に相当する贈与税については、その贈与税の申告期限までにその納税猶予分の贈与税額に相当する担保を提供した場合に限り、その特例贈与者の死亡の日まで納税が猶予されます。（措法70の７の５①）

これが贈与税の特例納税猶予制度の基本となる部分です。

本制度の適用を受けるための前提として、特例認定贈与承継会社となる会社は、平成30年４月１日から平成35年（2023年）３月31日までの間に、経営承継円滑化法に基づく特例承継計画を都道府県庁に提出する必要があります。実際に贈与を受けた場合は、同法に基づく知事の「認定」を受け、その認定書の写しとともに贈与税の申告書等を、申告期限までに所轄税務署長へ提出する必要があります。

なお、平成35年３月31日までに贈与を行う場合は、贈与後、認定申請時までに特例承継計画を作成・提出することも可能ですが、平成35年３月31日までに特例承継計画書を作成・提出せずに平成35年４月１日以降に贈与した場合には、特例措置の適用を受けることはできません。

報告期間（特例経営贈与承継期間：原則としてその特例経営承継受贈者が最初にこの特例の適用がある贈与を受けた日から、その日の属する年分の贈与税の申告書の提出期限の翌日以後５年を経過する日までの期間）中は後継者である特例経営承継受贈者が代表者として経営を行う等の要件を満たす必要があり、都道府県庁に「年次報告書」を、税務署に「継続届出書」を年１回提出する必要があります。報告期間経過後も、その特例経営承継受贈者が特例対象受贈非上場株式等を継続保有すること等が求められ、税務署へ「継続届出書」を３年に１回提出する必要があります。また、特例経営承継受贈者が死亡した等の一定の場合には、猶予された贈与税が免除されます。

（事業承継税制（贈与税・特例措置）の概要）

提出先

●提出先は「主たる事務所の所在地を管轄する都道府県庁及び税務署」です。
●平成30年１月１日以降の贈与について適用することができます。

提出先	手続	内容
都道府県庁	特例承継計画の策定 確認申請	●　会社が作成し、認定経営革新等支援機関（商工会、商工会議所、金融機関、税理士等）が所見を記載 ●　平成35年３月31日まで提出可能です。 ※平成35年３月31日までに贈与を行う場合、贈与後、認定申請時までに特例承継計画を作成・提出することも可能です。
都道府県庁	贈与	
都道府県庁	認定申請	●　贈与年の10月15日～翌年１月15日までに申請 ●　特例承継計画を添付
税務署	税務署へ申告	●　認定書の写しとともに、贈与税の申告書等を提出 ●　相続時精算課税制度の適用を受ける場合には、その旨を明記

提出先	手続	内容
税務署・都道府県庁	申告期限後５年間	●　都道府県庁へ「年次報告書」を提出（年１回） ●　税務署へ「継続届出書」を提出（年１回）
税務署・都道府県庁	５年経過後実績報告	●　雇用が５年平均８割を下回った場合には、満たせなかった理由を記載し、認定経営革新等支援機関が確認。その理由が、経営状況の悪化である場合等には認定経営革新等支援機関から指導・助言を受ける。
税務署	６年目以降	●　税務署へ「継続届出書」を提出（３年に１回）

（贈与税の納税猶予制度の概要（特例））

適用対象株式	株式保有者から後継者が贈与により取得した自社の議決権株式の全部
納税猶予額	適用対象株式に係る贈与税の全額 （注）認定会社等が保有する一定の「上場会社・外国会社・医療法人」の株式等の価値を除いて納税猶予額を計算 平成29年１月１日以後の贈与より相続時精算課税との併用が可能

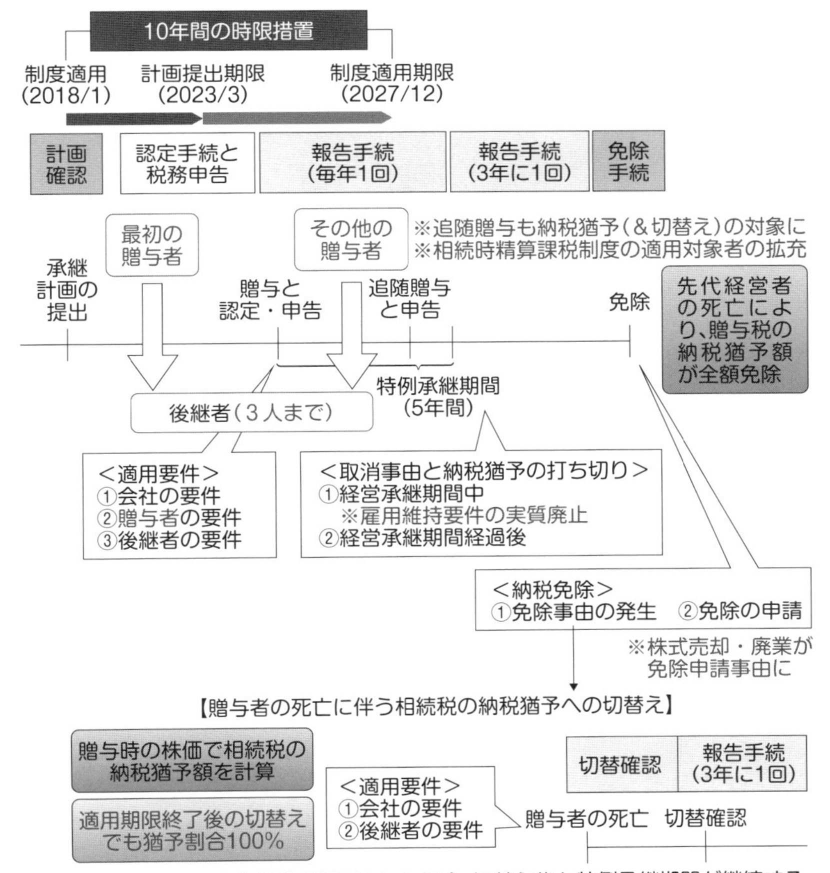

2　特例措置と一般措置

平成30年度税制改正により、事業承継税制について、上記のような10年間の特例措置が、従来から適用のある一般措置に加えて導入されました。特例措置と一般措置では次のような違いがあります。

	特例措置	一般措置
事前の計画策定	5年以内の特例承継計画の提出 〔平成30年(2018年)4月1日から 平成35年(2023年)3月31日まで〕	不要
適用期限	10年以内の贈与・相続等 〔平成30年(2018年)1月1日から 平成39年(2027年)12月31日まで〕	なし
対象株数	全株式 ※完全議決権株式に限る	総株式数の最大 3分の2まで
納税猶予割合	100%	贈与：100% 相続：80%
承継パターン	複数の株主から最大3人の後継者	複数の株主から 1人の後継者
雇用確保要件	実質撤廃	承継後5年間 平均8割の雇用 維持が必要
経営環境変化に対応した免除	贈与時時価以下の譲渡等の場合に猶予税額再計算	猶予税額 以下の譲渡等
相続時精算課税の選択	60歳以上の者から20歳以上の者への贈与	60歳以上の者から 20歳以上の推定相 続人・孫への贈与

※　以下本書において時価という場合、基本的に相続税評価額です。

３　納税猶予を受けた後の承継

贈与税の納税猶予制度の適用を受ける承継パターンは次のようになります。

以下の場合に措置法70条の７の適用を受けた贈与についてその贈与者の死亡は、一般となります。この場合２世代連続贈与が特例期間にあった場合、最初の贈与者の死亡は特例となります。みなし相続でない相続は、承継期間内死亡は、第２種特例です。

①　先代経営者（１代目）から後継者（２代目）への特例期間内の生前贈与後に１代目が死亡した場合の承継（１代目→２代目（生前贈与）、その後１代目死亡）（期間は問わない）（後述**36**参照）

先代経営者（１代目）から、納税猶予制度の適用を受けて非上場株式等の贈与をされた後継者（２代目）は、１代目死亡により、納税猶予の適用を受けた非上場株式等に係る贈与税は免除されますが、対象株式は１代目より相続により取得したものとみなされ、相続税の対象とされます。この対象株式に係る相続税額は、相続税の納税猶予制度の適用を受けることができます。この場合、経営贈与承継期間の末日は１代目死亡日の前日となり、経営相続承継期間は死亡日より開始されることとなります。（措法70の７②六、70の７の４②五）

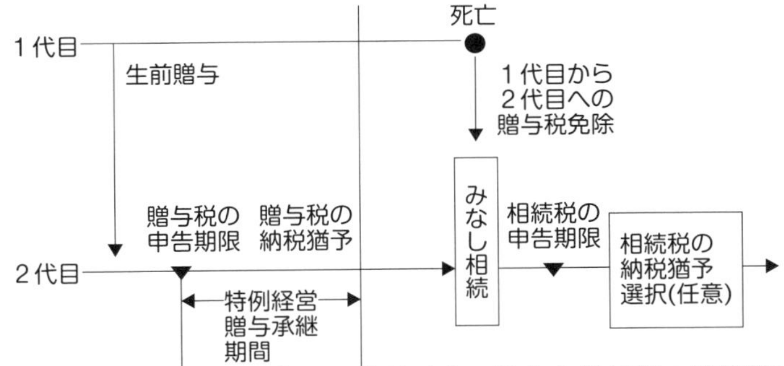

（注）　特例経営贈与承継期間内の１代目死亡の場合も相続税の納税猶予制度の適用を受けることができます。その場合、特例経営贈与承継期間はその死亡の日の前日までとなります。

②　先代経営者（１代目）から後継者（２代目）への生前贈与後、１代目死亡前に２代目から次の後継者（３代目）へ贈与した場合の承継（連続贈与：１代目→２代目（生前贈与）→３代目（生前贈与）（その後１代目死亡））（後述**36**参照）（２世代連続贈与が特例期間内の場合、３代目の相続税の納税猶

予は死亡時期を問わず特例）

先代経営者（1代目）から、納税猶予制度の適用を受けて非上場株式等の贈与をされた後継者（2代目）が、その非上場株式等について、経営贈与承継期間の末日の翌日以後に、更に次の後継者（3代目）に対して贈与をした場合において、その贈与を受けた非上場株式等について3代目が贈与税の納税猶予制度の適用を受けるときに限り、2代目の猶予中贈与税額のうち、この特例の適用に係るものに対応する部分の金額に相当する贈与税が免除されます。（措法70の7の5⑪で準用する措法70の7⑮三及び措法70の7の5①）

（2世代連続贈与の事例）

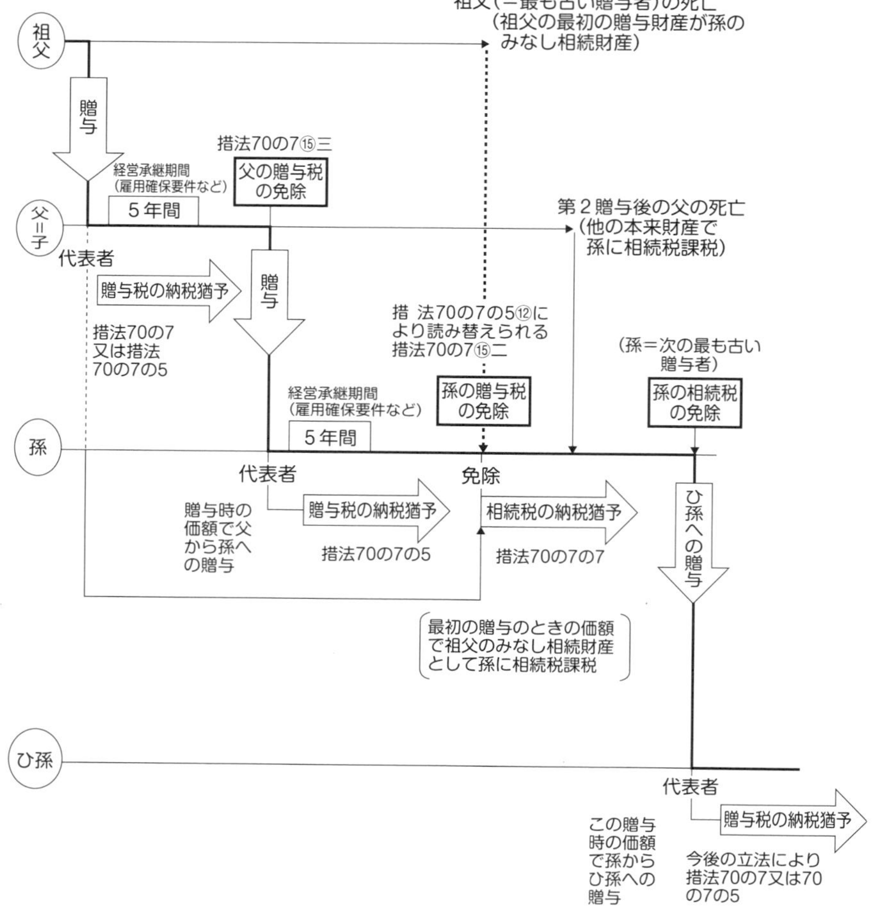

③　先代経営者（１代目）から後継者（２代目）への生前贈与後に１代目死亡前に２代目が死亡した場合の承継（１代目→２代目（生前贈与）→３代目（相続）（その後１代目死亡）

先代経営者（１代目）から、納税猶予制度の適用を受けて非上場株式等の贈与をされた後継者（２代目）が、１代目死亡前に死亡した場合は、納税猶予の適用を受けた非上場株式等に係る贈与税は免除されます。その後、１代目が死亡したとしても、みなし相続の適用はありません。

次の後継者（３代目）は、２代目の相続財産の一つとして非上場株式等を相続しますが、この非上場株式等に係る相続税額について、適用要件を満たす場合には、相続税の納税猶予制度の適用を受けることができます。

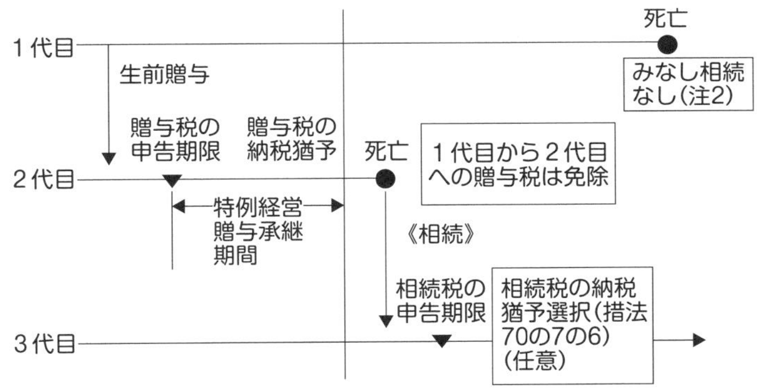

（注１）　特例経営贈与承継期間内の２代目死亡の場合も適用があります。その場合、特例経営贈与承継期間はその死亡の日の前日までとなります。

（注２）　先代経営者（１代目）からの贈与時に相続時精算課税贈与を選択した場合には、平成29年度改正において、措置法第70条の７の７（非上場株式等の特例贈与者が死亡した場合の相続税の課税の特例）と相続税法第21条の17（相続時精算課税に係る相続税の納付義務の承継等）との調整規定が設置されなかったため、相続税法第21条の17が適用され、１代目に係る２代目の納税に関する権利義務が３代目に承継されることになります。

④　先代経営者（１代目）の死亡により後継者（２代目）が納税猶予制度を適用した後に２代目から次の後継者（３代目）に生前贈与した場合の承継（連

続贈与：１代目→２代目（相続）→３代目（生前贈与））（後述**36**参照）

先代経営者（１代目）の相続時に、後継者（２代目）が相続税の納税猶予の適用を受けて非上場株式を相続した後継者（２代目）が、その非上場株式等について、経営相続承継期間の末日の翌日以後に、更に次の後継者（３代目）に対して贈与をした場合において、その贈与を受けた非上場株式等について３代目が贈与税の納税猶予制度の適用を受けるときに限り、２代目の猶予中相続税額のうち、この特例の適用に係るものに対応する部分の金額に相当する相続税が免除されます。

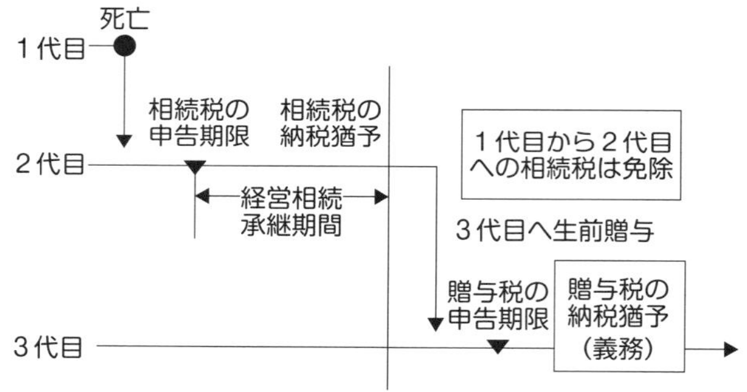

⑤　先代経営者（１代目）から後継者（２代目）への生前贈与後の１代目の死亡について相続税の納税猶予を選択し、更に２代目が次の後継者（３代目）へ生前贈与した場合の承継（１代目→２代目（生前贈与後相続）→３代目（生前贈与））（後述**35**、**36**参照）

上述の①では、先代経営者（１代目）から、納税猶予制度の適用を受けて非上場株式等の贈与をされた後継者（２代目）は、１代目死亡により、納税猶予の適用を受けた非上場株式等に係る贈与税は免除されますが、対象株式は１代目より相続により取得したものとみなされ、相続税の対象とされます。この⑤では対象株式に係る相続税額について、相続税の納税猶予制度の適用を受けた後、２代目が次の後継者（３代目）へ生前贈与した場合において、その贈与を受けた非上場株式等について３代目が贈与税の納税猶予制度の適用を受けるときに限り、２代目の猶予中相続税額のうち、この特例の適用に係るものに対応する部分の金額に相当する相続税が免除されます。

なお贈与により免除となる場合は、その贈与は措置法70条の７の５による特例贈与に限られます。

贈与者死亡により免除となる場合は、みなし相続は課されますが、相続税の納税猶予は切替確認により可能となります。

贈与者の死亡以前に受贈者が死亡した場合は、免除後に相続税は課されますが、相続人の年齢、経営への指導力等により納税猶予の適用を受けられる場合は、可能となります。この場合、相続時精算課税贈与の場合は、相続税法第21条の17に注意が必要です。

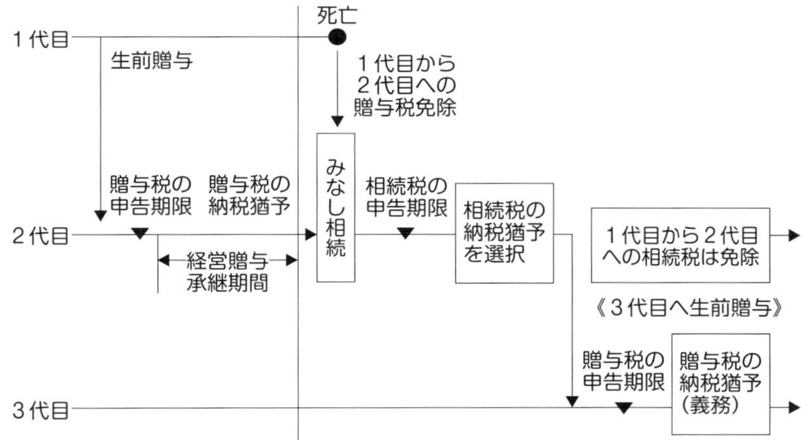

４　複数贈与者と複数受贈者

平成30年度税制改正により、特例措置については、複数の株主から最大３人の後継者への承継が可能となりました。また、一般措置においても、複数の株主からの承継が可能となりました。

この場合、最初の贈与及び相続である先代経営者から後継者への贈与及び相続を「第１種」贈与及び相続、先代経営者に追随して行う他の株主の贈与及び相続を「第２種」贈与及び相続といいます。

第１種贈与及び相続に一般措置が適用される場合は第２種贈与及び相続についても一般措置が、第１種贈与及び相続に特例措置が適用される場合は第２種贈与及び相続についても特例措置が適用されます。

第１種贈与及び相続	第２種贈与及び相続
一般措置 ──→	一般措置
特例措置 ──→	特例措置

27　複数贈与者等及び複数後継者と贈与等の時期

1　特例経営贈与承継期間

報告期間である特例経営贈与承継期間は、その特例経営承継受贈者の最初の贈与の日の属する年分の贈与税の申告書の提出期限の翌日から、その日以後５年を経過する日となります。（措法70の７の５②七）

ただし、この特例の適用を受ける特例経営承継受贈者又はその特例経営承継受贈者に係る特例贈与者が死亡した場合は、その死亡の日の前日と上記５年を経過する日のいずれか早い日までの期間となります。

また、先に相続税の納税猶予制度の特例（措法70の７の６①）の適用を受け、その相続について追随贈与する場合には、その最初の相続に係る相続税の申告書の提出期限の翌日から、その日以後５年を経過する日までとなります。

なお、第２種特例贈与の適用対象となる期間又は第２種特例相続の適用対象となる期間は、その会社にとっての最初の贈与又は相続から５年を経過する日までとなり、特例経営贈与承継期間とは一致しないこととなります。

2　第１種特例贈与と第２種特例贈与の時期

特例経営承継受贈者への特例認定贈与承継会社の非上場株式等の贈与者が２人以上いる場合の第２種特例贈与の特例適用対象となる贈与は、第１種特例経営承継贈与者より特例経営承継受贈者への贈与が行われた日から、その特例経営贈与承継期間の末日までの間に贈与税の申告期限が到来するものとなります。（措法70の７の５①カッコ書き）

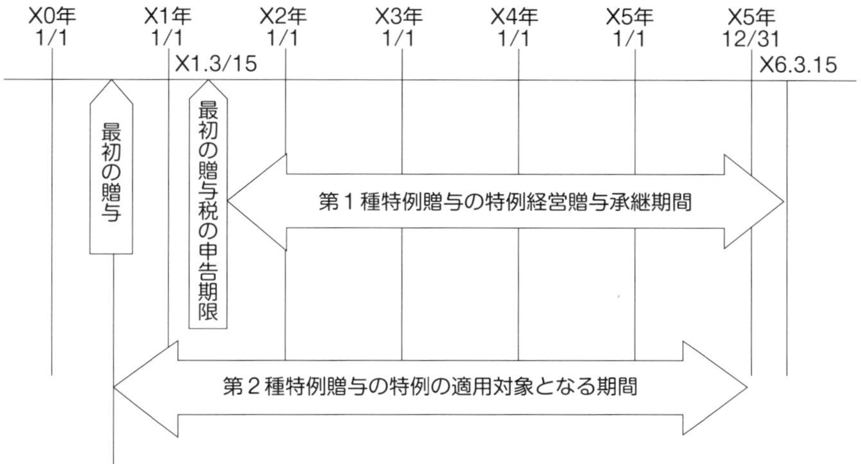

3　第１種特例贈与と第２種特例相続の時期

特例経営承継受贈者に贈与された特例認定贈与承継会社の非上場株式等について、第２種特例相続の特例適用対象となる相続は、第１種特例贈与者より特例経営承継受贈者への贈与が行われた日から、その特例経営贈与承継期間の末日までの間に相続税の申告期限が到来するものとなります。（措法70の７の６①カッコ書き）

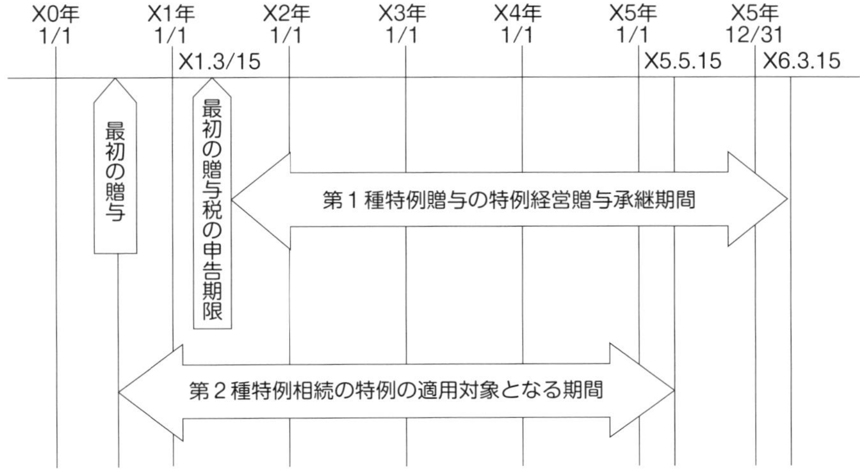

４　複数贈与者からの複数後継者への贈与

複数贈与者からの贈与では、最初の贈与（第１種特例贈与）は、先代経営者により実行される必要があり、第１種特例贈与を受けた後継者を第１種特例経営承継受贈者といいます（措令40の８の５①一）。同一の特例贈与者が２人以上の後継者へ贈与する場合は、同一年に贈与することになります（措通70の７の５－２（注））。先代経営者からの贈与が行われた後、その贈与に追随して行う贈与者等は、先代経営者が贈与した後継者だけでなく、先代経営者が贈与していない後継者に贈与又は相続をすることができます。

後継者である特例経営承継受贈者が複数人いる場合の特例経営贈与承継期間は、特例経営承継受贈者ごとに判定することになります。したがって、複数の特例経営承継受贈者が同一の年中に贈与を受けた場合は、同時期に特例経営贈与承継期間は終了しますが、先代経営者から贈与を受けずに、例えば１年遅れで他の贈与者から追随贈与を受けた場合は、その特例経営承継受贈者の特例経営贈与承継期間は、先代経営者から贈与を受けた特例経営承継受贈者の特例経営贈与承継期間と１年間ずれることとなります。

具体的には次のようになります。

《前提》

（STEP１）先代経営者からの株式の移転（第１種特例贈与）

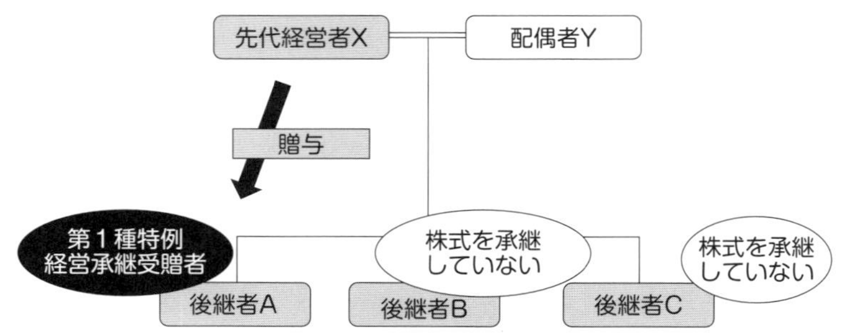

《事例》

①　先代経営者Ｘから最初に贈与を受けたＡへの追随的相続

(STEP２) 先代経営者以外からの株式の移転（第２種特例相続）

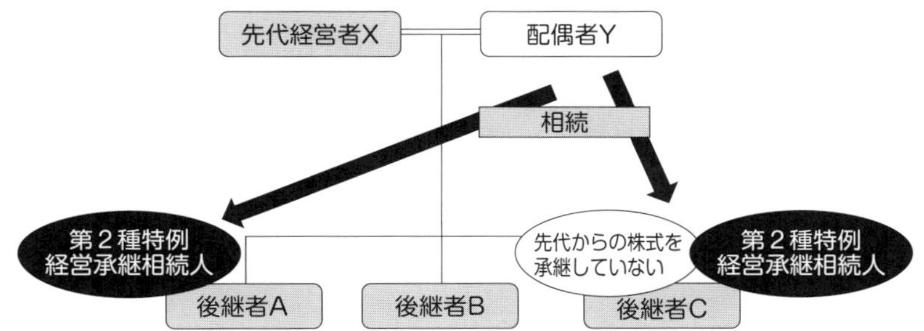

先代経営者ＸからＡへの最初の贈与が2018年４月１日に行われ、2021年６月１日に、先代経営者Ｘの配偶者Ｙに相続が発生した場合に、Ｙの保有する特例認定贈与承継会社の非上場株式等の後継者Ａへの相続等について特例を適用するときの特例経営承継期間は次のようになります。

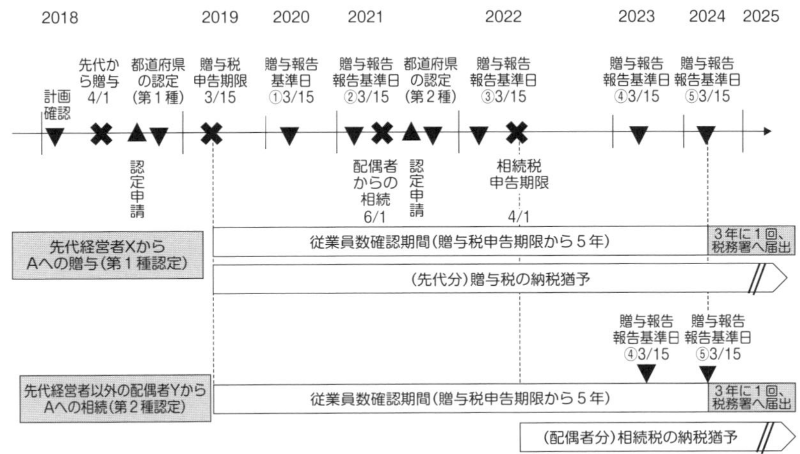

② 先代経営者Ｘからの贈与を受けていない後継者Ｂ、Ｃへの追随的相続

(STEP２) 先代経営者以外からの株式の移転（第２種特例相続）

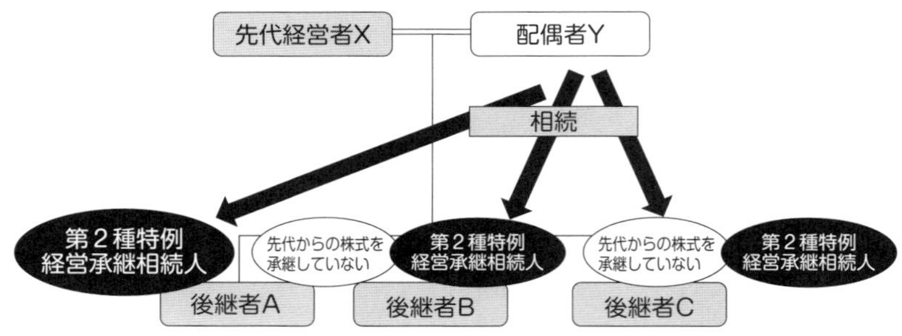

後継者Ａへの最初の贈与が2018年４月１日に行われ、2020年４月１日に先代経営者Ｘの配偶者Ｙに相続が発生した場合に、Ｙの保有する特例認定贈与承継会社の非上場株式等の後継者Ｂ、Ｃへの相続等について特例を適用するときの特例経営承継期間は次のようになり、各後継者からみた最初の贈与等が起点となります。

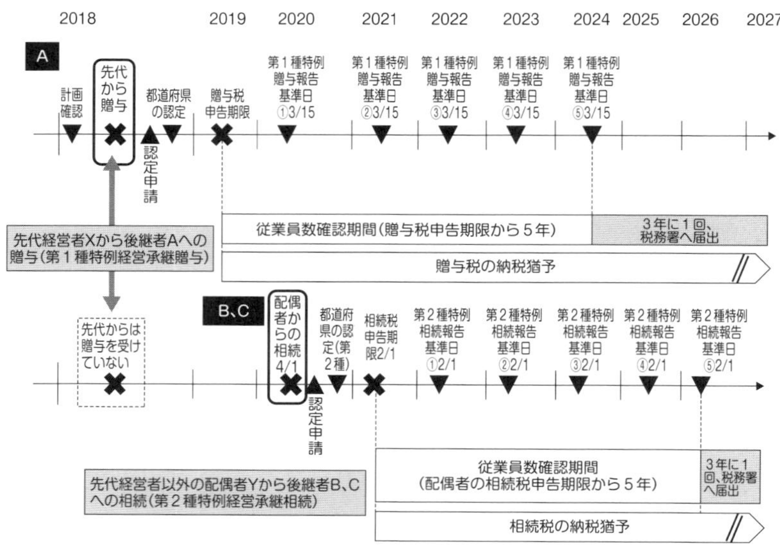

28　議決権50%超保有要件と筆頭株主要件等

同族50%超保有要件は、基本的には、先代経営者からみて、その個人の６親等血族及び３親等姻族及びこれらの者で50%超保有する同族会社で、認定会社の議決権の50%超保有かどうかをみます。

この場合、普通株式のみの場合は、普通株式のみで判定し、完全無議決権株式や、議決権一部制限株式を発行している場合は、

⑴　納税猶予の対象となる株式

⑵　受贈者が１人の場合の２／３以上の一括贈与要件を判定する

⑶　贈与要件である受贈者が贈与者議決権超過要件の場合（措置法第70条の７の５第１項関係）は、完全議決権株式のみで判定します。

他方で、以下は、

⑷　先代経営者及び後継者の同族過半要件

⑸　同一の贈与者からみて後継者が複数の場合の10%以上要件

⑹　先代経営者及び後継者の同族内筆頭要件の場合（措置法第70条の７の５第２項関係及び措令第40条の８の５第１項関係）は、完全無議決権株式以外で判定します。

以下本書では、事例は普通株式のみか、完全議決権株式と完全無議決権株式のみが発行されている場合で検討しています。

1　議決権50%超保有要件

先代経営者及び各後継者要件ですが、贈与前に先代経営者を頂点として同族50%判定を行い、贈与後において、各後継者を頂点として同族50%判定を行います。

この場合、認定会社の上に、認定会社株式を保有する同族会社がある場合は、この保有株数は、以下の筆頭要件に影響があるので、事前に、金庫株等により議決権数を同族個人筆頭株主より減少させるか、あるいは株式交換を検討し、株式交換完全親会社を認定会社にすることを検討する必要があります。

2　先代経営者筆頭要件（同数可、後継者が上回る場合可）

最初に贈与を行う先代経営者は、代表時及び贈与直前において筆頭株主要件

（同数可）を満たす必要があります。なお、同数筆頭が複数の場合、この両者はいずれかが最初の贈与者になることも可能であり、両者がいずれも最初の贈与者となることが可能です。追随的＝第２種贈与者は、先代経営者の最初の特例贈与がある場合、単に株主であることが要件ですが、実務上は先代の配偶者、上位の直系血族などが考えられます。

３　複数受贈者の場合の贈与者超過要件（措通70の７の５－３でＤ＞Ｅ要件、同数不可）

贈与要件である同一の贈与者より贈与を受ける複数の各後継者の議決権数が、同一年のその贈与者の最後の贈与後の贈与者議決権を超過する必要があります。

後継者が１人か複数かは、結果としての後継者が複数かによるのではなく、同一の贈与者から受贈する後継者の数によります（措通70の７の５－３(注)２、(注)３、70の７の５－10(注)２）。この点は以下の事例により解説します。

受贈者が１人の場合は、２／３一括贈与要件により、この点は自動的に充足されます。

この場合は結果としての後継者が複数の場合の１人要件において同じです。

４　後継者同族内筆頭要件（同数可）

(1)　後継者が１人の場合は、贈与者が贈与後において後継者を下回り、この時点で首位に立つ後継者に対して、他の複数贈与者が順次贈与すればよいことになります。なお後継者が複数であっても、同一の贈与者からの後継者が１人の場合は、後継者１人要件になります。

(2)　同一の贈与者から、同年に受ける後継者が複数の場合は、贈与者はこの要件は、贈与要件である、上記の贈与者超過要件や**29**の一括贈与要件により充足されているので、贈与者以外の他の同族株主をみればいいことになります。

基本的に後継者は１人と思っていますが、納税者の考え方により、先代経営者が、複数受贈者としたい場合、10％以上要件と、贈与者以外の他の同族株主を上回る必要があります。

先代経営者の兄弟等が一定の議決権数を有する場合は、これらの同族は、一定の場合に特例評価移動が可能な場合が多く、事前に話し合いをする必要があります。

この場合に、もし株主全員の同意が取れる場合は、完全無議決権株式を導入することが、これらの株主の相続対策であると同時に、経営の安定化に大きく寄与することになります。

（事例）

第１章の18ページの図を検討します。

事例１は、13％保有の配偶者が贈与しない場合です。

この場合、先代経営者の長女への10％の贈与は意味なく、先代経営者から、長男、次男への認定申請となります。

（先代経営者から複数の受贈者への贈与の場合）

事例１（配偶者が贈与しない場合）	贈与前	先代の贈与	贈与日	贈与後	同族過半要件	同族内筆頭要件	10%以上要件	贈与者超過要件	適用
先代経営者	80	-80		0					
配偶者	13			13					
先代の弟	7			7					
長男	0	50	10月１日	50	100＞50	50≧13	50≧10	50＞10	あり
次男	0	20	11月１日	20	100＞50	20≧13	20≧10	20＞10	あり
長女	0	10	12月１日	10	100＞50	10＜13			なし
合計	100	0		100					

事例２は、配偶者が、次男、長女に第２種贈与をする事例です。

この事例では、次男に２株、長女に２株の贈与としました。

配偶者から複数の受贈者への贈与です。

事例２（配偶者が次男及び長女に贈与の事例）	贈与前	先代及び配偶者の贈与	贈与日	贈与後	同族過半要件	同族内筆頭要件	10%以上要件	贈与者超過要件	適用
先代経営者	80	-80		0					
配偶者	13	-4	11月30日	9					
先代の弟	7			7					

長男	0	50	10月１日	50	100＞50	50≧9	50≧10	50＞0	あり
次男	0	22	先代から11/１及び配偶者から11/30	22	100＞50	22≧9	22≧10	22＞9	あり
長女	0	12	先代から12/１及び配偶者から11/30	12	100＞50	12≧9	20≧10	12＞9	あり
合計	100	0		100					

事例３は配偶者が長女に第２種贈与をする場合です。

この場合は配偶者が受贈者１人に贈与する場合となり、２/３を基準とする一括贈与要件がかかるので、13株全株の贈与が必要です。

事例３（配偶者が長女にのみ贈与）	贈与前	先代及び配偶者の贈与	贈与日	贈与後	同族過半要件	同族内筆頭要件	10%以上要件（長女は一括贈与要件）	贈与者超過要件（長女は一括贈与要件）	適用
先代経営者	80	−80	10/１から12/１	0					
配偶者	13	−13	11月30日	0					
先代の弟	7			7					
長男	0	50	10月１日	50	100＞50	50≧7	50≧10	50＞0	あり
次男	0	20	11月１日	20	100＞50	20≧7	20≧10	20＞0	あり
長女	0	23	先代から12/１及び配偶者から11/30	23	100＞50	23≧7	23≧10	22＞0	あり
合計	100	0		100					

配偶者が10株以下保有の場合、贈与日に制約はありませんが、この事例においては10/２から11/30に行うことが推奨されます。

複数の贈与者から、複数の受贈者への制度が創設されましたが、同族内筆頭要件と贈与者超過要件の判定において、複数の贈与者が贈与する場合、その贈与者のその年の最後の贈与で判定するとされているため、先代が贈与した長女が10％で、配偶者が13％の場合、配偶者の13％の贈与は、先代からの10％の贈与の前日がいいと思います。

この点については、第５章**75**を参照してください。

ここの294ページにおいて、「同一の贈与者からから複数人への贈与が、異なる時期であっても同年中であれば認められる（措通70の７の５－２（注））ことに鑑み、特例贈与者が複数人いる場合の同族内筆頭要件の判定時期をその年最後の日とするなど、実務に配慮した弾力的な取扱いが示されることが望まれます。」と記載しています。

29　一括贈与要件（受贈者１人）

贈与税について特例の適用を受けるためには､贈与直前において贈与者が有している株式数に応じて最低限一括贈与しなければならない株式数が定められています｡特例経営承継受贈者が贈与者からみて１人である場合は次のようになります。

なお、この計算において１株又は１円未満の端数は切り上げられます。

贈与者が保有する株式数	贈与すべき株式数
発行済議決権株式数×２/３－後継者保有株式数＞特例贈与者保有株式数	全ての株式
発行済議決権株式数×２/３－後継者保有株式数≦特例贈与者保有株式数	後継者の贈与後議決権割合が２/３≧になる株式

<具体例>

ケース１	現在	承継①	①の後	承継②	②の後
先代経営者	300株	-200株（※１）	100株	-100株（※２）	０株
後継者(長男)	０株	200株	200株	100株	300株
合計	300株	０株	300株	０株	300株

（※１）　一括贈与要件を満たすには、200株以上を後継者に贈与する必要があ

ります。承継①を－300株とすることもあり、承継②は、特例第２種相続ではなく他の兄弟及び孫への一般贈与も可能です。

（発行済株式総数300株×２／３－後継者保有株数０株＝200株＜先代経営者保有株数300株　∴200株以上）

（※２）　申告期限が承継期間内に到来する相続に限り、第２種相続として納税猶予が受けられます。（円滑化省令６①十二ト(7)により、特例贈与をした者は、第１種相続に係る被相続人にはなれません。）

また、先代経営者が第１種贈与後に第２種贈与を実行することはできません。第１種相続の認定申請もできません。所定の期間内に死亡した場合に限り、第２種相続認定が可能です。

ケース２	現在	承継①	①の後	承継②	②の後
先代経営者	180株	-180株（※１）	０株	０株	０株
配偶者	120株		120株	50株（※２）	70株
後継者(長男)	０株	180株	180株	50株	230株
合計	300株	０株	300株	０株	300株

（※１）　一括贈与要件を満たすには、180株全てを後継者に贈与する必要があります。

（発行済株式総数300株×２／３－後継者保有株数０株＝200株＞先代経営者保有株数180株　∴180株全て）

（※２）　一括贈与要件を満たすには、20株以上を後継者に贈与する必要があります。

（発行済株式総数300株×２／３－後継者保有株数180株＝20株＜配偶者保有株数120株　∴20株以上）

先代経営者が複数後継者に贈与した場合は、追随的贈与者がこの複数後継者の１人に贈与する場合は、一括贈与要件になります。

30　最初の贈与者（先代経営者）要件

最初の特例贈与者である先代経営者の要件は、特例認定贈与の時前において、特例認定贈与承継会社の代表権（制限が加えられた代表権を除きます。以下同じです。）を有していた個人で、次に掲げる要件の全てを満たすものとなります。（措法70の７の５①、措令40の８の５①一）

⑴　特例代表者要件

都道府県知事の確認を受けた特例承継計画に係る「特例代表者」であること

代表権に制限のない代表者である必要があります。定款に共同して会社を代表する旨の記載があるなど代表権に制限がある場合には要件を満たしません。

⑵　代表者退任要件

その贈与の時において、その個人が特例認定贈与承継会社の代表権を有していないこと

⑶　議決権保有要件

その贈与の時に代表者を退任した先代経営者についてはその贈与の直前において、その贈与の前に代表者を退任した先代経営者については、先代経営者が代表権を有していた期間内のいずれかの時及びその贈与の直前の両方において、その先代経営者及びその先代経営者の同族関係者等の有する特例認定贈与承継会社の非上場株式等に係る議決権の数の合計が、その特例認定贈与承継会社の総株主等議決権数の100分の50を超える数であること（**28**参照）

⑷　筆頭株主要件

その贈与の時に代表者を退任した先代経営者についてはその贈与の直前において、その贈与の直前までに代表者を退任した先代経営者については、先代経営者が代表権を有していた期間内のいずれかの時及びその贈与の直前の両方において、その先代経営者が有する特例認定贈与承継会社の非上場株式等に係る議決権の数が、その先代経営者の同族関係者等（その特例認定贈与承継会社の特例経営承継受贈者となる者を除きます。）のうちいずれの者が有するその非上場株式等に係る議決権の数をも下回らないこと（**28**参照）

31　追随贈与者等の要件

1　追随贈与者の要件

その会社について次に掲げる者のいずれかに該当する者（先代からの受贈者・相続人）が存する場合の贈与者の要件は、特定認定贈与承継会社の非上場株式

等を有していた個人で、贈与の時において特例認定贈与承継会社の代表権を有していないものとされています。２回目以降の贈与に係る贈与者については、議決権の保有割合に関する要件はありません。（措令40の８の５①二）

① 特例認定贈与承継会社の非上場株式等について、この特例、非上場株式等についての相続税の納税猶予制度の特例（措法70の７の６①）の適用を受けている者

② 特例贈与者からこの特例の適用に係る贈与により特例認定贈与承継会社の非上場株式等の取得をしている者でその贈与に係る贈与税の申告期限が到来していないため、まだその申告をしていないもの

③ 特例被相続人から非上場株式等についての相続税の納税猶予制度の特例（措法70の７の６①）の規定の適用に係る相続又は遺贈により特例認定贈与承継会社の非上場株式等の取得をしている者でその相続に係る相続税の申告期限が到来していないため、まだその申告をしていないもの

２ 追随相続における特例被相続人の要件

追随相続における特例被相続人の要件は、他に、第１種贈与の特例贈与者（又は第１種相続の特例被相続人）がいることのみとなります。したがって、被相続人が特例贈与をした者であっても、第２種相続に係る特例被相続人となることができます。（措令40の８の６①二）

なお、これは、あくまでも追随相続における要件であって、特例贈与をした者は、第１種相続に係る被相続人となることはできません。

146ページの図の２世代連続贈与が特例期間内に行われた場合、先代経営者は他の株主の１人として手残り株について第２種贈与・第２種相続が可能です。

32 特例後継者要件

後継者である特例経営承継受贈者とは、特例贈与者から特例対象贈与により特例認定贈与承継会社の非上場株式等の取得をした個人で、次に掲げる要件を満たす者（その者が２人又は３人以上ある場合には、その特例認定贈与承継会社が定めた２人又は３人までに限ります。）をいいます。（措法70の７の５②六）

(1) 都道府県知事の確認を受けた特例承継計画に定めた特例後継者であること

（措規23の12の２⑨）

⑵　その贈与の日において20歳以上であること

⑶　その贈与の日まで引き続き３年以上にわたり特例認定贈与承継会社の役員その他の地位を有していること

⑷　その贈与の時において、特例認定贈与承継会社の代表権（制限が加えられた代表権を除きます。）を有していること

⑸　議決権保有要件

その贈与の時において、その後継者及びその後継者の同族関係者等の有する特例認定贈与承継会社の非上場株式等に係る議決権の数の合計が、その特例認定贈与承継会社に係る総株主等議決権数（総株主（株主総会において決議をすることができる事項の全部につき議決権を行使することができない株主を除きます。）又は総社員の議決権の数をいいます。）の100分の50を超える数であること（**28**参照）

⑹　筆頭株主要件

同一の贈与者ごとに次のようになります。

①　同年中に贈与した後継者が１人の場合

その贈与の時において、その後継者の有する特例認定贈与承継会社の非上場株式等に係る議決権の数が、その後継者の同族関係者等（既に同一の会社についてこの特例及び相続税の納税猶予制度の特例（措法70の７の６①）の適用を受けている者を除きます。）のうちいずれの者が有する特例認定贈与承継会社の非上場株式等に係る議決権の数をも下回らないこと

②　同年中に贈与した後継者が２人又３人の場合

その贈与の時において、その後継者の有する特例認定贈与承継会社の非上場株式等に係る議決権の数が、その特例認定贈与承継会社の総株主等議決権数の100分の10以上であること及びその後継者の同族関係者等（既に同一の会社についてこの特例及び相続税の納税猶予制度の特例の適用を受けている者を除きます。）のうちいずれの者が有する特例認定贈与承継会社の非上場株式等に係る議決権の数をも下回らないこと及び贈与者超過要件を満たすこと

⑺　その後継者が、その贈与の時からその贈与の日の属する年分の贈与税の申告書の提出期限（その提出期限前にその個人が死亡した場合には、その死亡の日）まで引き続きその贈与により取得をした特例認定贈与承継会社の特例

対象受贈非上場株式等の全てを有していること

(8)　その後継者が、特例認定贈与承継会社の非上場株式等について既に贈与税及び相続税の一般納税猶予の規定の適用を受けていないこと

なお一般納税猶予の適用を受けている場合、2世代連続贈与を行うことは可能です。

33　認定会社要件

1　特例認定贈与承継会社の要件

特例認定贈与承継会社とは、中小企業者（円滑化法第2条に規定する中小企業者をいいます。）のうち、特例円滑化法認定（円滑化法第12条第1項第1号の認定で円滑化省令第6条第1項第11号又は第13号の事由に係るものをいいます。）を受けた会社で、その特例対象贈与の時において、下記の①～⑧に掲げる要件などを満たすものをいいます。（措法70の7の5②一、二、措令40の8の5⑤～⑨）

なお、特例円滑化法認定を受けるためには、認定経営革新等支援機関の指導及び助言を受けて特例承継計画を作成し、これについて、平成35年3月31日までに都道府県知事に提出する必要があります（円滑化省令6①十一・十三、7⑥十、⑧、16、17）。したがって、同日後に贈与を受けた非上場株式等について、この特例の適用を受けるためには、同日前に特例承継計画の都道府県知事の確認を受けておく必要があります。

①　その会社の常時使用従業員（注）の数が1人以上であること

（注）　常時使用する従業員とは、会社の従業員であって、次に掲げるいずれかの者とされます。（措規23の9④準用）

一　厚生年金保険法（昭和29年法律第115号）第9条に規定する被保険者（同法第18条第1項の厚生労働大臣の確認があつた者に限るものとし、特定短時間労働者（その一週間の所定労働時間が同一の事業所に使用される短時間労働者の雇用管理の改善等に関する法律（平成5年法律第76号）第2条に規定する通常の労働者（以下この号において「通常の労働者」という。）の一週間の所定労働時間の4分の3未満である同条に規定する短時間労働者（以下この号において「短時間労働者」

という。）又はその１月間の所定労働日数が同一の事業所に使用される通常の労働者の１月間の所定労働日数の４分の３未満である短時間労働者をいう。第３号において同じ。）を除く。）

二　船員保険法（昭和14年法律第73号）第２条第１項に規定する被保険者（同法第15条第１項に規定する厚生労働大臣の確認があつた者に限る。）

三　健康保険法（大正11年法律第70号）第３条第１項に規定する被保険者（同法第39条第１項に規定する保険者等の確認があつた者に限るものとし、特定短時間労働者を除く。）

四　当該会社と２月を超える雇用契約を締結している者で75歳以上であるもの

②　その会社が資産保有型会社又は資産運用型会社のうち事業実態があるもの以外のものに該当しないこと

③　その会社（「特定会社」といいます。）及びその会社と特別の関係がある一定の会社（以下「特定特別関係会社」といいます。）の株式等が非上場株式等に該当すること

④　その会社及び特定特別関係会社が、風俗営業会社（風俗営業等の規制及び業務の適正化等に関する法律第２条第５項に規定する性風俗会社、以下同じ。）に該当しないこと

⑤　その会社の特定特別関係会社（外国会社を除きます。）が、中小企業者に該当すること

⑥　その会社の特別関係会社が会社法２条２号に規定する外国会社に該当する場合（その会社又はその会社との間に会社が他の法人の発行済株式若しくは出資（当該他の法人が有する自己の株式等を除きます。）の総数若しくは総額の100分の50を超える数若しくは金額の株式等を直接若しくは間接に保有する関係として定める関係（「支配関係」といいます。）がある法人が当該特別関係会社の株式等を有する場合に限ります。）にあっては、その会社の常時使用従業員の数が５人以上であること

⑦　その会社の特例対象贈与の日の属する事業年度の直前の事業年度における総収入金額（主たる事業活動から生じる収入の額に限ります。）が、零を超えること

したがって、この総収入金額には、営業外収益・特別利益を含みません。

⑧　その会社の黄金株をその会社の第一種特例経営承継受贈者以外の者が有していないこと

2　特別関係会社と特定特別関係会社

上記特例認定贈与承継会社の要件における特別関係会社及び特定特別関係会社の定義は次のとおりです。

	特別関係会社	特定特別関係会社
定義	次に掲げる者により、その総株主議決権数の過半数を保有される会社 ①認定会社 ②　代表者 ③　代表者の親族（配偶者・6親等内の血族・3親等内の姻族） ④　代表者の内縁者等 ⑤　次に掲げる会社 イ　①から④により総株主議決権数の過半数を保有されている会社 ロ　①から④及びこれとイの関係がある会社により総株主議決権数の過半数を保有されている会社 ハ　①から④及びこれとイ又はロの関係がある会社により総株主議決権数の過半数を保有されている会社	次に掲げる者により、その総株主議決権数の過半数を保有される会社 ①同左 ②同左 ③代表者と生計を一にする親族 ④同左 ⑤同左

具体例	・認定会社が支配する子会社、孫会社 ・代表者が認定会社とは別に経営する会社 ・配偶者が経営する会社 ・従兄弟が経営する会社 ・配偶者の兄弟が経営する会社	・同左 ・同左 ・同左 ・代表者と同居している（生計一の）親、兄弟などの親族が経営する会社
適用要件など	・特別関係会社が外国会社に該当する場合には、認定会社の常時使用する従業員が５人以上いること ・資産保有型会社又は資産運用型会社である特別関係会社の株式は、特定資産に該当する	・特定特別関係会社が上場会社等、大会社、性風俗営業会社に該当しないこと 関係会社要件のうち、この要件のみ特定特別関係会社を対象とします。その他の要件は特別関係会社を対象とします。

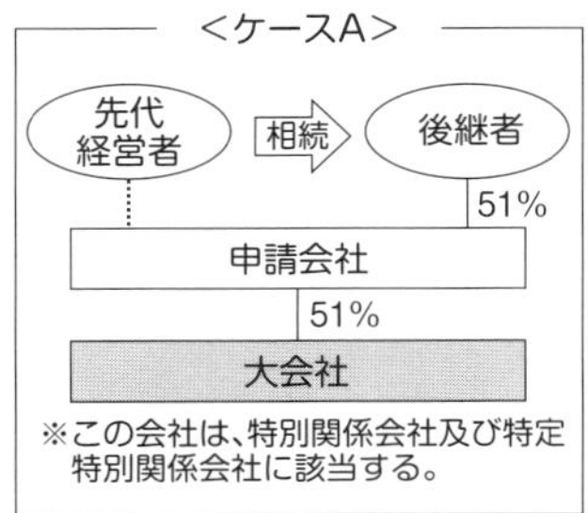

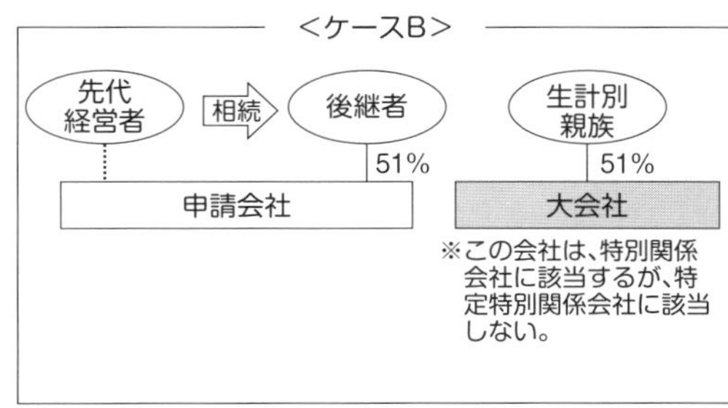

※　ケースＡは事業承継税制が適用できませんが、ケースＢは事業承継税制が適用できます。申請会社が単独で50％超有する会社は、常に、特定特別関係会社です。

34 中小企業者要件

法の対象となる中小企業者の範囲は、下表のとおり中小企業基本法上の中小企業者を基本とし、既存の中小企業支援法と同様に業種の実態を踏まえ政令によりその範囲を拡大されています。その営む業種により以下のような会社等とされていますが、医療法人や社会福祉法人、外国会社、士業法人は事業承継税制の対象となる中小企業者には該当しません。

申請会社が外国会社を50%超有する場合、その外国会社の中小企業者要件は、何等考慮する必要はありません。

(中小企業者)

<table>
<tr><th>業種目</th><th colspan="2">資本金又は常時使用従業員数</th></tr>
<tr><td>ゴム製品製造業（自動車タイヤ製造業等を除く）</td><td rowspan="3">3億円以下</td><td>900人以下</td></tr>
<tr><td>製造業、建設業、運輸業、その他</td><td rowspan="2">300人以下</td></tr>
<tr><td>ソフトウエア・情報処理サービス業</td></tr>
<tr><td>卸売業</td><td>1億円以下</td><td>100人以下</td></tr>
<tr><td>旅館業</td><td rowspan="3">5,000万円以下</td><td>200人以下</td></tr>
<tr><td>サービス業</td><td>100人以下</td></tr>
<tr><td>小売業</td><td>50人以下</td></tr>
</table>

上記の業種の判断は次の手順で行います。（円滑化申請マニュアル第7章より）

ステップ1：日本標準産業分類（最新版は第13回）の分類項目名、説明及び内容例示からどの分類にあてはまるのか確認します。

ステップ2：次の対応表からどの業種に該当するのか確認します。

第13回改定（平成26年４月１日施行）

中小企業基本法上の類型	日本標準産業分類上の分類
製造業その他	下記以外の全て
卸売業	・大分類Ｉ（卸売業、小売業）のうち 中分類50（各種商品卸売業） 中分類51（繊維・衣服等卸売業） 中分類52（飲食料品卸売業） 中分類53（建築材料、鉱物・金属材料等卸売業） 中分類54（機械器具卸売業） 中分類55（その他の卸売業）
小売業	大分類Ｉ（卸売業、小売業）のうち 中分類56（各種商品小売業） 中分類57（織物・衣服・身の回り品小売業） 中分類58（飲食料品小売業） 中分類59（機械器具小売業） 中分類60（その他の小売業） 中分類61（無店舗小売業） 大分類Ｍ（宿泊業、飲食サービス業）のうち 中分類（飲食店） 中分類77（持ち帰り・配達飲食サービス業）
サービス業	大分類Ｇ（情報通信業）のうち 中分類38（放送業） 中分類39（情報サービス業） 小分類411（映像情報制作・配給業） 小分類412（音声情報制作業） 小分類415（広告制作業） 小分類416（映像・音声・文字情報制作に附帯するサービス業）大分類Ｋ（不動産業、物品賃貸業）のうち

	小分類693（駐車場業） 　中分類70（物品賃貸業） 大分類L（学術研究、専門・技術サービス業） 大分類M（宿泊業、飲食サービス業）のうち 　中分類75（宿泊業） 大分類N（生活関連サービス業、娯楽業） （※ただし、小分類791（旅行業）は除く） 大分類O（教育、学習支援業） 大分類P（医療、福祉） 大分類Q（複合サービス事業） 大分類R（サービス業＜他に分類されないもの＞）

以上により不動産賃貸業法人は、製造業その他に該当します。

35　資産保有型会社等

「資産保有型会社」とは、納税猶予期間中のいずれかの日において、総資産の帳簿価額に占める特定資産の帳簿価額の合計額の割合が70％以上の会社をいいます（措法70の７②八、旧措令40の８⑲～㉑）。この場合において、判定日以前５年以内（贈与の日前の期間を除きます。）に後継者グループ（６親等血族３親等姻族等）に対して支払われた配当及び過大役員給与の額（次の式において「C」とします。）がある場合は、この帳簿価格の合計額に加算します。

資産保有型会社

$$\frac{\text{特定資産の帳簿価額}+\text{C}}{\text{総資産の帳簿価額}+\text{C}} \geqq 0.7$$

判定に用いる帳簿価額は、会計上の金額となります。

「資産運用型会社」とは、納税猶予期間中のいずれかの事業年度（贈与の日の属する事業年度の直前の事業年度を含みます。）において、総収入金額に占める特定資産の運用収入の合計額の割合が75％以上の会社をいいます。（措法70の７②九、措令40の８㉒）

資産運用型会社

$$\frac{\text{特定資産の運用収入の合計額}}{\text{総収入金額}} \geqq 75\%$$

「事業実態があるもの」とは、次に掲げる要件の全てに該当するもの等をいいます。（措令40の８⑥、措規23の９⑤）

①　その資産保有型会社等の特定資産からその資産保有型会社等が有するその資産保有型会社等の特別関係会社で次に掲げる要件の全てを満たすものの株式等を除いた場合であっても、その資産保有型会社等が資産保有型会社又は資産運用型会社に該当すること

ア　特別関係会社が贈与の日まで引き続き３年以上にわたり、商品の販売等を行っていること

イ　アの贈与の時において特別関係会社の親族外従業員（経営承継受贈者及びその経営承継受贈者と生計を一にする親族以外の常時使用従業員）の数が５人以上であること

ウ　アの贈与の時において特別関係会社が、イの親族外従業員が勤務している事務所、店舗、工場その他これらに類するものを所有し、又は賃借していること

②　資産保有型会社等が、次に掲げる要件の全てを満たす資産保有型会社又は資産運用型会社でないこと

ア　特別関係会社が贈与の日まで引き続き３年以上にわたり、商品の販売等を行っていること

イ　アの贈与の時において資産保有型会社等の親族外従業員の数が５人以上であること

ウ　アの贈与の時において資産保有型会社等が、イの親族外従業員が勤務している事務所、店舗、工場その他これらに類するものを所有し、又は賃借していること

「特定資産」とは、円滑化省令第１条第12項第２号イからホまでに掲げる有価証券、不動産、預貯金、ゴルフ会員権、貴金属等並びに経営承継受贈者等及び同族関係者に対する貸付金・未収金をいいます。（措規23の９⑭）

有価証券	資産保有型会社・資産運用型会社に該当しない特別関係会社の株式	非該当
	それ以外	該当
不動産	現に自ら使用しているもの（従業員社宅を含む）	非該当
	それ以外（遊休不動産、賃貸不動産、役員社宅）	該当
ゴルフ場その他の施設の利用権	事業の用に供することを目的として有するもの	非該当
	それ以外	該当
絵画・彫刻・工芸品・貴金属・宝石	事業の用に供することを目的として有するもの	非該当
	それ以外	該当
現預金等	後継者グループへの貸付金・未収金・売掛債権（預け金・差入保証金・立替金等を含む）	該当
	現金その他（保険積立金等を含む）	該当

資産管理会社の判定は、認定申請書（様式第７の３など）の別紙１で行うことができます。

記載例においては、「事業実態要件を満たすことにより、資産保有型会社及び資産運用型会社に該当しない場合には、以下別紙１において緑の欄　　は記載不要です。事業実態があることを証明する書類等を添付してください。」とされています。

この場合は第一章**4**（30ページ）の別紙２の記載例及び添付書類において経営承継受贈者及び生計一親族を除外して常時使用従業員が５人以上いること（実務的には10人以上欲しい）を確認して、第１章**4**（36ページ）の書類を添付します。

（別紙１）

認定中小企業者の特定資産等について

主たる事業内容					
資本金の額又は出資の総額					円
認定申請基準事業年度における特定資産等に係る明細表					
種別		内容	利用状況	帳簿価額	運用収入
有価証券	特別子会社の株式又は持分（(*２）を除く。)			（１）円	(12) 円
	資産保有型子会社又は資産運用型子会社に該当する特別子会社の株式又は持分(*２)			（２）円	(13) 円
	特別子会社の株式又は持分以外のもの			（３）円	(14) 円
不動産	現に自ら使用しているもの			（４）円	(15) 円
	現に自ら使用していないもの			（５）円	(16) 円
ゴルフ場その他の施設の利用に関する権利	事業の用に供することを目的として有するもの			（６）円	(17) 円
	事業の用に供することを目的としないで有するもの			（７）円	(18) 円

絵画、彫刻、工芸品その他の有形の文化的所産である動産、貴金属及び宝石	事業の用に供することを目的として有するもの			（８） 円	(19) 円
	事業の用に供することを目的としないで有するもの			（９） 円	(20) 円
現金、預貯金等	現金及び預貯金その他これらに類する資産		＼	(10) 円	(21) 円
	経営承継受贈者及び当該経営承継受贈者に係る同族関係者等（施行規則第１条第12項第２号ホに掲げる者をいう。）に対する貸付金及び未収金その他これらに類する資産			(11) 円	(22) 円

特定資産の帳簿価額の合計額	(23)＝（２）＋（３）＋（５）＋（７）＋（９）＋(10)＋(11) 円	特定資産の運用収入の合計額	(25)＝(13)＋(14)＋(16)＋(18)＋(20)＋(21)＋(22) 円
資産の帳簿価額の総額	(24) 円	総収入金額	(26) 円

<table>
<tr><td colspan="2" rowspan="2">認定申請基準事業年度終了の日以前の５年間（贈与の日前の期間を除く。）に経営承継受贈者及び当該経営承継受贈者に係る同族関係者に対して支払われた剰余金の配当等及び損金不算入となる給与の金額</td><td>剰余金の配当等</td><td>(27)
円</td></tr>
<tr><td>損金不算入となる給与</td><td>(28)
円</td></tr>
<tr><td>特定資産の帳簿価額等の合計額が資産の帳簿価額等の総額に対する割合</td><td>(29) = ((23) + (27) + (28)) / ((24) + (27) + (28))
%</td><td>特定資産の運用収入の合計額が総収入金額に占める割合</td><td>(30) = (25) / (26)
%</td></tr>
<tr><td colspan="2">会社法第108条第１項第８号に掲げる事項について定めがある種類の株式（＊３）の発行の有無</td><td colspan="2">有□　無□</td></tr>
<tr><td rowspan="2">（＊３）を発行している場合にはその保有者</td><td>氏名（会社名）</td><td colspan="2">住所（会社所在地）</td></tr>
<tr><td></td><td colspan="2"></td></tr>
<tr><td colspan="2">総収入金額（営業外収益及び特別利益を除く。）</td><td colspan="2">円</td></tr>
</table>

36　切替相続税の納税猶予が100％となる贈与はいつまでか

1　切替相続税の納税猶予

納税猶予の適用を受け、先代経営者（１代目）から後継者（２代目）への生前贈与を行った後に１代目が死亡した場合、１代目から２代目への相続による承継に切り替わることとなります。つまり、このパターンでは、非上場株式等の贈与者又は特例贈与者が死亡した場合の相続税の課税の特例及び相続税の納税猶予制度の特例の適用関係をみていくこととなります。

次図での贈与が特例期間中の場合、１代目死亡は特例期間経過後でも特例みなし相続となります。

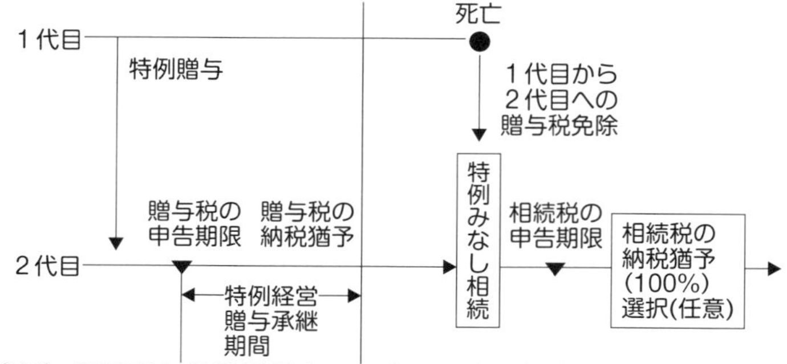

（注）（特例）経営贈与承継期間内の１代目死亡の場合も適用があります。その場合、（特例）経営贈与承継期間はその死亡の日の前日までとなります。

2　非上場株式等の贈与者又は特例贈与者が死亡した場合の相続税の課税の特例

経営承継受贈者（２代目）に係る贈与者（１代目）又は特例経営承継受贈者（２代目）に係る特例贈与者（１代目）が死亡した場合には、その贈与者又は特例贈与者の死亡による相続又は遺贈に係る相続税については、納税猶予制度の対象とした非上場株式等を２代目が１代目から相続又は遺贈により取得をしたものとみなして計算します。この場合において、その死亡による相続又は遺贈に係る相続税の課税価格の計算の基礎に算入すべき非上場株式等の価額については、１代目からの２代目への贈与時における価額を基礎として計算します（措法70の７の３①、70の７の７①）。ここは、その生前贈与により選択した納税猶予制度が、特例期間の終了を見据えて一般措置であろうと特例措置であろうと同様とされています。

１代目の贈与、２世代連続贈与が特例期間の場合、１代目贈与者の死亡は、期間を問わず特例みなし相続100％猶予となります。

3　相続税の納税猶予制度の特例

贈与税の納税猶予制度を適用して非上場株式等の贈与を行った後にその贈与者が死亡した場合、上記**2**のとおり、その贈与者に係る相続税の課税において、引き続き保有する猶予対象株式等を相続により取得したものとみなし、贈与時の時価により他の相続財産と合算して相続税額を計算しますが、その後、都道府県知事の切替えの確認を受けたときには、相続税の納税猶予を適用することができました。（措法70の７の４）

特例納税猶予制度による贈与の場合も、同様に、相続税の特例納税猶予を適用することができます。（措法70の７の８①）

切替前の贈与税の納税猶予が一般措置の場合は相続税の納税猶予についても一般措置、切替前の贈与税の納税猶予が特例措置の場合は相続税の納税猶予についても特例措置が適用されます。（措通70の７の３－１の２（注）４、70の７の７－２（注）５）

その死亡が承継期間内の場合は、特例経営贈与承継期間の末日は１代目死亡日の前日となり、特例経営相続承継期間は死亡日より開始されることとなります。（措法70の７の５②七、70の７の８②五）

非上場株式等についての相続税の納税猶予及び免除の特例を適用する場合については、相続又は遺贈による取得の期限が定められていますが、贈与税の納税猶予（特例措置）から相続税の納税猶予（特例措置）への切替えについては、その死亡時期について期間制限がありません。したがって、贈与税の特例の適用に係る贈与が期限内にされていれば、贈与税の特例の適用に係る特例贈与者の死亡の時期にかかわらず、特例措置の適用を受けることができます。

37　連続贈与は、特例期間内と特例期間終了後が想定されている

１　特例期間における連続贈与は特例制度が適用される

先代経営者（１代目）から、納税猶予制度の適用を受けて非上場株式等の贈与をされた後継者（２代目）が、その非上場株式等について、経営贈与承継期間の末日の翌日以後に、更に次の後継者（３代目）に対して贈与をした場合において、その贈与を受けた非上場株式等について３代目が贈与税の納税猶予制度の適用を受けるときに限り、２代目の猶予中贈与税額のうち、この特例の適用に係るものに対応する部分の金額に相当する贈与税が免除されます。

この場合、この連続して行われる贈与が、特例制度適用期間（2018年１月１日から2027年12月31日までの間）内で行われた場合は、連続贈与についても特例制度を適用することができ、特例制度適用期間後に行われた場合は、連続贈

与については一般制度が適用されることになります（措法70の５）。これは当初の贈与が一般制度の適用を受けたか、特例制度の適用を受けたかを問いません。

つまり、連続贈与について、2018年４月１日から2023年３月31日までの間に特例承継計画を都道府県知事に提出し、2027年12月31日までに贈与して都道府県知事の認定を受けたならば、特例措置の適用を受けることができます。したがって、１代目から２代目への生前贈与について一般措置を受けている場合であっても、２代目から３代目への生前贈与について特例措置を受けるときは、２代目が、２/３枠が廃止されたので納税猶予の適用を受けずに贈与されていた非上場株式等や従前から所有していた非上場株式等も含め、３代目に一括贈与をして特例納税猶予制度の適用を受けることができます。

一方、当初、特例措置の適用を受けたにもかかわらず、特例制度適用期間後に連続贈与を行った場合で10年目に延長の改正がない場合は、上述のように一般措置に切り替わることとなりますから、注意が必要です。

2　納税猶予期限

連続贈与については、第１世代からの特例株式からの分は、納税猶予の適用を受けている「３代目」にとっての納税猶予期限は、２代目の死亡時ではなく、１代目の死亡時となります。

２世代連続贈与において追加された分は、２代目の死亡時となります。

3　１代目死亡によるみなし相続

連続贈与により１代目から２代目、２代目から３代目に非上場株式等を移転させた場合に、１代目が死亡したときは、１代目から２代目へ生前贈与した非上場株式等について、１代目から３代目へのみなし相続が発生します。このみなし相続については、更に相続税の納税猶予を適用させることができます。

そこで、１代目からの贈与が平成29年末までに行われ、２代目の贈与が平成30年以後の特例制度適用期間に行われた場合の、１代目の死亡による３代目のみなし相続に係る納税猶予について、一般措置（措法70の７の３）が適用されるのか、特例措置（措法70の７の７）が適用されるのかが疑問となります。

しかし、これについては、措置法通達70の７の７－２(注)５において、「特例経営承継受贈者に係る前の贈与者が行った前の贈与が措置法第70条の７第１項又は第70条の７の５第１項の規定の適用に係る贈与のいずれであるかに関わらず、当該前の贈与者が死亡した場合には、当該特例経営承継受贈者については、措置法第70条の７の７第２項の規定が適用される」と明記されました。ただし、１代目が死亡したときに２代目が健在であることから、３代目に課税される相続税については２割加算後の金額となり、その金額が猶予されることとなります。

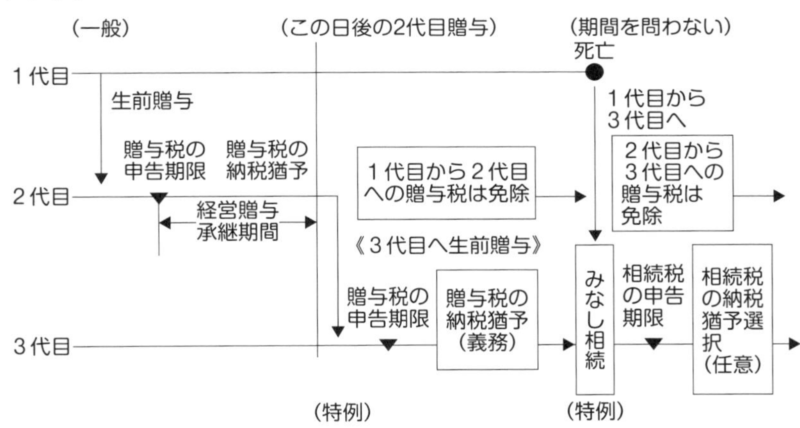

(計算例)

	一般措置贈与前	一般承継１（２億円）	承継１後	承継１の承継期間後の特例承継贈与２(4.5億円)	承継２後	先代経営者の死亡（期間を問わない）によるみなし遺贈財産（２億円）	子の死亡（期間を問わない）によるみなし相続財産（1.5億円）
先代経営者父	200	-200	0		0		

後継者子	100	200	300	-300	0		
次の後継者孫			0	300	300	200	100
合計	300	0	300	0	300	200	100

① 父は平成29年までに200株の一般措置の贈与をした。
(@100万円×200株＝２億円)

② 上記①の承継期間経過後（要介護等のやむを得ない辞任の場合は、承継期間内も可能)、子は手持ちの100株を加えて300株の特例贈与をした。
(@150万円×300株＝4.5億円)

③ この贈与後、父は死亡した。父死亡による孫のみなし遺贈財産は200株（２億円)

なお、父の贈与が特例期間の場合は、上記の子が要介護等のやむを得ない辞任の場合以外は、この２世代連続贈与は慎重に検討すべきです。特に特例期間が延長なく終った場合は子から孫への贈与により一般措置に切り替わってしまいます。そのため、父の長命を願って、父の生存中の子から孫への贈与は、控えることになります。

④ 父から孫へのみなし遺贈には、相続税額の２割加算があります。

⑤ 子の死亡時には、孫には100株（1.5億円）のみなし相続財産となります。

38 申告期限までの担保提供

贈与税の納税猶予の適用を受けるためには、贈与税の申告期限までに猶予税額相当額の担保の提供を完了する必要があります。

(参考) 非上場株式等についての相続税・贈与税の納税猶予（担保の提供に関するＱ＆Ａ)
https://www.nta.go.jp/taxes/nozei/enno-butsuno/qa/index_6.htm

1 担保として提供できる財産（措法70の７①)

(1) 納税猶予の対象となる認定承継会社の特例非上場株式等（非上場株式又は

持分会社の持分）

(注)　特例非上場株式等の全部を担保提供する場合に限ります。（措70の７⑬二）

この場合には、非上場株式に譲渡制限が付されているものであっても、担保として提供できる財産として取り扱われます。（措通70の７－32）

(2)　不動産、国債・地方債、税務署長が確実と認める有価証券、税務署長が確実と認める保証人の保証など（国税通則法第50条に掲げる財産）

実務上は、上記(1)によります。

２　みなす充足

特定認定承継会社の特例非上場株式等の全部を担保として提供した場合には、非上場株式等についての納税猶予の適用については必要担保額に見合う担保提供があったものとみなされます（みなす充足）。このため、担保として提供している特例非上場株式等の価額が下落しても追加で担保提供が求められることはありません。

更に、次のような担保解除の特例の取扱いが受けられます。

(1)　特定事由が生じた場合の担保解除（措令40の８㉞）

特例非上場株式等が全部担保提供されている場合に、特例認定承継会社について特定事由（合併、株式交換その他の事由（交付株式を継続保有する場合）をいいます。）が生じ、又は生じることが確実であると認められる場合に、納税者からの申請により、提供されている担保を解除することがやむを得ないと認められるときは、担保の全部又は一部を解除することができます。

この申請は、特定事由が生じた日から１か月を経過する日までに、対象受贈非上場株式等について担保解除の規定の適用を受けようとする旨、担保の解除を受けようとする理由、担保の解除を受けようとする対象受贈非上場株式等の数又は金額及び特定事由が生じた日又は生ずると見込まれる日を記載した申請書に、次の書類を添付したものをもって行うことになります。（措令40の８㉟、措規23の９⑳㉑）

①　担保の解除の規定の適用を受けようとする経営承継受贈者が特定事由が生じた日から２か月を経過する日までに対象受贈非上場株式等を再び担保として提供することを約する書類

② 合併契約書、株式交換契約書若しくは株式移転計画書の写し又は登記事項証明書その他の書類で特定事由が生じた日又は生ずると見込まれる日を明らかにする書類

③ その他参考となるべき書類

この場合には、①みなす充足が引き続き適用されますが（解除に際して差替えの担保が不要）、②特定事由が生じた日から２か月以内に特定事由により新たに取得した特例非上場株式等を再び担保提供しない場合は、増担保要求に応じなかったものとみなされます。

⑵ 措置法第70条の７第16項（一般減免規定）の規定による免除申請書が提出された場合の担保解除（措令40の８㊺）

経済産業大臣の認定の有効期間（５年間）経過後において、措置法第70条の７第16項の規定による免除申請書が納税者から提出された場合に、猶予中贈与税額から免除申請贈与税額を控除した残額（付帯税を含みます。）を納付した場合には、担保（特例非上場株式等に限ります。）を解除することができます。

３ みなす充足に該当しないこととなる事由

担保として提供されている非上場株式等について、全部又は一部に変更があった場合には、みなす充足の取扱いが適用されなくなります（措法70の７の２⑥ただし書き）。この場合には税務署長から増担保要求が行われることになります。

この「担保の全部又は一部に変更があった場合」とは、例えば、次のようなものをいいます。（措通70の７－30）

① 担保として提供された特例非上場株式等に係る認定承継会社が合併により消滅した場合において交付株式を担保提供しなかった場合（以下同じ）

② 担保として提供された特例非上場株式等に係る認定承継会社が株式交換等により他の会社の措置法第70条の７第４項第６号に規定する株式交換完全子会社等になった場合

③ 担保として提供された特例非上場株式等に係る認定承継会社が組織変更した場合

④ 担保として提供された特例非上場株式等である株式の併合又は分割があった場合

⑤　担保として提供された特例非上場株式等に係る認定承継会社が会社法第185条に規定する株式無償割当てをした場合

⑥　担保として提供された特例非上場株式等の名称変更があったことその他の事由により担保として提供された当該特例非上場株式等に係る株券の差替えの手続が必要となった場合

⑦　担保財産の変更等が行われたため、特例非上場株式等の全てが担保として提供されていないこととなった場合

⑧　担保として提供された特例非上場株式等について、措置法施行規則第23条の９第26項に掲げる要件に該当しないこととなった場合

※　措置法施行規則第23条の９第26項に掲げる要件とは、特例非上場株式等について質権の設定がされていないこと又は差押えがされていないことその他特例非上場株式等について担保の設定又は処分の制限（民事執行法その他の法令の規定による処分の制限をいいます。）がされていないことをいいます。

39　期限内申告と添付要件

本制度の適用を受けるためには、贈与税の申告書に、非上場株式等の全部若しくは一部についてこの制度の適用を受ける旨の記載をし、非上場株式等の明細、納税猶予分の贈与税額の計算に関する明細書など一定の事項を記載した書類を添付してこれらを期限内に提出する必要があります。

本制度の適用を受けようとする経営承継受贈者が行う担保の提供については、国税通則法施行令第16条に定める手続が原則ですが、認定贈与承継会社が株券不発行会社（会社法第117条第７項に規定する株券発行会社以外の株式会社をいいます。）の特例対象受贈非上場株式等を担保として提供する場合には、その経営承継受贈者がその対象受贈非上場株式等を担保として提供することを約する書類及び次の書類を納税地の所轄税務署長に提出する方法によります。

（注）　特例非上場株式等の全部を担保提供する場合に限ります。

１　認定承継会社が株券発行会社の場合

認定承継会社の非上場株式（株券）を法務局（供託所）に供託し、供託書の正本を税務署長に提出します。（国税通則法施行令16①）

参考：非上場株式を担保として供託する場合の手続の流れ（概要）

(1)　次の手順により非上場株式を供託します。

①　担保のための供託書（正本・副本）を作成します。この用紙は法務局（供託所）に備え付けられています。

②　作成した供託書（正本・副本）を法務局（供託所）に提出します。法務局（供託所）において内容の審査を行った後、供託書（正本）（「受理した旨」が記載されたもの）が返却されます。

③　法務局（供託所）から指定された日本銀行（本店・支店・代理店）へ、供託書（正本）（「受理した旨」が記載されたもの）、供託有価証券寄託書及び株券を提出します。

④　供託書（正本）（「納入された旨」が記載されたもの）が返却されます。

（注）　実際の供託手続等に関しては法務局にご確認ください。

(2)　税務署長に供託書（正本）を提出します。税務署長から担保関係書類の預かり証が交付されます。

２　認定承継会社が株券不発行会社の場合

次の書類を税務署に提出します。（措規23の10②一）

①　特例認定承継会社の非上場株式に税務署長が質権を設定することについて承諾した旨を記載した書類（自署押印したものに限ります。）

②　納税者の印鑑証明書（上記①の押印に係るもの）

※　質権設定後に、認定承継会社の株主名簿記載事項証明書（会社法第149条に規定された書面で、代表取締役が記名押印したもの）及び当該証明書の押印に係る代表取締役の印鑑証明書を提出する必要があります。

３　認定承継会社が株券発行会社の場合に猶予対象受贈非上場株式等を担保として提供する前に株券不発行会社に移行する方法

株券発行会社であっても実際は株券を発行していない場合や、株券を法務局に供託する手続が煩雑と考える場合には、非上場株式等を担保として提供する前に株券不発行会社に移行する方法があります。その手続は次のようになります。

①　定款変更手続

株券発行会社が株券不発行会社に移行するためには、株主総会の特別決議により株券を発行する旨の定款の定めを廃止することが必要となります（会社法218①、466、309②十一）。この際、株券を発行する旨の定款の定め（会社法214）の他に、株券発行会社であることを前提とした規定（例えば、単元未満株式に係る株券を発行しない旨の規定（会社法189③）等）がある場合には、併せて変更することになります。

②　周知手続

株券発行会社は、株券を発行する旨の定款の定めを廃止する定款の変更をしようとするときは、定款変更の効力発生日の２週間前までに、下記イ～ハの事項を公告し、かつ、株主及び登録株式質権者に対し各別に通知する必要があります。（会社法218①）

なお、株式の全部について株券を発行していない株券発行会社の場合は、定款変更の効力発生日の２週間前までに、下記イ及びロの事項を公告すること、又は株主等に対し通知することのいずれか一方を行えば足ります。（会社法218③、④）

イ　その株式（種類株式発行会社にあっては、全部の種類の株式）に係る株券を発行する旨の定款の定めを廃止する旨

ロ　定款変更の効力発生日

ハ　ロの日（定款変更の効力発生日）において株券が無効となる旨

実際に株券を発行している場合においても、株券を発行する旨の定款の定めを廃止する定款変更の効力発生日をもって株券は無効となり（会社法218②）、会社法上、株券提出手続（会社法219）を行うことは求められていません。

③　定款変更の登記その他の手続

株券を発行する旨の定款の定めを廃止した場合、定款変更により登記事項に変更が生じますので、定款変更の効力発生日から２週間以内に変更の登記を行う必要があります。（会社法915①、911③十）

また、株券を発行する旨の定款の定めを廃止した場合、会社は、その定款変更をした日の翌日から起算して１年を経過するまでは、株券喪失登録簿の作成・備置を行う必要があります。（会社法221、231①）

40　猶予される贈与税額

1　特例対象受贈非上場株式等の範囲

特例対象贈与により取得した特例認定贈与承継会社の非上場株式等（議決権に制限のないものに限ります。）のうち贈与税の申告書にこの特例の適用を受けようとする旨の記載があるものをいいます。特例対象受贈非上場株式等については、適用上限株数はありません。

2　贈与税額の計算

納税猶予分の贈与税額の計算は、一般贈与税猶予制度と同様です。（措法70の７の５②八、措令40の８の５⑮）

① 認定贈与承継会社が１社であり、かつ、贈与者が１人の場合の納税猶予分の贈与税額の計算

特例受贈非上場株式等の価額を経営承継受贈者に係るその年分の暦年課税又は相続時精算課税の贈与税の課税価格とみなして、相続税法に規定する贈与税の基礎控除及び税率（租税特別措置法に規定する特例を含みます。）を適用して計算した金額が納税猶予分の贈与税額となります。（措法70の７②五、措令40の８⑫～⑮）

（納税が猶予される贈与税などの計算方法）

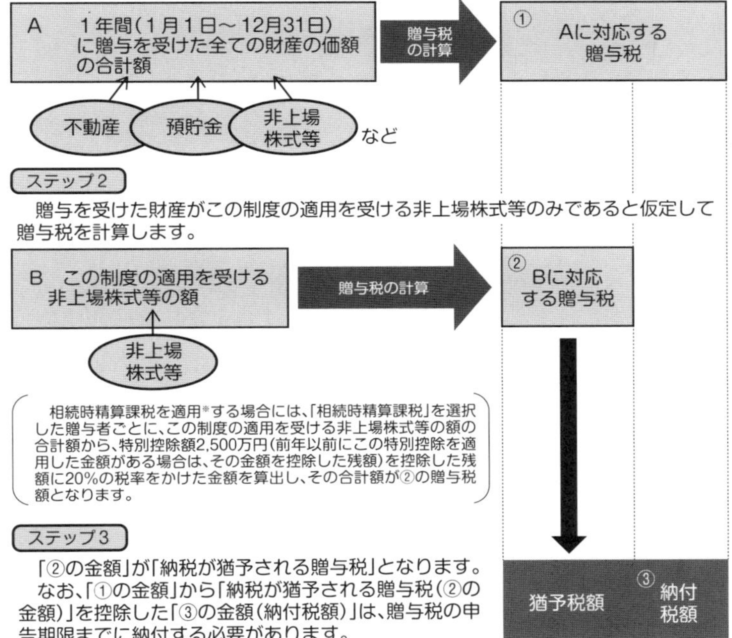

②　贈与者が２人以上である場合又は認定贈与承継会社が２社以上ある場合の納税猶予分の贈与税額の計算

暦年課税の場合には、特例受贈非上場株式等に係る経営承継受贈者がその年中において特例対象贈与により取得をした全ての認定贈与承継会社の特例受贈非上場株式等の価額の合計額を上記①のその年分の贈与税の課税価格とみなして、①により計算します。（措令40の８⑭一）

③　相続時精算課税適用の場合

相続時精算課税の場合には、特例受贈非上場株式等に係る経営承継受贈者がその年中において特例対象贈与により取得をした全ての認定贈与承継会社の特例受贈非上場株式等の価額を特定贈与者ごとに合計した額のそれぞれの額を上記①のその年分の贈与税の課税価格とみなして、①により計算します。（措令

40の８⑭二）

この場合において、贈与者及び認定贈与承継会社の異なるものごとの納税猶予分の贈与税額は、次の算式により計算した金額となります。（措令40の８⑮）

$$A \times \frac{B}{C}$$

Ａ：上記①により計算した納税猶予分の贈与税額

Ｂ：贈与者及び認定贈与承継会社の異なるものごとの特例受贈非上場株式等の価額

Ｃ：上記②又は③により贈与税の課税価格とみなされた額

④　認定贈与承継会社等が外国会社等の株式等を有している場合

認定贈与承継会社又は認定贈与承継会社の特別関係会社であってその認定贈与承継会社との間に支配関係がある法人（以下「認定贈与承継会社等」といいます。）が、会社法第２条第２号に規定する外国会社（その認定贈与承継会社の特別関係会社に該当するものに限ります。）、医療法人（認定贈与承継会社並びにその認定贈与承継会社の代表権を有する者及びその者の特別関係者が有する医療法人の出資の総額の50％を超える場合に限ります。）、上場会社（医療法人を除き、認定贈与承継会社等が発行済株式の３％以上を有する場合に限ります。）の株式等を有するとこは、その株式等を有していなかったものとして計算した価額で納税猶予の計算をします。（措法70の７②五、措令40の８⑪）

ただし、資産管理型会社の例外規定によらないで、資産管理型会社に該当しない場合には、上場会社（医療法人を除きます。）の株式を除外せずに計算します。

（上場株式等を有する場合）

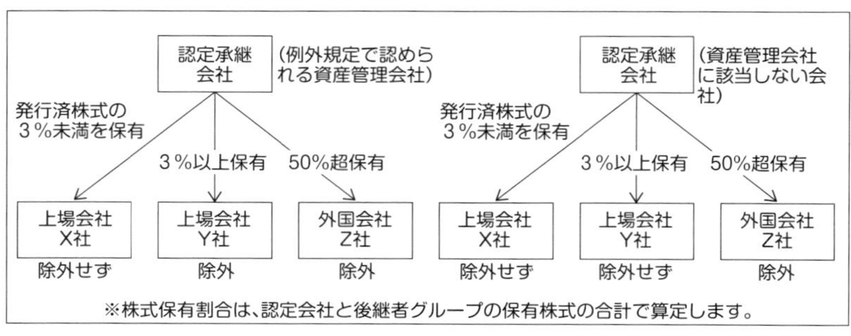

（外国子会社・孫会社がある場合）

（例１）

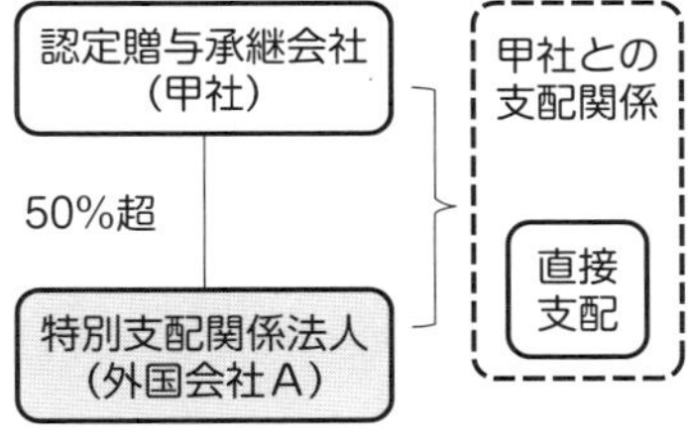

例１は、認定贈与承継会社が外国会社を直接保有しているため、納税猶予分の贈与税額の計算の基となる特例受贈非上場株式等の価額は、甲社がＡ社株式を保有していなかったものとして、①Ａ社株式の価額及び②Ａ社から受けた配当金に相当する金額を控除して、（甲社の評価区分はそのままで）（再）計算して得た額となる。

（例２）

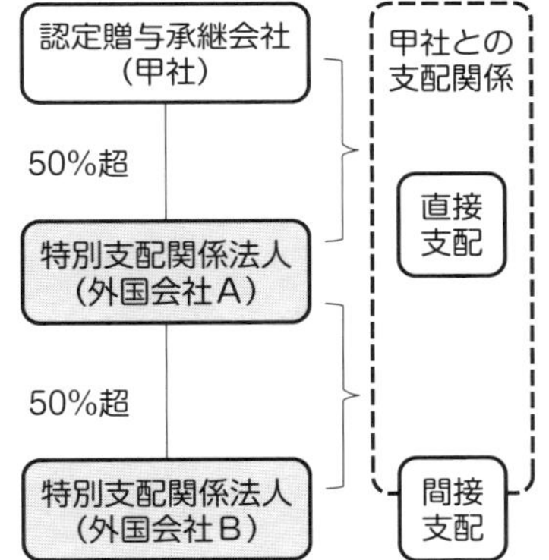

例１と同じ計算となる。
なお、例２について、特別支配関係法人Ｂは、納税猶予分の贈与税額の計算の基となる特例受贈非上場株式等の価額の計算において考慮する必要がないことに留意する。

（例３）

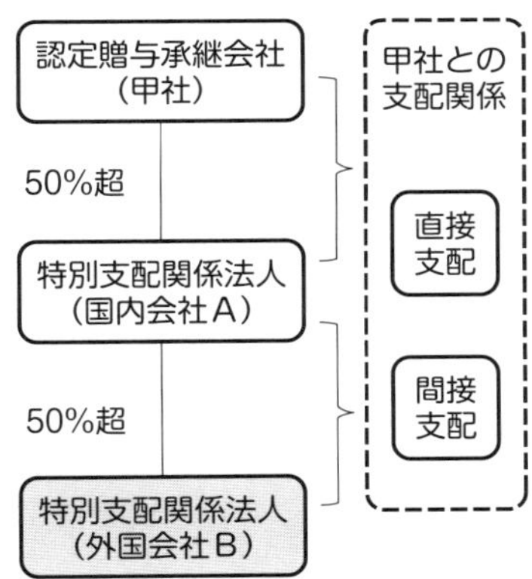

例３は、認定贈与承継会社が外国会社を間接保有しているため、納税猶予分の贈与税額の計算の基となる特例受贈非上場株式等の価額は、①まず、Ａ社がＢ社株式を保有していなかったものとして、Ｂ社株式の価額及びＢ社から受けた配当金に相当する金額を控除して（Ａ社の評価区分はそのままで）、Ａ社株式の価額を（再）計算し、②その後、その（再）計算して得たＡ社株式の価額を基に、（甲社の評価区分はそのままで）甲株式の価額を（再）計算して得た額となる。

（例４）

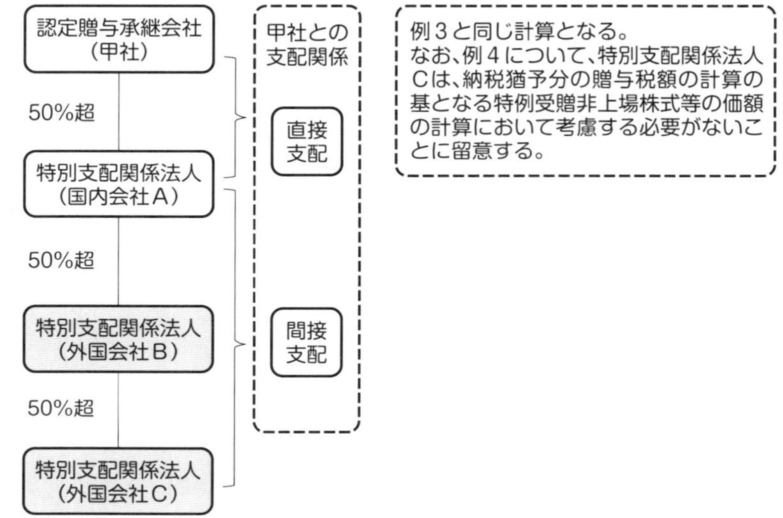

（「相続税・贈与税関係　租税特別措置法通達逐条解説（平成30年２月改訂版）」野原誠編（大蔵財務協会刊）1040、1041ページより・一部加工）

以上の例１～例４を参考にして、認定会社及び国内会社の評価区分により計算していきます。

41　承継期間内のやむを得ない事由による退任と特例贈与

贈与税の申告期限から５年間の特例経営贈与承継期間中に、特例経営承継受贈者が代表者を退任した場合又は代表権を制限された場合には、都道府県知事の認定は取り消されます。この場合において、次の後継者への贈与が免除事由に追加され、特例贈与が可能になりました。

ただし、次の(1)～(4)のいずれかに該当する場合において、その旨を証する書類を都道府県知事に提出したときは、経営承継受贈者が代表者を退任した場合若しくは経営権を制限された場合又は第一種経営承継贈与者が代表者となった場合であっても、認定取消事由に該当しないものとみなされます。もっとも、民事再生法第64条第２項又は会社更生法第42条第１項の規定による管財人を選任する旨の裁判所の決定が確定した場合は、この限りでありません。（円滑化

省令９⑩、措法70の７の５③、措規23の９⑮）

⑴　精神保健及び精神障害者福祉に関する法律第45条第２項の規定により精神障害者保健福祉手帳（１級）の交付を受けたこと

⑵　身体障害者福祉法第15条第４項の規定により身体障害者手帳（１級又は２級）の交付を受けたこと

⑶　介護保険法第19条第１項の規定により要介護認定（要介護５）を受けたこと

⑷　⑴～⑶に掲げる場合に類すると認められること

42　継続届出（承継期間内＝毎年、承継期間経過後３年に１回）

都道府県知事の認定を受けた特例認定贈与承継会社は、その認定に係る贈与税の申告期限から５年間（特例経営贈与承継期間）は毎年１回、贈与税の申告期限の翌日から起算して１年を経過するごとの日である贈与報告基準日の翌日から３か月以内に、都道府県庁に対し事業が継続していることについての報告書を、５か月以内に都道府県庁から交付された「要件に該当する旨」の確認書にその他の書類添付して、所轄税務署長に届出書をそれぞれ提出する必要があります。（円滑化省令12①、措法70の７の５⑥）

贈与税の申告期限から５年を経過する日の基準日を経過した後は、贈与税の申告期限の翌日から５年を経過する日の翌日から３年を経過するごとの日を基準日として、その翌日から３か月以内に税務署長への届出書が必要となります。

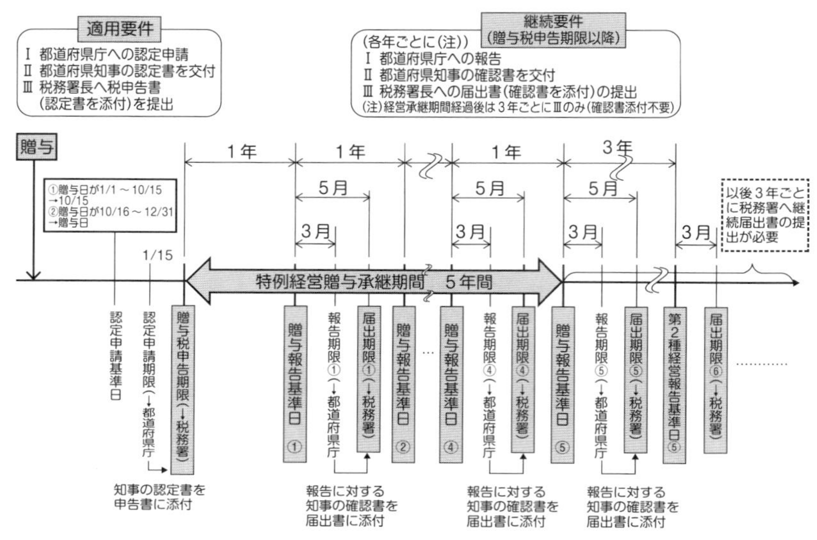

（財務省「平成21年度　税制改正の解説」331ページ図を修正）

43　切替えまでの維持要件

1　納税が猶予されている贈与税を納付する必要がある場合

納税猶予が打ち切り及び期限確定となった場合、猶予税額の納税と、利子税が発生します。

贈与認定時から見た維持要件は、第1章の**13**（102ページ）にあります。こちらもご参照ください。

納税猶予の打切り事由（認定取消事由）		申告期限から5年間	5年間経過後	切替確認時
従業員数	常時使用従業員数が1名を下回ることとなった (一定の外国会社を有する場合は5名)	明記はなし	明記はなし	×

	資産管理会社に該当する場合 常時使用従業員数が５名（後継者の生計一親族を除く）を下回ることとなった	×	×	×
	５年平均従業員数が承継時の従業員数の80%を下回った	（実質撤廃）	／	／
後継者	後継者が代表者を退任した （身体障害者手帳の交付を受けた場合等を除く）	×	可	×
	後継者が対象株式の全部又は一部を特例贈与した	×	可	／
	後継者が対象株式の全部又は一部を特例贈与した（身体障害者手帳の交付等を受けた場合）	可	可	／
	後継者が対象株式の全部又は一部を譲渡した	×	△割合	／
	後継者が対象株式の全部又は一部を譲渡した（減免適用の場合）	×	△減免	／
	後継者が同族関係者と合わせて50%超の議決権を有さなくなった	×	可	×
	後継者が同族関係者内で筆頭株主でなくなった	×	可	×
	対象株式の議決権に制限が加えられた	×	可	×
	先代経営者が再び代表権を有することとなった	×	可	／

手続	年次報告書や継続届出書提出しない／虚偽の報告等をした	×	×	／
	納税猶予の適用をやめる旨の届出をした	×	×	／
会社	資産管理会社（資産保有型会社／資産管理型会社）となった （事業実態ありとみなす例外要件に該当する場合は可）	×	×	×
	総収入額（売上高）が０円となった （営業外収益及び特別利益を除く）	×	×	×
	中小企業基本法上の中小企業でなくなった	可	可	可
	上場会社となった	×	可	可
	特定特別子会社が上場会社となった	可	可	可
	風俗営業会社となった／特定特別子会社が風俗営業会社となった	×	可	×
	会社分割をした （吸収分割承継会社等の株式等を配当財産とする剰余金の配当があった場合に限る）	×	△割合	／
	組織変更した （金銭等の交付があった場合に限る） （金銭交付が全くない場合には認定を継続。）	×	△割合	／
	認定会社間の措置法適格合併により消滅した	可	／	／
	株式交付合併により消滅した	×	可	／

	金銭交付合併により消滅した	×	×	
	金銭交付合併により消滅した（業績悪化時）	×	△減免	
	認定会社間の措置法適格株式交換により株式交換完全子会社となった	可		
	株式交付株式交換により株式交換完全子会社となった	×	可	
	金銭交付株式交換により株式交換完全子会社となった	×	×	
	金銭交付株式交換により株式交換完全子会社となった（業績悪化時）	×	△減免	
	会社を解散した	×	△減免（業績悪化時）	
	減資をした／準備金の減少をした（準備金及び資本金となる場合及び欠損塡補目的等を除く）	×	×	
	第1種後継者以外の者が黄金株を有することになった（第2種後継者については、現行省令上釈然としない）	×	可	×

2　雇用確保要件が満たせなかった場合

特例制度では、雇用確保要件が満たせなかった場合でも、次の条件の下で、引き続き納税猶予を受けることができます。（措法70の7の5③）

①　雇用確保要件を満たさなかった理由についての都道府県知事の確認

この際､特例経営贈与承継期間の末日の翌日から4か月を経過する日までに、その8割を下回った理由について、認定経営革新等支援機関の所見の記載があり、かつ、この理由が経営状況の悪化である場合又はその認定経営革新等支援機関が正当と認められないと判断した場合には、その認定経営革新等支援機関による経営力の向上に係る指導及び助言を受けた旨の記載のある報告書（株式第27）を都道府県知事に提出しなければなりません。（円滑化省令20①③⑭）

② 税務署長への報告書等の提出

特例経営承継受贈者は、納税地の所轄税務署長に対し、特例経営贈与承継期間の末日に係る継続届出書に上記の報告書の写し及び都道府県知事の確認書（様式第28）の写しを添付して提出しなければなりません。（措法70の7の5⑥、措令40の8の5⑳、措規23の12の2⑮六）

これらの手続と様式第27を提出しなかったことにより書類がない場合には、納税猶予期限は確定し、猶予税額の全部を納付する必要があります。（措法70の7の5⑧、70の7⑪）

44 特例制度における譲渡・合併による消滅・解散の場合の減免

1 時価（相続税評価額）の2分の1までの部分に対応する猶予税額の免除

この特例の適用を受ける特例経営承継受贈者又は特例対象受贈非上場株式等に係る特例認定贈与承継会社が、特例経営贈与承継期間の末日の翌日以後に、次の表の①～④までの事由により次の表の金額の合計が猶予中贈与税額（その譲渡等をした特例対象受贈非上場株式等の数又は金額に対応する部分の額に限ります。）に満たないこととなった場合（その特例認定贈与承継会社の事業の継続が困難な事由として一定の事由が生じた場合に限ります。）において、その特例経営承継受贈者は、猶予中贈与税額から次の表の合計額を控除した残額に相当する贈与税の免除を受けようとするときは、その該当することとなった日から2か月を経過する日（その該当することとなった日からその2か月を経過する日までの間に特例経営承継受贈者が死亡した場合には、その特例経営承継受贈者の相続人がその特例経営承継受贈者の死亡による相続の開始があったことを知った日の翌日から6か月を経過する日。以下「申請期限」といいます。）までに、免除を受けたい旨、免除を受けようとする贈与税に相当する金額及びその計算の明細その他の事項を記載した申請書（免除の手続に必要な書類その他の書類を添付したものに限ります。）を納税地の所轄税務署長に提出しなければなりません。（措法70の7の5⑫）

事由	価値下落の内容
①　特例経営承継受贈者がその特例対象受贈非上場株式等の全部又は一部の譲渡等をした場合（その特例経営承継受贈者の同族関係者以外の者に対して行う場合に限ります。）	次に掲げる金額の合計額が譲渡等の直前における猶予中贈与税額（譲渡等をした特例対象受贈非上場株式等の数又は金額に対応する部分の額に限ります。）に満たないとき イ　譲渡等の対価の額（その額がその譲渡等をした時における譲渡等をした数又は金額に対応する特例対象受贈非上場株式等の相続税評価額の２分の１以下である場合には、相続税評価額の２分の１に相当する金額）をこの特例の適用に係る贈与により取得をした特例対象受贈非上場株式等のその贈与の時における価額とみなして計算した納税猶予分の贈与税額 ロ　譲渡等があった日以前５年以内において、特例経営承継受贈者及びその特例経営承継受贈者の同族関係者（※１）がその特例認定贈与承継会社から受けた剰余金の配当等の額とその特例認定贈与承継会社から受けた法人税法の規定により過大役員給与等とされる金額との合計額
②　特例対象受贈非上場株式等に係る特例認定贈与承継会社が合併により消滅した場合（吸収合併存続会社等が特例経営承継受贈者の同族関係者以外のものである場合に限ります。）	次に掲げる金額の合計額がその合併がその効力を生ずる直前における猶予中贈与税額に満たないとき イ　合併対価（吸収合併存続会社等が合併に際して消滅する特例認定贈与承継会社の株主又は社員に対して交付する財産をいいます。）の額（その額がその合併がその効力を生ずる直前における特例対象受贈非上場株式等の相続税評価額の２分の１以下である場合には、相続税評価額の２分の１に相当する金額）をこの特例の適用に係る贈与により取得をした特例対象受贈非上場株式等のその贈与の時における価額とみなして計算した納税猶予分の贈与税額 ロ　合併がその効力を生ずる日以前５年以内におい

	て、特例経営承継受贈者及びその特例経営承継受贈者（※1）の同族関係者がその特例認定贈与承継会社から受けた剰余金の配当等の額とその特例認定贈与承継会社から受けた法人税法の規定により過大役員給与等とされる金額の合計額
③　特例対象受贈非上場株式等に係る特例認定贈与承継会社が株式交換又は株式移転（以下「株式交換等」といいます。）により他の会社の株式交換完全子会社等となった場合（当該他の会社が特例経営承継受贈者の同族関係者以外のものである場合に限ります。）	次に掲げる金額の合計額がその株式交換等がその効力を生ずる直前における猶予中贈与税額に満たないとき イ　交換等対価（当該他の会社が株式交換等に際して株式交換完全子会社等となった特例認定贈与承継会社の株主に対して交付する財産をいいます。）の額（その額がその株式交換等がその効力を生ずる直前における特例対象受贈非上場株式等の相続税評価額の２分の１以下である場合には、相続税評価額の２分の１に相当する金額）をこの特例の適用に係る贈与により取得をした特例対象受贈非上場株式等のその贈与の時における価額とみなして計算した納税猶予分の贈与税額 ロ　株式交換等がその効力を生ずる日以前５年以内において、特例経営承継受贈者及びその特例経営承継受贈者の同族関係者（※1）がその特例認定贈与承継会社から受けた剰余金の配当等の額とその特例認定贈与承継会社から受けた法人税法の規定により過大役員給与等とされる金額の合計額
④　特例対象受贈非上場株式等に係る特例認定贈与承継会社が解散をした場合	イ　解散の直前における特例対象受贈非上場株式等の相続税評価額をこの特例の適用に係る贈与により取得をした特例対象受贈非上場株式等のその贈与の時における価額とみなして計算した納税猶予分の贈与税額 ロ　解散の日以前５年以内において、特例経営承継受

	贈者及びその特例経営承継受贈者の同族関係者（※１）がその特例認定贈与承継会社から受けた剰余金の配当等の額及びその特例認定贈与承継会社から受けた法人税法の規定により過大役員給与とされる金額の合計額

（※１）　旧減免規定では、ここは、生計親族であるが新減免規定では、６親等血族３親等姻族等にまで拡大されました。（以下 BB といいます。）

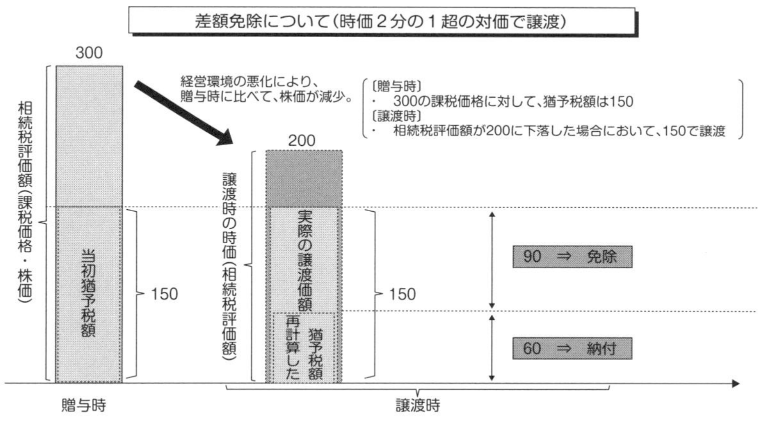

（財務省「平成30年度　税制改正の解説」604ページより）

（※２）　上図は暦年課税の図であり、相続時精算課税においては、贈与者死亡時に相続税法第21条の15、第21条の16が適用される。

２　特例認定贈与承継会社の事業の継続が困難な事由として一定の事由

次のいずれか（特例認定贈与承継会社が解散をした場合にあっては、ホを除きます。）に該当する場合をいいます。（措令40の８の５㉔～㉘、措規23の12の２㉔㉕）

イ　直前事業年度（特例経営承継受贈者又は特例認定贈与承継会社が上記**１**の表の①～④のいずれかに該当することとなった日の属する事業年度の前事業年度をいいます。）及びその直前の３事業年度（直前事業年度の終了の日の翌日以後６か月を経過する日後に上記**１**の表の①～④のいずれかに該当することとなった場合には、２事業年度）のうち２以上の事業年度において、特

例認定贈与承継会社の経常損益金額（会社計算規則第91条第１項に規定する経常損益金額をいいます。）が零未満であること

ロ　直前事業年度及びその直前の３事業年度（直前事業年度の終了の日の翌日以後６か月を経過する日後に上記１の表の①～④のいずれかに該当することとなった場合には、２事業年度）のうち２以上の事業年度において、各事業年度の平均総収入金額（総収入金額（会社計算規則第88条第１項第４号に掲げる営業外収益及び同項第６号に掲げる特別利益以外のものに限ります。）を総収入金額に係る事業年度の月数で除して計算した金額をいいます。）が、各事業年度の前事業年度の平均総収入金額を下回ること

ハ　次に掲げる事由のいずれか（直前事業年度の終了の日の翌日以後６か月を経過する日後に上記１の表の①～④のいずれかに該当することとなった場合には、下記㋑に掲げる事由）に該当すること

㋑　特例認定贈与承継会社の直前事業年度の終了の日における負債（利子（特例経営承継受贈者の同族関係者に対して支払うものを除きます。）の支払の基因となるものに限ります。㋺において同じです。）の帳簿価額が、直前事業年度の平均総収入金額に６を乗じて計算した金額以上であること

㋺　特例認定贈与承継会社の直前事業年度の前事業年度の終了の日における負債の帳簿価額が、その事業年度の平均総収入金額に６を乗じて計算した金額以上であること

ニ　次に掲げる事由のいずれかに該当すること

㋑　判定期間（直前事業年度の終了の日の１年前の日の属する月から同月以後１年を経過する月までの期間をいいます。）における業種平均株価が、前判定期間（判定期間の開始前１年間をいいます。㋺において同じです。）における業種平均株価を下回ること

㋺　前判定期間における業種平均株価が、前々判定期間（前判定期間の開始前１年間をいいます。）における業種平均株価を下回ること

（注）　業種平均株価とは、判定期間、前判定期間又は前々判定期間に属する各月における上場株式平均株価（金融商品取引法第130条の規定により公表された上場会社の株式の毎日の最終の価格を利用して算出した価格の平均値をいい、具体的には、非上場株式等の相続税評価額の算定に用いるために国税庁において公表する業種目別株価となります。）を合計した数を12

で除して計算した価格をいいます。

ホ　特例経営承継受贈者（上記１の表の①～④のいずれかに該当することとなった時において特例認定贈与承継会社の役員又は業務を執行する社員であった者に限ります。）が心身の故障その他の事由により当該特例認定贈与承継会社の業務に従事することができなくなったこと

３　実際の譲渡等の価額が相続税評価額の２分の１を下回った場合の納税猶予

上記１の表の①～④に該当する場合で、かつ、次のイからハまでに該当する場合において、特例経営承継受贈者が下記４の適用を受けようとするときは、上記１にかかわらず、申請期限までに上記１の表の①～④の右欄に掲げる金額の合計額に相当する担保を提供した場合で、かつ、その申請期限までにこの特例の適用を受けようとする旨、その金額の計算の明細その他の事項を記載した申請書を納税地の所轄税務署長に提出した場合に限り、再計算対象猶予税額(上記１の表の①に該当する場合には猶予中贈与税額のうちその譲渡等をした特例対象受贈非上場株式等の数又は金額に対応する部分の額をいい、上記１の表の②又は③に該当する場合には猶予中贈与税額に相当する金額をいいます。）からその合計額を控除した残額を免除し、その合計額（上記１の表の①に該当する場合には、その合計額に猶予中贈与税額からその再計算対象猶予税額を控除した残額を加算した金額）を猶予中贈与税額とすることができます。（措法70の７の５⑬）

イ　上記１の表の①の対価の額がその譲渡等をした時における特例対象受贈非上場株式等の相続税評価額の２分の１以下である場合

ロ　上記１の表の②の合併対価の額が合併がその効力を生ずる直前における特例対象受贈非上場株式等の相続税評価額の２分の１以下である場合

ハ　上記１の表の③の交換等対価の額が株式交換等がその効力を生ずる直前における特例対象受贈非上場株式等の相続税評価額の２分の１以下である場合

４　実際の譲渡等の価額が相続税評価額の２分の１を下回った場合の猶予税額の免除

上記１の表の①～④に該当することとなった日から２年を経過する日において、上記３により猶予中贈与税額とされた金額に相当する贈与税の納税の猶予

に係る期限及び免除については、次に掲げる場合の区分に応じそれぞれ次に定めるところによります。（措法70の７の５⑭）

イ　次に掲げる会社がその２年を経過する日においてその事業を継続している場合　特例再計算贈与税額（注）（上記**3**のロ又はハに該当する場合には、その合併又は株式交換等に際して交付された株式等以外の財産の価額に対応する部分の額に限ります。）に相当する贈与税については、その２年を経過する日から２か月を経過する日（その２年を経過する日からその２か月を経過する日までの間に特例経営承継受贈者が死亡した場合には、その特例経営承継受贈者の相続人がその特例経営承継受贈者の死亡による相続の開始があったことを知った日の翌日から６か月を経過する日。以下「再申請期限」といいます。）をもって納税猶予に係る期限となりますので、この贈与税及び納税猶予期間に対応する利子税を納付しなければなりません。また、上記**3**により猶予中贈与税額とされた金額から特例再計算贈与税額を控除した残額に相当する贈与税については免除することとされました。

（注）「特例再計算贈与税額」とは、実際の譲渡等の対価の額、合併対価の額又は交換等対価の額に相当する金額を贈与により取得をした特例対象受贈非上場株式等のその贈与の時における価額とみなして計算した納税猶予分の贈与税額に、それぞれ上記**1**の表の①～③についてそれぞれ右欄のロに掲げる金額を加算した金額をいいます。（措法70の７の５⑮）

㋑　上記**3**のイの場合におけるその譲渡等をした特例対象受贈非上場株式等に係る会社

㋺　上記**3**のロの場合におけるその合併に係る吸収合併存続会社等

㋩　上記**3**のハの場合におけるその株式交換等に係る株式交換完全子会社等

ロ　上記イの㋑から㋩までの会社がその２年を経過する日において事業を継続していない場合　上記**3**により猶予中贈与税額とされた金額（上記**3**のイに該当する場合にはその譲渡等をした特例対象受贈非上場株式等の数又は金額に対応する部分の額に、上記**3**のロ又はハに該当する場合にはその合併又は株式交換等に際して交付された株式等以外の財産の価額に対応する部分の額に限ります。）に相当する贈与税については、再申請期限をもって納税猶予に係る期限となりますので、この贈与税及び納税猶予期間に対応する利子税を納付しなければなりません。

（注１）「事業を継続している場合」とは、次の要件の全てを満たす場合をいいます。（措令40の８の５㉛）

① 商品の販売その他の業務を行っていること

② 上記**１**の表の①～③に該当することとなった時の直前における特例認定贈与承継会社の常時使用従業員のうちその総数の２分の１に相当する数（その数に１人未満の端数があるときはこれを切り捨てた数とし、その該当することとなった時の直前における常時使用従業員の数が１人のときは１人とします。）以上の者が、その該当することとなった時から上記の２年を経過する日まで引き続き上記イの㋑から㋩までに掲げる会社の常時使用従業員であること

③ ②の常時使用従業員が勤務している事務所、店舗、工場その他これらに類するものを所有し、又は賃借していること

（注２）上記イにより贈与税の免除を受けようとする特例経営承継受贈者は、再申請期限までに、免除を受けたい旨、免除を受けようとする贈与税に相当する金額及びその計算の明細その他の事項を記載した申請書（その免除の手続に必要な書類その他の書類を添付したものに限ります。）を納税地の所轄税務署長に提出しなければなりません。（措法70の７の５⑯）

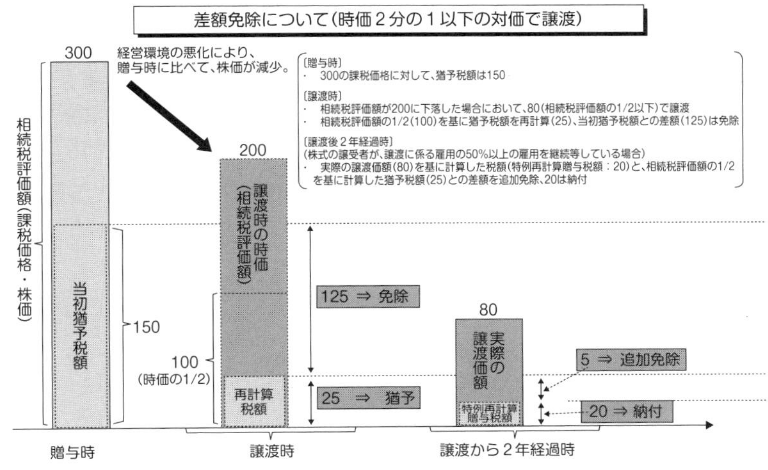

（財務省「平成30年度　税制改正の解説」606ページより）

（注３） 上図は暦年課税の図であり相続時精算課税においては、贈与者死亡時に相続税法第21条の15、第21条の16が適用されます。

<table>
<tr><td colspan="5">30年改正で追加された特例免除制度（贈与：12項～17項、相続：13項～18項）＝特例期間に係る贈与・相続の納税猶予期間中及びみなし相続の猶予期間中</td></tr>
<tr><td rowspan="2">30年度改正、再計算猶予税額+BB＜元の猶予税額</td><td rowspan="2">要件＝事業継続困難事由（措令40の8の5㉒）</td><td>対価≧譲渡等時相続税評価額×1/2</td><td>対価＜譲渡等時相続税評価額×1/2</td><td>同左で2年後買収者が事業継続かつ従業員半数以上雇用維持</td></tr>
<tr><td>対価による再計算</td><td>相続税評価額×1/2による再計算</td><td>対価による再再計算</td></tr>
<tr><td>譲渡</td><td rowspan="2">イ　直前3年中2年以上赤字
ロ　直前3年間中2年以上対前年比売上高減少
ハ　直前期の有利子負債≧直前期後期売上高
ニ　類似業種比準株価の直前1年平均＜同前年平均
ホ　特例後継者の特段の理由</td><td rowspan="2">免除額＝元の納税猶予額－（再計算贈与税額等＋BB）、残額は期限確定</td><td rowspan="2">免除額＝元の納税猶予額－（再計算納税猶予額＋BB）、残額は選択により納税猶予→右へ</td><td rowspan="2">免除額＝再計算納税猶予額－再再計算猶予税額、残額は期限確定</td></tr>
<tr><td>合併</td></tr>
</table>

	解散はホを除く、ただし譲渡等が期首よりより６か月以内は上記イからハは、１年前倒しで判定上記いずれかで判定	
解散		解散時相続税評価額による猶予税額再計算＋BBとの差額は免除、残額期限確定

※　相続時精算課税の場合は、贈与者死亡時に相続税法第21条の15、第21条の16が適用されて、贈与時時価で相続財産に追加される。この場合、上記で免除された贈与税額も控除されるが、新減免の効果はこれだけとなる。

５　税務署長による調査

税務署長は、上記１、３、４の申請書の提出があった場合において、これらの申請書に記載された事項について調査を行い、これらの申請書に係る贈与税の免除をし、又はこれらの申請書に係る申請の却下をします。この場合において、税務署長は、これらの申請書に係る申請期限又は再申請期限の翌日から起算して６か月以内に、免除をした贈与税の額又は却下をした旨及びその理由を記載した書面により、これをこれらの申請書を提出した特例経営承継受贈者に通知することとされています。（措法70の７の５⑰）

45　免除事由としての贈与者の死亡

１　特例納税猶予の適用対象となった株式を贈与した先代経営者が死亡した場合

特例認定贈与の適用を受けていた場合において先代経営者（贈与者）が死亡したときには、贈与税の特例納税猶予税額の免除申請をすることによって、特例経営承継受贈者が受けていた贈与税の特例納税猶予額は免除されます。

一方、贈与により取得していた納税猶予制度の特例に係る特例対象受贈非上場株式等は相続により取得したものとみなされ、相続税が課税されることとされています（「非上場株式等の贈与者が死亡した場合の相続税の課税の特例」（措法70の７の３①))。後継者（経営承継受贈者）は、その際、その特例受贈非上場株式等に係る相続税について、相続税の納税猶予（措法70の７の４①）の適用を受けることができます。

２　経営贈与承継期間中に死亡した場合

贈与者が経営贈与承継期間中に死亡した場合は、贈与者の死亡の日から８か月以内に都道府県知事に、臨時報告書を提出する必要があります。(円滑化省令12⑪)

贈与により取得していた納税猶予制度の特例に係る特例対象受贈非上場株式等は相続により取得したものとみなされますが、この相続税について、相続税の納税猶予の適用を受ける場合は、残りの経営贈与総計期間は経営相続承継期間とされ、経営贈与承継期間に課されている要件を満たしていく必要があります。

３　非上場株式等についての贈与税の納税猶予の免除届出書

贈与者の死亡により納税猶予された贈与税額の免除申請をする場合は、一定の事項（認定贈与承継会社の名称・本店所在地、特定資産の額・明細等）を記載した「非上場株式等についての贈与税の納税猶予の免除届出書（死亡免除)」を贈与者の死亡の日から10か月以内に所轄税務署長に提出する必要があります。(措法70の７⑮、措令40の８㊱㊲、措規23の９㉗～㉙)

免除を受ける贈与税額は次の算式により計算します。

免除を受ける贈与税額＝

$$\text{死亡日の直前における猶予中贈与税額} \times \frac{\text{死亡した贈与者から贈与を受けた非上場株式等の数又は金額}}{\text{死亡日の直前において有する非上場株式等の数又は金額}}$$

４　贈与者が贈与税の申告期限前に死亡した場合

(1)　贈与をした日の属する年に死亡した場合

特例対象贈与により取得した認定贈与承継会社の非上場株式等については、受贈者が贈与者の死亡による相続等により財産を取得したときは、相続税法第

21条の２第４項の規定により贈与税の課税価格の計算の基礎に算入されませんので本制度の適用はありません。贈与者の死亡に係る相続税については、その非上場株式等は受贈者が贈与者から相続等により取得したものとみなされることから相続税の納税猶予の適用要件を満たしている場合には、相続税の納税猶予の適用を受けることができます。（措令40の８の２②、措通70の７の２－５）

受贈者が贈与者の死亡による相続等により財産を取得しなかったときは、受贈者がその特例対象贈与により取得した認定贈与承継会社の非上場株式等について、本制度の適用を受ける旨の贈与税の申告書を提出したときは、その受贈者は本制度を適用することができます。

この場合において、贈与税の納税猶予の適用要件のうち担保の提供は要しません。また、贈与税の免除の規定の適用にあたっては、その申告書の提出があった時に免除されることとなります。（措通70の７－３⑴イ㈺）

⑵　贈与をした日の属する年の翌年に死亡した場合

受贈者がその特例対象贈与により取得した認定贈与承継会社の非上場株式等について、本制度の適用を受ける旨の贈与税の申告書を提出したときは、その申告書は本制度を適用することができます。この場合は担保の提供も要します。

５　手続日程と提出書類

⑴　承継期間（＝認定有効期間）内に贈与者死亡で切替確認の場合

① 日程　死亡日から８か月以内に県知事等に臨時報告及び切替確認申請、死亡日から10か月以内に税務署に免除届出書、死亡を知った日から10か月以内に相続税の申告期限

② 年次報告については、第３章**48**（218ページ）の図の下段参照

③ 県知事への臨時報告書（様式第15）
（https://www.pref.saitama.lg.jp/a0803/ennkatukahou/jigyoushoukeizeisei.html）
（上記の「６．有効期間中に必要な申請・報告について」より）

④ 県知事への切替確認（様式第17）

⑤ 税務署への免除届出書
（https://www.nta.go.jp/taxes/tetsuzuki/shinsei/annai/sozoku-zoyo/annai/8510-10.htm）

⑥　上記④の確認書添付して相続税申告（相続税の納税猶予の適用）

(2)　承継期間後の死亡で切替確認の場合

基本的に上記に同じ、臨時報告（義務ではないが提出が望ましい）及び切替確認が必要です。

(3)　承継期間（＝認定有効期間）内死亡で、切替確認をしない場合

第３章**48**（218ページ）の図の中段ご参照ください。

上記(1)③、⑤が必要です。

(4)　承継期間後死亡で、切替確認をしない場合

上記(1)③、⑤が必要です。

46　免除事由としての贈与者の死亡以前の受贈者の死亡

1　贈与者より先に後継者が死亡した場合

特例経営承継受贈者が、その贈与者の死亡の時以前に死亡した場合には、暦年贈与に係る猶予中贈与税額に相当する贈与税は免除されます。その際、その特例経営承継受贈者又はその特例経営承継受贈者の相続人（包括受遺者を含みます。）は、特例経営承継受贈者の死亡の日から６か月を経過する日までに一定の事項（認定贈与承継会社の名称・本店所在地、特定資産の額・明細等）を記載した免除届出書を納税地の所轄税務署長に提出しなければなりません。(旧措法70の７⑮一、旧措令40の８㊱㊲、旧措規23の９㉗～㉙)

特例経営承継受贈者から特例受贈非上場株式等の相続又は遺贈を受けた者が、相続税の納税猶予を受けるかどうかは任意となります。

一方、相続時精算課税贈与を選択している場合は、贈与された相続時精算課税の納税に係る権利又は義務は、受贈者の相続人がその相続分に応じて承継することとなり、贈与者死亡時に贈与時の時価でみなし相続財産となり、上記の免除された贈与税額が控除され、差額を死亡した受贈者の相続人が負担します。

2　手続日程と提出書類

(1)　承継期間（＝認定有効期間）内に贈与者の死亡以前に受贈者がなくなった場合

①　日程　死亡日から４か月以内に随時報告書、死亡日から６か月以内に税

務署に免除届出書、死亡を知った日から10か月以内に相続税の申告期限

② 年次報告については、第３章48（218ページ）の図の中段参照

③ 県知事への随時報告書（様式第12）

（https://www.pref.saitama.lg.jp/a0803/ennkatukahou/jigyoushoukeizeisei.html）

（上記の「６．有効期間中に必要な申請・報告について」より）

④ 税務署への免除届出書

（https://www.nta.go.jp/taxes/tetsuzuki/shinsei/annai/sozoku-zoyo/annai/8510-10.htm）

⑤ 相続税申告（相続税の納税猶予の適用を受けるかどうかは、後継者の要件を満たせるかどうかによります。）

⑵ 承継期間後の死亡の場合

基本的に上記に同じ、随時報告（義務ではないが提出が望ましい）及び免除届出（必須）が必要です。

47 免除事由としての贈与者の死亡以前の次世代への贈与

１ 連続贈与による贈与税の免除

経営承継贈与者である先代経営者（１代目）から、納税猶予制度の適用を受けて非上場株式等の贈与をされた経営承継受贈者（２代目）が、その非上場株式等について、経営贈与承継期間の末日の翌日以後に、更に次の後継者（３代目）に対して贈与をした場合において、その受贈非上場株式等について受贈者（３代目）がこの特例の適用を受けるときに限り、猶予中贈与税額のうちその非上場株式等でこの特例の適用に係るものに対応する部分の金額に相当する贈与税が免除されます。（やむを得ない理由による代表者退任贈与は期間内も可、措規23の９⑮）

その際、その贈与に係る贈与税の申告書を提出した日から６か月を経過する日までに一定の事項（認定贈与承継会社の名称・本店所在地、特定資産の額・明細等）を記載した免除届出書を納税地の所轄税務署長に提出しなければなりません。

$$\text{免除贈与税額} = \text{直前猶予中贈与税額} \times \frac{\text{贈与した特例非上場株式等の数}}{\text{直前特例受贈非上場株式等の数}}$$

（措令40の８㊴）

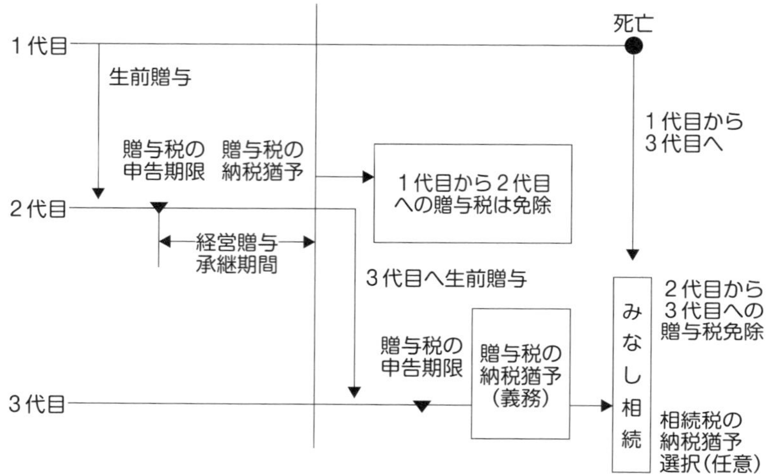

２　免除届出書記載事項（措規23の９㉙）

イ　届出書の提出者の氏名及び住所

ロ　認定贈与承継会社の商号

ハ　贈与税の免除を受ける旨

ニ　免除贈与税額の明細及び計算の明細

ホ　受贈者の氏名及び住所

第3章

贈与者の死亡による切替相続税納税猶予

48　贈与者死亡の臨時報告

贈与税の納税猶予の特例制度の適用を受ける特例経営承継受贈者に係る特例贈与者が死亡した場合には、その特例贈与者の死亡による相続又は遺贈に係る相続税については、その特例経営承継受贈者が特例贈与者から相続（その特例経営承継受贈者が特例贈与者の相続人以外の者である場合には、遺贈）により贈与税の納税猶予の特例制度の規定の適用に係る特例対象受贈非上場株式等の取得をしたものとみなします。（ただし、期限確定となる（納税猶予を打ち切られる）場合、及び特例贈与者の死亡の時以前に特例経営承継受贈者が死亡した場合を除きます。）

この場合において、その死亡による相続又は遺贈に係る相続税の課税価格の計算の基礎に算入すべきその特例対象受贈非上場株式等の価額については、贈与の時における価額を基礎として計算します。（措法70の７の７①）

ところで、贈与税の納税猶予に係る株式等の贈与者の相続が開始した場合において、納税猶予されていた贈与税の免除を受け、引き続き相続税の納税猶予に移行するためには、円滑化法に基づく切替確認の手続が必要になります。（後述。円滑化省令13）

また、経営承継期間中に贈与者の相続が発生した場合にあっては、毎年の事業継続報告（年次報告）とは別に臨時報告書を提出しなければなりません。（円滑化省令12⑪）

この臨時報告書の提出は、贈与者の相続開始の日（「臨時贈与報告基準日」といいます。）の翌日から８か月を経過する日までに都道府県知事に提出します。

また、納税猶予の適用を受けている非上場株式の贈与を繰り返し行っている場合においては、最も古い時期の経営承継贈与の相続が開始した場合に、臨時報告の提出が必要になります。これは、みなし相続への切替えの手続の一環として必要になるためです。

例えば、１代目（祖父）→２代目（父＝子）→３代目（孫）と納税猶予の適用を受けた株式の贈与が繰り返された場合で、３代目（孫）の贈与における経営承継期間中に１代目（祖父）の相続が開始したとします。この時、３代目（孫）

にはみなし相続が発生します。すなわち、最初の贈与（祖父から父への贈与）の時の価額で孫に祖父のみなし相続財産として、相続税課税となります。そしてこの相続で引き続き納税猶予を受ける場合に、臨時報告の提出が必要となります。

（２世代連続贈与において、第１贈与者が、第２贈与の承継期間内に死亡）

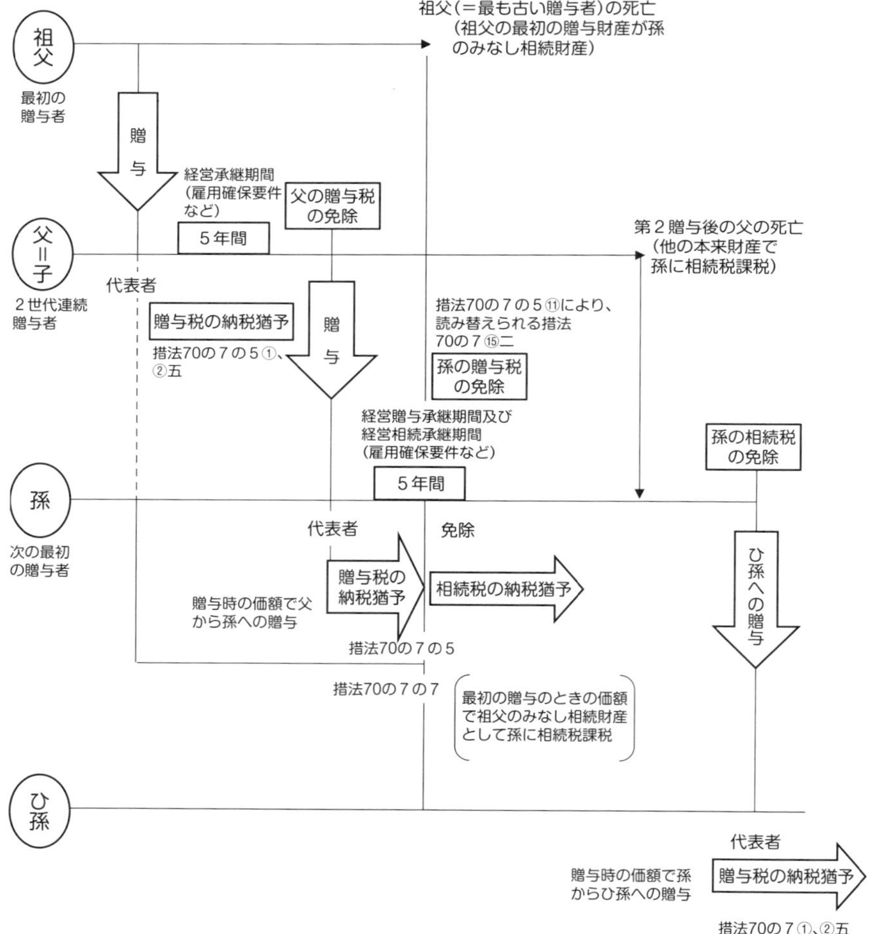

※　対応条文は、贈与等期日によりますが、第１贈与を一般措置、第２贈与及び第１贈与者の死亡を特例措置、第３贈与を一般措置としています。

なお、この贈与税の納税猶予に係る贈与の贈与税申告期限前に贈与者の相続が発生した場合は、そもそも贈与税の納税猶予制度の適用前の状況であるため、この臨時報告書の提出は必要ありません。

この臨時報告書を提出した結果、一定の事由に該当しないことが確認された場合は、都道府県知事から様式第16による確認書が交付されます。（円滑化省令12㉛）

経営承継受贈者は、贈与税の納税猶予税額の免除を受けるためには、贈与者の相続開始の日の翌日から10か月を経過する日までに税務署長にこの確認書を添付した一定の届出書を提出することが必要となります。（措法70の７⑮二、70の７の５⑪）

以下、臨時報告書（様式第15）の記載事項について解説します。

⑴　報告者の種別

臨時報告書の報告者は認定を受けた中小企業者で、その認定の類型により以下の種別に区分されます。

	先代経営者からの贈与	先代経営者以外の株主からの贈与
一般措置	第１種特別贈与認定中小企業者	第２種特別贈与認定中小企業者
特例措置	第１種特例贈与認定中小企業者	第２種特例贈与認定中小企業者

「第１種」「第２種」は、順に「先代経営者からの承継か」あるいは「先代経営者以外からの承継か」との区分になり、また、「特別」「特例」は、「一般納税猶予制度を受けるための認定」か「特例納税猶予制度を受けるための認定か」を意味しています。

どの場合においても、納税猶予の特例を受けている受贈者は、その贈与者の相続が開始した場合は、その相続の開始の翌日から８か月を経過するまでに、毎年の事業継続報告（年次報告）とは別に臨時報告書（様式第15）の提出が必要です。

これは、猶予された贈与税の免除を受けるためには、相続開始の日の翌日から10か月を経過する日までに、税務署長に免除届出書を提出する必要があるからです。この免除届出書の提出に際し、上記臨時報告書と確認書の写しその他一定の書類を添付書類として同時に提出する必要があります。（措規23の９㉘、措令40の８㊲）

また、更に相続税の納税猶予制度に切り替えるためには、切替確認申請書を提出します。（後述**49**～**52**参照）

⑵　臨時贈与報告基準期間における代表者の氏名の報告

臨時贈与報告基準期間（臨時贈与報告基準日の直前の贈与報告基準日から臨時贈与報告基準日までの期間をいいます。）の代表者の氏名を記載します。これは、後継者が代表権を有し続けているかどうかを確認するためです。

⑶　雇用確保要件に関する報告

臨時贈与雇用報告期間（受贈者の贈与税申告期限の翌日から贈与者の相続開始の日の前日までの期間をいいます。）の末日において、その臨時贈与雇用報告期間内に到来した各贈与報告基準日におけるそれぞれの常時使用する従業員の数の合計を贈与報告基準日の数で除した平均従業員数が、贈与の時における常時使用する従業員数の８割以上であるかどうかを確認します。

⑷　議決権等の報告

後継者が株式等を譲渡していないこと、また、後継者とその同族関係者で総株主等議決権数の過半数を有し、かつ、同族関係者の中で後継者が筆頭であることを確認します。

⑸　風俗営業会社等でないことの報告

認定中小企業者が、上場会社、風俗営業会社、資産保有型会社、資産運用型会社に該当していないかを確認します。

⑹　総収入金額の報告

営業外収益及び特別利益を除いた総収入金額がゼロでないことを確認します。

⑺　特定特別子会社の報告

認定中小企業者に加えて、その特定特別子会社も風俗営業会社に該当しないことを確認します。

（特例経営贈与承継期間と特例経営相続承継期間）

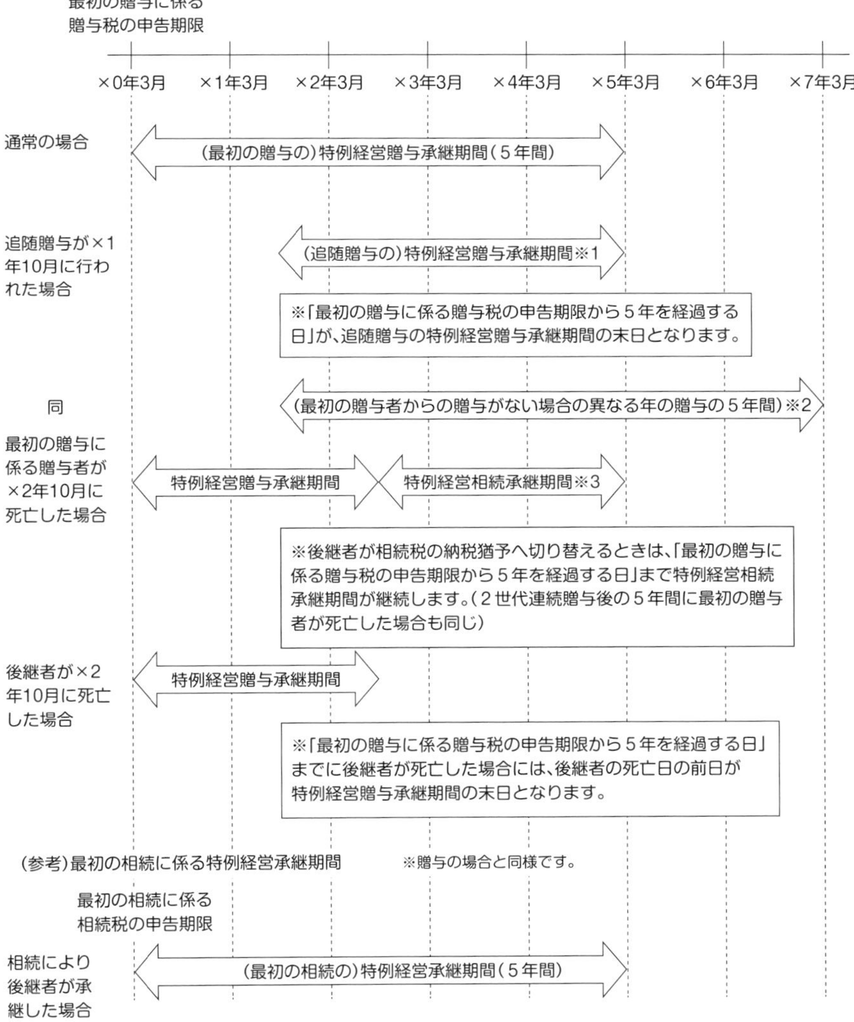

※１　この場合、従業員確認期間は上記と同じ５年間です。
※２　受贈者にとって最初の贈与か第２種贈与者である場合は、その贈与税の申告期限からの５年間となります。
※３　特例経営贈与承継期間と特例経営相続承継期間を合わせた期間が５年を超えることは、ありません。

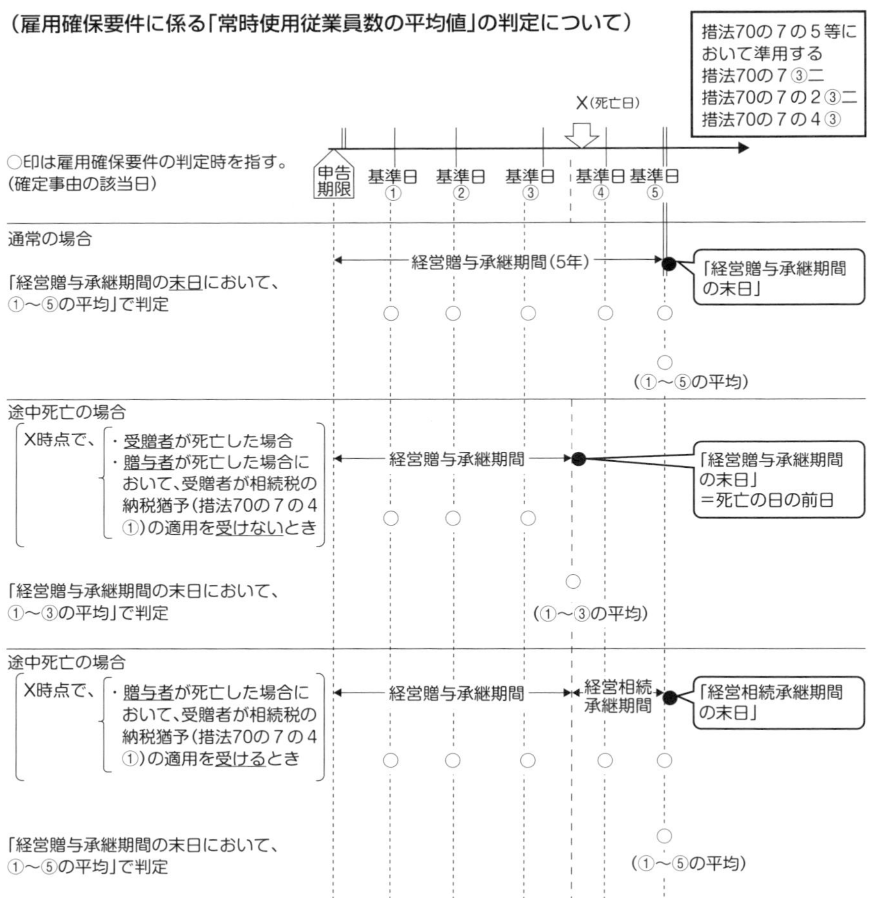
（雇用確保要件に係る「常時使用従業員数の平均値」の判定について）
措法70の７の５等において準用する
措法70の７③二
措法70の７の２③二
措法70の７の４③
X（死亡日）
○印は雇用確保要件の判定時を指す。
（確定事由の該当日）
申告期限
基準日①
基準日②
基準日③
基準日④
基準日⑤
通常の場合
経営贈与承継期間（5年）
「経営贈与承継期間の末日」
「経営贈与承継期間の末日において、①～⑤の平均」で判定
（①～⑤の平均）
途中死亡の場合
X時点で、
・受贈者が死亡した場合
・贈与者が死亡した場合において、受贈者が相続税の納税猶予（措法70の７の４①）の適用を受けないとき
経営贈与承継期間
「経営贈与承継期間の末日」＝死亡の日の前日
「経営贈与承継期間の末日において、①～③の平均」で判定
（①～③の平均）
途中死亡の場合
X時点で、
・贈与者が死亡した場合において、受贈者が相続税の納税猶予（措法70の７の４①）の適用を受けるとき
経営贈与承継期間
経営相続承継期間
「経営相続承継期間の末日」
「経営贈与承継期間の末日において、①～⑤の平均」で判定
（①～⑤の平均）
（特例において同じ）

様式第15

施行規則第12条第11項の規定による臨時報告書

年　　月　　日

都道府県知事　　殿

郵便番号
会社所在地
会社名
電話番号
代表者の氏名　　　　　　　　印

中小企業における経営の承継の円滑化に関する法律施行規則第12条第11項の規定（当該規定が準用される場合を含む）により、下記の事項を報告します。

記

1　報告者の種別について

報告者の種別	□第一種特別贈与認定中小企業者　□第二種特別贈与認定中小企業者 □第一種特例贈与認定中小企業者　□第二種特例贈与認定中小企業者	
報告者に係る認定年月日等	認定年月日及び番号	年　月　日（　　号）
	贈与認定申請基準日	年　月　日
	臨時贈与報告基準日	年　月　日
	臨時贈与報告基準期間	年　月　日から　年　月　日
	臨時贈与報告基準事業年度	年　月　日から　年　月　日

2　経営承継受贈者について

臨時贈与報告基準日(*1)における総株主等議決権数	(a)　　個
氏名	
住所	
臨時贈与報告基準日(*1)における同族関係者との保有議決権数の	(b)+(c)　　個

合計及びその割合			((b)+(c))/(a)　　%
臨時贈与報告基準日(*1)における保有議決権数及びその割合			(b)　個 (b)/(a)　%
適用を受ける租税特別措置法の規定及び当該規定の適用を受ける株式等に係る議決権数(*2) （本認定番号の認定に係る株式等に係る議決権数のみを記載。） □第 70 条の 7　□第 70 条の 7 の 5			個
(*2)のうち臨時贈与報告基準日(*1)までに譲渡した数			個
臨時贈与報告基準日(*1)における同族関係者	氏名（会社名）	住所（会社所在地）	保有議決権数及びその割合
			(c)　個 (c)/(a)　%

2　認定中小企業者等について

主たる事業内容			
贈与認定申請基準日（合併効力発生日等）（株式交換効力発生日等）における資本金の額又は出資の総額			円
臨時贈与報告基準日における資本金の額又は出資の総額			円
贈与認定申請基準日（合併効力発生日等）（株式交換効力発生日等）と比して減少した場合にはその理由			
贈与認定申請基準日（合併効力発生日等）（株式交換効力発生日等）における準備金の額			円
臨時贈与報告基準日における準備金の額			円
贈与認定申請基準日（合併効力発生日等）（株式交換効力発生日等）と比して減少した場合にはその理由			
認定に係る贈与の時の常時使用する従業員の数	贈与の時		贈与の時の 100 分の 80 の数
	(a)　人		(a)×80/100　人
臨時贈与雇用判定期間内に存する贈与報告基準日及び当該贈与報告基準日における常時使用する従業員の数並びに常時使用する従業員の数の平均	年　月　日		人
	年　月　日		人
	年　月　日		人
	年　月　日		人
	常時使用する従業員の数の平均		人
臨時贈与報告基準期間	年　月　日から　年　月　日まで		

<table>
<tr><td rowspan="2">における代表者の氏名</td><td>年　月　日から　年　月　日まで</td><td></td></tr>
<tr><td>年　月　日から　年　月　日まで</td><td></td></tr>
</table>

<table>
<tr><td colspan="6">臨時贈与報告基準事業年度（　年　月　日から　年　月　日まで）における特定資産等に係る明細表</td></tr>
<tr><td colspan="2">種別</td><td>内容</td><td>利用状況</td><td>帳簿価額</td><td>運用収入</td></tr>
<tr><td rowspan="3">有価証券</td><td>特別子会社の株式又は持分（(*2)を除く。）</td><td></td><td></td><td>(1)
円</td><td>(12)
円</td></tr>
<tr><td>資産保有型子会社又は資産運用型子会社に該当する特別子会社の株式又は持分(*2)</td><td></td><td></td><td>(2)
円</td><td>(13)
円</td></tr>
<tr><td>特別子会社の株式又は持分以外のもの</td><td></td><td></td><td>(3)
円</td><td>(14)
円</td></tr>
<tr><td rowspan="2">不動産</td><td>現に自ら使用しているもの</td><td></td><td></td><td>(4)
円</td><td>(15)
円</td></tr>
<tr><td>現に自ら使用していないもの</td><td></td><td></td><td>(5)
円</td><td>(16)
円</td></tr>
<tr><td rowspan="2">ゴルフ場その他の施設の利用に関する権利</td><td>事業の用に供することを目的として有するもの</td><td></td><td></td><td>(6)
円</td><td>(17)
円</td></tr>
<tr><td>事業の用に供することを目的としないで有するもの</td><td></td><td></td><td>(7)
円</td><td>(18)
円</td></tr>
<tr><td rowspan="2">絵画、彫刻、工芸品その他の有形の文化的所産である動産、貴金属及び宝石</td><td>事業の用に供することを目的として有するもの</td><td></td><td></td><td>(8)
円</td><td>(19)
円</td></tr>
<tr><td>事業の用に供することを目的としないで有するもの</td><td></td><td></td><td>(9)
円</td><td>(20)
円</td></tr>
<tr><td rowspan="2">現金、預貯金等</td><td>現金及び預貯金その他これらに類する資産</td><td></td><td></td><td>(10)
円</td><td>(21)
円</td></tr>
<tr><td>経営承継受贈者及び当該経営承継受贈者に係る同族関係者等（施行規則第１条第13項第２号ホに掲げる者をいう。）に対する貸付金及び未収金その他これらに類する資産</td><td></td><td></td><td>(11)
円</td><td>(22)
円</td></tr>
</table>

特定資産の帳簿価額の合計額	(23)=(2)+(3)+(5)+(7)+(9)+(10)+(11) 円	特定資産の運用収入の合計額	(25)=(13)+(14)+(16)+(18)+(20)+(21)+(22) 円
資産の帳簿価額の総額	(24)　円	総収入金額	(26)　円
臨時贈与報告基準事業年度終了の日以前の5年間（贈与の日前の期間を除く。）に、経営承継受贈者及び当該経営承継受贈者に係る同族関係者に対して支払われた剰余金の配当等及び損金不算入となる給与の金額		剰余金の配当等	(27) 円
		損金不算入となる給与	(28) 円
特定資産の帳簿価額等の合計額が資産の帳簿価額等の総額に対する割合	(29)=((23)+(27)+(28))/((24)+(27)+(28)) %	特定資産の運用収入の合計額が総収入金額に占める割合	(30)=(25)/(26) %
会社法第108条第1項第8号に掲げる事項について定めがある種類の株式(*3)の発行の有無		有□　無□	
(*3)を発行している場合にはその保有者	氏名（会社名）	住所（会社所在地）	
総収入金額（営業外収益及び特別利益を除く）			円

3　相続の開始の時における特別子会社について

区分			特定特別子会社に　該当 / 非該当
会社名			
会社所在地			
主たる事業内容			
総株主等議決権数			(a)　個
株主又は社員	氏名（会社名）	住所（会社所在地）	保有議決権数及びその割合
			(b)　個 (b)/(a)　%

（備考）

① 用紙の大きさは、日本工業規格A4とする。

② 記名押印については、署名をする場合、押印を省略することができる。

③ 報告書の写し及び施行規則第12条第12項各号に掲げる書類を添付する。

④ 本様式における第一種特別贈与認定中小企業者に係る規定は、第二種特別贈与認定中小企業者、第一種特例贈与認定中小企業者及び第二種特例贈与認定中小企業者に

ついて準用する。なお、本様式において「認定中小企業者」、「経営承継受贈者」、「経営承継贈与者」、「贈与認定申請基準日」、「臨時贈与報告基準日」、「臨時贈与報告基準期間」又は「臨時贈与報告基準事業年度」とある場合は、報告者の種別に合わせてそれぞれ対応する語句に読み替えるものとする。

⑤　報告者が資産保有型会社又は資産運用型会社に該当する場合において、第１号及び第２号に該当する場合であって、同項第３号イからハまでに掲げるいずれかの業務をしているときには、その旨を証する書類を添付する。

⑥　臨時贈与報告基準事業年度終了の日において報告者に特別子会社がある場合にあっては特別子会社に該当する旨を証する書類、当該特別子会社が資産保有型子会社又は資産運用型子会社に該当しないとき（第６条第２項第１号及び第２号に該当する場合であって、同項第３号イからハまでに掲げるいずれかの業務をしているときを含む。）には、その旨を証する書類を添付する。

⑦　報告者の経営承継受贈者が当該報告者の代表者でない場合（その代表権を制限されている場合を含む。）又は経営承継贈与者が当該報告者の代表者若しくは役員（代表者を除き、当該報告者から給与（債務の免除による利益その他の経済的な利益を含む。）の支給を受けた役員に限る。）となった場合であって、当該経営承継受贈者が施行規則第９条第10項各号のいずれかに該当するに至っていたときには、その旨を証する書類を添付する。

（記載要領）

①　報告者が株式交換等により第一種特別贈与認定中小企業者たる地位を承継した株式交換完全親会社等である場合にあっては、「臨時贈与報告基準日における常時使用する従業員の数」については、第一種特別贈与認定中小企業者の常時使用する従業員の数に株式交換完全子会社等（承継前に第一種特別贈与認定中小企業者だったものに限る。）の常時使用する従業員の数を加算した数を記載する。

②　単位が「％」の欄は小数点第１位までの値を記載する。

③　「認定に係る贈与の時の常時使用する従業員の数」の贈与の時の100分の80の数は、その数に一人未満の端数があるときは、その端数を切り捨てた数とする。

④　「臨時贈与雇用判定期間内に存する贈与報告基準日及び当該贈与報告基準日における常時使用する従業員の数及び常時使用する従業員の数の平均」については、臨時贈与雇用判定期間（認定に係る贈与税申告期限の翌日から経営承継贈与者の死亡の日の前日までの期間）内に存する贈与報告基準日及び当該基準日における常時使用する従業員の数及びそれぞれの贈与報告基準日における常時使用する従業員の数を当該基準日の数で除して計算した数（その数に一人未満の端数があるときは、その端数を切り捨てた数とする。）を記載する。

⑤　「臨時贈与報告基準期間における代表者の氏名」については、臨時贈与報告基準期

間内に代表者の就任又は退任があった場合には、すべての代表者の氏名をその就任又は退任のあった期間ごとに記載する。

⑥　「臨時贈与報告基準事業年度（　年　月　日から　年　月　日まで）における特定資産等に係る明細表」については、臨時贈与報告基準事業年度に該当する事業年度が複数ある場合には、その事業年度ごとに同様の表を記載する。「特定資産」又は「運用収入」については、該当するものが複数ある場合には同様の欄を追加して記載する。（の規定によりそれぞれに該当しないものとみなされた場合には空欄とする。）

⑦　「損金不算入となる給与」については、法人税法第 34 条及び第 36 条の規定により報告者の各事業年度の所得の金額の計算上損金の額に算入されないこととなる給与（債務の免除による利益その他の経済的な利益を含む。）の額を記載する。（の規定によりそれぞれに該当しないものとみなされた場合には空欄とする。）

⑧　「(*3)を発行している場合にはその保有者」については、申請者が会社法第 108 条第 1 項第 8 号に掲げる事項について定めがある種類の株式を発行している場合に記載し、該当する者が複数ある場合には同様の欄を追加して記載する。

⑨　「総収入金額（営業外収益及び特別利益を除く）」については、会社計算規則（平成 18 年法務省令第 13 号）第 88 条第 1 項第 4 号に掲げる営業外収益及び同項第 6 号に掲げる特別利益を除いて記載する。「臨時贈与報告基準日(*1)における」については経営承継贈与者の相続の開始の直前における状況を、「臨時贈与報告基準日（*1)までに」については経営承継贈与者の相続の開始の直前までの状況を、それぞれ記載する。

⑩　「同族関係者」については、該当する者が複数ある場合には同様の欄を追加して記載する。

⑪　「特別子会社」については、臨時贈与報告基準期間中において報告者に特別子会社がある場合に記載する。なお、特別子会社が複数ある場合には、それぞれにつき記載する。「株主又は社員」が複数ある場合には、同様の欄を追加して記載する。

49　第１種特別贈与認定中小企業者の切替確認の手続

1　切替確認の概要と要件

切替確認とは、贈与税の納税猶予制度（租税特別措置法第70条の７〈一般納税猶予制度〉又は同法第70条の７の5〈特例納税猶予制度〉）の適用を受けている経営承継受贈者に係る経営承継贈与者の相続が開始した場合において、同法第70条の７の３の規定〈一般納税猶予制度〉又は同法第70条の７の７〈特例納税猶予制度〉により相続により取得したものとみなされた非上場株式等に係る相続税につき贈与者が死亡した場合の相続税の納税猶予制度（同法第70条の７の4〈一般納税猶予制度〉又は同法第70条の７の8〈特例納税猶予制度〉）の適用を受けるための前提となる手続です。

ここでは、一般納税猶予制度であるこれまでの事業承継税制の切替確認のうち、先代経営者からの贈与（第一種特別贈与）の切替確認について解説します。

（事業承継税制の認定の類型）

	先代経営者からの贈与	先代経営者からの相続	先代経営者以外の株主からの贈与	先代経営者以外の株主からの相続
一般措置	第１種特別贈与	第１種特別相続	第２種特別贈与	第２種特別相続
特例措置	第１種特例贈与	第１種特例相続	第２種特例贈与	第２種特例相続

中小企業者が過去に第１種特別贈与認定中小企業者であった場合（認定を受けてから５年以上経過したものである場合を含みます。ただし、認定が取り消されたものである場合は除きます。）、又は現に第１種特別贈与認定中小企業者である場合であって、経営承継贈与者の相続が開始した時には、下記に掲げる事項のいずれにも該当していることにつき都道府県知事の確認（切替確認）を受けることができます。（円滑化省令13）

この切替確認を受け、一定の要件を満たす場合には、贈与税の納税猶予の対象となっている非上場株式等について、相続税の納税猶予制度に切り替えることで、引き続き納税猶予の特例を受けることができます。

都道府県知事は、切替確認の申請に基づき、確認をした時は、様式第18による確認書を交付します。（確認をしない旨の決定をした時は様式第19により申請者に通知をします。）

経営承継贈与者の相続税の申告期限までに、相続税の納税猶予制度の適用を受ける旨を記載した相続税の申告書等を税務署へ提出する必要があります。その際には、上記切替確認の申請書と確認書の写しその他一定の書類を添付書類として提出する必要があります。（措法70の７の４⑦、70の７の８⑤、措規23の12⑧、23の12の５⑭）

なお、第1種特別贈与認定中小企業者が合併により消滅した場合にはその合併に係る吸収合併存続会社が、また、第1種特別認定中小企業者が株式交換等により他の会社の株式交換完全子会社等となった場合には、その株式交換完全親会社等がこの切替確認を受けることができます。（円滑化省令13①）

⑴　第1種特別贈与認定中小企業者等の要件（円滑化省令13①）

①　相続の開始の時において、その第1種特別贈与認定中小企業者等及びその第1種特別贈与認定中小企業者等の特定特別子会社が風俗営業会社に該当しないこと

②　相続の開始の時において、その第1種特別贈与認定中小企業者等が資産保有型会社に該当しないこと

※　資産保有型会社とは、直前事業年度開始日以降のいずれかの日において、特定資産の帳簿価額÷総資産の帳簿価額≧0.7　に該当する会社です。

③　相続の開始の日の翌日の属する事業年度の直前の事業年度において、その第1種特別贈与認定中小企業者等が資産運用型会社に該当しないこと

※　資産運用型会社とは、直前事業年度以降の各事業年度において、特定資産の運用収入÷総収入≧0,75　に該当する会社です。

④　相続の開始の日の翌日の属する事業年度の直前の事業年度において、その第1種特別贈与認定中小企業者等の総収入金額が零を超えること

※　総収入金額には、営業外収益・特別利益を含みません。

⑤　相続の開始の時において、その第1種特別贈与認定中小企業者等の常時使用する従業員の数が1人以上であること

ただし、以下のイ、ロのいずれにも該当する場合は、常時使用する従業員の数は5人以上であることが必要です。

イ　第1種特別贈与認定中小企業者等の特別子会社が外国会社に該当する場合

ロ　第1種特別贈与認定中小企業者等又は第1種特別贈与認定中小企業者等による支配関係がある法人がその特別子会社の株式等を有する場合

※　常時使用する従業員とは、健康保険・厚生年金等の被保険者、会社と2か月超の雇用契約を結んでいる75歳以上の者をいいます。（親族の従業員も含みます。）

⑥　経営承継期間中に相続が開始した場合は、その第１種特別贈与認定中小企業者等及びその第１種特別贈与認定中小企業者等の特定特別子会社が上場会社等に該当しないこと

※　５年間の経営承継期間を経過した後に、第１種特別贈与認定中小企業者等及びその特定特別子会社が上場会社等に該当し、その後贈与者の相続が開始することとなった場合は、相続税の納税猶予への切替えまでは認められます。

ただし、当然のことながら、それ以後の事業承継税制の適用は認められません。

⑦　第１種特別贈与認定中小企業者等が拒否権付き株式（黄金株）を発行している場合にあっては、相続の開始の時において第１種経営承継受贈者（後継者）以外の者が有していないこと

⑵　第１種経営承継受贈者（後継者）の要件

①　後継者が、その第１種特別贈与認定中小企業者等の代表者であること

②　相続の開始の時において、後継者及び同族関係者と合わせて総株主等議決権数の過半数の議決権の数を有しており、かつ、後継者グループの中で筆頭株主であること

※　過半数の判定については、議決権の一部に制限のある株式も含めて行います。

２　提出時期と添付書類

切替確認を受けようとする第１種特別贈与認定中小企業者等は、経営承継贈与者の相続の開始の日の翌日から８か月を経過する日までに、様式第17による申請書（切替確認申請書）と、この申請書の写しを１通、そして次に掲げる書類を添付して、都道府県知事に提出します。（円滑化省令13②）

①　相続の開始の時における第１種特別贈与認定中小企業者等の定款の写し

②　相続の開始の時における第１種特別贈与認定中小企業者等の株主名簿の写し

③　登記事項証明書（相続の開始の日以後に作成されたものに限ります。）

④　相続の開始の時における第１種特別贈与認定中小企業者等の従業員数証明書

⑤　第１種特別贈与認定中小企業者等の相続の開始の日の翌日の属する事業年度の直前の事業年度の貸借対照表、損益計算書及び事業報告並びに付属明細書

⑥　相続の開始の時において、第１種特別贈与認定中小企業者等及びこの第１種特別贈与認定中小企業者等の特定特別子会社が風俗営業会社に該当しない旨の誓約書

⑦　相続の開始の時において、第１種特別贈与認定中小企業者等の特別子会社が外国会社に該当する場合であって第１種特別贈与認定中小企業者等又は第１種特別贈与認定中小企業者等による支配関係がある法人がこの特別子会社の株式又は持分を有しないときは、有しない旨の誓約書

⑧　相続の開始の時において、第１種特別贈与認定中小企業者等及び特定特別子会社が上場会社等に該当しない旨の誓約書（ただし、５年間の経営承継期間を経過した後に相続が開始した場合は不要です。）

⑨　相続の開始の時における贈与者及びその親族の戸籍謄本等並びに相続の開始の時における受贈者及びその親族の戸籍謄本等

ただし、第１種特別贈与認定中小企業者等及びその特別子会社が資産保有型子会社及び資産運用型子会社に該当しないときは、この第１種特別認定中小企業者等の株式等を有する親族のみの戸籍謄本等

様式第17

施行規則第13条第２項の規定による確認申請書

年　月　日

都道府県知事　殿

郵便番号
会社所在地
会　社　名
電話番号
代表者の氏名　　　　　印

中小企業における経営の承継の円滑化に関する法律施行規則第13条第１項（当該規定が準用される場合を含む。）の規定により、以下の確認を受けたいので、下記のとおり申請します。

記

1　申請者の種別について

申請者の種別	□第一種特別贈与認定中小企業者　□第二種特別贈与認定中小企業者 □第一種特例贈与認定中小企業者　□第二種特例贈与認定中小企業者
認定年月日及び番号	年　月　日（　　号）

2　経営承継受贈者について

経営承継贈与者の相続の開始の時における総株主等議決権数	(a)　　個
氏名	
住所	
経営承継贈与者の相続の開始の直前における経営承継贈与者との関係	□直系卑属 □直系卑属以外の親族

<table>
<tr><td colspan="3"></td><td>□親族外</td></tr>
<tr><td colspan="3">経営承継贈与者の相続の開始の時における同族関係者との保有議決権数の合計及びその割合</td><td>(b)+(c) 個
((b)+(c))/(a) %</td></tr>
<tr><td colspan="3">経営承継贈与者の相続の開始の時における保有議決権数及びその割合</td><td>(b) 個
(b)/(a) %</td></tr>
<tr><td rowspan="2">経営承継贈与者の相続の開始の日における同族関係者</td><td>氏名（会社名）</td><td>住所（会社所在地）</td><td>保有議決権数及びその割合</td></tr>
<tr><td></td><td></td><td>(c) 個
(c)/(a) %</td></tr>
</table>

3　認定中小企業者について

<table>
<tr><td colspan="2">主たる事業内容</td><td></td></tr>
<tr><td colspan="2">資本金の額又は出資の総額</td><td>円</td></tr>
<tr><td colspan="2">経営承継贈与者（当該認定中小企業者の認定贈与株式を法第 12 条第 1 項の認定に係る贈与をした経営承継受贈者のうち最も古い時期に当該認定中小企業者の認定贈与株式を法第 12 条第 1 項の認定に係る受贈をした者に、贈与をした者。以下同じ。）の相続の開始の日</td><td>年　月　日</td></tr>
<tr><td rowspan="5">経営承継贈与者の相続の開始の時における常時使用する従業員の数</td><td></td><td>(a)+(b)+(c)-(d) 人</td></tr>
<tr><td>厚生年金保険の被保険者の数</td><td>(a) 人</td></tr>
<tr><td>厚生年金保険の被保険者ではなく健康保険の被保険者である者の数</td><td>(b) 人</td></tr>
<tr><td>厚生年金保険・健康保険のいずれの被保険者でもない従業員の数</td><td>(c) 人</td></tr>
<tr><td>役員（使用人兼務役員を除く。）の数</td><td>(d) 人</td></tr>
</table>

<table>
<tr><td colspan="6">経営承継贈与者の相続の開始の日の翌日の属する事業年度の直前の事業年度（　年　月　日から　年　月　日まで）における特定資産等に係る明細表</td></tr>
<tr><td colspan="2">種別</td><td>内容</td><td>利用状況</td><td>帳簿価額</td><td>運用収入</td></tr>
<tr><td rowspan="2">有価証券</td><td>特別子会社の株式又は持分（(*2)を除く。）</td><td></td><td>＼</td><td>(1) 円</td><td>(12) 円</td></tr>
<tr><td>資産保有型子会社又は資産運用型子会社に該当する特別子会</td><td></td><td>＼</td><td>(2) 円</td><td>(13) 円</td></tr>
</table>

	社の株式又は持分(*2)				
	特別子会社の株式又は持分以外のもの			(3) 円	(14) 円
不動産	現に自ら使用しているもの			(4) 円	(15) 円
	現に自ら使用していないもの			(5) 円	(16) 円
ゴルフ場その他の施設の利用に関する権利	事業の用に供することを目的として有するもの			(6) 円	(17) 円
	事業の用に供することを目的としないで有するもの			(7) 円	(18) 円
絵画、彫刻、工芸品その他の有形の文化的所産である動産、貴金属及び宝石	事業の用に供することを目的として有するもの			(8) 円	(19) 円
	事業の用に供することを目的としないで有するもの			(9) 円	(20) 円
現金、預貯金等	現金及び預貯金その他これらに類する資産			(10) 円	(21) 円
	経営承継受贈者及び当該経営承継受贈者に係る同族関係者等（施行規則第１条第13項第２号ホに掲げる者をいう。）に対する貸付金及び未収金その他これらに類する資産			(11) 円	(22) 円

特定資産の帳簿価額の合計額	(23)=(2)+(3)+(5)+(7)+(9)+(10)+(11) 円	特定資産の運用収入の合計額	(28)=(13)+(14)+(16)+(18)+(20)+(21)+(22) 円

<table>
<tr><td>資産の帳簿価額の総額</td><td>(24)　円</td><td>総収入金額</td><td>(29)　円</td></tr>
<tr><td colspan="2" rowspan="2">経営承継贈与者の相続の開始の日の翌日の属する事業年度の直前の事業年度終了の日以前の５年間（贈与の日前の期間を除く。）に経営承継受贈者及び当該経営承継受贈者に係る同族関係者に対して支払われた剰余金の配当等及び損金不算入となる給与の金額</td><td>剰余金の配当等</td><td>(25)
円</td></tr>
<tr><td>損金不算入となる給与</td><td>(26)
円</td></tr>
<tr><td>特定資産の帳簿価額等の合計額が資産の帳簿価額等の総額に対する割合</td><td>(27)=((23)+(25)+(26))/((24)+(25)+(26))
%</td><td>特定資産の運用収入の合計額が総収入金額に占める割合</td><td>(30)=(28)/(29)
%</td></tr>
<tr><td colspan="2">会社法第108条第１項第８号に掲げる事項について定めがある種類の株式(*3)の発行の有無</td><td colspan="2">有□　無□</td></tr>
<tr><td rowspan="2">(*3)を発行している場合にはその保有者</td><td>氏名（会社名）</td><td colspan="2">住所（会社所在地）</td></tr>
<tr><td></td><td colspan="2"></td></tr>
<tr><td colspan="2">総収入金額（営業外収益及び特別利益を除く。）</td><td colspan="2">円</td></tr>
</table>

4　相続の開始の時における特別子会社について

<table>
<tr><td colspan="3">区分</td><td>特定特別子会社に　該当 ／ 非該当</td></tr>
<tr><td colspan="3">会社名</td><td></td></tr>
<tr><td colspan="3">会社所在地</td><td></td></tr>
<tr><td colspan="3">主たる事業内容</td><td></td></tr>
<tr><td colspan="3">総株主等議決権数</td><td>(a)　個</td></tr>
<tr><td rowspan="2">株主又は社員</td><td>氏名（会社名）</td><td>住所（会社所在地）</td><td>保有議決権数及びその割合</td></tr>
<tr><td></td><td></td><td>(b)　個
(b)/(a)　%</td></tr>
</table>

（備考）

①　用紙の大きさは、日本工業規格A4とする。

②　記名押印については、署名をする場合、押印を省略することができる。

③　本様式における第一種特別贈与認定中小企業者に係る規定は、第二種特別贈与認定中小企業者、第一種特例贈与認定中小企業者及び第二種特例贈与認定中小企業者について準用する。なお、本様式において「認定中小企業者」、「経営承継受贈者」、「経営承継贈与者」又は「認定贈与株式」とある場合は、報告者の種別に合わせてそれぞれ対応する語句に読み替えるものとする。

④　報告書の写し及び施行規則第13条第2項各号に掲げる書類を添付する。
⑤　報告者が資産保有型会社又は資産運用型会社に該当する場合において、施行規則第6条第2項第1号及び第2号に該当する場合であって、同項第3号イからハまでに掲げるいずれかの業務をしているときには、その旨を証する書類を添付する。
⑥　経営承継贈与者（当該経営承継贈与者が当該第一種特別贈与認定中小企業者の経営承継受贈者へ認定贈与株式を法第12条第1項の認定に係る贈与をする前に、当該第一種特別贈与認定中小企業者の認定贈与株式を法第12条第1項の認定に係る受贈をしている場合にあっては、当該第一種特別贈与認定中小企業者の認定贈与株式を法第12条第1項の認定に係る贈与をした経営承継受贈者のうち最も古い時期に当該第一種特別贈与認定中小企業者の認定贈与株式を法第12条第1項の認定に係る受贈をした者に、贈与をした者。）の相続の開始の日の翌日の属する事業年度の直前の事業年度終了の日において報告者に特別子会社がある場合にあっては特別子会社に該当する旨を証する書類、当該特別子会社が資産保有型子会社又は資産運用型子会社に該当しないとき（施行規則第6条第2項第1号及び第2号に該当する場合であって、同項第3号イからハまでに掲げるいずれかの業務をしているときを含む。）には、その旨を証する書類を添付する。

（記載要領）
①　単位が「%」の欄は小数点第1位までの値を記載する。
②　「特定資産等」又は「運用収入」については、該当するものが複数ある場合には同様の欄を追加して記載する。（施行規則第6条第2項の規定によりそれぞれに該当しないものとみなされた場合には空欄とする。）
③　「損金不算入となる給与」については、法人税法第34条及び第36条の規定により申請者の各事業年度の所得の金額の計算上損金の額に算入されないこととなる給与（債務の免除による利益その他の経済的な利益を含む。）の額を記載する。（施行規則第6条第2項の規定によりそれぞれに該当しないものとみなされた場合には空欄とする。）
④　「同族関係者」については、該当する者が複数ある場合には同様の欄を追加して記載する。
⑤　「(*3)を発行している場合にはその保有者」については、申請者が会社法第108条第1項第8号に掲げる事項について定めがある種類の株式を発行している場合に記載し、該当する者が複数ある場合には同様の欄を追加して記載する。
⑥　「総収入金額（営業外収益及び特別利益を除く。）」については、会社計算規則（平成18年法務省令第13号）第88条第1項第4号に掲げる営業外収益及び同項第6号に掲げる特別利益を除いて記載する。
⑦　「特別子会社」については、相続の開始の時において申請者に特別子会社がある場

合に記載する。なお、特別子会社が複数ある場合には、それぞれにつき記載する。「株主又は社員」が複数ある場合には、同様の欄を追加して記載する。

3　切替確認と5年間の経営承継期間

経営承継期間内に贈与者の相続が開始した場合で、切替確認を受けて引き続き相続税の納税猶予を受ける場合の経営承継期間は、相続が開始した日にかかわらず、贈与税の申告期限から５年間です。（措法70の７の４②五、70の７の８②五）

そのため、この期間内は、相続税の納税猶予に切り替わった後も、毎年、年次報告をする必要があります。また、雇用維持要件の計算期間もこの経営承継期間となりますので注意が必要です。

引き続き相続税の納税猶予を受けない場合は、経営承継期間は贈与者の死亡の前日で終了します。

詳細は、後述の**53**、**54**をご参照ください。

50　第2種特別贈与認定中小企業者の切替確認の手続の準用

これまでの事業承継税制では１名の先代経営者から１名の後継者に対する贈与・相続についてのみ適用が可能でした。

平成30年の税制改正では、この事業承継税制について10年間の特例措置（特例納税猶予制度）として納税猶予の対象となる非上場株式等の制限（総株式数の最大３分の２まで）の撤廃や、納税猶予割合の引上げ（80％から100％へ）、雇用確保要件（当初５年平均で８割維持）など大幅に要件の緩和がなされています。

これらの措置に加えて、先代経営者以外の者からの贈与による承継も適用対象とされることになりました。

この先代経営者以外の者からの贈与による承継は、これまでの一般納税猶予制度にも同様の改正がなされ、期限の定めなく可能となりました。

「**49　第１種特別贈与認定中小企業者の切替確認の手続**」は、今後は、経営者以外の者からの贈与を受けたときのその贈与者の死亡の手続においても、準

用されます。（円滑化省令13③）

51　第１種特例贈与認定中小企業者の切替確認の手続

平成30年の税制改正では、この事業承継税制について平成30年（2018年）１月１日から10年間の特例措置（特例納税猶予制度）として納税猶予の対象となる非上場株式等の制限（総株式数の最大３分の２まで）の撤廃や、納税猶予割合の引上げ（80％から100％へ）、雇用確保要件（当初５年平均で８割維持）など大幅に要件の緩和がなされています。

第１種特例贈与認定中小企業者の切替確認の手続は、この10年間に新たに贈与税の納税猶予制度から相続税の納税猶予制度への切替確認の手続を受けるケースが対象となります。

ただし、切替確認の手続そのものについては、従来の第１種特別贈与認定中小企業者の手続と異なるところはありません。（円滑化省令13④）

（贈与税の納税猶予制度から相続税の納税猶予制度への切替え）

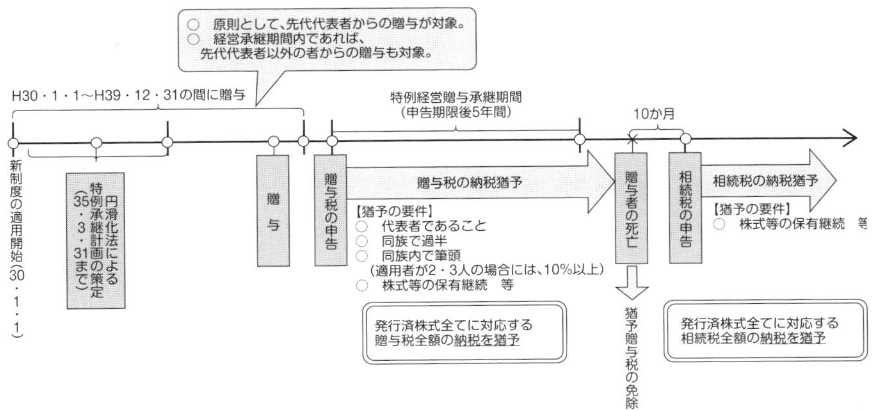

（財務省「平成30年度　税制改正の解説」610ページより）

一般納税猶予制度の贈与者が死亡した場合と同様に、特例納税猶予制度における特例贈与者が死亡した場合には、その特例贈与者の死亡による相続又は遺贈に係る相続税については、その特例受贈者がその特例贈与者から相続により非上場株式の取得をしたものとみなします。この場合において、その死亡による相続又は遺贈に係る相続税の課税価格の計算の基礎に算入すべき非上場株式

等の価額については、その特例贈与者からの贈与の時における価額を基礎として計算します。（措法70の７の７①）

特例経営相続承継受贈者（贈与税の特例納税猶予制度により贈与を受けた者）が、特例対象受贈非上場株式等を特例贈与者から相続又は遺贈により取得をしたものとみなされた場合には、特例対象相続非上場株式等に係る納税猶予分の相続税額に相当する相続税については、相続税の申告期限までに一定の担保を提供した場合に限り、その特例経営相続承継受贈者の死亡の日までその納税が猶予されます。（措法70の７の８①）

なお、相続税の特例納税猶予制度から本制度を採用する場合は、相続又は遺贈による取得の期限は平成30年１月１日から平成39年12月31日までと定められていますが、同期限内に贈与税の特例納税猶予制度を採用し、将来、相続税の特例納税猶予制度に切り替える場合には期限の定めはありません。したがって、特例の適用に係る贈与が上記10年の期限内にされていれば、その特例贈与者の死亡の時期にかかわらず、この相続税の特例納税猶予制度の適用に切り替えることができます。（措通70の７の７－２（注）５）

52　第２種特例贈与認定中小企業者の切替確認の手続

これまでの事業承継税制では１名の先代経営者から１名の後継者に対する贈与・相続についてのみ適用が可能でした。

平成30年の税制改正では、この事業承継税制について10年間の特例措置（特例納税猶予制度）として納税猶予の対象となる非上場株式等の制限（総株式数の最大３分の２まで）の撤廃や、納税猶予割合の引上げ（80％から100％へ）、雇用確保要件（当初５年平均で８割維持）など大幅に要件の緩和がなされています。

これらの措置に加えて、先代経営者以外の者からの贈与による承継も適用対象とされることになりました。（親族外の第三者からの贈与も可）

これらの贈与者が死亡し相続が発生した際、税法上はその株式を遺贈により取得したものとみなすことになります。そのため、推定相続人ではない後継者もその贈与者の相続税申告をしなければならないことになります。

「**49　第１種特別贈与認定中小企業者の切替確認の手続**」は、今後は、経営者以外の者からの贈与を受けたときの特例納税猶予制度における、その贈与者の死亡の手続においても、準用されます。（円滑化省令13⑤）

53　特例経営贈与承継期間内に贈与者が死亡した場合の承継期間

特例納税猶予制度において、特例経営贈与承継期間内に贈与者が死亡した場合には、特例経営承継受贈者は、その株式等を相続により取得したものとみなされます。

その際に、相続税の納税猶予制度の適用を受けるかどうかは、任意の選択となります。

適用を受ける場合には、特例経営贈与承継期間が引き継がれ、いったん贈与税は免除になります。そして、残期間が特例経営相続承継期間（「当該相続開始日から贈与税申告期限の翌日から５年を経過する日まで」をいいます。）となり（措法70の７の８②五）、その期間において、特例経営相続承継受贈者は、一定の事実が生じた場合は、猶予された相続税額を納税する必要があります。

相続税の納税猶予制度の適用を受けない場合は、その段階で贈与税は免除となりますが、みなし相続により対象株式を取得したものとして相続税課税されます。

（後継者が相続税の納税猶予の適用を受ける場合）

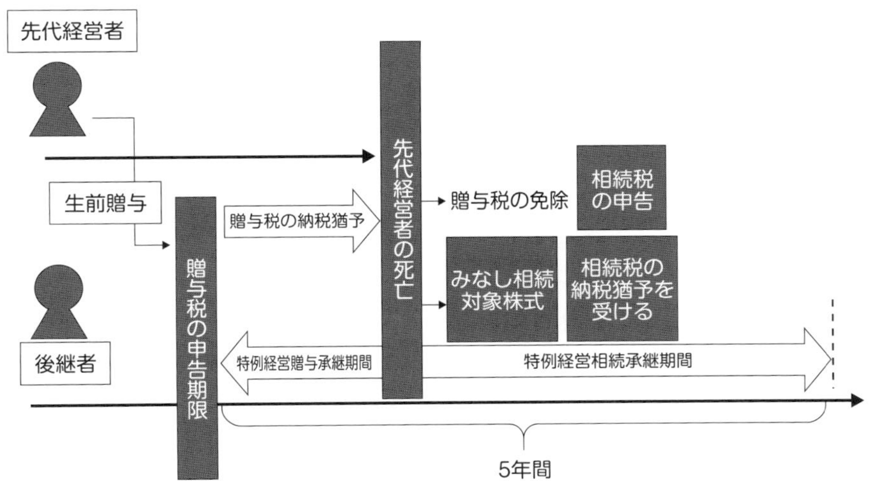

手続は第２章**45**（207ページ）を参照してください。

（後継者が相続税の納税猶予を受けない場合）

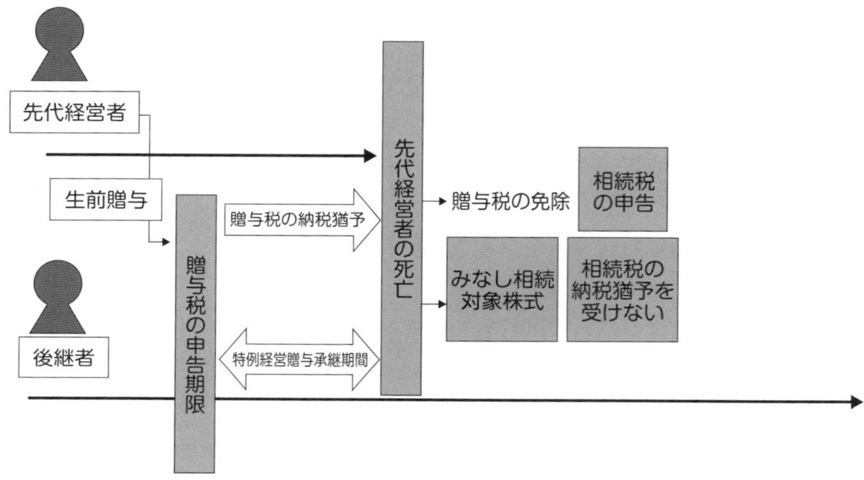

（事業承継税制における税法上の用語）

	特例納税猶予制度		
	贈与税	相続税	贈与者が死亡した場合の相続税
承継会社	特例認定贈与承継会社	特例認定承継会社	特例認定相続承継会社
非上場株式等	特例対象受贈非上場株式等	特例対象非上場株式等	特例対象相続非上場株式会社等
経営承継する者	特例経営承継受贈者	特例経営承継相続人等	特例経営相続承継受贈者
経営承継期間	特例経営贈与承継期間	特例経営承継期間	特例経営相続承継期間

	一般納税猶予制度		
	贈与税	相続税	贈与者が死亡した場合の相続税
承継会社	認定贈与承継会社	認定承継会社	認定相続承継会社
非上場株式等	対象受贈非上場株式等	対象非上場株式等	対象相続非上場株式等
経営承継する者	経営承継受贈者	経営承継相続人等	経営相続承継受贈者
経営承継期間	経営贈与承継期間	経営承継期間	経営相続承継期間

54　切替確認を受けない場合

先代経営者（経営承継贈与者）に相続が開始した場合で切替確認を受けないときには、相続又は遺贈により取得したとみなされた株式等について、相続税の納税猶予の規定の適用を受けることはできません。

1　経営承継期間内に先代経営者（経営承継贈与者）に相続が発生し、切替確認を受けない場合

切替確認を受けない場合であっても、臨時報告を相続開始の日の翌日から８か月以内にする必要があります。

臨時報告書の書き方については、「**48　贈与者死亡の臨時報告**」をご覧ください。

(1)　一般納税猶予制度の場合

一般納税猶予制度を適用して先代経営者（経営承継贈与者）に相続が開始した場合で、切替確認を受けないときは、雇用確保要件の計算期間は、贈与税の申告期限から相続が開始した日の前日までに終了した贈与報告期間となります。この判定期間において雇用維持要件を満たした場合は、贈与税の納税猶予

額について、その全額の免除を受けることができます。この場合、贈与者死亡の日から10か月以内に贈与税の納税猶予の免除届出書（死亡免除）を提出します。（措法70の７⑮二）

また、相続税の申告においては、その特例対象受贈非上場株式等の価額について、贈与の時における価額を基礎として相続税の課税価格の計算の基礎に算入し、計算することになります。経営承継期間後に相続が発生し、切替確認を受けない場合も同様です。

経営承継期間内に相続が開始した場合で、雇用維持要件を満たすことができない場合は、期限確定となり、贈与者死亡の翌日から２か月以内に猶予された贈与税額は全額納付しなければなりません。（措法70の７の４③）

⑵　特例納税猶予制度の場合

特例納税猶予制度を適用して経営承継期間内に相続が開始した場合で切替確認を受けないときは、雇用維持要件を満たさない場合においても、贈与税の納税猶予の期限が確定となること（納税猶予の打切り）はありません。

特例納税猶予制度の場合は、臨時報告書の提出において、雇用確保要件を満たすことは求められていません。（円滑化省令12⑲㉘）

したがって、贈与税の納税猶予税額は免除となり、贈与者死亡の日から10か月以内に贈与税の納税猶予の免除届出書（死亡免除）を提出します。（措法70の７の５⑪）

また、相続税の申告において、その特例対象受贈非上場株式等の価額について、贈与の時における価額を基礎として相続税の課税価格の計算の基礎に算入し、計算することになります。

2　経営承継期間後に先代経営者（経営承継贈与者）に相続が発生し、切替確認を受けない場合

一般納税猶予制度においても特例納税猶予制度においても、贈与税の納税猶予額については、その全額の免除を受けることができます。この場合、贈与者死亡の日から10か月以内に贈与税の納税猶予の免除届出書（死亡免除）を提出します。

また、相続税の申告においては、その特例対象受贈非上場株式等の価額について、贈与の時における価額を基礎として相続税の課税価格の計算の基礎に算

入し、計算することになります。

55　贈与同年・贈与申告期限までの贈与者の死亡

事業承継税制の適用対象となる贈与（「特例対象贈与」といいます。）に係る贈与者が、その贈与に係る贈与税の申告書の提出期限前に、かつ、受贈者（後継者）によるその申告書の提出前に死亡した場合には、⑴ 贈与者が贈与をした日の属する年に死亡した場合、⑵ 贈与者が贈与をした日の属する年の翌年に死亡した場合に応じて、次のように事業承継税制が適用されます。（措通70の７－３、70の７－３の３、70の７の４－２、70の７の８－10、70の７の５－42）。

⑴　贈与者が特例対象贈与をした日の属する年に死亡した場合

①　受贈者が下記②以外の者である場合

イ　受贈者が贈与者の死亡に係る相続又は遺贈により財産を取得したとき

特例対象贈与により取得をした認定贈与承継会社の非上場株式等について、相続開始前３年以内の贈与として、当該認定贈与承継会社の非上場株式等の価額が相続税の課税価格に加算される場合には、贈与税の課税価格の計算の基礎に算入されない（相法21の２④）ため、当該認定贈与承継会社の非上場株式等については、贈与税の納税猶予は適用されません。

なお、この場合、贈与者の死亡に係る相続税については、当該認定贈与承継会社の非上場株式等は、受贈者が贈与者から相続又は遺贈により取得をしたものとみなされる（措令40の８の２②、40の８の６②）ことから、要件を満たしている場合には、相続税の納税猶予の適用を受けることができます。

ロ　受贈者が贈与者の死亡に係る相続又は遺贈により財産を取得しなかったとき

受贈者が、特例対象贈与により取得をした認定贈与承継会社の非上場株式等について、事業承継税制の適用を受ける旨の贈与税の申告書を提出したとき（要件を満たしている場合に限ります。）は、その申告書は、事業承継税制の適用がある申告書となります。

この場合において、事業承継税制の適用要件のうち担保の提供については、その提供は必要とされず、事業承継税制に係る納税猶予の免除の適用については、その申告書の提出があった時に免除の効果が生ずることになります。

なお、事業承継税制により贈与を行った者（贈与者）が死亡した場合には、贈与者の死亡時に、受贈者が、贈与者から相続により認定贈与承継会社の非上場株式等を取得したものとみなされます（措法70の７の３①、70の７の７①）。そのため、贈与者から相続により取得したものとみなされた認定贈与承継会社の非上場株式等については、相続税の事業承継税制の切替確認手続を行うことによって、引き続き、相続税の納税猶予として適用を受けることができます。（措法70の７の４①、70の７の８①、措通70の７の４－２）

この場合において、贈与税の納税猶予の適用を受ける旨の贈与税の申告書の提出期限が、贈与者の死亡に係る相続税の申告書の提出期限より後であるため、贈与税の申告書の提出があったことにより相続税について期限後申告書又は修正申告書（「期限後申告書等」といいます。）の提出が必要な場合において、その期限後申告書等の提出があったときにおける相続税の取扱いについては、次のとおりとなります。

イ　その贈与者の死亡に係る相続についての相続人の提出したその期限後申告書等は、未分割の財産が分割されたなどの場合における期限後申告書又は修正申告書（相法30、31①）に該当し、その期限後申告書等の提出により納付すべき相続税については、延滞税の計算の期間に含まれない（相法51①一ハ）ものとして取り扱われます。

ロ　受贈者から切替えによる相続税の納税猶予の適用を受ける旨のその期限後申告書等の提出があった場合における事業承継税制の適用については、その期限後申告書等がその承継会社株式の贈与に係る贈与税の申告書の提出期限までに提出された場合に限り、その期限後申告書等は、相続税の申告書の提出期限内に提出されたものとされます。

なお、上記の場合、受贈者による贈与税の事業承継税制の適用を受ける旨の贈与税の申告書の提出前において、その承継会社株式について、切替えによる相続税の事業承継税制の適用があるものとされる相続税の申告書の提出及び担保の提供があった場合には、その相続税の申告書は、これらの適用のある相続税の申告書として取り扱われます。一方、その贈与税の申告書の提出期限までにその贈与税の申告書の提出がなされないときは、これらの適用を受けない相続税の申告書として取り扱われます。

②　受贈者が贈与者に係る相続時精算課税適用者（相続時精算課税の適用を受けようとする者を含む）である場合

特例対象贈与により取得をした認定贈与承継会社の非上場株式等については、贈与税の課税価格の計算の基礎に算入されますが、相続時精算課税制度の適用により贈与税の申告は必要とされない（相法28④）ため、贈与税の納税猶予制度の適用はありません。

なお、この場合、贈与者の死亡に係る相続税については、当該承継会社株式は、受贈者が贈与者から相続又は遺贈により取得をしたものとみなされる（措令40の８の２②、40の８の６②）ことから、要件を満たしている場合には、措令第40条の８の６第２項の適用を受けることができます。

⑵　贈与者が特例対象贈与をした日の属する年の翌年に死亡した場合

上記⑴の①ロの取扱いを準用することになります。

（贈与年に贈与者が死亡）

暦年課税＆相続で財産を取得する	相続認定
暦年課税＆相続で財産を取得しない	贈与認定＋切替確認
相続時精算課税	相続認定

56　納税猶予分の相続税額

贈与税の特例措置により、贈与を行った者（特例贈与者）が死亡した場合には、特例贈与者の死亡時に、特例経営相続承継受贈者が、特例贈与者から相続により特例対象受贈非上場株式等を取得したとものとみなされ、相続税が課税されます。この場合、特例対象受贈非上場株式等の評価は、当初の贈与時の相続税評価額により評価されることになります。（措法70の７の７①）

相続により取得をしたものとみなされる特例対象受贈非上場株式等の価額の計算は、次の算式により算定することになります。（措基通70の７の７－１）

$$A \times \frac{B}{C}$$

Ａ：特例贈与者から特例対象贈与により取得をした特例対象受贈非上場株式

等のその特例対象贈与の時における価額（措法70の７の５②六）

Ｂ：当該特例贈与者の死亡直前の当該特例贈与者に係る特例経営承継受贈者の猶予中贈与税額

Ｃ：当該特例贈与者から特例対象贈与により取得をした特例対象受贈非上場株式等に係る納税猶予分の贈与税額（措法70の７の５②八）

死亡した特例贈与者から複数の特例認定贈与承継会社の非上場株式等を相続により取得をしたものとみなされる場合の上記Ａ及びＢの価額は、それぞれの特例認定贈与承継会社ごとに算定することになります。

また、その死亡した特例贈与者から同一の特例認定贈与承継会社の非上場株式等を相続又は遺贈により取得をしたものとみなされる特例経営承継受贈者が複数ある場合には、それぞれの特例経営承継受贈者ごとに算定することにないます。

上記により計算した価額に１円未満の端数がある場合には、その端数金額を切り捨てることになります。

57　みなし相続分と実相続分がある場合

特例措置（贈与税）の適用を受けた後に、贈与者が死亡し、実相続により、承継会社株式を相続した場合には、既に、特例措置（贈与税）の適用を受けていることから、一般措置の事業承継税制の適用を受けることはできません。（措法70の７の２②三ホ）

特例措置については、第１種相続については、第１種特例贈与に係る贈与を既に行っている場合には、第１種特例相続の円滑化法認定を受けることができない（円滑化省令６①十二ト(7)）ことから、第１種特例贈与を行った先代経営者を第１種特例相続の被相続人として、特例措置の適用を受けることはできません。

一方、先代経営者が第１種特例贈与に係る贈与を既に行っている場合において、その先代経営者を第２種被相続人として認定することを排除する規定はないことから、第１種特例贈与を行った先代経営者を第２種特例相続の被相続人として、その先代経営者の第１種贈与に係る経営承継期間中に相続が開始した場合には、特例措置の適用を受けることができるものと考えられます。（円滑

化省令６①十四ト）

（自らの第１種贈与の特例承継期間内に死亡した場合で、みなし相続分と実相続分がある場合）

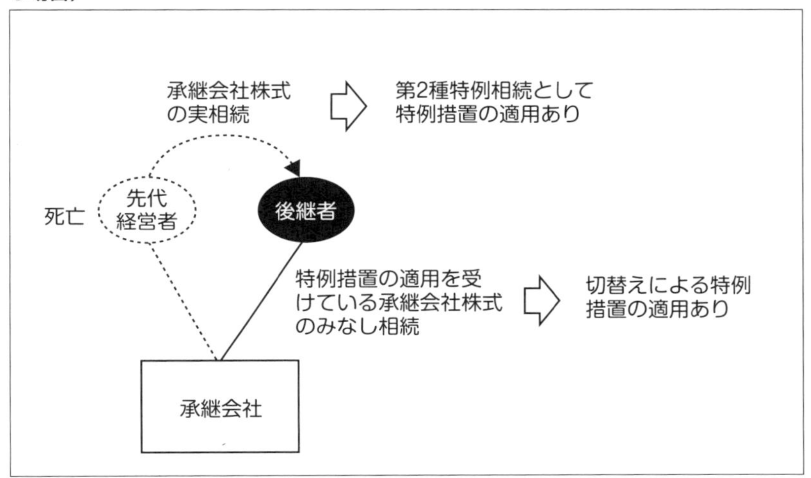

58　相続税の納税猶予制度に切り替えた場合における免除事由（みなし相続人の死亡ほか）

贈与者等が死亡した際に事業承継税制の切替えにより猶予された相続税額は、みなし相続人の死亡など一定の場合に該当するときは、その全部又は一部が免除されることとなります。（措法70の７の４⑫、70の７の２⑯、措令40の８の２㊹）

なお、相続税の免除を受けるためには、相続人はその該当することとなった日から同日（下記⑴⑵については、贈与を受けた者が事業承継税制の適用に係る贈与税の申告書を提出した日）以後６か月を経過する日までに、一定の書類及び届出書を納税地の所轄税務署長に提出する必要があります。（措法70の７の４⑫、70の７の２⑯、措令40の８の２㊸、措規23の10㉖、㉗）

⑴　当該経営承継相続人等が死亡した場合

猶予中相続税額に相当する相続税

⑵　経営承継期間の末日の翌日（経営承継期間内に当該経営承継相続人等がそ

の有する対象非上場株式等に係る認定承継会社の代表権をやむを得ない事由により有しないこととなった場合には、その有しないこととなった日）以後に、当該経営承継相続人等が対象非上場株式等につき事業承継税制（措法70の７①又は70の７の５①）の適用に係る贈与をした場合

$$A \times \frac{B}{C}$$

A：贈与の直前における猶予中相続税額

B：当該贈与をした対象非上場株式等の数又は金額

C：当該贈与の直前における当該対象非上場株式等の数又は金額

なお、計算された金額に、100円未満の端数があるとき又はその全額が100円未満であるときは、その端数金額又はその全額を切り捨てることになります。

第4章

相続税の納税猶予

59　相続税の特例納税猶予制度の概要

相続税の納税猶予の特例措置の適用を受けるためには、被相続人や相続人が一定の要件を満たす必要があります。贈与税の特例措置との適用要件の相違点や、適用上の留意点について解説します。

（相続税の納税猶予制度の概要（特例））

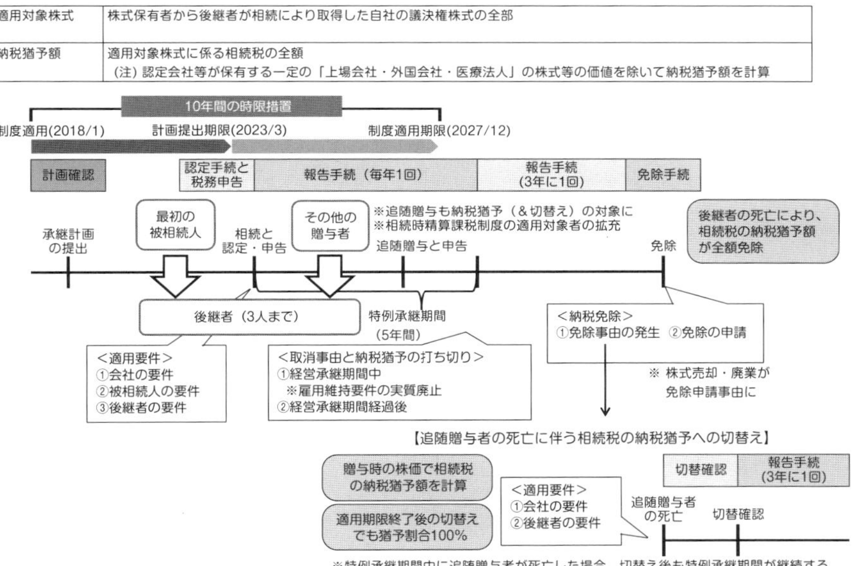

適用対象株式	株式保有者から後継者が相続により取得した自社の議決権株式の全部
納税猶予額	適用対象株式に係る相続税の全額 （注）認定会社等が保有する一定の「上場会社・外国会社・医療法人」の株式等の価値を除いて納税猶予額を計算

1　相続税の特例納税猶予と贈与税の特例納税猶予の主な適用要件の比較

(1)　先代経営者の主な要件

＜双方に共通する要件＞

①　特例認定（贈与）承継会社の代表権を有していたこと（措令40の８の５①一、40の８の６①一）

②　同族関係者と合わせて、総株主等議決権数の50%超を有していたこと（措令40の８の５①一イ、40の８の６①一イ）

③　同族関係者（後継者を除く）の中で、筆頭株主であったこと（措令40の８の５①一ロ、40の８の６①一ロ）

＜贈与のみ必要となる要件＞

① 贈与時において、代表権を有していないこと（措令40の８の５①一ハ）

② 既に特例措置による贈与をしていないこと（措法70の７の５①）

⑵ 先代経営者以外の者の主な要件

＜双方に共通する要件＞

① 特例認定（贈与）承継会社の株式を有していた個人であること

② 先代経営者からの特例措置による贈与又は相続開始以後に、特例認定（贈与）承継会社の株式を贈与し又は相続が開始していること（措令40の８の５①二、40の８の６①二）

③ 特例経営（贈与）承継期間内に贈与税又は相続税の申告期限が到来する贈与又は相続であること（措法70の７の５①、70の７の６①）

＜贈与のみ必要となる要件＞

① 贈与時において、代表権を有していないこと（措令40の８の５①二）

⑶ 後継者の主な要件

＜双方に共通する要件＞

① 特例認定（贈与）承継会社の株式を贈与又は相続により取得した個人であること（措法70の７の５②六、70の７の６②七）

② 同族関係者と合わせて、総株主等議決権数の50％超を有していること（措法70の７の５②六ハ、70の７の６②七ロ）

③ 筆頭株主であること

イ 後継者が１人の場合（措法70の７の５②六ニ⑴、70の７の６②七ハ⑴）
同族関係者の中で筆頭株主であること

ロ 後継者が２人又は３人の場合（措法70の７の５②六ニ⑵、70の７の６②七ハ⑵）

㋑ 議決権を10％以上有していること

㋺ 同族関係者（他の後継者を除く）の中で、筆頭株主であること

＜贈与のみ必要となる要件＞

① 贈与の日において、20歳以上であること（措法70の７の５②六イ）

② 贈与の日において、３年以上、特例認定贈与承継会社の役員であること（措法70の７の５②六ヘ、措規23の12の２⑧、23の９⑨⑩）

③ 贈与の時において、特例認定贈与承継会社の代表権を有していること（措法70の７の５②六ロ）

<相続のみ必要となる要件>

①　相続開始の直前において、特例認定承継会社の役員であること（措規23の12の３⑨二）

　ただし、先代経営者が60歳未満で死亡した場合はこの要件は不要とされています。（措規23の12の３⑨）

②　相続開始の日から５か月を経過する日までに、特例認定承継会社の代表権を有していること（措法70の７の６②七イ）

③　特例経営承継相続人等が実際に取得（分割等）している非上場株式等に限られる。

２　特例制度適用上の留意点

⑴　特例制度の適用期間

特例制度は、平成30年１月１日から平成39年12月31日までの時限措置です。そのため、特例贈与を行うべきか悩んでいるような場合においては、特例期間の終了までに税制改正による期間延長がなければ、贈与を実行しないと納税猶予の特例制度の適用を受けることができなくなってしまいますので注意が必要です。

⑵　特例贈与における相続時精算課税の選択

贈与税の納税猶予の特例措置を適用する場合においても、相続時精算課税を選択することができます。納税猶予の適用を受けた対象株式を譲渡した場合などで、納税猶予が取り消しになった場合、高額な税負担が生じる恐れがあるため、相続時精算課税制度の併用ができることとなっています。そのため、相続時精算課税を選択することで、取消時の税負担のリスクについては、暦年課税よりは軽減されることになります。

一方、最終的な税負担については、贈与者の死亡前に受贈者が死亡した場合と株価の価値が下落しているようなケースにおいては、相続時精算課税を選択せず暦年課税贈与とした方が有利になるケースも考えられます。しかしながら、これらのケースに該当しない場合は、どちらを選択した場合でも、最終的な税負担については大きな違いは生じないものと思われます。

詳細については、「**86　暦年課税選択か相続時精算課税選択か**」をご参照ください。

(3)　納税猶予の対象会社が外国子会社や外国孫会社の株式等を保有する場合

認定承継会社が外国子会社株式等を保有する場合には、その外国会社株式等を有していなかったものとして計算した株価を基に納税猶予を算定します。外国会社株式等の評価額が高額である場合には、納税猶予額が少なくなってしまうことが想定されます。そのような場合においても、認定承継会社が財産評価基本通達178（取引相場のない株式の評価上の区分）に定める大会社に該当する場合には、類似業種比準価額の計算において、外国株式等の帳簿価額を調整することで修正計算が済むため、認定承継会社の評価上の区分についても確認をしておく必要があります。

なお、外国孫会社については、納税猶予額の算定の基礎となる特例対象非上場株式等の価額の計算においては、考慮する必要がありません。

詳細については、「**100　外国子会社等を保有する特例認定贈与承継会社に相続が発生した場合**」をご参照ください。

60　期限内申告と添付要件及び申告期限内担保提供要件

特例認定承継会社の非上場株式等について、相続税の納税猶予の規定の適用を受ける場合には、相続税の期限内申告書に納税猶予の適用を受けようとする旨を記載し、申告書の提出期限までに納税猶予分の相続税額に相当する担保提供手続を完了させる必要があります。（措法70の７の２①、70の７の６①）

1　期限内申告

納税猶予の適用を受ける場合には、期限内申告を行う必要があります。相続税の期限内申告とは、相続の開始があったことを知った日の翌日から10か月以内に行う申告をいいます（相法27①）。そのため、期限後申告、修正申告又は更正に係る税額については納税猶予の特例を受けることができません。ただし、修正申告又は更正があった場合で、当該修正申告又は更正が期限内申告において納税猶予の適用を受けた特例非上場株式等の評価又は税額計算の誤りのみに基づいてされるときにおける当該修正申告又は更正により納付すべき相続税額については、当初から納税猶予の適用があることとして取り扱うとされています。（措通70の７の２－９、70の７の６－４）

また、この期限内申告書には、非上場株式等の全部若しくは一部につき納税猶予の適用を受けようとする旨の記載をし、非上場株式等の明細及び納税猶予分の相続税額の計算に関する明細その他財務省令で定める事項を記載した書類を添付する必要があります。（措法70の７の２⑨、70の７の６⑥）

２　添付書類

納税猶予の適用を受ける場合には、期限内申告書に次の書類を添付する必要があります。（措規23の10⑳、23の12の３⑭）

⑴　次に掲げる事項を記載した書類

①　相続の開始があったことを知った日

②　その他参考となるべき事項

⑵　⑴①の相続の開始の時における（特例）認定承継会社の定款の写し

⑶　⑴①の相続の開始の直前及び当該相続の開始の時における（特例）認定承継会社の株主名簿の写しその他の書類で当該特例認定承継会社の全ての株主又は社員の氏名又は名称及び住所又は所在地並びにこれらの者が有する（特例）認定承継会社の株式等に係る議決権の数が確認できるもの（認定承継会社が証明したものに限ります。）

⑷　外国会社の株式等（※１）を有する場合には、特例認定承継会社の、⑴①の相続の開始の日の属する事業年度（※２）の貸借対照表及び損益計算書

⑸　⑴①の相続の開始があったことを知った日が、当該相続の開始の日と異なる場合にあっては、当該相続に係る特例経営承継相続人等が当該相続の開始があったことを知った日を明らかにする書類

⑹　遺言書の写し、財産の分割の協議に関する書類（当該相続に係る全ての共同相続人及び包括受遺者が自署押印しているものに限ります。）の写し（印鑑証明書が添付されているものに限ります。）その他の財産の取得の状況を明らかにする書類

⑺　円滑化省令第７条第10項の認定書の写し及び同条第７項の申請書の写し

⑻　円滑化省令第17条第４項の確認書の写し及び同条第２項の申請書の写し

⑼　現物出資資産に該当するものがある場合にあっては、現物出資に関する一定の事項を記載した書類（認定承継会社が証明したものに限ります。）

⑽　その他参考となるべき書類

（※１）　認定承継会社、認定承継会社の代表権を有する者及び当該代表権を有する者と特別の関係がある者が有する株式等で、次に掲げるもの（当該認定承継会社が資産保有型会社等（措令に規定する事業実態の有無を考慮せずに判定します。（※２）において同じです。）に該当しない場合には①を除きます。）を含みます。

①　上場会社の株式等で、発行済株式総数又は出資の100分の３以上の株数又は金額を有する場合

②　医療法人の出資で、出資の総額の100分の50を超える金額を有する場合

（※２）　認定承継会社が資産保有型会社等に該当する場合には、相続の開始の日の３年前の日の属する事業年度から相続の開始の日の属する事業年度までの各事業年度

３　申告期限内担保要件（措令40の８の６⑤、措規23の10②、23の12の３②）

納税猶予の適用を受けるためには、相続税の申告期限までに、納税猶予分の相続税額に相当する担保を提供する必要があります。（措法70の７の２①、70の７の６①）

⑴　担保の提供

経営承継相続人等が行う担保の提供については、国税通則法施行令第16条に定める手続によることとなりますが、認定承継会社（株券不発行会社又は持分会社であるものに限ります。）の対象非上場株式等を担保として供する場合には、経営承継相続人等が対象非上場株式等を担保として提供することを約する書類その他財務省令で定める書類を納税地の所轄税務署長に提出する方法によることとされています。（措令40の８の２⑤、40の８の６⑤）

⑵　財務省令で定める書類

次の区分に応じてそれぞれに定める書類

①　株券不発行会社である認定承継会社

イ　経営承継相続人等が対象非上場株式等である株式に質権の設定をすることについて承諾した旨を記載した書類（経営承継相続人等が自署押印したものに限ります。）

ロ　イの経営承継相続人等の印に係る印鑑証明書

ハ　認定承継会社が交付した、質権設定に係る株主名簿に掲げる事項を記載した書面（認定承継会社の代表権を有する者が自署押印したものに限ります。）及び認定承継会社の代表権を有する者の印に係る印鑑証明書

② 持分会社である認定承継会社

イ　経営承継相続人等が対象非上場株式等である出資の持分に質権を設定することについて承諾した旨を記載した書類（経営承継相続人等が自署押印したものに限ります。）

ロ　イの経営承継相続人等の印に係る印鑑証明書

ハ　認定承継会社がイの質権の設定について承諾したことを証する書類で次に掲げるいずれかのもの

㋑ 質権の設定について承諾した旨が記載された公正証書

㋺ 質権の設定について承諾した旨が記載された私署証書で登記所又は公証人役場において日付のある印章が押されているもの（認定承継会社の印が押しているものに限ります。）及び認定承継会社の印に係る印鑑証明書

㋩ 質権の設定について承諾した旨が記載された書類（認定承継会社の印が押しているものに限ります。）で内容証明を受けたもの及び認定承継会社の印に係る印鑑証明書

※　上記㋑～㋩の書類のうち、いずれかの書類を提出する必要がありますが、手続の簡便さから、実務的には㋺の書類を選択することが多いと思われます。

61　未分割の場合の不適用

相続税の申告書の提出期限までに、相続又は遺贈により取得をした非上場株式等の全部又は一部が共同相続人又は包括受遺者によってまだ分割されていない場合については、その分割されていない非上場株式等は、納税猶予の適用を受ける旨の記載をすることができないとされています（措法70の７の２⑦、70の７の６⑤）。そのため、未分割になっている非上場株式等については納税猶予の規定を受けることができません。そのため、実務においては、遺言書又は死因贈与契約書を作成するのが望ましいと思われます。

また、納税猶予制度の適用を受けるためには、先代経営者が60歳以上である

場合には、先代経営者の死亡の直前において役員であることが要件になっています。そのため、後継者は無給であっても取締役若しくは監査役に就任しておくといった対応が必要と思われます。

62　納税猶予の手続

特例納税猶予制度の適用を受けるためには、「都道府県知事の認定」、「税務署への申告」の手続が必要となります。

1　都道府県知事の認定

⑴　特例承継計画の確認

平成30年４月１日から平成35年３月31日までに「特例承継計画」を提出し、都道府県知事の『確認』を受ける必要があります。（円滑化省令16①一、17②）

※　平成35年３月31日以前に（贈与・相続に伴う）認定申請をする場合には、認定申請をする前、若しくは認定申請と同時に特例承継計画を提出する必要があります。（円滑化省令７⑦）

⑵　認定申請

都道府県知事の認定を受けるためには、被相続人の相続開始日の翌日から８か月以内に、所定の申請書に一定の書類を添付して、都道府県知事に提出する必要があります。（円滑化省令７⑦）

2　税務署への申告

⑴　相続税の期限内申告及び申告期限内に行う担保の提供

上記１⑵による認定書の写しとともに、納税猶予の特例の適用を受けようとする旨を記載した相続税の期限内申告書を提出し、その申告期限までに担保提供手続を完了させる必要があります。（措法70の７の６①）

（相続税の納税猶予についての手続の概要）

提出先	承継計画の策定	相続の発生と申告	相続税の納税猶予	
	5年以内に計画書提出	相続開始から10か月以内の申告	申告期限後5年間	申告期限後6年目以降
都道府県庁	＜特例承継計画書の提出＞ ● 会社が作成し、認定支援機関が所見を記載。 ※「承継計画」は、当該会社の後継者や承継時までの経営見通し等が記載されたものをいいます。 ● 平成30年4月1日～平成35年3月31日までに「特例承継計画」を提出。 ※平成35年3月31日までに相続・贈与を行う場合、相続・贈与後に承継計画を提出することも可能。	＜認定申請＞ ● 相続の開始後8か月以内に認定申請をする。 □ 承継計画書を添付。 □ 後継者は、相続から5か月以内に代表に就任する必要あり。 □ 先代経営者が60歳以上である場合には、先代経営者の死亡の直前（相続開始前）において後継者は役員である必要あり。 ● 申請後、認定書が交付。 **申請基準日** 相続の開始の日の翌日から5か月を経過する日	＜年次報告の提出＞ ● 報告基準日から3か月以内に「年次報告書」を提出（年1回）。 ● 要件維持の報告など。 **報告基準日** 相続税申告期限後の翌日から1年を経過するごと	
税務署		＜申告＞ ● 相続の開始後10か月以内に申告と担保提供をする。 ● 申告時の提出書類 □ 相続税の申告書 □ 認定書の写し □ 添付書類 ・定款の写し ・株主名簿の写し ・登記事項証明書 ・遺言書の写し又は遺産分割協議書の写し ・対象株式に係る相続税の見込額 ・従業員数証明書 ・決算関係書類等 ・誓約書 ・戸籍謄本等 ・その他 ● 担保を提供 特例を受ける非上場株式の全て	＜継続届出書の提出＞ ● 報告基準日から5か月以内に「継続届出書」を提出（年1回）。 □ 確認書の写しを添付。 **報告基準日** 相続税申告期限後の翌日から1年を経過するごと	＜継続届出書の提出＞ ● 報告基準日から3か月以内に「継続届出書」を提出（3年に1回）。

※　承継計画等の提出先は「主たる事務所の所在地を管轄する都道府県庁」です。

63　最初の相続と追随的相続

相続税の特例納税猶予制度の適用を受ける先代経営者からの相続（第１種特例経営承継相続、円滑化省令６①十二）の後であれば、その後の先代経営者以外の者からの相続（第２種特例経営承継相続、円滑化省令６①十四）についても、一定の要件を満たせば特例納税猶予制度の適用を受けることができます。

1　特例納税猶予制度の適用対象期間

納税猶予の特例措置については、平成30年１月１日から平成39年（2027年）12月31日までの間の非上場株式等の贈与・相続等であることが要件となります。

また、上記の期間内に既に最初の相続等について特例納税猶予制度の適用を受けている者が、その後に発生した相続等（追随的相続）により取得した同一の非上場株式等について、特例納税猶予制度の適用を受けようとする場合には、上記に加え、最初の適用に係る相続等の日から特例経営承継期間の末日までの間に相続税の申告期限が到来する非上場株式等の相続等であることが要件となります。（措法70の７の６①、措通70の７の６－２）

特例経営承継期間については、後継者ごとに、最初に特例納税猶予制度の適用を受ける相続等に係る相続税の申告期限の翌日から５年を経過する日までと定められているため、第１種特例経営承継相続により非上場株式等を相続しなかった後継者がいる場合には、後継者ごとに異なる期間となることが想定されます。しかしながら、第２種特例経営承継相続は、第１種特例贈与・相続認定の有効期間内に申告期限が到来するものでなければならないため、特例納税猶予制度の適用が受けられる追随的相続の対象期間が終了する日については、全ての後継者で同じ日となります。（措法70の７の６②六、円滑化省令６①十四）

2　特例の適用に係る被相続人の要件（措令40の８の６①）

第１種特例経営承継相続と、第２種特例経営承継相続とでは、被相続人の要件が大きく異なり、第２種特例経営承継相続での被相続人の要件は、非上場株式等を有していることのみとなります。

⑴　第１種特例経営承継相続

相続の開始の直前（※１）において、特例認定承継会社の代表権を有していた個人で、次の①及び②の要件を満たす者

①　個人及びその個人と特別の関係がある者で、特例認定承継会社に係る議決権（※２）総数の50％超を有していること

②　個人が有する特例認定承継会社に係る議決権数が、①の特別の関係がある

者（特例経営承継相続人等となる者を除きます。）の中で筆頭であること

（※１）　個人が相続の開始の直前において代表権を有しない場合には、その個人が代表権を有していた期間内のいずれかの時及び相続の開始の直前

（※２）　議決権の一部に制限のある株式に係る議決権を含みます。（措通70の７の６－11）

⑵　第二種特例経営承継相続（※３）

特例認定承継会社の非上場株式等を有していた個人

（※３）　相続の開始の直前において、次のいずれかの者がいる場合の相続に限ります。

イ　特例認定承継会社の非上場株式等について、贈与税の納税猶予制度の特例（措法70の７の５①）、相続税の納税猶予の特例（措法70の７の６①）の適用を受けている者

ロ　特例贈与者から非上場株式等についての贈与税の納税猶予制度の特例（措法70の７の５①）の規定の適用に係る贈与により、特例認定贈与承継会社の非上場株式等の取得をしている者で、その贈与に係る贈与税の申告期限が到来していないため、まだその申告をしていない者

ハ　特例被相続人から非上場株式等についての相続税の納税猶予制度の特例（措法70の７の６①）の規定の適用に係る相続又は遺贈により、特例認定承継会社の非上場株式等の取得をしている者で、その相続に係る相続税の申告期限が到来していないため、まだその申告をしていない者

（最初の相続の後、追随的相続が発生した場合の対象期間及び特例経営承継期間）

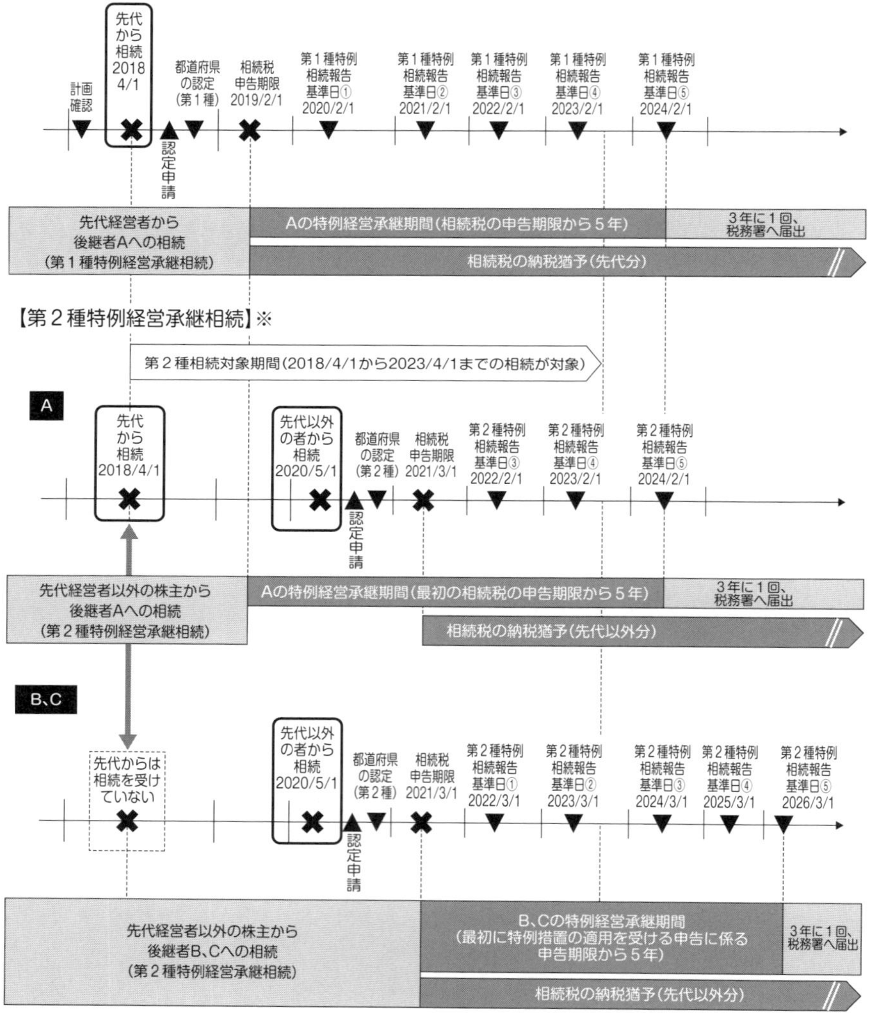

※　第２種特例経営承継贈与において同じ、この場合各基準日が贈与の３/15となります。

64　最初の相続と追随的贈与

相続税の特例納税猶予制度の適用を受ける先代経営者からの相続（第１種特例経営承継相続、円滑化省令６①十二）の後であれば、その後の先代経営者以外の者からの贈与（第２種特例経営承継贈与、円滑化省令６①十三）についても、一定の要件を満たせば特例納税猶予制度の適用を受けることができます。

1　特例納税猶予制度の適用対象期間

納税猶予の特例措置については、平成30年１月１日から平成39年（2027年）12月31日までの間の非上場株式等の贈与･相続等であることが要件となります。

また、上記の期間内に既に最初の相続等について特例納税猶予制度の適用を受けている者が、その後に受けた贈与（追随的贈与）により取得した同一の非上場株式等について、特例納税猶予制度の適用を受けようとする場合には、上記に加え、最初の適用に係る相続等の日から特例経営贈与承継期間の末日までの間に贈与税の申告期限が到来する非上場株式等の贈与であることが要件となります。（措法70の７の５①、措通70の７の５－３）

特例経営贈与承継期間については、後継者ごとに、最初に特例納税猶予制度の適用を受ける贈与に係る贈与税の申告期限の翌日から５年を経過する日までと定められているため、第１種特例経営承継相続により非上場株式等を相続しなかった後継者がいる場合には、後継者ごとに異なる期間となることが想定されます。しかしながら、第２種特例経営承継贈与は、第１種特例贈与・相続認定の有効期間内に申告期限が到来するものでなければならないため、特例納税猶予制度の適用が受けられる追随的贈与の対象期間が終了する日については、全ての後継者で同じ日となります。（措法70の７の５②七、円滑化省令６①十三）

2　特例の適用に係る贈与者の要件（措令40の８の５①）

先代経営者からの贈与（第１種特例経営承継贈与､円滑化省令６①十一）と、その後に発生した先代経営者以外の者からの贈与（第２種特例経営承継贈与、円滑化省令６①十三）とでは、贈与者の要件に違いがあります。第２種特例経営承継贈与の贈与者の要件は、特例認定贈与承継会社の非上場株式等を有していた個人で、贈与の時において特例認定承継会社の代表権を有していないこととされています。

⑴　第１種特例経営承継贈与

贈与の時前（※１）において、特例認定贈与承継会社の代表権を有していた個人で、次の①及び②の要件を満たす者

①　個人及びその個人と特別の関係がある者で、特例贈与認定承継会社に係る議決権（※２）総数の50％超を有していること

②　個人が有する特例認贈与定承継会社に係る議決権数が、①の特別の関係がある者（特例経営承継受贈者となる者を除きます。）の中で筆頭であること

（※１）　個人が贈与の直前において代表権を有しない場合には、その個人が代表権を有していた期間内のいずれかの時及び贈与の直前

（※２）　議決権の一部に制限のある株式に係る議決権を含みます。（措通70の７の５－10）

⑵　第２種特例経営承継贈与（※３）

特例認定贈与承継会社の非上場株式等を有していた個人で、贈与の時において特例認定贈与承継会社の代表権を有していない者

（※３）　贈与の直前において、次のいずれかの者がいる場合の贈与に限ります。

イ　特例認定承継会社の非上場株式等について、贈与税の納税猶予制度の特例（措法70の７の５①）、相続税の納税猶予の特例（措法70の７の６①）の適用を受けている者

ロ　特例贈与者から非上場株式等についての贈与税の納税猶予制度の特例（措法70の７の５①）の規定の適用に係る贈与により、特例認定贈与承継会社の非上場株式等の取得をしている者で、その贈与に係る贈与税の申告期限が到来していないため、まだその申告をしていない者

ハ　特例被相続人から非上場株式等についての相続税の納税猶予制度の特例（措法70の７の６①）の規定の適用に係る相続又は遺贈により、特例認定承継会社の非上場株式等の取得をしている者で、その相続に係る相続税の申告期限が到来していないため、まだその申告をしていない者

（第１種特例経営承継相続の場合の被相続人の要件については、「**63　最初の相続と追随的相続**」をご参照ください。）

（最初の相続の後、追随的贈与を行う場合の対象期間と特例経営贈与承継期間）

【第１種特例経営承継相続】

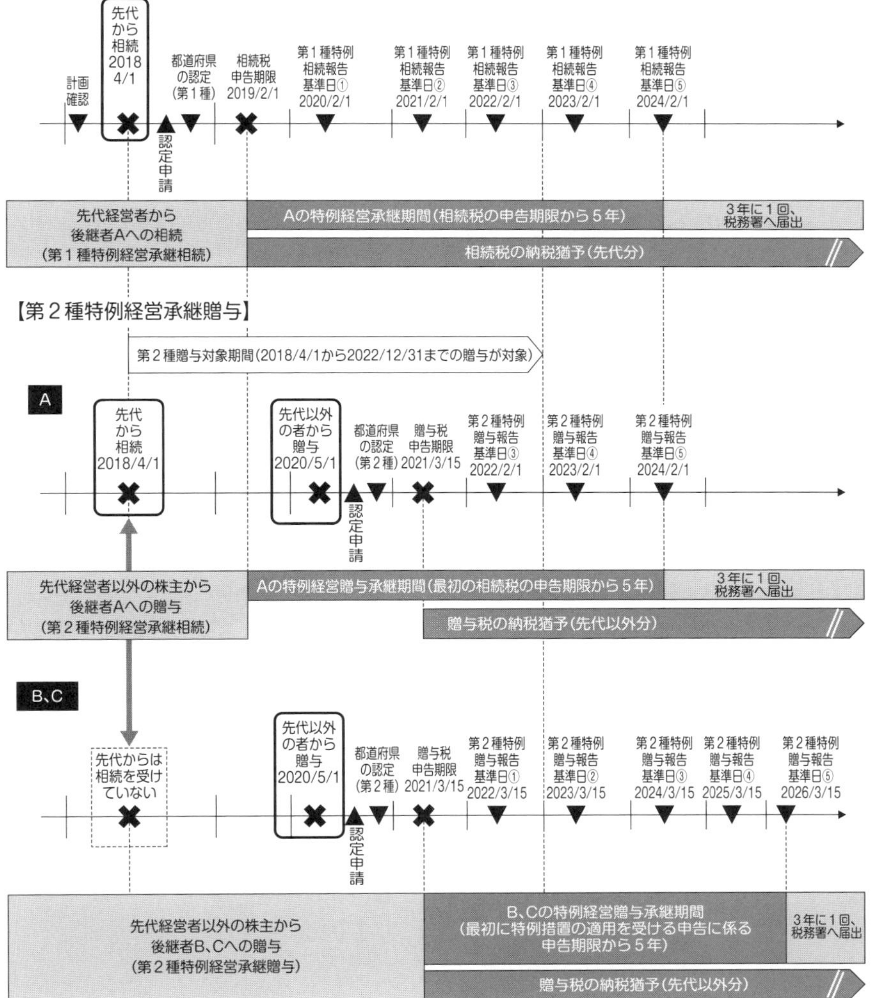

65 相続税における2/3枠の撤廃

特例納税猶予制度においては、適用対象となる株式数の上限（発行済議決権株式総数の３分の２）が撤廃されています。また、相続税の納税猶予割合も80%から100%に引き上げられています。

一般納税猶予制度と特例納税猶予制度の比較はそれぞれ下記のとおりです。

	改正前（旧措法70の７の２関係）	改正後（措法70の７の２関係）	改正後特例（措法70の７の６関係）
株数制限	２／３に達するまでの部分（旧措法70の７の２①、旧措令48の８の２④）	２／３に達するまでの部分（措法70の７の２①、措令48の８の２④）	議決株数の100%まで適用（制限規定なし）（措法70の７の６①）
納税猶予相続税額	イからロを控除した残額 イ　対象非上場株式の価額を課税価格として計算した相続税額 ロ　対象非上場株式の価額に20%を乗じて計算した金額を課税価格として計算した相続税額（旧措法70の７の２②五）	イからロを控除した残額 イ　対象非上場株式の価額を課税価格として計算した相続税額 ロ　対象非上場株式の価額に20%を乗じて計算した金額を課税価格として計算した相続税額（措法70の７の２②五）	特例対象非上場株式等の価額を課税価格として計算した相続税額（措法70の７の６②八）

66 特例経営承継期間

非上場株式等についての相続税の納税猶予の特例（措法70の７の６①）の適

用に係る『特例経営承継期間』とは、その納税猶予の適用に係る相続税の申告書の提出期限の翌日から、次に掲げる日のいずれか早い日までの期間をいうこととされています。（措法70の７の６②六、措通70の７の６－12）

⑴　次のいずれか早い日

①　特例経営承継相続人等の最初の特例対象相続に係る相続税の申告書の提出期限の翌日以後５年を経過する日

②　特例経営承継相続人等の最初の特例対象贈与に係る贈与税の申告書の提出期限の翌日以後５年を経過する日

⑵　特例経営承継相続人等の死亡の日の前日

特例経営承継相続人等が、非上場株式等の納税猶予の特例措置の適用を受けたことがない場合は、相続税の申告期限の翌日から、同日以後５年を経過する日までの期間が特例経営承継期間になります。既に、相続税又は贈与税の特例措置の適用を受けたことがある特例経営承継相続人等については、相続税の申告期限の翌日から、その特例経営承継相続人等の最初の相続若しくは贈与に係る特例経営承継期間若しくは特例贈与承継期間までの期間が特例経営承継期間となります。

具体的には、「**63　最初の相続と追随的相続**」の図をご参照ください。

67　納税猶予分の相続税額

後継者が取得した財産が、特例措置の適用を受ける非上場株式等のみであると仮定して計算した相続税の総額のうち、後継者に対応するものとして計算される相続税の額が、納税猶予分の相続税額となります。

＜納税が猶予される相続税などの計算方法（特例措置）＞

⑴　納税猶予分の相続税額

特例経営承継相続人等が、相続税の特例納税猶予制度の適用に係る株式（「特例対象非上場株式等」といいます。）のみを相続するものとみなして計算した特例経営承継相続人等の相続税の額（相法13～19、21の15①②、21の16①②を適用して計算）が、納税猶予分の相続税額となります。（措法70の７の６②八、措令40の８の６⑯、措通70の７の６－13）

この場合の算定の基礎となる特例対象非上場株式等の価額は、次に掲げる場合に該当するときは、それぞれ一定の調整をする必要があります。

① 一定の外国会社の株式等を有する場合

特例認定承継会社等が外国会社（特別関係会社に該当するものに限ります。）の株式等を有する場合には、その外国会社株式等を有していなかったものとして、特例対象非上場株式等の価額を計算します。（措法70の７の６②八）

② 資産保有型会社又は資産運用型会社に該当する場合

特例認定承継会社が資産保有型会社又は資産運用型会社（事業実態要件を充足する場合の）に該当し、かつ、特例認定会社及びその代表者（特別の関係がある者を含みます。）が上場会社株式等の発行済株式総数の３％以上を保有するときは、その上場会社株式等を有していなかったものとして、特例対象非上場株式等の価額を計算します。（措法70の７の６②八、措令40の８の６⑮）

③ 医療法人への出資で一定のものを有する場合

特例認定承継会社及びその代表者（特別の関係がある者を含みます。）が、医療法人の出資の総額の100分の50を超える金額の出資を有するときは、その医療法人への出資はないものとして、特例対象非上場株式等の価額を計算します。（措法70の７の６②八、措令40の８の６⑮）

⑵ 債務控除（相法13）との関係

上記⑴の納税猶予額を計算する場合の相続税額の計算においては、その他の財産（特例対象非上場株式等以外の財産）の価額から優先して債務控除をして計算します。また、その他の財産から控除しきれない債務控除の金額がある場合には、その控除しきれない金額を、特例対象非上場株式等の価額から控除して納税猶予額を計算します。（措令40の８の６⑯⑰）

⑶ 特例適用者に税額控除等の規定（相法19の２ ～ 20の２、21の15、21の16）の適用がある場合の調整

「特例経営承継相続人等に係る税額控除等の規定の適用により控除された金額の合計額」が「納税猶予後の想定納税額（※）」を超えるときは、その超える部分の金額を上記⑴で計算した金額から控除した残額が納税猶予分の相続税額になります。

（※） 「納税猶予後の想定納税額」は、次の①から②を控除した残額をいいます。

① 特例経営承継相続人等の相続税の額（相法11 ～ 19、21の15①②、21

の16①②を適用して計算した額）

② 特例対象非上場株式等の価額を特例経営承継相続人等に係る相続税の課税価格とみなして計算した特例経営承継相続人等の相続税の額（相法13～19、21の15①②、21の16①②を適用して計算した額）

※参考

相法19の２（配偶者の税額軽減）、19の３（未成年者控除）、19の４（障害者控除）、20（相次相続控除）、20の２（在外財産に対する税額控除）、21の15①②（相続時精算課税贈与の課税価格加算）21の16①②（相続時精算課税贈与適用者のみなし相続）

〈納税が猶予される相続税などの計算方法（特例措置）〉

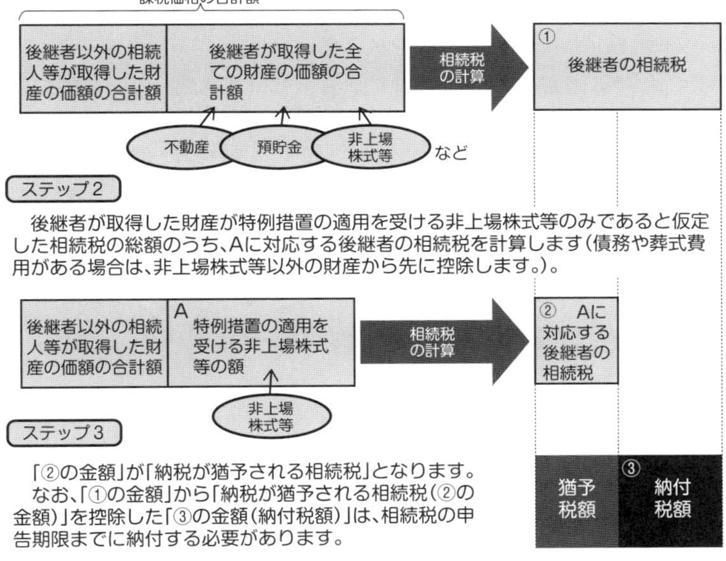

（国税庁「非上場株式等についての贈与税・相続税の納税猶予・免除（事業承継税制）のあらまし」より）

（債務控除に係る計算方法〔その他財産と債務との関係〕）

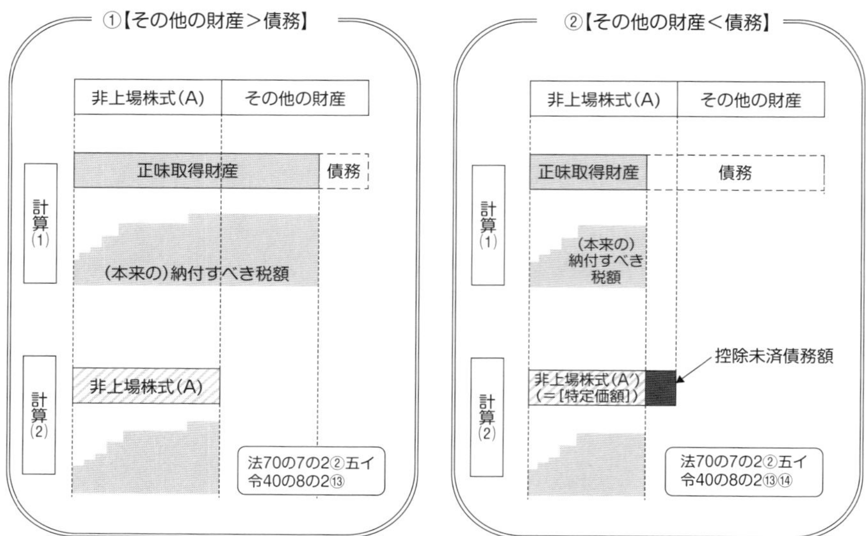

（財務省「平成25年度　税制改正の解説」619ページ・債務控除に係る計算の見直し）

（相続税納税猶予額の計算例）

〈ケース１・・・後継者が１名の場合〉

ステップ１　課税価格の合計額に基づき後継者（長男）の相続税を計算します。

	配偶者 （２分の１）	長男 （４分の１）	次男 （４分の１）	合計
相続財産				
現預金	110,000,000	100,000,000	50,000,000	260,000,000
不動産	250,000,000	0	0	250,000,000
自社株式	0	350,000,000	50,000,000	400,000,000
債務・葬式費用	10,000,000	0	0	10,000,000
課税価格	350,000,000	450,000,000	100,000,000	900,000,000
基礎控除額	3,000万円 +600万円×3人			48,000,000
課税遺産額（按分）	426,000,000	213,000,000	213,000,000	852,000,000
相続税額（総額）	171,000,000	68,850,000	68,850,000	308,700,000

税額按分割合	0.38889	0.50000	0.11111	1,00000
各人別算出税額	120,050,000	154,350,000	34,300,000	308,700,000
配偶者控除	−120,050,000	0	0	−120,050,000
申告納税額	0	①154,350,000	① 34,300,000	188,650,000

ステップ２　後継者（長男）が納税猶予の適用対象株式のみを取得したものと仮定して、後継者の相続税額を計算します。

	配偶者（２分の１）	長男（４分の１）	次男（４分の１）	合計
相続財産				
現預金	110,000,000	0	50,000,000	160,000,000
不動産	250,000,000	0	0	250,000,000
自社株式	0	350,000,000	50,000,000	400,000,000
債務・葬式費用	10,000,000	0	0	10,000,000
課税価格	350,000,000	350,000,000	100,000,000	800,000,000
基礎控除額	3,000万円 +600万円×3人			48,000,000
課税遺産額（按分）	376,000,000	188,000,000	188,000,000	752,000,000
相続税額（総額）	146,000,000	58,200,000	58,200,000	262,400,000
税額按分割合	0.43750	0.43750	0.12500	1.00000
各人別算出税額	114,800,000	②114,800,000	32,800,000	262,400,000

納税猶予額（①②のいずれか小さい額）	1	114,800,000
長男の納税額（①−［１］）	2	39,550,000

※長男が特例適用対象株式のみを相続する場合には、納税額はありません。

〈ケース２・・・後継者が２名の場合（ケース１の次男も後継者である場合）〉

特定の後継者の納税猶予額を計算する際には、別の後継者は「後継者以外の者」として計算します。したがって、後継者（長男）の納税猶予額は、ステップ２で計算したとおりです。

ステップ３　後継者（次男）が納税猶予の適用対象株式のみを取得したものと仮定して、後継者の相続税額を計算します。

	配偶者（2分の1）	長男（4分の1）	次男（4分の1）	合計
相続財産				
現預金	110,000,000	100,000,000	0	210,000,000
不動産	250,000,000	0	0	250,000,000
自社株式	0	350,000,000	50,000,000	400,000,000
債務・葬式費用	10,000,000	0	0	10,000,000
課税価格	350,000,000	450,000,000	50,000,000	850,000,000
基礎控除額	3,000万円＋600万円×3人			48,000,000
課税遺産額（按分）	401,000,000	200,500,000	200,500,000	802,000,000
相続税額（総額）	158,500,000	63,225,000	63,225,000	284,950,000
税額按分割合	0.41180	0.52940	0.05880	1.00000
各人別算出税額	117,342,400	150,852,500	② 16,755,000	284,949,900

納税猶予額（①②のいずれか小さい額）	1	16,755,000
次男の納税額（①－[1]）	2	17,545,000

68　免除事由としての相続人の贈与若しくは相続人の死亡

相続税の納税猶予の特例の適用を受ける経営承継相続人等が次のいずれかに該当することになった場合には、それぞれに定める相続税を免除することとされています。（措法70の7の2⑯、70の7の6⑫）

⑴　経営承継相続人等が死亡した場合

猶予中相続税額に相当する相続税

⑵　経営承継期間の末日の翌日以後に、経営承継相続人等が対象非上場株式等につき贈与税の納税猶予（措法70の7①又は同法70の7の5①）の適用に係る贈与をした場合

猶予中相続税額のうち、贈与した対象非上場株式等に対応する部分に相当する相続税

⑶　経営承継期間内に認定承継会社の代表権を有しなくなった場合（※）で、その代表権を有しなくなった日以後に、経営承継相続人等が対象非上場株式

等につき贈与税の納税猶予（措法70の７の１①又は同法70の７の５①）の適用に係る贈与をした場合

猶予中相続税額のうち、贈与した対象非上場株式等に対応する部分に相当する相続税

（※）　やむを得ない理由がある場合に限られます。（措通70の７の２－17、70の７の６－14）

「やむを得ない理由」とは、次に掲げる事由のいずれかに該当することになったことをいいます。（措規23の９⑮）

① 精神保健及び精神障害福祉に関する法律の規定により精神障害者保険福祉手帳（障害等級が１級である者として記載されているものに限ります。）の交付を受けたこと

② 身体障害者福祉法の規定により身体障害者手帳（身体上の障害の程度が１級又は２級である者として記載されているものに限ります。）の交付を受けたこと

③ 介護保険法の規定による要介護認定（要介護状態区分が要介護５に該当するものに限ります。）を受けたこと

④ 上記①から③までに掲げる事由に類すると認められること

上記のほか、特例認定承継会社について、破産手続開始の決定、事業継続が困難な一定の事由が生じた場合の譲渡・解散などの特殊なケースについても、免除される場合があります。（措法70の７の６⑬～⑳）

第5章

贈与者複数化及び受贈者複数化の問題点

69　贈与者が複数の場合の留意点

平成30年度税制改正により、事業承継税制の改正が行われ、贈与者が複数の場合についても、事業承継税制の適用が可能になりました。贈与者が複数の場合には、贈与者が単独の場合と適用要件等が異なることがあるため、留意する必要があります。

なお、先代経営者等から後継者への自社株式の移転は、贈与の他に相続の場合も、事業承継税制の適用対象となります。以下については、贈与税の納税猶予の取扱いについて、解説していますが、相続についても同様の取扱いがなされます。

⑴　複数贈与者の要件

贈与者が複数の場合には、最初に先代経営者が贈与（第１種贈与）を行い、次に、先代経営者以外の者が第２種贈与を行うことになります。第１種贈与の後に第２種相続を行うことや、第１種相続の後に第２種贈与を行うことも可能です。

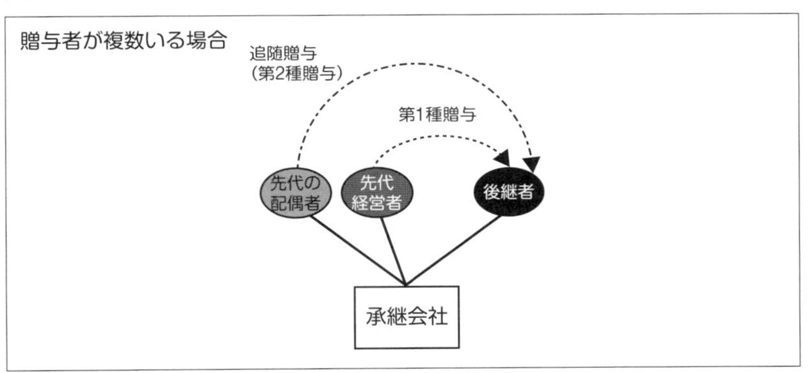

贈与税の納税猶予の適用を受けるためには、贈与者（特例贈与者）は一定の要件を充足する必要がありますが、①最初に贈与を行う者（第１種贈与の特例贈与者）と②その後に贈与を行う者（第２種贈与の特例贈与者）で、要件が次のように異なります。

①　第１種贈与の特例贈与者の要件（措法70の７の５①一、措令40の８の５①一）

第１種贈与の特例贈与者は、次の要件を充足する必要があります。

イ　都道府県知事の確認を受けた特例承継計画に係る「特例代表者」であること

ロ　贈与又は相続直前まで、先代経営者とその同族関係者で過半数の議決権を有し、同族関係者の中で後継者を除いて筆頭株主であること

議決権の判定については、議決権の一部に制限のある株式も含めて行います。(措通70の７の５－10)

ハ　贈与の時において、特例認定贈与承継会社の代表者を退任していること

ニ　贈与時に保有する自社株式を一定数以上一括して贈与すること（特例対象贈与要件）

特例対象贈与要件は、後継者が１名であるか、複数であるかにより内容が異なります。

㋑　後継者が１名の場合

ケース	贈与すべき株式数
発行済議決権株式数×２/３－後継者保有株式数 ＞ 先代経営者保有株式数	全ての株式
発行済議決権株式数×２/３－後継者保有株式数 ≦ 先代経営者保有株式数	後継者の贈与後議決権割合が２/３以上になる株式

㋺　後継者が複数の場合

次の全ての要件を満たすこと。この要件を満たさない後継者がある場合には、他の後継者への贈与についても当該要件を満たさないものとされます。

・贈与後において、後継者の完全議決権株式の所有割合が10％以上となること（10分の１基準）

・贈与後において、後継者の完全議決権株式の所有株数が贈与者の所有株数を上回ること

②　第２種贈与の特例贈与者の要件（措法70の７の５①、措令40の８の５①二）

第２種贈与の特例贈与者は、次の要件を充足する必要があります。

イ　贈与時において代表権を有していないこと

ロ　特例措置の適用に係る別の贈与者（又は被相続人）がいること（上記①の特例贈与者が必要になります。）

ハ　既に第１種・第２種特例贈与をしていないこと

⑵　複数贈与者の要件を判定する場合の留意点

①　特例対象贈与要件の判定

上記⑴①ニの要件は、後継者が１人の場合か複数の場合かによって、判定が異なることになります。後継者が１人の場合又は複数の場合のいずれに該当するかは、同一の特例贈与者から同一年中に贈与した特例経営承継受贈者（後継者）の数によって判定することになります。（措基通70の７の５－３（注）２）

例えば、特例承継計画で複数人の後継者を指定しても、ある特例贈与者が、同一年中に、１名の後継者だけに贈与する場合には、後継者が１人の場合における特例対象贈与要件が適用されます。

また、先代経営者（特例贈与者）が後継者（長男）に贈与し、先代経営者の配偶者（特例贈与者）が後継者（長女）に贈与する場合も、後継者が１人の場合の特例対象贈与要件が適用されます。

②　同一年中に複数の贈与が行われる場合の判定

同一年中に、異なる特例贈与者から同一の特例認定贈与承継会社に係る非上場株式等を贈与により取得をした場合、異なる特例贈与者から複数の特例認定贈与承継会社株式を贈与により取得をした場合及び同一の特例贈与者から複数の特例認定贈与承継会社に係る非上場株式等を贈与により取得をした場合において、特例措置の対象となる贈与及び特例対象受贈非上場株式等に該当するかどうかの判定は、それぞれの特例認定贈与承継会社及び贈与ごとに行うことになります。（措基通70－７の５－３（注）５）

③　後継者が複数の場合の特例対象贈与要件の判定

上記⑴①ニ㋺の要件の判定においては、次の点に留意する必要があります。（措基通70－７の５－３（注）３）

イ　当該贈与が異なる時期に行われた場合には、当該贈与のうち最後に行われた贈与直後で判定することになります。

ロ　要件を満たさない後継者がいる場合には、他の後継者への当該贈与についても、要件を満たさないことになります。

⑶　複数贈与者がいる場合の贈与の順番

贈与税の納税猶予において、複数の者が贈与を行う場合には、第２種贈与の特例贈与者の要件として、特例措置の適用に係る別の贈与者（又は被相続人）がいることとされているため、①最初の特例贈与者が後継者に自社株式を贈与（第１種贈与）した後に、②他の贈与者が後継者に自社株式を贈与（第２種贈与）する必要があります。

第１種贈与と第２種贈与は、同日に行うこともできます。ただし、第２種贈与は第１種贈与の後に実行する必要があることから、第１種贈与と第２種贈与について、契約書などで順番をつけて贈与を行う必要があります。

⑷　第２種贈与の対象となる受贈者

第２種贈与においては、先代経営者が贈与した後継者と異なる後継者に贈与することもできます。

例えば、①第１種贈与として、先代経営者が、長男である後継者に自社株式を贈与し、②第２種贈与として、先代経営者の配偶者が、次男である後継者に自社株式を贈与することもできます。

⑸　第２種贈与の期間

特例措置は、2018年４月１日から2023年３月31日までに、特例承継計画書を提出し、都道府県知事の「確認」を受けた上で、2018年１月１日から2027年12月31日までの間に第１種贈与を行う必要があります。

第２種贈与は、第１種贈与の後に贈与する必要がありますが、第１種贈与の日から第１種贈与に係る経営承継期間の末日までの間に贈与税の申告書の提出期限が到来する第２種贈与が対象となります（措法70の７の５①）。当該経営承継期間の末日は、原則、第１種贈与に係る贈与税の申告期限の翌日以後５年を経過する日となります。（措法70の７の５②七）

例えば、第１種贈与の日がＸ０年５月15日である場合、第１種贈与の日から当該贈与に係る贈与税の申告期限の翌日（Ｘ１年３月16日）以後５年を経過する日（Ｘ６年３月15日）までの期間が、経営承継期間となります。その経営承継期間の末日（Ｘ６年３月15日）までに申告期限が到来する贈与が、第２種贈与の対象となります。したがって、Ｘ５年12月31日が第２種贈与の期限になります。

（第2種贈与の期間）

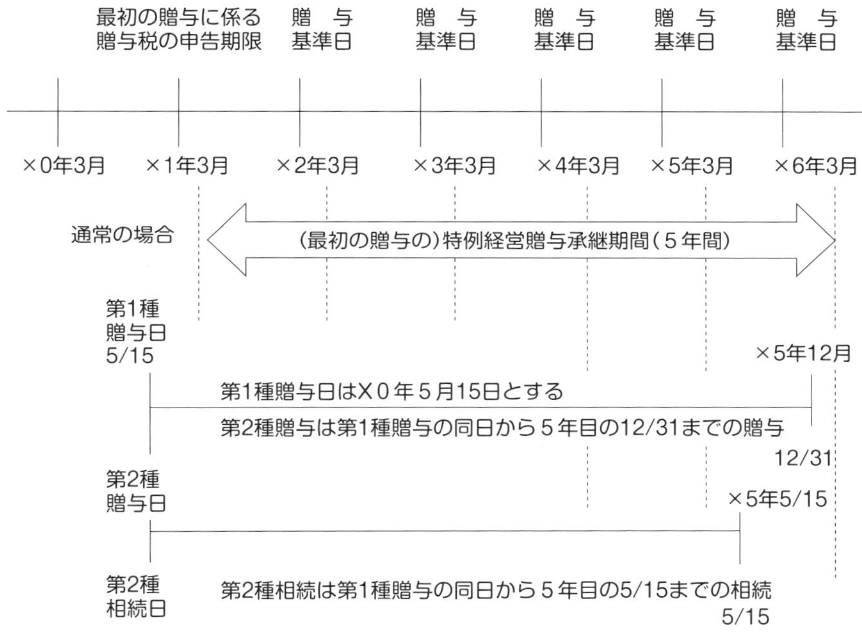

70　複数贈与者ごとの納税猶予の管理

贈与を行った者（特例贈与者）が死亡した場合には、特例経営相続承継受贈者が、特例贈与者から相続により自社株式を取得したとものとみなされます。（措法70の７の７①）

特例贈与者から相続により取得したものとみなされた自社株式については、切替確認手続を行うことによって、引き続き、相続税の納税猶予の適用を受けることができます（措法70の７の８①）。なお、切替確認手続は、各贈与者の死亡ごとに行う必要があります。

また、複数の特例贈与者から贈与を受けた後継者は、各贈与者の死亡により、各特例贈与者の相続に、相続税の納税義務者として関わることになります。例えば、叔父である先代経営者の弟（贈与者）から、第２種贈与により甥である先代経営者の長男（受贈者）が贈与を受けている場合において、叔父（贈与者）が死亡したときは、長男（受贈者）は、叔父（贈与者）から自社株式を相続により取得したとみなされ、長男（受贈者）は、叔父（贈与者）の相続税の納税義務者として相続に関わることになります。

叔父（贈与者）の相続については、贈与税の納税猶予の適用を受けた自社株式も相続税の対象となります。この場合、自社株式は、原則、贈与時の価額で相続税を計算することから、叔父（贈与者）の相続税申告の際には、長男（受贈者）は、贈与時の自社株式の評価額などの情報を叔父の本来の相続人に対して提供する必要があります。

71　受贈者が複数の場合の留意点

平成30年度税制改正により、事業承継税制の改正が行われ、受贈者が複数（最大３人）の場合についても、事業承継税制の適用が可能になりました

受贈者が複数の場合には、受贈者が単独の場合と適用要件等が異なることがあるため、留意する必要があります。

なお、先代経営者等から後継者への自社株式の移転は、贈与の他に相続の場合も、事業承継税制の適用対象となります。以下については、贈与税の納税猶予の取扱いについて、解説していますが、相続についても同様の取扱いがなされます。

⑴　複数受贈者の要件

受贈者（後継者）が複数の場合の要件は、受贈者が単数の場合の要件と概ね同じですが、一部異なります（下記①ハ）。

受贈者（後継者）は、次の要件を充足する必要があります（措法70の７の５②六）。後継者が複数である場合には、特例対象贈与要件（「**69贈与者が複数の場合の留意点**」を参照ください。）とは異なり、後継者ごとに判定を行います。

イ　都道府県知事の確認を受けた特例承継計画に係る「特例後継者」であること

ロ　贈与・相続時に後継者とその同族関係者で過半数の議決権を有していること（同族過半数要件）

当該過半数の判定については、議決権の一部に制限のある株式を含めて

行う必要があります。

ハ　各後継者は、贈与時において、議決権の10％以上を保有すること、同族関係者の中で他の後継者を除き筆頭株主であること（同族内筆頭要件）（最大上位３名）

同族内筆頭要件は、各後継者が直接保有している議決権数で判定することになるため、間接保有の議決権数は判定に含まれません。

同年中に行われた複数の贈与が異なる時期に行われるときは、当該贈与のうち最後に行われた贈与直後に有する議決権の数で判定することになります。（措基通70の７の５－10（注）２）

なお、各後継者は、後継者グループの中で筆頭株主であれば良いことから、各後継者よりも所有株数の多い非同族株主がいても、要件を満たす場合があります。

ニ　贈与時（相続の場合は、相続時から５か月経過する日）において、会社の代表者（制限が加えられた代表権を除く）であること

ホ　贈与・相続時から贈与税・相続税の申告期限までに適用対象株式を１株も譲渡せず継続して保有していること

ヘ　（贈与の要件）贈与時に20歳以上かつ３年以上にわたり継続して役員であること

（相続の要件）相続直前に役員であること（被相続人が60歳以上の場合）

⑵　同一年中に複数回贈与する場合の留意点

特例措置は、「既に特例措置の適用に係る贈与をしている贈与者」が行う贈与は除かれるため、原則として、贈与者が複数回にわたり行う贈与については、特例措置の適用を受けることはできません。（措法70の７の５①）

ただし、後継者が複数いる場合において、同一年中に、贈与者からこれらの後継者に特例認定贈与承継会社の非上場株式等の贈与を行うときは、当該贈与者は、「既に特例措置の適用に係る贈与をしている贈与者」には含まれないとされ、特例措置の適用を受けることができます。（措基通70の７の５－２）

⑶　複数贈与者と複数受贈者の事例

特例措置は、複数贈与者と複数受贈者が対象になりますが、例えば、次のような贈与の形態も特例措置の対象になります。

（事例１）

承継①　先代経営者が後継者（長男）に贈与します。

承継②　先代経営者の配偶者が後継者（長女）に贈与します。

承継③　先代経営者の配偶者の兄が後継者（長女）に贈与します。

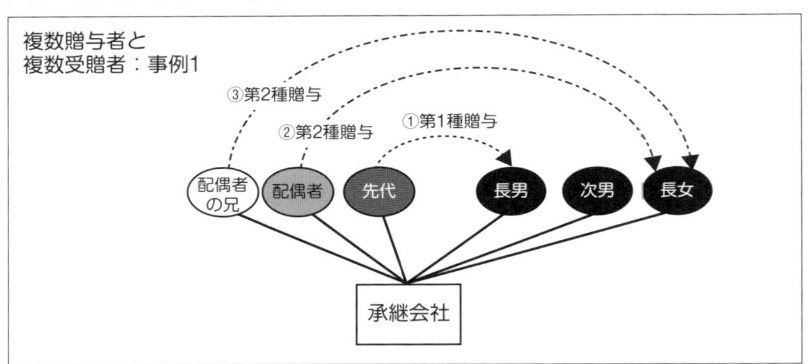

①　第１種贈与

第１種贈与は、贈与者要件を満たすよう、先代経営者から先に贈与が実行される必要があります。先代経営者から後継者（長男）への贈与に係る特例対象贈与要件について、後継者が１人の場合の要件と、後継者が複数の場合の要件のいずれによるかは、同一の特例贈与者から贈与により取得した特例経営承継受贈者の数によることになります（措通70の７の５－３）。したがって、先代経営者からの贈与が、後継者（長男）のみに行われる場合は、後継者が１人の場合の要件を満たす必要があります。

（特例対象贈与要件（後継者が１名の場合の要件））

ケース	贈与すべき株式数
発行済議決権株式数×２/３－後継者保有株式数 ＞ 先代経営者保有株式数	全ての株式
発行済議決権株式数×２/３－後継者保有株式数 ≦ 先代経営者保有株式数	後継者の贈与後議決権割合が２/３以上になる株式

また、後継者（長男）は、同族過半数要件や同族内筆頭要件を満たす必要があります。

②　第２種贈与

先代経営者以外の者（先代経営者の配偶者及び配偶者の兄）から後継者（長女）への贈与に係る特例対象贈与要件についても、後継者が１人の場合の要件と、後継者が複数の場合の要件のいずれによるかは、贈与者ごとに、受贈者が１人か複数かで判断することになります。先代経営者以外の者（先代経営者の配偶者及び配偶者の兄）から後継者（長女）への贈与は、贈与者ごとでみると、いずれも受贈者が１人であることから、後継者が１人の場合の特例対象贈与要件を満たす必要があります。

なお、贈与要件は贈与ごとに判定することから、複数の第２種贈与を行う場合には、贈与の順番を決める必要があります。また、第２種贈与は、第１種贈与と同日に行うこともできますが、第２種贈与に特例措置を適用するためには、第１種贈与の後に第２種贈与が実行される必要があります。

第２種贈与は、第１種贈与に係る経営承継期間の末日までの間にその贈与に係る申告期限が到来するものに限り、特例措置の適用があります。

（事例２）

承継①　先代経営者が後継者（長男）、後継者（次男）に贈与します。

承継②　先代経営者の妻が後継者（次男）、後継者（長女）に贈与します。

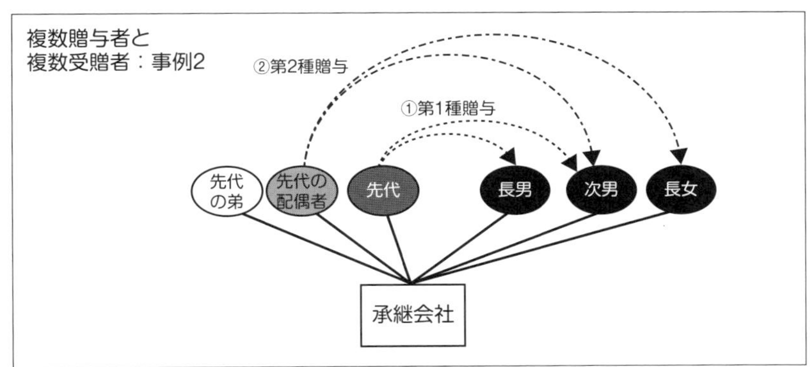

①　第１種贈与

第１種贈与が、先代経営者から長男及び次男に、同一年中に実行され上で、後継者が複数の場合の特例対象贈与要件を満たす必要があります。

後継者が複数の場合の特例対象贈与要件は、次の全てを満たす必要があります。

イ　贈与後において、後継者の完全議決権株式の所有割合が10％以上となること

ロ　贈与後において、後継者の完全議決権株式の所有株数が贈与者の所有株数を上回ること

同一年中において贈与が異なる時期に行われた場合には、当該贈与のうち最後に行われた贈与直後における所有株数で判定することになります。（措通70の７の５－３（注）３）

なお、後継者が複数の場合の特例対象贈与要件を満たさない受贈者がいる場合には、他の受贈者に対する贈与についても、特例対象贈与に該当しないものとされます。（措通70の７の５－３（注）３ロ）

また、第１種贈与において、後継者（長男及び次男）は、同族過半数要件や同族内筆頭要件を満たす必要があります。受贈者の同族過半数要件や同族内筆頭要件における議決権数の判定は、同一年中において最後に行われた贈与直後により行うことになります。（措通70の７の５－10（注）２）

②　第２種贈与

第２種贈与は、第１種贈与と同日に行うこともできますが、第２種贈与に特例措置を適用するためには、第１種贈与の後に第２種贈与が実行される必要があります。

第２種贈与に係る後継者（次男及び長女）は、後継者が複数の場合の特例対象贈与要件、同族過半数要件や同族内筆頭要件を満たす必要があります。

第２種贈与は、第１種贈与に係る経営承継期間の末日までの間にその贈与に係る申告期限が到来するものに限り、制特例措置の適用があります。

（事例３）

承継①　先代経営者が後継者（長男）、後継者（次男）、後継者（長女）に贈与します。

承継②　先代経営者の妻が後継者（長女）に贈与します。

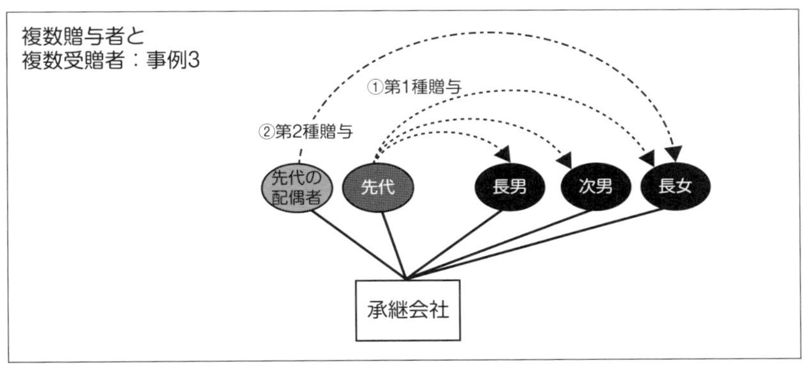

①　第１種贈与

第１種贈与が、先代経営者から長男、次男及び長女に、同一年中に実行され上で、後継者が複数の場合の特例対象贈与要件を満たす必要があります。同一年中において贈与が異なる時期に行われた場合には、当該贈与のうち最後に行われた贈与直後における所有株数で判定することになります。（措基通70の７の５－３（注）３）

なお、後継者が複数の場合の特例対象贈与要件を満たさない受贈者がいる場合には、他の受贈者に対する贈与についても、特例対象贈与に該当しないものとされます。（措通70の７の５－３（注）３ロ）

また、第１種贈与において、後継者（長男、次男及び長女）は、同族過半数要件や同族内筆頭要件を満たす必要があります。受贈者の同族過半数要件や同族内筆頭要件における議決権数の判定は、最後に行われた贈与直後により行うことになります。（措通70の７の５－10（注）２）

②　第２種贈与

第２種贈与は、第１種贈与と同日に行うこともできますが、第２種贈与に特例措置を適用するためには、第１種贈与の後に第２種贈与が実行される必要があります。先代の配偶者から長女への第２種贈与は、受贈者が後継者（長女）１人のみであることから、後継者が１名の場合の特例対象贈与要件を満たす必要があります。第２種贈与に係る後継者（長女）は、同族過半数要件や同族内筆頭要件を満たす必要があります。なお、第２種贈与は、第１種贈与に係る経営承継期間の末日までの間にその贈与に係る申告期限が到来するものに限り、特例措置の適用があります。

72 複数後継者の手続の留意点

複数後継者がいる場合の特例措置の手続は、後継者が１人の場合と同様の手続が必要となります。

① 特例承継計画の作成・提出・確認

特例措置の適用を受けるためには、事前に、特例承継計画を提出し、都道府県知事から確認を受ける必要があります。

特例承継計画の提出は、承継会社が行うことから、後継者が複数いる場合であっても、後継者がそれぞれに、特例承継計画を提出する必要はありません。なお、複数の後継者に対して、同年中に限り、それぞれの後継者に対し別日に贈与することができるとされていますが、贈与が別日になった場合、それぞれの贈与に係る認定申請書は一括して提出することになります。（中小企業庁－経営承継円滑化法－申請マニュアル【相続税、贈与税の納税猶予制度の特例】平成30年４月施行　第２章第２節17ページ）

また、後継者が特例措置の適用に係る贈与・相続を受けた後は、特例承継計画に記載した当該後継者を変更することはできません。後継者を複数人記載した場合であって、まだ株式の贈与を受けていない後継者がいる場合は、その後継者に限って変更することが可能です。当初の計画に記載した後継者が３人未満だった場合、追加も可能とされています。（T&A マスター №743「経営承継円滑化法施行規則の改正について（中小企業庁 事業環境部財務課 田沢大地）」）

② 贈与のタイミング

受贈者（後継者）が複数いる場合には、同一の贈与者から各受贈者（後継者）への贈与は、同一年中に行われる必要があります。

③ 都道府県知事による認定

複数の贈与者から複数の後継者への贈与については、それぞれ認定に必要な要件を満たしているか確認する必要があるため、認定の申請書（様式第７の３）は、贈与者と受贈者ごとに作成することになります（中小企業庁 「第一種特例贈与認定申請の記載の手引き」１ページ）。２名の贈与者が２名の後継者にそれぞれ贈与した場合は４通の申請書が必要になります。

なお、同一年中において事業承継税制の適用を受ける贈与が複数ある場合には、それぞれの贈与に係る認定申請書は一括して提出することになります。（中小企業庁 第一種特例贈与認定中小企業者の認定書類【添付書類】１ページ）

申請に当たって、以下の書類を添付する必要があります。

1　認定申請書（原本１部、写し１部）

2　定款の写し

3　以下の全ての時点における株主名簿の写し（原本証明したもの）

　(1)　贈与者が代表者であった期間のうちいずれかの時

　(2)　贈与の直前

　(3)　贈与の時（贈与の直後）

　(4)　第一種特例贈与認定申請基準日

　各時点の株主名簿は、同族過半数要件、同族内筆頭要件、株式継続保有要件の確認のために必要とされます。

4　登記事項証明書

5　贈与契約書及び贈与税額の見込込み額を記載した書類

6　従業員数証明書

7　贈与認定申請基準年度の決算書類

8　上場会社等及び風俗営業会社のいずれにも該当しない旨の誓約書

9　特別子会社・特定特別子会社に関する誓約書

10　贈与者・受贈者・その他の一定の親族の戸籍謄本等

11　特例承継計画及びその確認書

12　その他、認定の参考となる書類

13　返信用封筒

④　贈与税の申告及び担保提供

贈与税の納税猶予及び相続時精算課税制度の手続は、承継会社ではなく受贈者側で行います。

なお、受贈者が複数いる場合、各受贈者がそれぞれ贈与税の納税猶予の手続を行うことから、他の受贈者における贈与税の納税猶予手続や評価額などの内容については、一義的には把握できないと考えられます。そのため、その後、贈与者が死亡したことにより、相続税の申告手続を行う場合には、各後継者の事業承継税制の適用状況や申告内容を確認し、相続税の申告手続を行う必要があります。

⑤　年次報告書・継続届出書等の提出（納税猶予期間中）

複数の贈与者から複数の後継者への贈与については、それぞれ認定に必要な要件を満たしているか確認する必要があるため、特例措置の適用を受けた後の年次報告書や継続届出等については、贈与者と受贈者ごと（各贈与ごと）に作成することになります。

⑥　認定取消しの各受贈者への影響

特例措置の適用を受けた贈与について、その贈与後、適用対象株式の譲渡などの一定の事由が生じた場合には、納税猶予の期限が確定し、贈与税を納付する必要があります（措法70の７③、70の７の５③）。特例措置の適用は、受贈者ごとに行われることから、受贈者が複数いる場合において、受贈者の１人について納税猶予の期限が確定したとしても、他の受贈者に係る納税猶予の期限は確定しないと考えられます。

なお、認定会社自体が要件を満たさなくなった場合には、全ての受贈者の納税猶予の期限が確定し、贈与税を納付する必要があります。

73　贈与者又は受贈者に直系血族外・親族外の者が含まれる場合の留意点

事業承継税制は、贈与者及び受贈者が親族であることを要件としていません。そのため、親族以外の第三者からの贈与や、第三者への贈与であっても、事業承継税制の適用を受けることができます。

贈与者又は受贈者に直系血族外・親族外の者が含まれる場合の留意点として、⑴　直系血族外・親族外の者が相続税申告に関与することや、⑵　贈与を受けなかった相続人の相続税額への影響が考えられます。

⑴　親族外の第三者の相続税申告への関与

贈与税の納税猶予の適用に係る贈与者が死亡した場合、贈与者から受贈者へ相続があったものとみなされます。そのため、贈与者又は受贈者に、親族外の第三者が含まれている場合には、親族外の第三者が贈与者の死亡に係る相続税申告に関わることになります。

例えば、先代経営者が、事業承継税制により、親族外役員に贈与を行った場合には、先代経営者から贈与を受けた親族外役員は、先代経営者（贈与者）の死亡により、先代経営者（贈与者）の死亡に係る相続税申告に関わることになります。

この場合、先代経営者の親族は、相続手続きの過程で、先代経営者の相続の内容を第三者である親族外役員に知られてしまう可能性があるため、留意する必要があります。

⑵　贈与を受けなかった相続人の相続税額への影響

後継者が贈与税の納税猶予を受けている場合において、贈与者が死亡したときは、その後継者は適用対象株式を贈与者から相続により取得したとみなされます。ただし、後継者は、切替確認を行うことにより相続税の納税猶予を受けることができます。（措法70の７の７、70の７の８）

この場合、贈与者から相続により取得したとみなされた適用対象株式は、相続税の課税対象に含まれます。後継者は相続税の納税猶予を受けるため相続税の負担がないのに対し、贈与者の本来の相続人については、生前贈与により既に遺産ではなくなっている適用対象株式が相続税の課税遺産総額に加算されることから、相続税の適用累進税率が高くなることにより相続税の負担が重くなる可能性があります。（措法70の７の７①）

74　第１種贈与と第２種贈与の受贈者が異なる場合の留意点

第１種贈与が行われた後に、第１種贈与と異なる贈与者から受贈者へ第２種贈与が行われる場合については、以下の点に留意する必要があります。

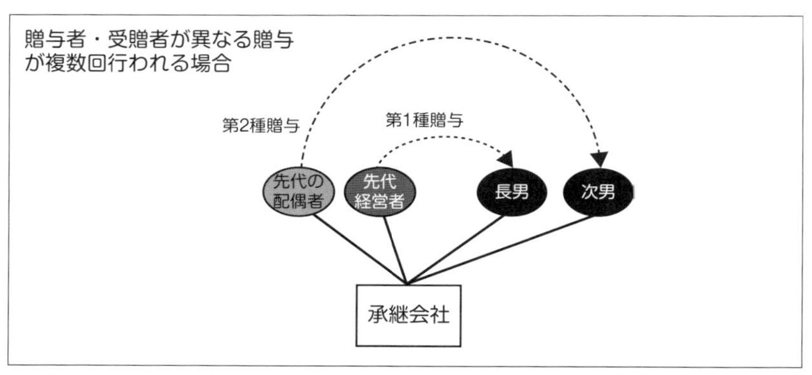

⑴　第２種贈与の対象となる受贈者

後継者要件を満たすことができれば、先代経営者が贈与した後継者と異なる者が、先代経営者以外の者から第２種贈与を受けることもできます。

例えば、①第１種贈与として、先代経営者が、長男である後継者に自社株式を贈与し、②第２種贈与として、先代経営者の配偶者が、次男である後継者に自社株式を贈与することもできます。

⑵　追随贈与可能期間（第２種贈与ができる期間）

第２種贈与は、先代経営者から後継者へ贈与（第１種贈与）した後に贈与することが必要となりますが、第２種贈与は、追随贈与期間内に贈与税の申告書の提出期限が到来する贈与が対象となります。（措法70の７の５①）

追随贈与期間は、第１種贈与の日から第１種贈与に係る贈与税の申告期限の翌日以後５年を経過する日までとなります。（措法70の７の５①、②七）

⑶　経営承継期間

同一の会社について、複数の贈与者からの贈与や複数の受贈者への贈与が行われた場合における経営承継期間は、各贈与に係る贈与税の申告期限の翌日からこの特例措置の適用を受けるための最初の（後継者にとって最初の）贈与に係る贈与税の申告書の提出期限（先に相続税の納税猶予制度の特例（措法70の７の６①）の適用を受けている場合には、その最初の相続に係る相続税の申告書の提出期限）から５年間とされています。（措法70の７の５②七）

上記のとおり、経営承継期間の末日は、受贈者ごとに判定することになります。例えば、A、B２人の受贈者がこの特例の適用を受ける場合に、同年中に贈与を受ければ、同時期に経営承継期間は終了しますが、仮に、Ｂが１年遅れて贈与を受ければ、Ｂの経営承継期間の終了時期は、Ａの１年後となります。(財務省「平成30年度 税制改正の解説」600ページ)

なお、追随贈与可能期間は、第１種贈与に係る贈与税の申告書の提出期限が起点となることから、全ての受贈者に共通する期間となります。一方で、贈与後の取消事由等を管理する経営承継期間は、受贈者ごとに、期間の末日が設定されるため、留意する必要があります。

75　受贈者が複数ある場合の議決権に関する要件の判定時期の具体例

贈与者は、同一年中において最大３人の特例後継者に対して贈与を行えますが、その贈与が異なる時期に行われた場合には、その最後に行われた贈与直後における議決権数により特例対象贈与要件の判定を行います。(措通70の７の５－３(注)３イ)

また、受贈者についての同族過半数要件及び同族内筆頭要件の判定についても、最後に行われた贈与直後における議決権数により判定します。(措通70の７の５－10(注)２)

⑴　贈与者（以下「甲」）と受贈者以外に同族株主がいない場合

(「相続税法基本通達等の一部改正について（法令解釈通達）のあらまし（情報）」平成30年10月５日／措通70の７の５－10（参考１）／国税庁／一部改)

(注)　承継①②③は同一年中に行われるものとします。(以下⑶の事例まで同じ)

《ケース１》　（単位：％）

	現在	承継①	承継①後	承継②	承継②後	承継③	承継③後
甲	90	△35	55	△25	30	△20	10
長男		＋35	35		35		35
次男				＋25	25		25
長女						＋20	20

《最後の贈与直後における判定》 (単位：%)

	受贈者要件			特例対象贈与要件
	同族過半要件 (注１)	同族内筆頭要件 (注２)	10%以上要件 (注３)	贈与者超過要件 (注４)
長男	90＞50	35≧10（甲）	35≧10	35＞10（甲）
次男	90＞50	25≧10（甲）	25≧10	25＞10（甲）
長女	90＞50	20≧10（甲）	20≧10	20＞10（甲）

(判定結果) 受贈者全員が要件を満たします。

(表中の要件 (注１) ～ (注４) の概要)

(注１) 同族過半要件	後継者及び後継者と特別の関係がある者で総議決権数の50%超の議決権を保有すること (措法70の７の５②六ハ)
(注２) 同族内筆頭要件	後継者と特別の関係がある者 (他の後継者を除く) のうち、いずれの者が有する議決権数を下回らないこと (措法70の７の５②六ニ(2))
(注３) 10%以上要件	後継者の有する議決権数が10%以上となること (措法70の７の５①二、70の７の５②六ニ(2))
(注４) 贈与者超過要件	後継者の有する議決権数が贈与者の有する議決権数を上回ること (措法70の７の５①二)

(2) 贈与者 (以下「甲」) と受贈者以外に同族株主がいる場合

(「経営承継円滑化法申請マニュアル【相続税、贈与税の納税猶予制度の特例】」平成30年４月施行／中小企業庁／第２章第２節12ページ 一部改)

① 同族内筆頭要件を満たさないケース

《ケース２－１》

（単位：％）

	現在	承継①	承継①後	承継②	承継②後	承継③	承継③後
甲	80	△50	30	△20	10	△10	0
長男		+50	50		50		50
次男				+20	20		20
長女						+10	10
甲の配偶者	13						13

《最後の贈与直後における判定》

（単位：％）

	受贈者要件		特例対象贈与要件	
	同族過半要件	同族内筆頭要件	10%以上要件	贈与者超過要件
長男	93＞50	50≧13（配偶者）	50≧10	50＞０（甲）
次男	93＞50	20≧13（配偶者）	20≧10	20＞０（甲）
長女	93＞50	10＜13（配偶者）	10≧10	10＞０（甲）

（判定結果）長女は同族内筆頭要件を満たしません。

② 同族内筆頭要件を満たすケースの検討

上記⑵①の事例において、同族内筆頭要件についての特例贈与者の議決権数は、最後に行われた贈与直後（承継③後）の議決権数により判定します（措通70の７の５－10(注)２）。したがって、仮に甲の最後の贈与時までに、配偶者がその所有株式数を減少させていれば、長女の同族内筆頭要件は満たすものと考えます。（ケース２－２参照）

なお、配偶者が議決権数を減らす時期について甲の最後の贈与時より後であっても、その年最後の日（12月31日）までであれば、長女についての同族内筆頭要件は満たすのではないかとの疑義が生じます。すなわち、配偶者が第２種贈与者として贈与を行うのであれば、その配偶者の贈与直後を判定の時期として、甲が行う贈与に関する同族内筆頭要件を判定できるのではないかという疑義です。

通達等においてこの点は必ずしも明らかにされてはいませんが、同一の贈与者から複数人への贈与が、異なる時期であっても同年中であれば認められる（措通70の7の5－2（注））ことに鑑み、特例贈与者が複数人いる場合の同族内筆頭要件の判定時期をその年最後の日とするなど、実務に配慮した弾力的な取扱いが示されることが望まれます。

《ケース2－2》 （単位：%）

	現在	承継①	承継①後	承継②	承継②後	承継③	承継③後	承継④	承継④後
甲	80	△50	30	△20	10			△10	0
長男		+50	50		50				50
次男				+20	20	＋3	23		23
長女						＋1	1	+10	11
甲の配偶者	13					△4	9		9

（注）　承継③と承継④の先後については、前述（②「同族内筆頭要件を満たすケースの検討」の後段）を参照。

《最後の贈与直後における判定》 （単位：%）

	受贈者要件			特例対象贈与要件
	同族過半要件	同族内筆頭要件	10%以上要件	贈与者超過要件
長男	93＞50	50≧9（配偶者）	50≧10	50＞0（甲）
次男	93＞50	23≧9（配偶者）	23≧10	23＞0（甲）
長女	93＞50	11≧9（配偶者）	11≧10	11＞0（甲）

（判定結果）受贈者全員が要件を満たします。

(3)　特例対象贈与要件を満たさない受贈者がいる場合（他の受贈者へ影響する場合）

（「相続税法基本通達等の一部改正について（法令解釈通達）のあらまし（情報）」平成30年

10月５日／措通70の７の５－３（参考１）【ケース３】／国税庁／一部改）

《ケース３》　（単位：％）

	現在	承継①	承継①後	承継②	承継②後	承継③	承継③後
甲	50	△10	40	△10	30	△10	20
長男	20	+10	30		30		30
次男	15			+10	25		25
長女	5					+10	15

《最後の贈与直後における判定》　（単位：％）

	受贈者要件			特例対象贈与要件
	同族過半要件	同族内筆頭要件	10%以上要件	贈与者超過要件
長男	90＞50	30≧20（甲）	30≧10	30＞20（甲）
次男	90＞50	25≧20（甲）	25≧10	25＞20（甲）
長女	90＞50	15＜20（甲）	15≧10	15≦20（甲）

（判定）長女は、同族内筆頭要件及び贈与者超過要件を満たしません。

「10％以上要件」及び「贈与者超過要件」を満たさない受贈者がいる場合には、他の受贈者に対する贈与についても、特例対象贈与に該当しないものとされます（措通70の７の５－３(注)３ロ）。したがって、長女が贈与者超過要件を満たさないことから、長男及び次男への贈与についても、特例対象贈与に該当しないことになります。

（第１種認定と第２種認定（後継者複数の場合））

・先代経営者から後継者への贈与･相続以後であれば、先代以外の株主（代表権を有していないことが要件）からの贈与・相続も認定対象。
・贈与者・受贈者（被相続人・相続人）ごとに会社を認定する。
・認定対象となるのは一回限り（同一株主からの複数回の贈与は対象外。）

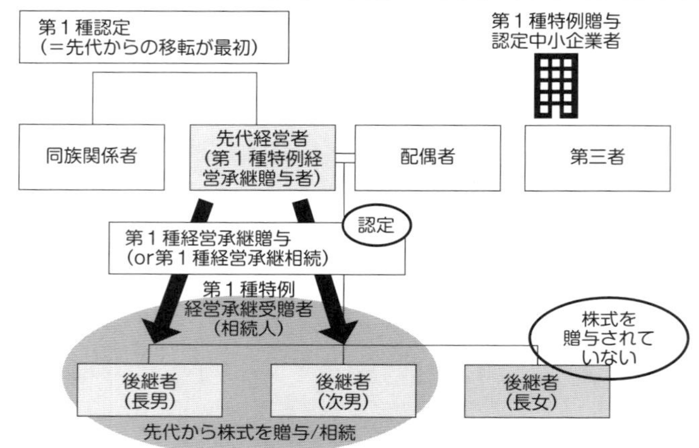

・代表権要件　　（贈与時／相続後）
・同族過半数要件（贈与／相続後）
・同族内筆頭（1位、2位、3位）要件（贈与／相続後）
・それぞれが10%以上を保有（贈与／相続後）

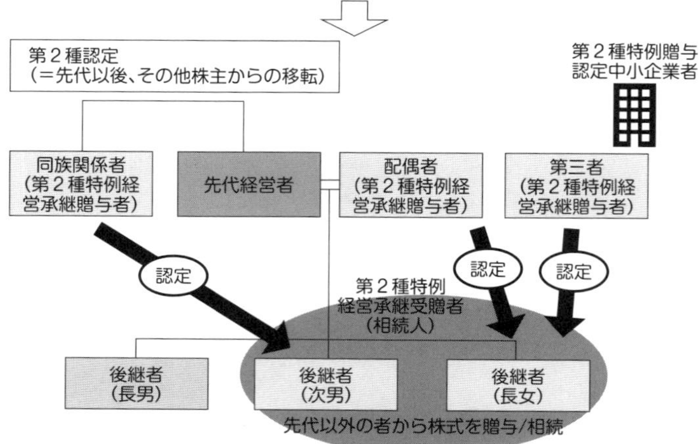

・代表権要件　　（贈与時／相続後）
・同族過半数要件（贈与／相続後）
・同族内筆頭（1位、2位、3位）要件（贈与／相続後）
・それぞれが10%以上を保有（贈与／相続後）
※先代からの移転方法は、贈与/相続のいずれであってもよい。
※先代から取得してなくても認定対象。
※同族関係者から次男への贈与は、受贈者1人の場合で一括贈与要件

76　承継パターンの拡大と死亡の管理

先代経営者等から、事業承継税制（措法70の７①、70の７の５①）の適用に係る贈与を受けた受贈者は、その後、贈与者の死亡の事実を管理し続けなければなりません。

その後、贈与者が死亡した場合に、納税猶予の適用を受けた非上場株式等を、受贈者がその贈与者から相続又は遺贈により取得したものとみなし（措法70の７の３①、70の７の７①）、贈与時の価額により他の相続財産と合算して相続税を計算しなければならないからです。

なお、一定の要件を満たす場合には、その相続又は遺贈により取得したものとみなされた株式等については、引き続き相続税の納税猶予（措法70の７の４、70の７の８）の適用を受けることができますが、その前提の手続として、認定会社は都道府県知事の切替確認を受けなければなりません。（措規23の12⑦、円滑化省令13①③、措規23の12の５⑬、円滑化省令13④）

この切替確認は、「相続の開始の日の翌日から８か月を経過する日まで」（円滑化省令13②）に行わなければならず、この期限の起算日は、相続税の申告期限の起算日である「相続の開始があったことを知った日」（相法27）とは異なります。あくまでも相続開始の日の翌日からであり、相続開始があったことを知らなかった場合の宥恕規定もありません。したがって、切替確認を滞りなく行うためには、贈与者の死亡の事実を速やかに把握しなければなりません。

近親者の相続手続きであれば、被相続人の死亡の事実を相続人が把握することは比較的容易です。しかし、平成25年度税制改正では後継者に係る親族内承継要件が廃止され、死亡の事実の把握が親族の枠を超えることになりました。

また、平成30年度税制改正では、贈与者及び受贈者の範囲が大幅に拡大され、承継パターンの複雑化が予想されます。親族外の株主を贈与者とする第二種贈与などを行う場合には、贈与者が所有する全ての株式を譲り受けるのではなく、僅かな株式を所有し続けてもらい、株主として会社が関与できる状態を維持するなど、その後の贈与者の死亡の事実をタイムリーに把握する体制を整えておかなければなりません。

また、制度面の手当てとして、第２種贈与者が死亡した場合の認定承継会社への通知義務や、その通知が行われなかった場合の宥恕規定の創設など、制度の安定的な運用のための立法が望まれます。

77　事業承継税制適用後の次世代以降の課題

平成30年度税制改正において事業承継税制の大幅な拡充が図られ、事業の次世代への引継ぎについて、税制面から大きな後押しがありました。

しかし、事業承継税制は適用後の手続が複雑であることはもちろん、複数の認定取消事由があり、その後の経営の幅を狭める側面もあります。

また、いったん事業承継税制の適用を選択すると、その後の世代でも事業承継税制の適用を選択せざるを得ないなど、現世代で安易な選択を行うと、次世代以降の承継に大きな課題を残すことにもなりかねません。

⑴後継者を１人とした場合（株式を集約した場合）と⑵後継者を２人以上とした場合（株式を分散させた場合）の問題点（次世代での課題）は次のとおりです。

⑴　後継者を１人とした場合（株式を集約した場合）

①　後継者世代間での財産の相続についての不均衡

後継者を１人とする場合、その１人に先代経営者の持つ株式の大半を集約する必要があります（措法70の７の５①一）。自社株が他の財産に比べて高額である場合には、相続人間での財産承継について遺留分侵害等の不均衡が生じます。先代経営者の配偶者等が所有する株式についても、第２種相続又は第２種贈与により納税猶予の対象となりますが、安易な財産の集約が後継者以外の親族から反発を招くことがないか、親族間の関係性にも配慮しなければなりません。

②　特例措置が延長されないリスク

特例措置が適用される2027年12月までは納税を猶予して株式が集約できるため、過去の相続対策などで分散させた株式を後継者に集約しやすくなります。後継者へ集約した非上場株式等は、譲渡等をすると猶予の打切りになる（措法70の７の５③、70の７③五、⑤二）ため、納税猶予を継続するためには、後継者に集約させた株式は次世代への承継の時まで継続保有しなければなりません。

後継者（２代目）から次の後継者（３代目）への事業承継のタイミングでは、

株式を事前に分散させる等の相続対策は事実上行えず、集約させた株式について再び事業承継税制を利用せざるを得ないともいえます。資本政策を始めとする経営の自由度を将来に渡って狭めるデメリットは否定できません。

また、2027年12月を期限とする特例措置が延長されなければ、一般措置の対象株数は議決権総数の最大３分の２まで（措法70の７①、70の７の２①）であり、相続税の納税猶予割合は80%（措法70の７の２②五）です。特例措置を利用して一極集中させた株式は、この一般措置の枠からあふれる可能性があり、次世代以降の承継で多額の税負担が生じる可能性があります。

⑵　後継者を２人以上とした場合（株式を分散させた場合）

①　代表者が複数いることの経営上の問題

平成30年度税制改正による特例措置により、後継者を最大３人までとすることが可能となりましたが、納税猶予の適用を受けようとする後継者は、全て代表権を有する必要があります（措法70の７の５②六ロ、70の７の６②七イ）。事業承継税制の適用要件を満たすために代表権を持つことと、代表者が複数いることの経営上のデメリットを比較検討し、後継者を２人以上とするべきかを検討しなければなりません。

なお、５年間の経営承継期間経過後は代表者でなくなっても納税猶予に係る期限の確定事由には該当しません（措法70の７の５③、70の７③一、⑤、70の７の６③、70の７の２③一、⑤）。そのため、経営上の不安定解消のために後継者のうちのいずれかが代表者を辞することも考えられます。しかし、みなし相続時に相続税の納税猶予に切り替えて納税猶予の適用を受けるためには、相続開始時において代表者であることが必要（措法70の７の８②一イ）です。代表を辞した後継者がいる場合、みなし相続時に相続税負担が生じることに留意が必要です。

②　特例措置が延長されないリスク

複数の後継者に株式を分散させた場合には、その分散させた株式の集約が次世代での課題となります。特に、次世代においても事業承継税制の適用を受ける際、特例措置が延長されていなかった場合には、現世代で複数の後継者に分散させた株式は会社が定めた１人の後継者に集約しなければなりません。つまり、現世代において後継者となった者のうち筆頭株主とならなかった者は、次世代への承継の際に自らの相続人に事業承継税制の適用を受けて株式を承継することができません。

また仮に特例措置が延長されたとしても、第１種特例贈与又は第１種特例相続として最初の贈与又は相続を行えるのは、その時点の筆頭株主に限られます(措令40の８の５①一、40の８の６①一)。議決権比率が２番手又は３番手となった後継者は、次世代への承継時に第２種の贈与者又は被相続人にしかなれず、最初の贈与又は相続から原則として５年間（措法70の７の５①、②七、70の７の６①、②六）の期間での贈与又は相続しか、特例措置の適用がありません。

平成30年度税制改正により最大３人まで後継者が認められることにはなりましたが、次世代以降の複数後継者の承継を考えた場合、従来から行われている手法を踏襲し、予め会社分割等で事業を切り分け、それぞれ別会社として後継者に事業を承継することも検討すべきです。

78 （特例）認定贈与承継会社等が２社以上ある場合の納税猶予分の贈与税額等の計算

認定承継会社が２社以上ある場合には、それぞれの認定承継会社を別々の後継者に承継させることが従来の一般措置の事業承継税制から可能でしたが、２社以上の認定承継会社を１人の後継者に承継する場合には、納税猶予分の贈与税額を認定承継会社ごとに管理するため、次の取扱いがあります。

⑴　２社以上の合算計算

認定贈与承継会社（措法70の７②一）が２社以上ある場合の納税猶予分の贈与税額（措法70の７②五）の計算については、贈与により取得をした全ての認定贈与承継会社の対象受贈非上場株式等の価額の合計額をその年分の贈与税の課税価格とみなして計算します。(措令40の８⑭一)

なお、相続時精算課税の適用を受ける場合には、特定贈与者ごとに計算します。(令40の８⑭二)

特例措置の適用に係る特例認定贈与承継会社（措法70の７の５②一）は、これに準じて計算します。(以下⑵において同じ。)(措令40の８の５⑮)

⑵　贈与者及び認定贈与承継会社ごとの管理

上記⑴により計算した納税猶予分の贈与税額は、その後の期限確定や相続税の納税猶予への切替えに備え、贈与者及び認定贈与承継会社の異なるものごとに管理しなければなりません。この贈与者及び認定贈与承継会社ごとの納税猶予分の贈与税額の計算は、次の算式により計算します。（措令40の８⑮、40の８の５⑮）

Ａ × Ｂ ÷ Ｃ

Ａ：上記⑴により合算して計算した納税猶予分の贈与税額

Ｂ：贈与者及び（特例）認定贈与承継会社の異なるものごとの対象受贈非上場株式等の価額

Ｃ：対象受贈非上場株式等の価額の合計額（相続時精算課税を適用する場合には特定贈与者ごとの合計額）

⑶　認定承継会社が２社以上ある場合の納税猶予分の相続税額の計算

認定承継会社（措法70の７の２②一）が２社以上ある場合の納税猶予分の相続税額についても、上記⑴⑵と同様に計算します。具体的には、相続又は遺贈により取得をした全ての認定承継会社の対象非上場株式等の価額の合計額を課税価格とみなして納税猶予分の相続税額を計算し、認定承継会社の異なるものごとに次の算式で納税猶予分の相続税額を計算します。（措令40の８の２⑰⑱）

特例措置の適用に係る特例認定承継会社（措法70の７の６②一）についても、これに準じて計算します。（措令40の８の６⑲⑳）

Ａ × Ｂ ÷ Ｃ

Ａ：相続又は遺贈により取得した全ての認定承継会社の対象非上場株式等の価額の合計額を相続税の課税価格とみなして計算した納税猶予分の相続税額

Ｂ：認定承継会社の異なるものごとの対象非上場株式等の価額

Ｃ：全ての対象非上場株式等の価額の合計額

79　贈与税の納税猶予及び免除の特例の適用を受けた後の贈与未済株（手残り株式）についての納税猶予制度の適用の可否

非上場株式等の納税猶予及び免除の特例は、一定数以上の株式の贈与を行うことが要件（措法70の７の５①十二）とされますが、先代経営者等が所有していた株式の全てを贈与することまでは必ずしも要求されていません。したがって、先代経営者が一定数以上の株式の贈与を行った後に、贈与未済の株式（手残りした株式）が生じることがあります。

この特例措置による贈与を適用した後の贈与未済の株式について、その後の贈与又は相続等による移転があった場合の事業承継税制の適用関係は、下記のとおりと考えます。

⑴　手残り株式を贈与で移転する場合

①　一般措置（措法70の７）の適用の可否

贈与税の納税猶予及び免除の特例（措法70の７の５）の適用を既に受けている場合には、その後継者に対して一般措置の納税猶予を適用して贈与することはできません。（措法70の７②三ト）

②　特例措置（措法70の７の５）の適用の可否

贈与税の納税猶予及び免除の特例（措法70の７の５）の規定は、同一の贈与者につき１回の適用となります。したがって２回目以降の贈与についてこの規定を重ねて適用することはできません。（措法70の７の５①カッコ書き）

なお、特例経営承継受贈者（措法70の７の５②六）が２人又は３人いる場合には、同一年中に限り、これらの者に贈与した株式についても特例措置の適用を受けることができます。（措基通70の７の５－２（注））

⑵　手残り株式を相続で移転する場合

①　一般措置（措法70の７の２）の適用の可否

後継者が特例贈与（措法70の７の５）の適用を既に受けている場合には、その後継者に対して一般措置の納税猶予を適用して相続することはできません。（措法70の７の２②三ホ）

②　特例措置（措法70の７の６）の適用の可否

イ　第１種特例相続（円滑化省令６①十二）

先代経営者が第１種特例贈与（円滑化省令６①十一）に係る贈与を既に行っている場合には、第１種特例相続の円滑化法認定を受けることができません（円滑化省令６①十二ト（７））。したがって、第１種特例贈与を行った先代経営者を第１種特例相続の被相続人として、相続税の納税猶予及び免除の特例（措法70の７の６）の規定を適用することはできません。

ロ　第２種特例相続（円滑化省令６①十四）

先代経営者が第１種特例贈与（円滑化省令６①十一）に係る贈与を既に行っている場合において、その先代経営者を第２種特例相続の被相続人として認定することを排除する規定はありません。第２種特例相続は、その対象者を広く株主全体に認めており、先代経営者であったとしても相続直前において株主である以上、第２種特例相続の被相続人としての認定を排除する必要はないと考えているからだと思われます。

したがって、第１種特例贈与を行った先代経営者を第２種特例相続の被相続人として、相続税の納税猶予及び免除の特例（措法70の７の６）の規定を適用することができるものと考えます。

なおこの場合、第１種特例贈与に係る経営承継期間（措法70の７の６②六）の末日までの間に相続税の申告期限が到来する相続等に限られるため、適用があるケースは限定的です。

80　特例承継計画の変更による特例後継者の追加・変更

⑴　特例承継計画への後継者の記載

事業承継税制の特例措置（措法70の７の５ ～ 70の７の８）の適用を受けるためには、平成30年４月１日から平成35年３月31日までの間に、様式第21による申請書（特例承継計画）を都道府県知事に提出しなければなりません（円滑化省令17②）。この特例承継計画には、特例後継者（円滑化省令16①一ロ）の氏名を３人まで記載することができます。特例措置の適用を受けるためには、この特例承継計画に氏名が記載されていることが必要です。

⑵　特例後継者の変更等

①　追加

特例後継者は最大３人まで選ぶことができますが、１人又は２人しか選ばなかった場合、変更の手続き（円滑化省令18）を経て特例後継者を３人にまで追加することができます。（様式第24を使用）

この追加は、第１種特例贈与又は第１種特例相続の時点で記載されていなかった者について、その後に追加することが可能です。

②　変更

特例後継者が事業承継税制の適用を受けた後は、その特例後継者について変更をすることはできません。（円滑化省令18①カッコ書き）

ただし、特例後継者を２人又は３人記載した場合であって、まだ株式の贈与

・相続を受けていない者がいる場合は、その特例後継者に限って変更することが可能です。（経営承継円滑化法申請マニュアル【相続税、贈与税の納税猶予制度の特例】平成30年４月施行／中小企業庁 第２章 第１節15ページ）

(3) 期限

特例承継計画の都道府県知事への提出は、2023年３月31日まで（円滑化省令17②）に行います。

一度提出した計画の変更は、2023年３月31日以降でも可能です。（経営承継円滑化法申請マニュアル【相続税、贈与税の納税猶予制度の特例】平成30年４月施行／中小企業庁　第２章 第１節 添付書類13ページ）

81 筆頭株主が複数いる場合

(1) 複数の特例承継計画の提出

事業承継税制の先代経営者等に係る議決権に関する要件は、

① 贈与の直前又は相続開始の直前において、先代経営者及び先代経営者と特別の関係がある者で総議決権数の50%超を保有し（同族過半数要件）

② 贈与の直前又は相続開始の直前において、先代経営者と特別の関係がある者（後継者となる者を除く）のうちいずれの者の有する議決権の数をも下回らないこと（同族内筆頭要件）

とされています。（措令40の８①一、40の８の２①一、40の８の５①一、40の８の６①一）

上記②の同族内筆頭要件は、いずれの者の有する議決権の数をも「下回らないこと」が要件であるため、議決権数が同数の筆頭株主がいる場合には、それぞれの筆頭株主が同族内筆頭要件を満たすことになります。

この場合において、他の要件を満たせば、それぞれの筆頭株主を先代経営者として第１種特例贈与または第１種特例相続を行うことができます。このとき、それぞれの筆頭株主を特例代表者とする複数の特例承継計画の提出が可能であると考えます。

複数株主からの承継や、複数後継者への承継を行う場合には、認定に必要な条件を満たしているかをそれぞれ確認する必要があるため、申請書は贈与者（被相続人）と受贈者（相続人）ごとに作成し、認定書もそれぞれ別個に交付がされます。（T&Aマスター№743「経営承継円滑化法施行規則の改正について（中小企業庁事業環境部財務課　田沢大地）」）

（筆頭株主等が２以上いる場合の例）

［ケース１］筆頭株主等（先代経営者）が同世代で並列している場合

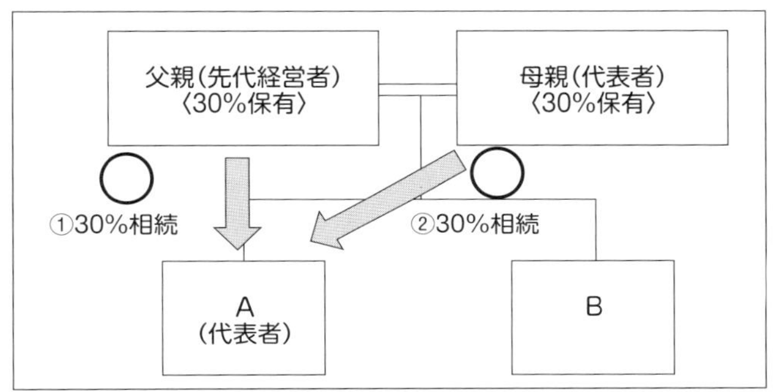

出典：改正税法のすべて（平成21年）

［ケース２］筆頭株主等（先代経営者）が２世代で連続している場合

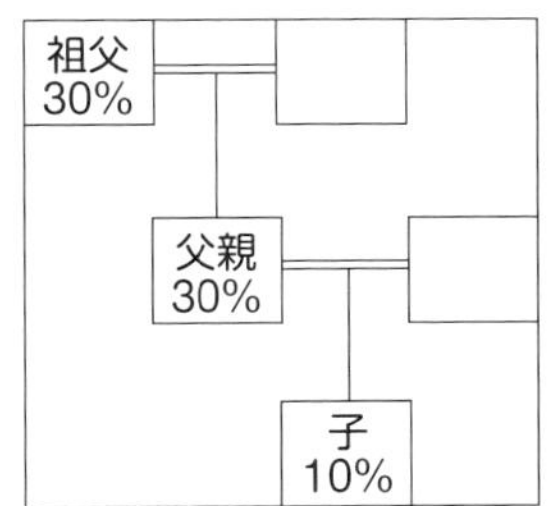

（１）祖父を特例代表者とする特例承継計画の内容
特例後継者：父親・子
（２）父親を特例代表者とする特例承継計画の内容
特例後継者：子

⑵　複数の特例承継計画の提出の意義と第１種認定との関係

議決権割合が同数の筆頭株主が複数いる場合、それぞれの者を特例代表者として特例承継計画を提出することが考えられますが、これは、先代経営者の相続（又は贈与）の発生時期が不明で、最初の相続（又は贈与）が、どの特例代表者から行われるかが不明な場合に検討する手法です。

なお複数の特例承継計画を提出した場合、第１種認定についても複数の認定申請が可能だと考えます。

（具体例）

・甲　　　49％

・乙　　　49％（甲の弟）
・甲の子　０％
・乙の子　０％
・親族外のその他株主　２％

※「甲を特例代表者とする特例承継計画」と「乙を特例代表者とする特例承継計画」の２通を提出します。

上記（具体例）において、「甲」が所有する全株式を「甲の子」に贈与して第１種の認定を受け、その後、「乙」が所有する全株式を「乙の子」に贈与した場合には、乙の行なった贈与についても第１種の認定を受けることが可能だと考えます。（同一の会社に複数の第１種認定）

この場合、先行した第１種認定（贈与者:甲）の時期に左右されることなく、後発する贈与（贈与者：乙）についても第１種認定が可能であると考えます。

なお、後発する贈与（又は相続）について第１種認定と第２種認定のどちらも可能な場合には、認定の現場においては第２種認定が推奨されるものと思われます。

第１種認定を複数受けた場合、当初の第１種認定に係る有効期間とは別に、新たな第１種認定に係る有効期間を設けることができ、第２種認定による事業承継税制の適用可能期間が長期化するメリットがあります。一方、納税猶予期限の確定事由が厳格な期間や、継続届出書の年次報告が必要な期間が長期化するデメリットもあることに注意が必要です。

82　中心的な同族株主に株式が集約される場合の株価評価上のデメリット

(1)　後継者への集約と原則的評価方式の適用

平成30年４月１日以後の事業承継税制の適用においては、一般措置及び特例措置のいずれの制度の適用を受ける場合においても、複数の株主（贈与者）から１人の後継者に対して株式の贈与を行うことができます。議決権の分散防止の観点から、後継者１名に対して株式を集約する必要がある場合、事業承継税制の枠内でこの集約を行うことができます。

しかし、株式を後継者1名に集約せず、分散させて承継すれば配当還元方式で評価されていたものが、株式を1名に集約することにより評価額が高い原則的評価方式により評価されるケースがあるので注意が必要です。すなわち、「中心的な同族株主」以外に分散させて株式を贈与又は相続した場合に配当還元方式で評価できていたものが、中心的な同族株主に該当する後継者に贈与をすることにより、原則的評価方式による評価が適用される場合です。(評基通188)

例えば下図のとおり、先代経営者Aから株式の贈与を受けた長男B(後継者)が、第2種贈与により長女Cから株式の贈与を受ける場合がこれに該当します。下図では、長女Cの持つ株式が長女の子Dに贈与又は相続があった場合(取得後の議決権割合5%未満とする)、他の親族等の所有状況によってはその株式は配当還元方式で評価されますが、長男Bに贈与された場合には原則的評価方式で評価されます。

その後、第2種贈与者である長女Cが死亡した場合には、長男B(後継者)は、本来の相続人である長女の子Dとともに、長女Cを被相続人とする相続税申告に加わります。

この相続税申告において、原則的評価方式で計算された株式の評価額は適用される超過累進税率を押し上げ、本来の相続人である長女の子Dは、自らが取得していない財産の評価額を起因として高い税率での相続税負担を強いられます。

このように、中心的な同族株主に該当しない者に対して承継すれば配当還元方式で評価される場合には、事業承継税制を用いて後継者へ株式を集約する手法だけでなく、通常の株式の買取りや金庫株の手法により株式集約を図ることも検討します。

《図》

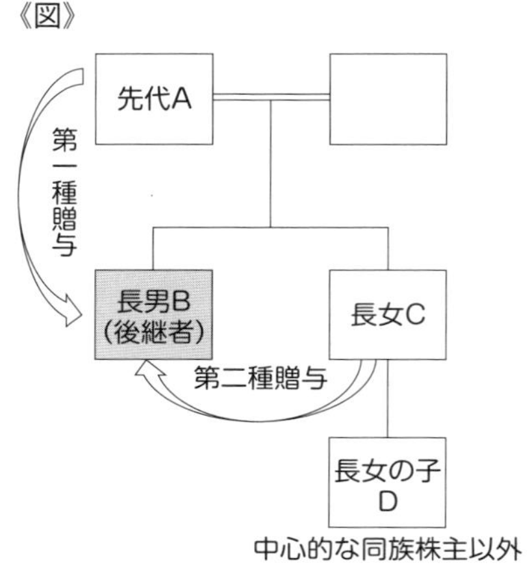

⑵　中心的な同族株主と株式評価方式

①　中心的な同族株主の定義（評基通188⑵）

「中心的な同族株主」とは、課税時期において次のイからヘに掲げる者が有する議決権の合計数がその会社の議決権総数の25％以上である場合におけるその株主をいいます。

イ　同族株主の１人（株式を取得した本人）

ロ　イの配偶者

ハ　イの直系血族

ニ　イの兄弟姉妹

ホ　イの一親等の姻族

ヘ　イからホの者の同族関係者である会社のうち、イからホの者が有する議決権の合計数がその会社の議決権総数の25％以上である会社

⑴の長男Ｂ（後継者）と長女の子Ｄは叔父と姪の関係にあることから、中心的な同族株主を判定する際に互いの所有する議決権数を合算する必要はありません。

事業承継税制の適用を受ける長男Ｂ（後継者）は中心的な同族株主に該当しますが、長女の子Ｄは、中心的な同族株主に該当しない事例が多いものと考えられます。（ただし、長女の子Ｄを①イとして①ロ～ヘの持つ議決権数を加算した結果、長女の子Ｄも中心的な同族株主に該当するケースもあります。）

（参考）中心的な同族株主を判定する際の親族の範囲

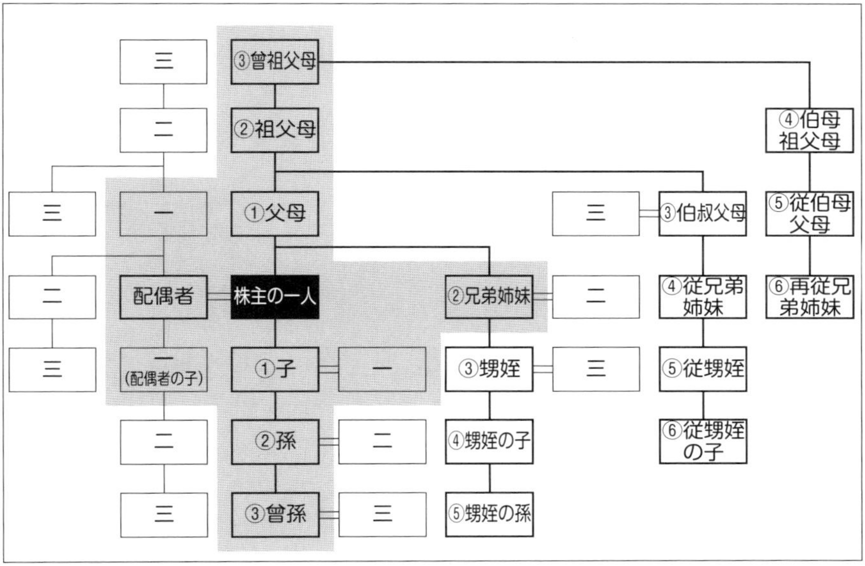

三　③曽祖父母
二　②祖父母　④伯母祖父母
三　一　①父母　三　③伯叔父母　⑤従伯母父母
二　配偶者　株主の一人　②兄弟姉妹　二　④従兄弟姉妹　⑥再従兄弟姉妹
三　一（配偶者の子）　①子　一　③甥姪　三　⑤従甥姪
二　②孫　二　④甥姪の子　⑥従甥姪の子
三　③曽孫　三　⑤甥姪の孫

②　中心的な同族株主と株式の評価方法（評基通188⑵）

中心的な同族株主のいる会社の株主のうち、中心的な同族株主以外の同族株主で、その者の株式取得後の議決権割合が５％未満であるもの（評価会社の役員又は役員となる者を除きます。）は、その取得した株式を配当還元方式で評価します。

<table>
<tr><th colspan="5">株主の態様による区分</th><th>評価方法</th></tr>
<tr><td rowspan="6">同族株主のいる会社</td><td rowspan="5">同族株主</td><td colspan="3">取得後の議決権割合が５％以上の株主</td><td rowspan="4">原則的評価方式</td></tr>
<tr><td rowspan="4">取得後の議決権割合が５％未満の株主</td><td colspan="2">中心的な同族株主がいない場合</td></tr>
<tr><td rowspan="3">中心的な同族株主がいる場合</td><td>中心的な同族株主</td></tr>
<tr><td>役員である株主又は役員となる株主</td></tr>
<tr><td>その他の株主</td><td rowspan="2">配当還元方式</td></tr>
<tr><td colspan="4">同族株主以外の株主</td></tr>
<tr><td rowspan="5">同族株主のいない会社</td><td rowspan="4">議決権割合の合計が15％以上の株主グループに属する株主</td><td colspan="3">取得後の議決権割合が５％以上の株主</td><td rowspan="3">原則的評価方式</td></tr>
<tr><td rowspan="3">取得後の議決権割合が５％未満の株主</td><td colspan="2">中心的な株主がいない場合</td></tr>
<tr><td rowspan="2">中心的な株主がいる場合</td><td>役員である株主又は役員となる株主</td></tr>
<tr><td>その他の株主</td><td rowspan="2">配当還元方式</td></tr>
<tr><td colspan="4">議決権割合の合計が15％未満の株主グループに属する株主</td></tr>
</table>

第6章

猶予税額の計算事例

83 相続税の納税猶予と免除事例

特例認定承継会社の非上場株式等を有していた個人（先代経営者＝特例被相続人）から平成30（2018）年１月１日から平成39（2023）年12月31日までの間にされた相続又は遺贈により取得をした特例経営承継相続人等は、自らの死亡の日まで、その納税が猶予されます（措法70の７の６）。その後、次の場合にこの猶予税額は免除されます。（措法70の７の６⑫⑬、70の７の２⑯⑰）

⑴　特例経営承継相続人＝子が死亡した場合

子の死亡時まで会社の事業が継続されれば、納税猶予されている相続税は免除されます。（措法70の７の６⑫、70の７の２⑯一、円滑化省令９③一、⑦）

以下の認定承継会社において遺産分割が確定し、後継者（特例経営承継受贈者）が700株（相続時評価額@500,000円）を承継し、納税猶予を受けました。

（株）

	現在	相続	相続後
先代経営者	800	△ 800	0
配偶者	100		100
長男（後継者）	100	700	800
次男	0	100	100
合計	1,000	0	1,000

自社株評価　@500,000円

先代経営者の相続と遺産分割内容（特例経営承継相続人＝長男）　単位：円

		配偶者	長男	次男	合計
相続財産					
	現金預金	110,000,000	100,000,000	50,000,000	260,000,000
	不動産	250,000,000	0	0	250,000,000

	自社株式（700株）	0	350,000,000	50,000,000	400,000,000
	債務・葬式費用	△ 10,000,000			△ 10,000,000
課税価格		350,000,000	450,000,000	100,000,000	900,000,000
基礎控除額		3,000万円 +600万円× 3 人			48,000,000
法定取得金額		426,000,000	213,000,000	213,000,000	852,000,000
相続税の総額		171,000,000	68,850,000	68,850,000	308,700,000
税額按分割合		0.3889	0.5000	0.1111	1.0000
算出税額		120,050,000	154,350,000	34,300,000	308,700,000
配偶者控除		△ 120,050,000			
申告納税額		0	154,350,000	34,300,000	188,650,000

特例対象株式＝ @500,000円×700株＝ 3 億5,000万円
納税猶予税額＝114,800,000円（計算詳細は**87**参照）

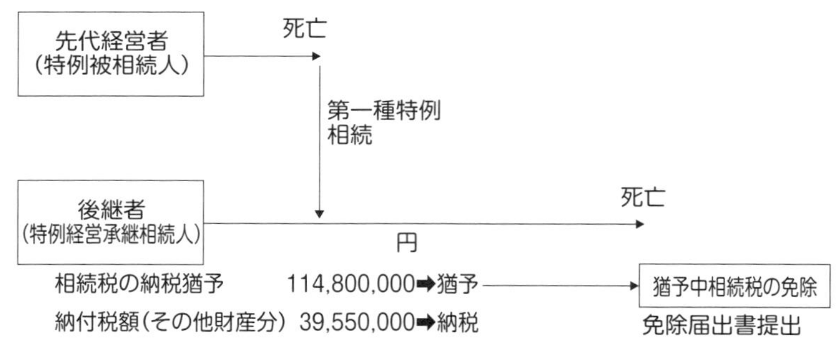

特例被相続人（父）➡子の納税猶予された相続税は、後継者である子の死亡により免除され、子➡孫について生じる相続税について、その時の時価にて、孫において納税猶予の適用を受けることができます。

ただし、子の相続の開始の時期が2027年12月31日を超える場合、時限立法である特例制度が期限延長されない場合には、孫（３代目）は経営承継相続人等として、一般規定（措法70の７の２）の相続税の納税猶予の適用となります。この場合、猶予対象株式は発行済株式総数の３分の２までであり、その80％が猶予対象株式となりますので留意が必要です。

一般措置を適用して相続税の納税猶予を受けていた場合、相続人の死亡により、納税猶予は全部免除（措法70の７の２⑯一）となりますが、その後、当該相続人を被相続人とする相続税の納税猶予（措法70の７の６）の適用は可能です。

⑵　特例経営承継相続人＝子が孫に一括贈与した場合

特例承継期間経過後に、子が孫へ贈与し、当該贈与に事業承継税制を適用した場合には、子において納税猶予されている相続税のうち、特例贈与対応部分は免除されます。この場合、経営承継相続人が特例対象株式のうち先に取得したものから贈与したものとして計算します。（措令40の８の６㊹、40の８の２㊆）

なお、子が死亡した時には、孫のみなし相続となり、相続税の納税猶予に切り替えることができます。（措法70の７の６⑫、70の７の２⑯二）

（一括贈与要件）

1,000株×２／３－０（孫＝３代目の保有株式数）＜２代目の所有株式数800株

必要贈与株数（措法70の７の５①一）＝667株

特例対象株式700株のうち667株を一括贈与した場合にはその対応部分が免除されます。

114,800,000円×667/700＝109,388,000円が免除となりますが、猶予中相続税額の残額である5,412,000円については相続税の納税猶予が継続します。

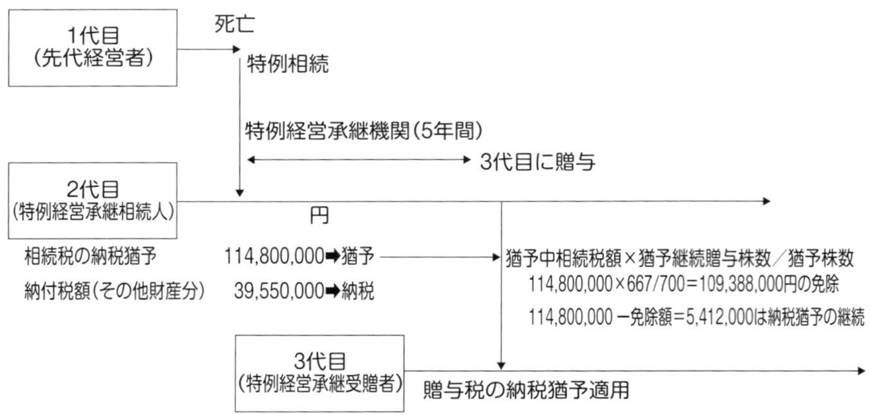

⑶　特例経営承継相続人＝子にやむを得ない事由が発生し、孫へ贈与した場合

特例承継期間内に、子が代表権を有しないこととなった場合（心身障害等やむを得ない理由がある場合に限ります。）において、孫へ贈与し、当該贈与に事業承継税制を適用した場合には、子において納税猶予されている相続税のうち、特例贈与対応部分は免除されます。（措法70の７の６⑫、70の７の２⑯二、⑬三）

「やむを得ない理由」とは、次に掲げる事由のいずれかに該当することになったことをいいます。（措規23の10⑬、23の９⑮）

①　精神保健及び精神障害者福祉に関する法律の規定により精神障害者保健福祉手帳（障害等級が１級である者として記載されているものに限ります。）の交付を受けたこと

②　身体障害者福祉法の規定により身体障害者手帳（身体上の障害の程度が１級又は２級である者として記載されているものに限ります。）の交付を受けたこと

③　介護保険法の規定による要介護認定（要介護状態区分が要介護５に該当するものに限ります。）を受けたこと

④　上記①から③までに掲げる事由に類すると認められること

⑷　特例認定承継会社の事業継続が困難となり、自社株式を譲渡等した場合

特例経営（贈与）承継期間の経過後に、事業の継続が困難な一定の事由が生じた場合（※１）に特例措置の適用に係る非上場株式等のＭ＆Ａ等（特例認定

承継会社の株式等を譲渡・贈与をした場合、合併・株式交換・移転により消滅した場合、解散した場合を指します。）をした場合は、その対価の額（譲渡等の時の相続税評価額の50％に相当する金額が下限になります。）を基に相続（贈与）税額等を再計算し、再計算した税額と直前配当等の金額との合計額が当初の納税猶予税額を下回る場合には、その差額は免除されます。（措法70の７の５⑫、70の７の６⑬、措通70の７の５－28）。

再計算した税額は納付が原則ですが、実際の譲渡等の価額が譲渡時の相続税評価額の２分の１を下回った再猶予を受けることができます。なお、解散による場合には対価の額が想定されないため、この再計算の必要はありません。（措法70の７の５⑬、70の７の６⑭　下記**（事例）**参照）

実際の譲渡等の額が譲渡時の相続税評価額の２分の１を下回った場合で、譲渡等から２年後において、譲渡等の時の雇用の半数以上が維持されている場合等（事業継続の要件（※２））には、実際の対価の額に基づく税額との差額は、その時点で免除されます。（措法70の７の５⑭⑮、70の７の６⑮⑯）

なお、５年以内において、特例経営承継相続人等及び特別の関係がある者（＝親族等）がその特例認定承継会社から受けた剰余金の配当等の額及び損金不算入役員給与の額は免除対象外となります。

（※１）①　過去３年間のうち２年以上赤字の場合
②　過去３年間のうち２年以上売上減の場合
③　有利子負債≧売上の６か月分の場合
④　類似業種の上場企業の株価が前年の株価を下回る場合
⑤　心身の故障等により後継者による事業の継続が困難な場合（譲渡・合併のみ）

しかし、要件に該当しない場合には猶予中贈与税額等の全額が納税猶予に係る期限となります。

（猶予税額の再計算の事例）

贈与時株価３億円の非上場株式について特例納税猶予制度を利用したが、５年超の特例経営贈与承継期間経過後に赤字続きで事業継続が困難となったため、全ての受贈株式を譲渡した。譲渡時の株価（相続税評価額）は２億円だったが、譲渡価額は8,000万円となった。譲渡後、２年を経過する日において免除の要件は満たしている。

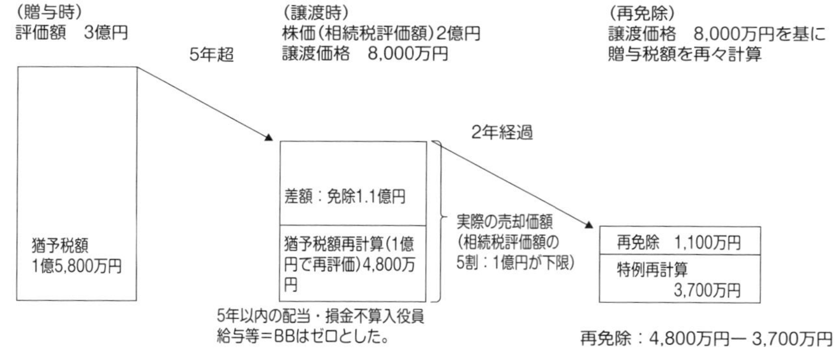

（※２）　事業を継続している場合とは、２年を経過する日において次に掲げる要件の全てを満たす場合とする。(措令40の８の５㉛、40の８の６㉜)

①　商品の販売その他の業務を行っていること。

②　直前における特例認定贈与承継会社の常時使用従業員のうちその総数の２分の１に相当する数以上の者が、２年を経過する日まで引き続き会社の常時使用従業員であること

③　常時使用従業員が勤務している事務所、店舗、工場その他これらに類するものを所有し、又は賃借していること

この場合、次に掲げる会社がその２年を経過する日においてその事業を継続している場合をいいます。

イ　譲渡等をした特例対象受贈非上場株式等に係る会社

ロ　合併に係る吸収合併存続会社等

ハ　株式交換等に係る株式交換完全子会社等

⑸　破産手続開始決定又は特別清算開始の命令があった場合（現行）

①　民事再生計画等に基づき全株譲渡（消却）する場合

（特例）経営承継相続人等による事業の承継から長期間が経過した場合には、会社の倒産や、事業の再生を図るための株式等の譲渡など、（特例）経営承継相続人等に株式等の保有の継続を求めることが不適当な事態が生じることも想定されるため、納税猶予税額の免除についても中小企業の実情に即した制度とすべきとの要請があります。

ただ、その一方で、株式等の価額は配当その他の資金流出により意図的に変動させることも可能であることから、例えば、経営承継相続人等やその同族関係者等が認定承継会社から資金還流を受けながら株式等の価額を引き下げた末に倒産に追い込み、税負担を免れるような行為にも適切に対応する必要があります。

こうした点を総合勘案した結果、経営承継期間経過後に、経営承継相続人等が事業の再生を図るために株式等を譲渡した場合や認定承継会社が倒産した場合など一定の場合については、一定の範囲で猶予税額を免除することとされました。

民事再生法の規定による再生計画若しくは会社更生法の規定による更生計画の認可の決定を受け、その再生計画若しくは更生計画に基づき非上場株式等を消却するために行う場合、破産手続開始決定又は特別清算開始の命令があった場合等です（措法70の７⑯、70の７の２⑰、70の７の５⑪、70の７の６⑰）。なお、民事再生計画の認可の決定に準ずる事実についてもこの範囲に含まれます。

（第三者への譲渡の計算事例）

経営相続承継期間（５年間）経過後に経営が悪化した場合や、Ｍ＆Ａなどで経営承継相続人と一定の関係を有する者以外の者（全くの第三者）へ保有する特例非上場株式等を一括して譲渡した場合において、その譲渡対価又は譲渡時の時価のいずれか高い額が猶予税額を下回るときは、その差額分の猶予税額の納付を免除する、すなわち、売却して得た資金は猶予税額を納付する必要があります。

この場合の時価とは、財務省令においては「譲渡等の直前の価額」（措規23の10㉜、措規23の９㉝）とあり、原則的評価による相続税評価額です（措通70の７－40）。したがって、第三者といっても従業員によるＭＢＯなどの場合に留意が必要です。

（計算事例）

納税猶予税額1,000、時価下落の場合

イ　時価800＜譲渡対価900のとき

免除税額　1,000－900＝100

手元キャッシュ　対価900－納税900＝ゼロ（譲渡所得課税、利子税は持

出し）

ロ　時価800＝譲渡対価800のとき

免除税額　1,000－800＝200。

手元キャッシュ　対価800－納税800＝ゼロ（譲渡所得課税、利子税は持出し）

ハ　時価800＞譲渡対価500のとき

免除税額　1,000－800＝200。

手元キャッシュ　対価500－納税800＝▲300（更に譲渡所得税、利子税が持出し）

②　自己再生

前記①が「全部譲渡に係る免除の特例（措法70の７⑯一等）」が他者再生（自己以外の者による再生）に係る措置であるのに対して、この「再計算の特例」（措法70の７㉑、70の７の２㉒、70の７の５⑪、70の７の６㉑）は自己再生を支援するものといえます。

認定会社について民事再生計画若しくは会社更生計画の認可が決定され又は中小企業再生支援協議会の支援による再生計画が成立した場合において資産評定が行われたときは、その認可決定があった日又は債務処理計画が成立した日における特例受贈非上場株式等の価額（相続税評価額）に基づき納税猶予税額を再計算し、当該再計算後の納税猶予税額（以下「再計算猶予税額」といいます。）を猶予税額として納税猶予を継続することとされました。この場合において、「再計算前における猶予税額」から「再計算猶予税額」を控除した残額（認可決定日前５年以内に認定会社から受けた配当等を除きます。「再計算免除税額」といいます。）は免除されます。

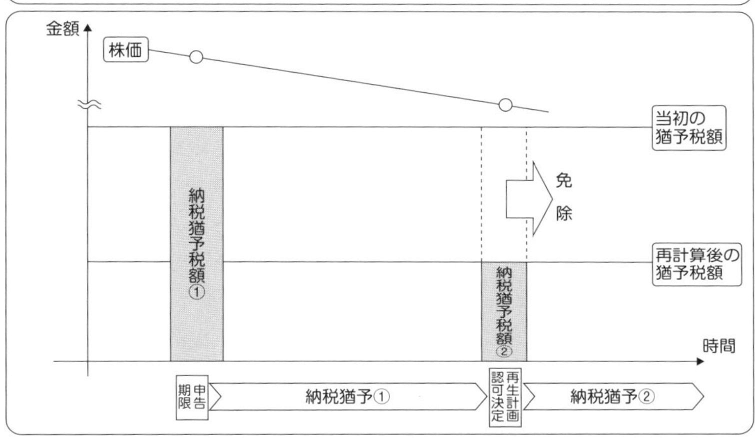

84　贈与税の納税猶予税額の計算（暦年課税）

特例対象受贈非上場株式等の価額を特例経営承継受贈者に係るその年分の贈与税の課税価格とみなして、相続税法第21条の５（贈与税の基礎控除）及び第21条の７（贈与税の税率）の規定を適用して計算した金額が猶予税額となります。（措法70の７の５②ハイ）

（ステップ１）

１年間に贈与を受けた財産

土地	50,000,000	（事業用土地）
預貯金	50,000,000	（納税用預金）
特例株式等	200,000,000	（@100万円×200株）
合計額	300,000,000	

暦年課税贈与税額　157,995,000　①

（ステップ２）

特例株式等	200,000,000	
暦年課税贈与税額（※）	102,995,000	②

猶予される贈与税額（②）	102,995,000
納付税額（①－②）	55,000,000

※20歳以上のものが直系卑属から贈与を受けた場合（特例贈与）

納税猶予が取消しになった場合、特例経営承継受贈者（後継者）に高額な税負担が生じる恐れがあるため、贈与時期を役員退職金支給年度の翌年度にする等計画的に行う場合（株式評価額@100万円→@40万円）には次のとおりとなります。（納税猶予額が102,995,000円➡36,995,000円に下がる）

（ステップ１）

１年間に贈与を受けた財産

土地	50,000,000	（事業用土地）
預貯金	50,000,000	（納税用預金）
特例株式等	80,000,000	（@40万円×200株）
合計額	180,000,000	
暦年課税贈与税額	91,995,000	①

（ステップ２）

特例株式等	80,000,000	
暦年課税贈与税額	36,995,000	②

猶予される贈与税額（②）	36,995,000
納付税額（①－②）	55,000,000

この場合、役員退職金の法人税法上の損金算入が高額であるとして税務調査

等により否認された場合、納税猶予額の計算は36,995,000円ではなく、再計算した金額となるかは確定的ではありません。下記通達では、「特例受贈非上場株式等の評価又は税額計算の誤りのみに基づいてされるとき」と縛りがあるからです。（措通70の７の５－42、70の７－６）

措通70の７－６（修正申告等に係る贈与税額の納税猶予）

措置法第70条の７第１項の規定は、特例受贈非上場株式等の贈与に係る贈与税についての期限後申告、修正申告又は更正に係る税額について適用がないことに留意する。

ただし、修正申告又は更正があった場合で、当該修正申告又は更正が期限内申告において同項の規定の適用を受けた特例受贈非上場株式等の評価又は税額計算の誤りのみに基づいてされるときにおける当該修正申告又は更正により納付すべき贈与税額（附帯税を除く。）については、当初から同項の規定の適用があることとして取り扱う。この場合において、当該修正申告又は更正により納税猶予を受ける贈与税の本税の額と当該本税に係る利子税の額に相当する担保については、当該修正申告書の提出の日又は当該更正に係る通知書が発せられた日の翌日から起算して１月を経過する日までに提供しなければならないこととして取り扱う。

85　贈与税の納税猶予税額の計算（相続時精算課税）

特例対象受贈非上場株式等が相続税法第21条の９（相続時精算課税の選択）の規定の適用を受けるものである場合、当該特例対象受贈非上場株式等の価額を特例経営承継受贈者に係るその年分の贈与税の課税価格とみなして、同法第21条の12（相続時精算課税に係る贈与税の特別控除）及び第21条の13（相続時精算課税に係る贈与税の税率）の規定を適用して計算した金額が猶予税額となります。（措法70の７の５②ハロ）

（ステップ１）

１年間に贈与を受けた財産

土地　　50,000,000　（事業用土地）

預貯金	50,000,000	（納税用預金）
特例株式等	200,000,000	（@100万円×200株）
合計額	55,000,000	

精算課税贈与税額	55,000,000	①

（ステップ２）

特例株式等	200,000,000	
精算課税贈与税額	35,000,000	②

猶予される贈与税額（②）	35,000,000
納付税額（①－②）	20,000,000

86　暦年課税選択か相続時精算課税選択か

⑴　事業承継税制と相続時精算課税制度の併用

平成29年度税制改正により、事業承継税制と相続時精算課税制度の併用ができるようになり、特例事業承継税制でも同様です。（措法70の７②五ロ、70の７の５②八ロ）

贈与税の納税猶予が取消しになった場合、特例経営承継受贈者（後継者）に高額な税負担が生じる恐れがあるため、相続時精算課税制度の併用ができることとなり、猶予取消し時の贈与税負担額は（評価額－2,500万円）×20％相当額（利子税別途）のみとされました。

以下の事例のとおり、相続時精算課税選択をすれば、事業承継税制の選択のリスクが大幅に軽減されることになります。

（事例）

完全議決権株式総数	1,000株
１株当たり評価額	300,000円／株
株価総額	３億円

先代経営者は株式全体の３分の２（２億円）を保有しており、後継者へ一括贈与を行う。

相続人　　後継者１名　　　　　事業承継税制を適用しない場合
　　　　　相続財産　　　　　　贈与時から増減はないものとする。
　　　　　　　特例株式等　　　　　200,000,000円
　　　　　　　預貯金　　　　　　　100,000,000円

納税猶予制度を利用しない場合の相続税額　　91,800,000円

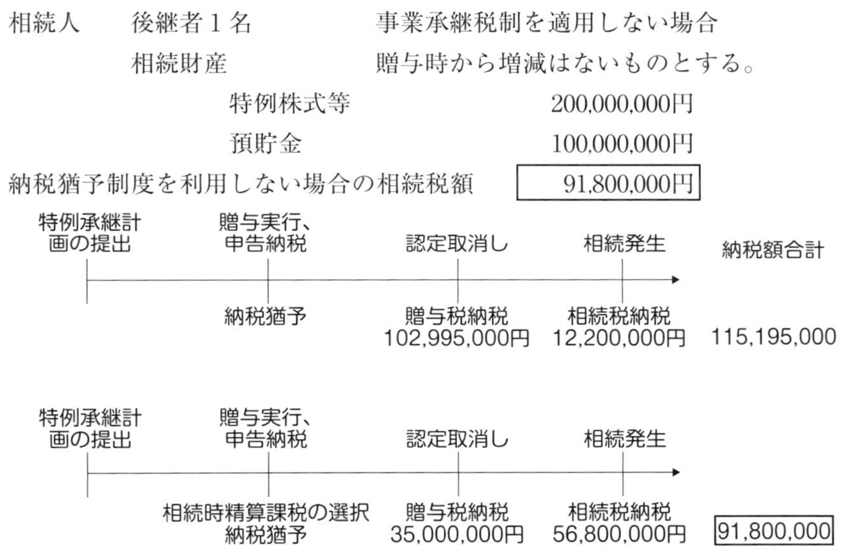

暦年課税での納税猶予取消：（２億円－110万円）×55％－640万円＝102,995,000円
相続時精算課税選択の場合：（２億円－2,500万円）×20％＝35,000,000円

上記のように、事業承継税制を適用しない場合と、適用し、かつ相続時精算課税制度を併せて選択した場合では、万一納税猶予が取消された場合の納税額総額（91,800,000円）は一致するので、両制度の選択のリスクが軽減されます。

⑵　二世代連続贈与をしている場合の相続時精算課税との調整

相続時精算課税適用受贈者（後継者）が、死亡する前に２世代連続贈与している場合（措法70の７⑬九、十、⑮三、70の７の５⑩）には、後継者の死亡により、贈与税納税猶予額が免除されると同時に、１代目死亡、２代目死亡時における相続財産加算（持ち戻し・相法21の14、21の15、21の16）の適用除外とされています。

相続時精算課税の適用を受ける特例受贈非上場株式等について、猶予継続贈与（その特例受贈非上場株式等について受贈者が贈与税の納税猶予の適用を受

ける場合における贈与をいいます。）をする場合や猶予継続贈与により取得する場面も想定されますが、これらの場合において、その経営承継受贈者に係る贈与者（特定贈与者）が死亡したときは「相続時精算課税に係る相続税額の規定」（相法21の14～21の16）と「非上場株式等の贈与者が死亡した場合の相続税の課税の特例」（措法70の７の３①②、70の７の７①②）とが重複して適用される場面も生じ得ます。

そのため、本制度の贈与・相続を通じた事業の承継を支援するという趣旨なども踏まえつつ、次に掲げる特例受贈非上場株式等については、相続時精算課税に係る相続税額の規定（相続税法第21条の14から第21条の16までの規定）を適用しないこととする調整規定がおかれています。（措法70の７⑬九、十、70の７の５⑩、措通70の７－37の４）

① 経営承継受贈者が有する特例受贈非上場株式等で、相続時精算課税適用者の特例（措法70の２の６①）の適用を受けているものが猶予継続贈与をした場合において、その経営承継受贈者に係る贈与者の相続が開始したときにおけるその猶予継続贈与をした特例受贈非上場株式等

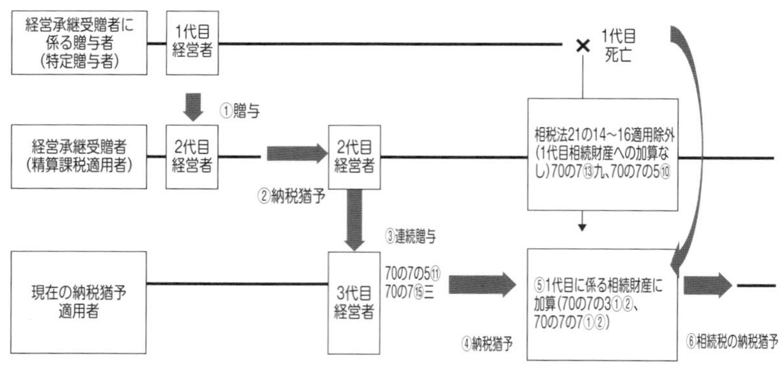

② 経営承継受贈者に係る特例対象贈与が猶予継続贈与（相続時精算課税の適用を受ける特例受贈非上場株式等に係る贈与に限ります。以下「第２贈与」といいます。）であり、かつ、その特例受贈非上場株式等が第２贈与者（その第２贈与をした者をいいます。）が第１贈与者（第２贈与前に第２贈与者にその特例受贈非上場株式等の贈与をした者をいいます。）からの贈与によ

り取得をしたものである場合において、その第２贈与者が死亡したときにおけるその経営承継受贈者がその第２贈与により取得をしたその特例受贈非上場株式等

【ケース2】1代目から3代目まで株式が移転している場合において、2代目（特定贈与者）が死亡した時

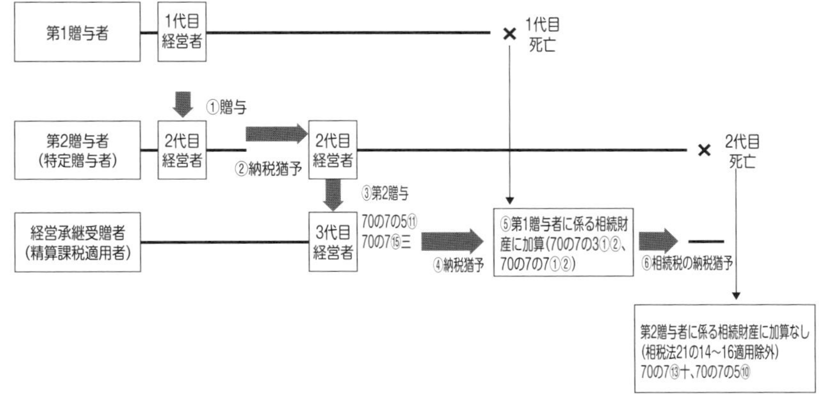

(3)　特例経営承継受贈者が相続時精算課税制度の選択をしていた場合の先死亡

措置法第70条の７の５の適用後に受贈者が先に死亡した場合には、納税猶予された贈与税が免除されます。（措法70の７⑮一）

一方、相続税法第21条の17では、「特定贈与者の死亡以前に当該特定贈与者に係る相続時精算課税適用者が死亡した場合には、当該相続時精算課税適用者の相続人は、当該相続時精算課税適用者が有していたこの節の規定の適用を受けていたことに伴う納税に係る権利又は義務を承継する。」という相続時精算課税制度納税に係る権利・義務の承継が明記されています。

この場合、猶予継続贈与の場合の調整規定（措法70の７の５⑩、70の７⑬九、十）が置かれていないため、納税猶予は免除されるが、相続時精算課税制度の権利義務承継が働き、贈与財産（当該自社株式）が贈与者の相続税の課税対象（みなし相続財産）となります。そして、この相続税計算においては、当初に課せられた全額（納税猶予全額）が控除されるようです。

このみなし相続財産に係る相続税は、死亡した受贈者の相続人がその法定相続分割合で負担し、免除された贈与税を控除した差額を納付することとなるようです。（相法21の17③、国税通則法５②）

87　相続税の納税猶予計算事例（後継者１名の場合）

先代経営者＝特例被相続人の相続に際して、後継者である長男＝特例経営承継相続人等が次のとおり、特例認定承継会社の非上場株式等（以下「特例株式等」という）を遺産分割協議により取得（措法70の７の６⑤、70の７の２⑦）しました。

本事例では、2023年３月31日までに特例計画を提出し、2027年12月31日までに相続が発生した場合（措法70の７の６①）です。

（株）

	現在	相続	相続後
先代経営者	800	△ 800	0
配偶者	100		100
長男（後継者）	100	700	800
次男	0	100	100
合計	1,000	0	1,000

自社株評価　　　　　　　@500,000円

長男＝特例経営承継相続人等の取得した財産が特例株式等のみであると仮定して計算した相続税額のうち、特例株式等に対応する相続税の額（債務・葬式費用がある場合は、特例株式等以外の財産から先に控除します。）が納税猶予分の相続税額となり、長男の納付税額は次の計算式になります。（措令70の７の６⑯）

計算式＝ Ａ － Ｂ ＝ Ｃ

Ａ：通常の計算方法により計算した特例経営承継相続人等の相続税額

Ｂ：特例経営承継相続人等の取得財産を特例株式等のみとして計算した相続税額

Ｃ：納付税額

具体的には以下のとおりです。

（ステップ1＝Aの計算）　　（円）

		配偶者	長男	次男	合計
相続財産					
	現金預金	110,000,000	100,000,000	50,000,000	260,000,000
	不動産	250,000,000	0	0	250,000,000
	自社株式（700株）	0	350,000,000	50,000,000	400,000,000
	債務・葬式費用	△ 10,000,000			△ 10,000,000
課税価格		350,000,000	450,000,000	100,000,000	900,000,000
基礎控除額		3,000万円 +600万円× 3 人			48,000,000
法定取得金額		426,000,000	213,000,000	213,000,000	852,000,000
相続税の総額		171,000,000	68,850,000	68,850,000	308,700,000
税額按分割合		0.3889	0.5000	0.1111	1.0000
算出税額		120,050,000	154,350,000	34,300,000	308,700,000
配偶者控除		△ 120,050,000			
申告納税額		0	154,350,000	34,300,000	188,650,000

①

（ステップ2＝Bの計算）

		配偶者	長男	次男	合計
相続財産					
	現金預金	110,000,000	0	50,000,000	160,000,000
	不動産	250,000,000	0	0	250,000,000

	自社株式（700株）	0	350,000,000	50,000,000	400,000,000
	債務・葬式費用	△ 10,000,000			△ 10,000,000
課税価格		350,000,000	350,000,000	100,000,000	800,000,000
基礎控除額		3,000万円 +600万円× 3 人			48,000,000
法定取得金額		376,000,000	188,000,000	188,000,000	752,000,000
相続税の総額		146,000,000	58,200,000	58,200,000	262,400,000
税額按分割合		0.4375	0.4375	0.1250	1.0000
算出税額		114,800,000	114,800,000	32,800,000	262,400,000

②

Cの計算

納税猶予額（①又は②のいずれか小さい額）	114,800,000
長男（後継者）の納税額（①－上記）	39,550,000

88 相続税の納税猶予計算事例（後継者２名の場合）

先代経営者＝特例被相続人の相続に際して、後継者である長男とともに次男も特例経営承継相続人等として次のとおり、特例認定承継会社の非上場株式等（以下「特例株式等」といいます。）を遺産分割協議により取得（措法70の７の６⑤、70の７の２⑦）しました。

（株）

	現在	相続	相続後
先代経営者	800	△ 800	0

配偶者	100		100
長男（後継者）	100	700	800
次男	0	100	100
合計	1,000	0	1,000

自社株評価　　@500,000円

（ステップ１＝Ａの計算）　　（円）

		配偶者	長男	次男	合計
相続財産					
	現金預金	110,000,000	100,000,000	50,000,000	260,000,000
	不動産	250,000,000	0	0	250,000,000
	自社株式（700株）	0	350,000,000	50,000,000	400,000,000
	債務・葬式費用	△ 10,000,000			△ 10,000,000
課税価格		350,000,000	450,000,000	100,000,000	900,000,000
基礎控除額		3,000万円 +600万円× 3 人			48,000,000
法定取得金額		426,000,000	213,000,000	213,000,000	852,000,000
相続税の総額		171,000,000	68,850,000	68,850,000	308,700,000
税額按分割合		0.3889	0.5000	0.1111	1.0000
算出税額		120,050,000	154,350,000	34,300,000	308,700,000
配偶者控除		△ 120,050,000			
申告納税額		0	154,350,000	34,300,000	188,650,000

後継者（次男）が納税猶予の適用対象株式のみを取得したものと仮定して後

継者の相続税額を計算します。

（ステップ２＝Ｂの計算）

		配偶者	長男	次男	合計
相続財産					
	現金預金	110,000,000	100,000,000	0	210,000,000
	不動産	250,000,000	0	0	250,000,000
	自社株式（700株）	0	350,000,000	50,000,000	400,000,000
	債務・葬式費用	△ 10,000,000			△ 10,000,000
課税価格		350,000,000	450,000,000	50,000,000	850,000,000
基礎控除額		3,000万円 +600万円× 3 人			48,000,000
法定取得金額		401,000,000	200,500,000	200,500,000	802,000,000
相続税の総額		158,500,000	63,255,000	63,225,000	284,950,000
税額按分割合		0.4118	0.5294	0.0588	1.0000
算出税額		117,342,400	150,852,500	16,755,000	284,949,900
				②	

Ｃの計算

納税猶予額（①又は②のいずれか小さい額）	16,755,000
長男（後継者）の納税額（①－上記）	17,545,000

89 相続税の納税猶予計算事例（みなし相続と実相続がある場合）

非上場株式等の納税猶予及び免除制度の特例は一定以上の株式の贈与を行うことが要件（措法70の７の５①一）ですが、全株の贈与が要件ではありません。

下記事例のように、先代経営者が第一種特例贈与（円滑化省令６①十一）後、一定期間内に死亡した場合は贈与未済の株式を相続（第２種特例相続）することができます。先代経営者は第１種特例被相続人にはなれません（円滑化省令⑥①十二ト(7)）が、第２種特例相続はその対象者を広く株主全体に認めており、先代経営者であったとしても第２種特例被相続人となれます。（円滑化省令６①十四リ）

先代経営者が死亡した場合には、納税猶予されていた贈与税が免除されますが、贈与を受けた株式を先代経営者から相続したものとみなして（贈与時の株価で）相続税が課されます。（措法70の７の７①・「みなし相続」）（計算事例・**93**参照）

	現在	贈与	贈与後	相続	相続後
先代経営者	300株	△200株	100株	△100株	０株
後継者（長男）	０株	200株	200株	100株	300株
合計	300株	０株	300株	０株	300株

株式評価額　　　　　　@100万円　　　　　　@150万円

したがって、先代経営者の相続が開始された場合には、200株×@100万円＝２億円はみなし相続財産となり、100株×@150万円＝1.5億円は実相続財産となります。

90　遺留分の減殺請求があった場合の相続税の納税猶予計算の更正

(1)　相続税の納税猶予と遺留分減殺請求

相続税法では、遺留分減殺請求に基づき返還すべき又は弁償すべき額が確定した場合において、それにより財産の返還を受けた者（価額弁償を受けた者を含みます。）は、相続税の申告（期限後申告又は修正申告）をすることができることとされています。

また、相続税法では、相続税について申告書を提出した者は、遺留分による減殺の請求に基づき返還すべき、又は弁償すべき額が確定したことにより当該申告に係る課税価格及び相続税額が過大となったときは、４か月以内に限り、

納税地の所轄税務署長に対し、その課税価格及び相続税額の更正請求をすることができる旨、規定しています。（相税法32）

⑵　自社株式の返還と納税猶予の取消し

特例経営相続承継期間（５年以内）のうちに一部でも譲渡した場合には猶予税額の全額（措法70の７の５③、70の７③五、70の７の６③、70の７の２③五）を、５年経過後であれば、譲渡した部分に対応する猶予税額（措法70の７の５③、70の７⑤ニ、70の７の６③、70の７の２⑤二）を納付する必要があります。

特例経営承継相続人が自社株式の返還により現物にて弁済をした場合には、一部の譲渡又は贈与に該当するかどうか、それとも納税猶予額の納付ではなく、遡って納税猶予税額の更正請求ができるものと考えられるかどうか、直接の規定はありません。

しかし、一部の譲渡又は贈与とは考えられず、他の要件（筆頭株主要件等）を満たしているのであれば、当初申告の更正の請求により、課税価格、猶予税額共に再計算となると考えられます。

平成22年資産課税課情報（337ページ）においても同趣旨ですが、平成30年の民法改正により、遺留分減殺請求権の法的性質が大きく変わりましたので、今後の取扱いについては留意が必要です。

（事例）

特例経営承継相続人が先代経営者（父）からの遺贈により、特例対象株式を相続し、相続税の納税猶予の適用を受けていたところ、遺留分の減殺請求を受け和解します。相続税の納税猶予税額はどうなるのでしょうか。

相続人：配偶者、子２人（後継者である特例経営承継相続人と妹）

被相続人の相続開始時の財産：不動産１億円、預金２億円

特例経営承継相続人に対する遺贈：自社株式９億円（発行済議決権株式総数の２／３。残りの１／３は他の同族株主が所有）

（遺留分算定基礎財産の価額）

不動産１億円＋預金２億円＋自社株式９億円 ＝12億円

（個々の相続人の遺留分の額）

配偶者＝12億円×１／２×１／２＝３億円

子２人＝各12億円×１／２×１／４＝各１億5,000万円

被相続人の相続開始時の財産を、母が不動産１億円、預金１億円を相続し、

１億円（３億円－２億円）の遺留分侵害を受け、妹は預金１億円を相続し、5,000万円（１億5,000万円－１億円）の遺留分侵害を受けていることになり、それぞれ後継者に対して、遺留分減殺請求をしています。

（遺言による相続税当初申告）　　（円）

		配偶者	後継者（長男）	妹	合計
相続財産					
	現金預金	100,000,000	0	100,000,000	200,000,000
	不動産	100,000,000	0	0	100,000,000
	自社株式（700株）	0	900,000,000	0	900,000,000
	債務・葬式費用	0			0
課税価格		200,000,000	900,000,000	100,000,000	1,200,000,000
基礎控除額		3,000万円 +600万円× 3 人			48,000,000
法定取得金額		576,000,000	288,000,000	288,000,000	1,152,000,000
相続税の総額		246,000,000	102,600,000	102,600,000	451,200,000
税額按分割合		0.1667	0.7500	0.0833	1.0000
算出税額		75,200,000	338,400,000	37,600,000	451,200,000
配偶者控除		△ 75,200,000			
申告納税額		0	338,400,000	37,600,000	376,000,000

長男は特例対象株式のみを相続しているので、全額が納税猶予となります。

納税猶予税額　338,400,000

遺留分減殺請求を受けて和解後、自社株式を配偶者と妹へ返還した場合

		配偶者	後継者(長男)	妹	合計
相続財産					
	現金預金	100,000,000	0	100,000,000	200,000,000
	不動産	100,000,000	0	0	100,000,000
	自社株式	100,000,000	750,000,000	50,000,000	900,000,000
	債務・葬式費用	0			0
課税価格		300,000,000	750,000,000	150,000,000	1,200,000,000
基礎控除額		3,000万円 +600万円× 3 人			48,000,000
法定取得金額		576,000,000	288,000,000	288,000,000	1,152,000,000
相続税の総額		246,000,000	102,600,000	102,600,000	451,200,000
税額按分割合		0.2500	0.6250	0.1250	1.0000
算出税額		112,800,000	282,000,000	56,400,000	451,200,000
配偶者控除		△112,800,000			
申告納税額		0	282,000,000	56,400,000	338,400,000

長男は特例対象株式のみを相続しているので、全額が納税猶予となります。

納税猶予税額　282,000,000

更生の請求（還付）税額なし

長男が、他の財産を取得している場合には、再計算して減額を受けることになります。

配偶者は税額軽減により税額不変、妹は修正申告の対象となります。

平成31年７月１日の改正民法施行日以後は、遺留分減殺請求権は、金銭債権としての請求が原則となるので、この事例のように、現物返還に合意してくれるかどうかは困難となりました。

仮に現物返還の合意を得た場合及び価額弁償の場合において、下記質疑事例

が、なお参考になると考えられます。

非上場株式等についての相続税・贈与税の納税猶予の特例等に関する質疑応答事例について（平成22年２月16日国税庁資産課税課情報）

問41　特例受贈非上場株式等の修正（２）：贈与者の相続の開始に伴い遺留分減殺請求がなされた場合の贈与税の納税猶予の特例関係

（問）　子Ａは、父から認定贈与承継会社に係る非上場株式等の贈与を受け、適法に贈与税の納税猶予の特例の適用を受けていたが、贈与者である父が死亡したため、特例の適用を受けていた猶予中贈与税額に相当する贈与税について免除届出書等必要な書類を提出し、免除された。

ところで、贈与者である父の死亡に係る遺産の相続に関し、子Ａに対し遺留分権利者である子Ｂから遺留分の減殺請求がなされ、子Ａは亡くなった父から贈与を受けた特例受贈非上場株式等の一部を子Ｂに返還した。

この場合に、子Ａが子Ｂに対し特例受贈非上場株式等の一部を返還することにより、子Ａが適用を受けていた贈与税の納税猶予の特例について、措置法第70条の７第１項に規定する特例の対象となる贈与に係る要件を満たさないこととして遡及して取り消されることになるのか。

また、子Ａが特例受贈非上場株式等を子Ｂに返還したことにより、当初の贈与税の申告における課税価格及び贈与税額が過大となったときは、子Ａは、相続税法第32条第３号の規定に基づき更正の請求をすることができるのか。

（答）

子Ａが適法に受けていた贈与税の納税猶予の特例の適用について、特例適用時に遡及して取り消されることはない。

なお、子Ａは、特例受贈非上場株式等を子Ｂに返還したことにより、当初の贈与税の申告に係る課税価格及び贈与税額が過大となったときは、相続税法第32条第３号の規定に基づき更正の請求をすることができる。

（注１）　子Ａが贈与者である父の死亡による相続又は遺贈に係る相続税の申告において措置法第70条の７の４（贈与者が死亡した場合の相続税の納税猶予の特例）の規定の適用を受けている場合には、遺留分の減殺請求があったことにより、子Ａは遺留分権利者である子Ｂに対し返還した特例相続非上場株式等を有しないこととなるため、当

該返還した株式等に係る特例相続非上場株式等は、贈与者が死亡した場合の相続税の納税猶予の特例の対象とならない。したがって、子Ａは、特例相続非上場株式等を返還したことにより、父の死亡による相続又は遺贈に係る相続税の申告における課税価格及び相続税額が過大となったときは、相続税法第32条第３号の規定に基づき、当該相続税の申告について更正の請求をすることができる。

（注２） 特例受贈非上場株式等の返還によらず、現金等価額による弁償があった場合も上記と同様である。

91 相続税額納税猶予のデメリット

⑴ 期限確定の場合の利子税（特例基準割合が1.6％の場合、0.7％）

納税猶予の取消（期限確定）時において、猶予されていた税額を納付することになります。納税猶予の取消（期限確定）事由は多岐にわたっており、また長期間にわたり留意しなければなりません。（期限確定の詳細は第７章参照）

また、納税猶予の期限が確定した場合には、納税猶予額に併せて利子税を納付しなければなりません。（詳細は第９章参照）

⑵ 将来の自社株移転制限

事業承継税制の適用を受けた後継者（２代目）は、次世代の後継者（３代目）に対して自社株式を贈与すると、贈与した株式数に対応した納税猶予額と利子税を納付する必要があります。ただし、次の後継者（３代目）への贈与について事業承継税制を適用する場合には、後継者（２代目）は納税の免除を受けることができます。

事業承継税制の適用を受けた後継者は、次世代の後継者に対する自社株式承継対策として、事業承継税制しか利用できなくなってしまうといっても過言ではないでしょう。

⑶ 特例制度の期限延長がない場合の次世代相続

後継者の相続の時期が2027年12月31日を超える場合、特例制度が期限延長されない場合には、孫（３代目）は経営承継相続人等として、一般規定（措法70の７の２）の相続税の納税猶予の適用となります。この場合、猶予対象株式は発行済株式総数の３分の２までであり、その80%が猶予対象株式となってしまいます。

⑷　直系血族外への贈与は要注意（**92**参照）

92　直系血族外及び親族外贈与の場合の贈与者の相続税計算

親族には後継者となる者がいないことから、親族外の取締役Ａを後継者として事業承継します。後継者Ａは先代経営者から特例認定承継会社の非上場株式等（以下「特例株式等」といいます。）を受贈し、贈与税の納税猶予を受けました。その後、贈与者に相続が発生した時にはどのような計算になるのでしょうか。

（具体例）

	現在	承継①	①の後	承継②	②の後	承継③	③の後
先代経営者	75株	−55株	20株	−20株	0株		0株
後継者Ａ（親族外）	15株	55株	70株		70株	10株	80株
取締役Ｂ（親族外）	10株		10株		10株	−10株	0株
認定承継会社	0株		0株	20株	(20株)		(20株)
合計	100株	0株	100株	0株	80株	0株	80株

⑴　親族外への承継と贈与税の納税猶予

親族には後継者となる者がいないことから、親族外の取締役Ａを後継者として事業承継し、後継者Ａは先代経営者から55株を受贈し（承継①）、贈与税の納税猶予を受けました。（措法70の７の５①）

この時の株式評価額は2.2億円（@400万円×55株）、相続時精算課税制度を併用することにより、贈与税の納税猶予額は3,900万円となりました。

先代経営者は残りの20株を現金化するために、自社に自己株式取得させました（承継②）。この時の株式譲渡額は1.2億円（法基通９－１－14により計算。@600万円×20株）、先代経営者はみなし配当課税を受けるため、所得税・住民税を差し引いた手取額は約5,900万円となりました。

贈与税の納税猶予額は相続税法上の株価で計算されるのに対し、自己株式取得の対価は法人税法上の株価を考慮して決定します。

⑵ 贈与者死亡時の留意点

後継者Ａは先代経営者が死亡した際、受贈した株式について先代経営者から遺贈により（贈与時の時価で）取得したものとみなされます。（措法70の７の７①）

後継者Ａは相続税の納税猶予に切り替えることにより相続税の納税猶予を受ける（措法70の７の８①）ことができますが、その前提として、都道府県知事の切替確認を受けなければなりません（措規23の12の５⑬、円滑化省令13①④）。この切替確認は「相続の開始の日の翌日から８月を経過する日まで」（円滑化省令13②）に行わなければなりません。この期限の起算日は「相続の開始があったことを知った日」（相法27）からの起算ではありません。したがって、切替確認を滞りなく行うためには、先代経営者の死亡の事実を速やかに把握できるよう留意しておく必要があります。

一方、先代経営者の相続人は、本来の相続財産でない自社株式が相続税の課税対象に含められてしまうことで適用される相続税率が高くなり、相続税の負担額が増えてしまいます。

（参考）先代経営者の遺産は現預金のみ、相続は娘１人の場合

相続財産	相続税の税率	娘の相続税額
現預金（１億円）	30%	12,200,000円
現預金（１億円）＋自社株式（2.2億円）	45%	31,500,000円

相続税を申告する過程で遺産の内容が後継者Ａに知れてしまうことも、先代経営者の相続人にとって気分の良いことではありませんし、後継者Ａは、遺族より、遺留分の減殺請求を受ける可能性もあります。直系血族外や親族外の後

継者へ事業承継する場合には、これらのことを考慮して先代経営者の相続人と事前に相談をしておく必要があります。

⑶　後継者Ａは取締役Ｂから10株を受贈しました。（円滑化省令③）

この贈与の申告期限が特例承継期間の末日までに到来する場合には、贈与税の納税猶予を受けることが可能です（第２種特例贈与）。ただし、取締役Ｂの相続に後継者Ａが参加しなければならないことは、先代経営者の相続と同様です。

取締役Ｂから自己株式取得する対応も考えられます。自己株式の取得額を配当還元価格とした場合には、後継者Ａにみなし贈与税が課されますので注意が必要です。みなし贈与税を回避するためには、原則評価額（相続税法上の株価）で取得する必要があります。

なお、取締役Ｂから後継者Ａへの贈与は、承継①の前であれば、特例評価額（配当還元価額）となります。

親族外承継の実務としては、取締役Ａ、Ｂの他に取締役Ｃ、Ｄ、Ｅ、課長Ｆ、Ｇを加え７人以上の親族外従業員に、各人14.9％以下で分散する手法もあります。（第５章**82**（310ページ）参照）

93 贈与税の納税猶予から相続に渡る場合

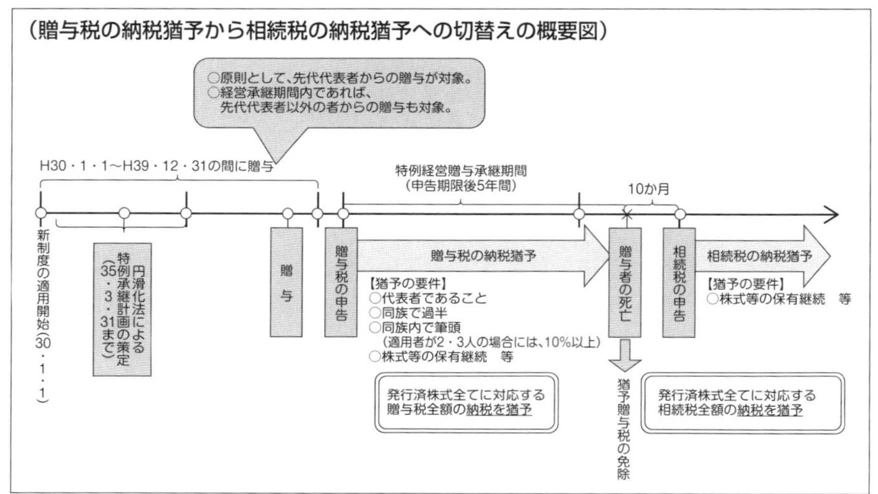

（財務省「平成30年度　税制改正の解説」610ページ）

⑴　特例経営承継受贈者に係る贈与者死亡の贈与税免除

特例経営承継受贈者に係る贈与者が死亡した場合には贈与税が免除されます（措法70の７の５⑪、70の７⑮）。この場合において、特例経営承継受贈者は、その該当することとなった日から同日以後10か月を経過する日（「免除届出期限」）までに、届出書を納税地の所轄税務署長に提出しなければなりません。

⑵　みなし相続

特例経営承継受贈者に係る特例贈与者が死亡した場合には、特例贈与者の死亡による相続又は遺贈に係る相続税については、その特例経営承継受贈者が特例贈与者から相続又は遺贈（特例経営承継受贈者が特例贈与者の相続人以外の者である場合には、遺贈）によりその特例対象受贈非上場株式等の取得をしたものとみなします。（みなし相続）

この場合において、その死亡による相続又は遺贈に係る相続税の課税価格の計算の基礎に算入すべき特例対象受贈非上場株式等の価額については、特例贈与者から贈与により取得をした対象受贈非上場株式等の贈与の時における価額を基礎として計算するものとされます。（措法70の７の７①）

(3)　相続税の納税猶予への渡り

特例贈与者から相続又は遺贈により取得をしたものとみなされた対象受贈非上場株式等について、特例経営相続承継受贈者が、その相続に係る相続税の申告書の提出により納付すべき相続税の額のうち、特例対象受贈非上場株式等で相続税の申告書に特例の適用を受けようとする旨の記載があるものに係る納税猶予分の相続税額に相当する相続税については、相続税の申告書の提出期限までに納税猶予分の相続税額に相当する担保を提供した場合に限り、その特例経営相続承継受贈者の死亡の日まで、その納税が猶予されます。（措法70の７の８①）

（計算事例）

	現在	贈与	贈与後	父の相続
父（先代経営者）	200株	△200株	０株	ー
母	100株		100株	ー
子（後継者）	０株	200株	200株	(200株)

１株当たり評価額　　@100万円　　@150万円

	配偶者	長男	合計
相続財産			
現金預金	110,000,000	100,000,000	210,000,000
不動産	250,000,000	0	250,000,000
自社株式（みなし相続）	0	200,000,000	200,000,000
債務・葬式費用	△ 10,000,000		△ 10,000,000
課税価格	350,000,000	300,000,000	650,000,000
基礎控除額	3,000万円 +600万円× 2 人		42,000,000
法定取得金額	304,000,000	304,000,000	608,000,000
相続税の総額	110,000,000	110,000,000	220,000,000

税額按分割合	0.5385	0.4615	1.0000
算出税額	118,461,538	101,538,461	219,999,999
配偶者控除	△ 110,000,000		
申告納税額	8,461,500	101,538,400	109,999,900

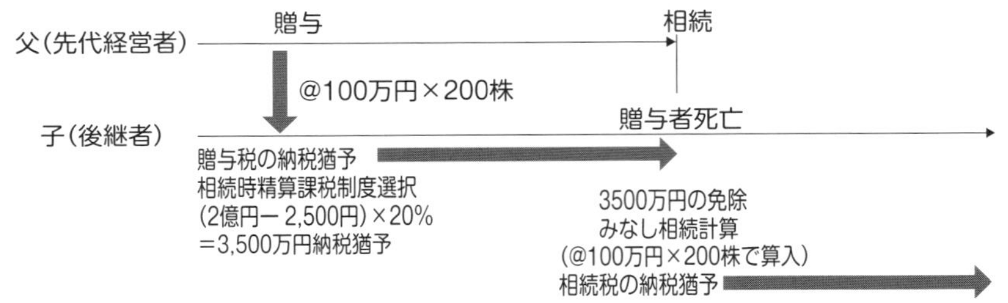

相続税納税猶予額

① 子が@100万円でみなし相続し、同額にて相続税納税猶予計算する。
101,538,400円

② 子が納税猶予の適用対象株式のみを取得したものと仮定して相続税の計算をする。
63,490,900円

③ 納税猶予額（①②いずれか小さい額） 63,490,900円

④ 子の納税額（①－③） 38,047,500円

94 相続税の納税猶予を受けていた後継者に相続が発生した場合

特例を受けるためには、5年以内（2018年4月1日から2023年3月31日まで）の特例承継計画の提出が要件となります。また特例代表者と特例後継者を記載する必要があります。

このため、5年以内に1代目から2代目への特例承継計画を提出したのち、短期間に1代目に相続が発生して相続税の納税猶予を受けた場合、直ちに（2023年3月31日までに）2代目から3代目への特例承継計画を提出し、2027年12月31日までに2代目が死亡した場合にのみ該当します。

2代目の相続の時期が2027年12月31日を超える場合には、特例制度の適用は

受けられないことになりますが、一般措置（措法70の７の２）の適用は受けられます。

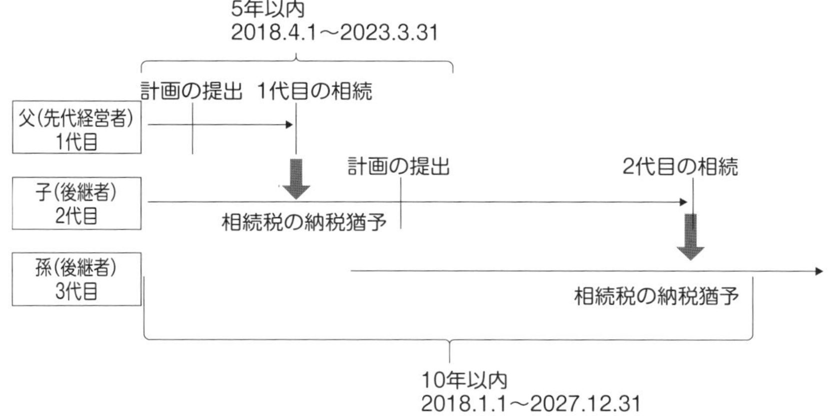

95　認定承継会社が持分あり医療法人の出資を保有する場合

(1)　認定承継会社が持分あり医療法人の出資を保有する場合

医療法人については、平成18年の医療法人制度改革（非営利性の徹底）により、「“持分あり法人”から“持分なし法人”への移行」を政策的に推進すべきとされたこと等を踏まえ、（医療法人に事業承継税制の適用を認めることは、持分あり法人であり続けることを支援し、政策に逆行することになりかねないため）事業承継税制の適用対象とはされていません。

しかしながら、医療法人の出資を認定承継会社に保有させることにより、実質的に医療法人の出資に対して納税猶予が認められるような行為が行われる可能性は否定できず、こうした行為は事業承継税制を利用した租税回避行為と考えられます。

他方で、中小企業が医療法人の出資を有することについて際限なくこの特例の適用を排除することは、執行上の観点から適当ではありません。

このような点を踏まえ、医療法人と特別の関係がある認定会社の納税猶予税額の計算においても、その有する当該医療法人の出資の価額相当を除外して算出することとされました。

⑵　具体的内容

納税猶予分の贈与税額の計算をする場合において、特例受贈非上場株式等に係る認定贈与承継会社又は当該認定贈与承継会社の特別関係会社であって当該認定贈与承継会社との間に支配関係がある法人が会社法第２条第２号に規定する外国会社（当該認定贈与承継会社の特別関係会社に該当するものに限ります。）又は一定の医療法人（注）の株式等を有するときには、「当該認定贈与承継会社等が当該外国会社又は医療法人の株式等を有していなかったものとして計算した価額」を経営承継受贈者に係るその年分の贈与税の課税価格とみなすこととされました。（措法70の７②五、70の７の５②八、措令40の８⑫、40の８の５⑮）

（注）「一定の医療法人」とは、認定贈与承継会社並びに当該認定贈与承継会社の代表権を有する者及び当該代表権を有する者と特別の関係がある者（措令40の８⑦各号）が有する医療法人の出資の総額の50％を超える金額である場合における当該医療法人をいいます。（措令40の８⑫）

⑶　具体的な計算方法

外国会社株式を有する場合と同じです（**99**参照）。すなわち、「当該外国会社等の株式等を有していなかったものとして計算した」価額とは、特例受贈非上場株式等の価額を評価基本通達の定めにより計算した価額を基礎とし、認定贈与承継会社又は認定贈与承継会社の特別支配関係法人が有していなかったものとされる医療法人持分の価額及びその医療法人から受けた配当金に相当する金額を除外したところで計算した場合の当該株式等の価額とするとされています（措通70の７－14）。なお、医療法人は配当が禁止されていますので、調整するのは純資産価額方式、類似業種比準方式いずれもその持分の帳簿価額だけになります。

（純資産価額方式）

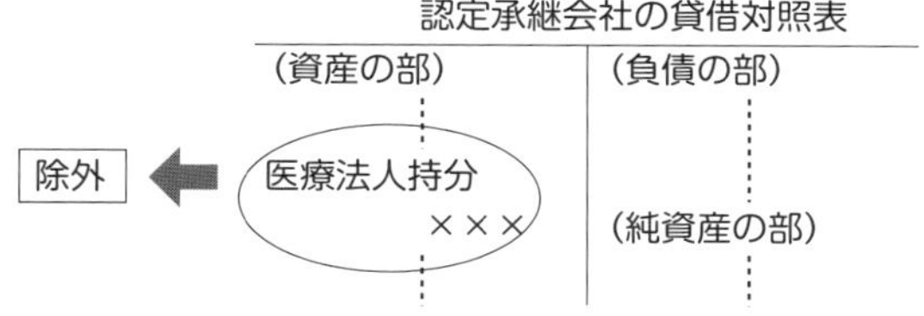

（類似業種比準方式）

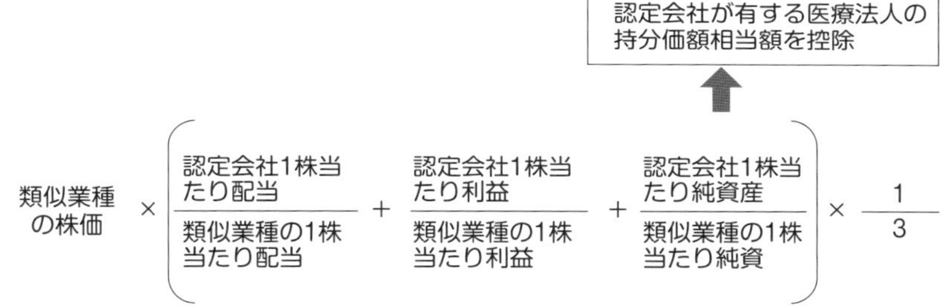

96　後継者及び認定承継会社が上場株式等を保有する場合

事業承継税制は、所有と経営が一致している中小企業について、後継者への承継に係る相続税・贈与税の負担を軽減することで、円滑な事業承継を通じた雇用確保・地域経済の活力維持を図ろうとするものです。そのため、事業承継税制では、①資産管理会社（措法70の７②一ロ、③九、⑤一等）、②行為計算否認（措法70の７⑭等）、③現物出資規制（措法70の７㉙等）といった措置（適正化措置）を設けることにより、同制度の利用によって個人資産の承継を主眼とした租税回避行為などが行われないような手当てが施されています。

ところで、大量の上場株式等を有している会社については、一般的には、資産管理会社に該当するため事業承継税制の適用が受けられないところですが、そのような会社であっても、事業実態（注）があれば、例外的に事業承継税制の適用が認められています

こうした会社の中には、中小企業であるにもかかわらず、（持株会社的に）多額の上場株式等を保有するものもあり、こうした会社の株式等についてまで

事業承継税制の適用を認めることは、上場株式等について事業承継税制の適用を認めることと実態として変わらないことにもなりかねません。

そこで、上場株式等を保有する中小企業のうち、資産管理会社に該当するものに焦点を絞った上で、資産管理会社である認定会社と後継者グループで、上場会社株式の発行済株式総数の３％以上を有する場合には、その上場会社株式等を有していなかったものとして計算した株価を基に納税猶予額を算定します（措法70の７の５②八、措令40の８⑫、40の８の５⑮）。具体的な計算方法は、外国会社株式を有する場合と同じです。（**99**参照）

（注）　資産保有型会社・資産運用型会社に該当しないものとみなされる要件（措令40の８⑥、措規23の９⑤）

・常時使用従業員が勤務する事業所等の施設を所有又は賃借していること

・常時使用従業員数（後継者及び後継者の生計同一親族を除く）が５人以上であること

・贈与・相続時において、３年以上継続して自己の名義・計算において商品の販売・資産の貸付（後継者グループに対する貸付を除く）・役務提供等を行っていること

この要件を満たすことにより事業承継税制の適用を受ける資産保有型会社・資産運用型会社は、保有する一定の上場会社の株式等の価値を除いて納税猶予額を計算することになりますので注意が必要です。

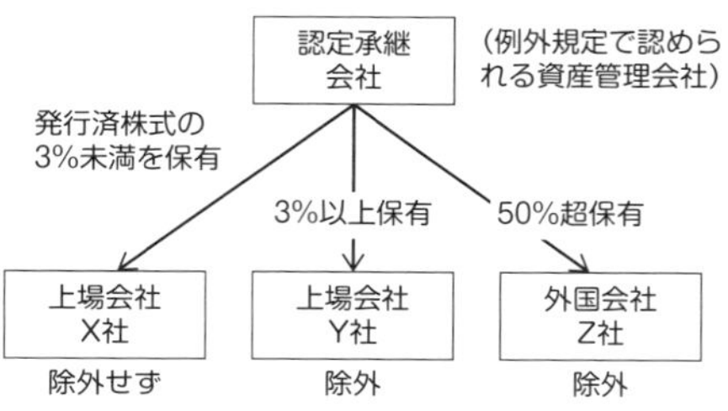

97　本来の資産保有型会社等に該当しない場合の上場株式等の保有

認定会社が資産管理会社に該当しない場合は、上場会社株式（Ｙ社株式）の除外計算は行われません。

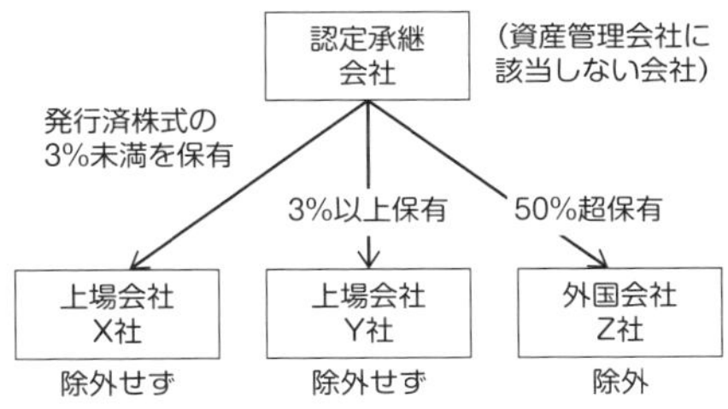

98　特例認定承継会社が承継期間後に上場の場合の切替確認要件及びその後の課税

適用対象となる会社は、中小企業者であること及び非上場会社であることが要件とされています。

事業承継税制は、贈与税の納税猶予中に経営承継受贈者に係る贈与者が死亡した場合に、贈与税から相続税に切り替えて、引き続きその経営承継受贈者について納税を猶予することを可能とする制度ですが、その切替時において、経営承継受贈者の経営努力により従業員が増加して大会社になっていた場合や、成長して上場会社となっていた場合などには、上記の要件を満たさないことから、納税猶予の適用対象外となりかねません。

そこで、平成29年度改正において特例贈与者に相続が開始した場合の切替要件のうち、事業承継税制適用後に、認定承継会社等が大会社・上場会社（経営承継期間経過後に限ります。）に該当しても納税猶予は打ち切られず、相続税の納税猶予への切替えも認められます。（措法70の７の４②、措令40の８の２⑩）

なお、当然のことながら、次の事業承継について事業承継税制を適用することはできません。

99　特例認定承継会社が外国子会社等を保有する場合

特例認定承継会社が外国会社株式を有する場合には、その外国会社株式等を有していなかったものとして計算した株価を基に納税猶予額を算定します。（措法70の７の５②八、70の７の６②八、措通70の７－14、70の７の２－16、70の

7の5－13)

（事例）

当社（特例認定贈与承継会社）は、中国に製造子会社を設立し、完全支配関係を維持しています。当社の貸借対照表、損益計算書等は以下のとおりです。

今般、当社の先代経営者である父から、特例経営承継受贈者である後継者へ3分の2の株式（2,000株）を一括贈与します。贈与税の課税価格及び納税猶予税額はどのように計算するのでしょうか。

1　純資産価額方式の場合

外国会社株式等の時価純資産額を除外して株価を計算し、その株価に基づいて納税猶予額を算定します。

(1)　外国子会社株式保有の純資産価額

資産の部			負債の部		
	相続税評価額	帳簿価額		相続税評価額	帳簿価額
その他資産	1,050,000	850,000	諸負債	500,000	500,000
外国子会社株式	300,000	100,000			
合計	1,350,000	950,000		500,000	500,000

①	相続税評価額による純資産価額		850,000	千円
②	帳簿価額による純資産価額		450,000	
③	評価差額に相当する金額	①－②	400,000	
④	評価差額に対する法人税額等	③×37%	148,000	
⑤	課税時期現在の純資産価額	①－④	702,000	
⑥	発行済み株式数		3,000	株
⑦	1株当たりの純資産価額		234,000	円

(2)　外国子会社株式を有していなかったものとした純資産価額

資産の部			負債の部		
	相続税評価額	帳簿価額		相続税評価額	帳簿価額
その他資産	1,050,000	850,000	諸負債	500,000	500,000
外国子会社株式	－	－			
合計	1,050,000	850,000		500,000	500,000

①	相続税評価額による純資産価額		550,000	千円
②	帳簿価額による純資産価額		350,000	
③	評価差額に相当する金額	①－②	200,000	
④	評価差額に対する法人税額等	③×37%	74,000	
⑤	課税時期現在の純資産価額	①－④	476,000	
⑥	発行済み株式数		3,000	株
⑦	１株当たりの純資産価額		158,667	円

(3)　納税猶予税額と納税額

2,000株を一括贈与する場合の納税猶予税額と、贈与時の納税額は次のとおりとなります。（相続時精算課税制度選択の場合）

総資産価額@234,000円×2,000株＝468,000,000円

有していない場合@158,667円×2,000株＝317,334,000円

単位：円

純資産価額	外国株式	
相続時精算課税	有する場合	有しない場合
贈与額	468,000,000	317,334,000
特別控除	25,000,000	25,000,000

課税価格	443,000,000	292,334,000
贈与税額	88,600,000	58,466,800
納税猶予額	58,466,800	
納税額	30,133,200	

納税猶予とならない部分（外国会社株式等対応部分）である下記税額は納税する必要があります。

納税額＝88,600,000円－58,466,800円＝30,133,200円

2　類似業種比準方式の場合

類似業種比準方式の場合、①認定会社の１株当たりの利益から認定会社が外国会社から受領した配当収入額を控除し、②認定会社の１株当たりの純資産から認定会社が有する外国会社株式等の価額相当額（簿価ベース・間接保有含む）を控除して株価を計算し、その株価に基づいて納税猶予額を算定します。特例認定承継会社との間に支配関係がある法人（特別関係会社に限る）が外国会社株式等を有する場合も、その外国会社株式等を有していなかったものとして計算した株価を基に納税猶予額を算定します。(357ページ参照)

(1)　当社の損益計算書等と外国会社株式を有していなかったとした場合

損益計算書	円	有していないとした場合	円
営業利益	40,000,000	営業利益	40,000,000
子会社配当金	10,000,000	子会社配当金	–
源泉所得税	1,000,000	源泉所得税	–
税引き前当期純利益	49,000,000	税引き前当期純利益	40,000,000
別表加算		別表加算	
源泉所得税損金不算入	1,000,000	源泉所得税	–
別表減算		別表減算	
子会社配当金益金不算入	9,500,000	子会社配当金	–
所得金額	40,500,000	所得金額	40,000,000

資本金	30,000,000	円
発行済み株式数	3,000	株

１株当たり資本金等　10,000　円／株
年平均配当金額　@100円　3,000,000円
年利益金額　40,500,000
簿価純資産額　450,000,000
（外国株式簿価　100,000,000）

(2)　外国子会社株式を有している当社の類似業種比準価額

１株当たり年利益金額

（調整前）　（千円）

法人税課税所得	受取配当金	左の所得税	差引利益金額
40,500	9,500	1,000	49,000

	年配当金額	年利益金額	純資産価額
評価会社	5.00	81.00	750.00
類似業種	4.00	28.00	237.00
要素別比準割合	1.25	2.89	3.16

比準割合＝　2.43
１株当たり類似業種比準株価＝　207円
１株（50円）当たり比準株価＝　352.10円
１株（１万円）当たり比準株価＝　70,420円
贈与2,000株の評価額＝　140,840,000円

(3)　外国子会社株式を有していなかったものとした場合の類似業種比準価額

１株当たり年利益金額

（調整後）　（千円）

法人税課税所得	受取配当金	左の所得税	差引利益金額
40,000	0	0	40,000

	年配当金額	年利益金額	純資産価額
評価会社	5.00	66.00	583.00
類似業種	4.00	28.00	237.00
要素別比準割合	1.25	2.35	2.45

比準割合＝　2.01

１株当たり類似業種比準株価＝　207円

１株（50円）当たり比準金額＝　291.20円

１株（１万円）当たり比準金額＝	58,240円

贈与2,000株の評価額＝　116,480,000円

⑷　納税猶予税額と納税額

2,000株を一括贈与する場合の納税猶予税額と、贈与時の納税額は次のとおりとなります。（相続時精算課税制度選択の場合）

単位：円

類似業種比準価額	外国株式	
相続時精算課税	有する場合	有しない場合
贈与額	140,840,000	116,480,000
特別控除	25,000,000	25,000,000
課税価格	115,840,000	91,480,000
贈与税額	23,168,000	18,296,000
納税猶予額	18,296,000	
納税額	4,872,000	

納税猶予とならない部分（外国会社株式等対応部分）である下記税額は納税する必要があります。

納税額＝23,168,000円－18,296,000円＝4,872,000円

当社は「大会社」に該当します。よって、純資産価額方式を採用することなく、類似業種比準価額方式にて、納税猶予を受けることとします。

３　外国孫会社を有する場合の再計算

特例認定贈与承継会社が外国孫会社の株式等を有する場合の納税猶予分の贈与税額の計算の基となる特例非上場株式等の価額については、第２章の**40**の189ページをご覧ください。

100　外国子会社等を保有する特例認定贈与承継会社に相続が発生した場合

特例経営承継受贈者（後継者）に係る特例贈与者（父）が死亡した場合には、父の死亡による相続税については、後継者が父から相続により、その特例対象受贈非上場株式等の取得をしたものとみなします。この場合において、その死亡による相続税の課税価格の計算の基礎に算入すべき当該特例対象受贈非上場株式等の価額については、贈与の時における価額を基礎として計算するものとされます。（措法70の７の７①）

その上で、外国会社株式等を有している特例認定承継会社について、贈与税の納税猶予から相続税の納税猶予へ切り替える場合には、相続税の納税猶予額の算定基礎となる適用対象株式の株価を贈与時の株価調整計算とは別に再計算することとされています。（措規23の12③、措通70の７の４－６）

（事例）

私（特例経営承継受贈者である後継者）の父（先代経営者）に相続が発生しました。事業は継続しており、相続税の納税猶予を引き続き受けたいと考えています。この場合の当社株式の評価額はどのように計算するのでしょうか。

1　特例株式の贈与者に相続が発生した場合

父の死亡による相続税の課税価格の計算の基礎に算入すべき当該特例対象受贈非上場株式等の価額については、贈与の時における価額を基礎として計算するものとされます（措法70の７の７①）。ただし、「猶予中贈与税額に対応する部分に限るものとし」とされます。当社の場合には、140,840,000円（前問**2**）が相続税の課税価格に算入されることとなります。

この場合相続時精算課税を選択しているので、140,840,000円が相続財産に加算され、納税した4,872,000円は税額控除されます。

2　相続税の納税猶予へ切り替える場合

外国会社株式等を有している特例認定承継会社について、贈与税の納税猶予から相続税の納税猶予へ切り替える場合には、相続税の納税猶予額の算定基礎となる適用対象株式の株価を再計算します。（措規23の12③、措通70の７の４

－６）

具体的には、次の株価のうち、いずれか小さい金額で相続税の納税猶予額を算定します。（358ページ参照）

① 贈与税の納税猶予額の算定基礎となった株価（外国株式等の価値を除いた贈与時株価）：@58,240円／株➡116,480,000円（上限額）

② 次の算式による株価

贈与時株価（外国株式等の価値を含む。）× 認定会社の相続時純資産額（外国株式の価値を除く）／認定会社の相続時純資産額

イ 贈与時株価（外国子会社株式を含む）@70,420円×2,000株＝140,840,000円

ロ 外国子会社株式の評価（純資産簿価）贈与時３億円➡ 相続時５億円

ハ 認定会社の相続時純資産額 12億円（注）

140,840,000×（12億円－５億円）／（17億円－５億円）＝82,156,600円（算出額）

（注） 相続時の認定承継会社の貸借対照表

（相続時）　　（千円）

資産の部			負債の部		
	相続税評価額	帳簿価額		相続税評価額	帳簿価額
その他資産	1,200,000	900,000	諸負債	500,000	500,000
外国子会社株式	500,000	100,000			
合計	1,700,000	1,000,000		500,000	500,000

相続税評価額による純資産価額 1,200,000千円

①上限額116,480,000円よりも、②算出額82,156,600円の方が小さいことから、当社は、納税猶予へ切り替える場合には、相続税の納税猶予額の算定基礎となる適用対象株式の株価は②算出額により、82,156,600円として再計算します。

その結果、①－②＝34,323,400円分、納税猶予相続税の計算上、相続税評価額が減額され、結果的に納付税額が増えることになります。

図1　認定会社の「特別関係会社」と「認定会社との間に支配関係のある法人」の関係

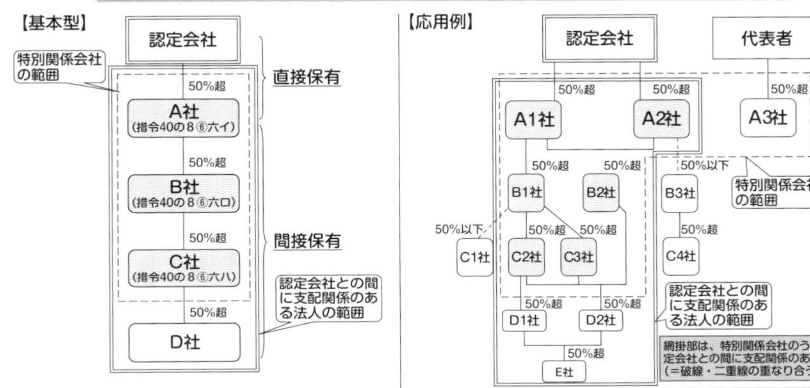

・認定会社は、（B・C・D社の株式等を直接保有していないが）これら会社との間に支配関係があることから、これらの会社の50%超の株式等を有しているものとみなされる（間接保有）。
・特別関係会社（A・B・C社）のうち、いずれか1以上の会社が外国会社に該当する場合には、認定会社が雇用確保要件（5人以上）を満たさない限り、納税猶予の適用は受けられない（そもそも経済産業大臣認定も受けられない）（下記(3)参照）。
・なお、D社は、（認定会社に間接保有されているが）認定会社の特別関係会社に該当しないため、D社が外国会社に該当したとしても、認定会社に雇用確保要件は課されない。

・認定会社は、（B1・B2・C2・C3・D1・D2・E社の株式等を直接保有していないが）これらの会社との間に支配関係があることから、これらの会社の50%超の株式等を有しているものとみなされる（間接保有）。
・特別関係会社（A1・A2・B1・B2・C2・C3社）のうち、いずれか1以上の会社が外国会社に該当する場合には、認定会社が雇用確保要件（5人以上）を満たさない限り、納税猶予の適用は受けられない（そもそも経済産業大臣認定も受けられない）（下記(3)参照）。
・なお、A3社は、（認定会社の特別関係会社であるが）認定会社に直接又は間接に保有されていないため、またB3・C1・C4社は、それぞれ認定会社に間接保有されているとみなされないため、さらにD1・D2・E社は、（認定会社に間接保有されているが）認定会社の特別関係会社に該当しないため、これらの会社が外国会社に該当したとしても、認定会社に雇用確保要件は課されない。

図2　認定会社が外国会社等の株式等を有する場合における当該株式等の価額の計算方法のイメージ

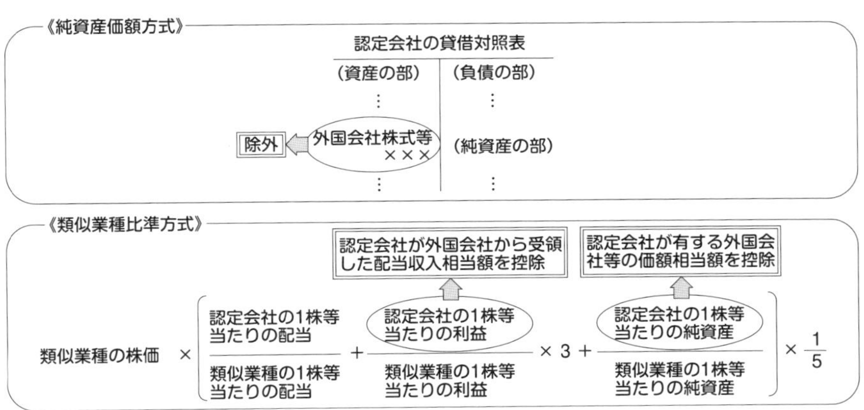

（財務省　平成22年度「税制改正の解説」458ページ）

図３　「非上場株式等の贈与者が死亡した場合の相続税の納税猶予（措法70の７の４）」に係る納税猶予分の相続税額を計算する場合において、認定会社が外国株式等を有するときにおける「（特例受贈非上場株式等に係る）特例対象贈与の時における認定相続承継会社等の株式等の価額を基礎として当該認定相続承継会社等が当該外国株式等を有していなかったものとして計算した（認定会社の株式等の）価額」

算出額＝［1号］（贈与時の認定相続承継会社の株式等の単価（外国株式等の価額を含む）×特例相続非上場株式等の数等〈相続時〉）×［2号］〈相続時〉$\dfrac{\text{認定相続承継会社の純資産額}-\left(\text{（イ）認定相続承継会社が保有する外国株式等の価額}+\text{（ロ）特別関係会社（支配関係あり）が保有する外国株式等の価額}\right)}{\text{認定相続承継会社の純資産額}}$

《具体例》

認定会社のB/S〔相続時〕

・発行済株式総数：100株
・特例相続非上場株式の数：60株
・贈与時における認定会社の株式の単価：@５
・相続時における認定会社の株式の単価：@７

外国株式を有していなかったものとして計算した（納税猶予分の相続税額の計算の基礎となる）認定会社の株式の価額

@5 × 60株 × $\dfrac{700-(①160+②120)}{700}$ = 180

S社（認定会社の特別関係会社）のB/S〔相続時〕

・発行済株式総数：100株
・相続時において認定会社が保有するS社株式数：30株
・相続時におけるS社株式の単価：@６

特別関係会社（支配関係あり）が保有する外国株式の価額

@6 × 30株 × $\dfrac{400}{600}$ = ②120

（注）１．「認定相続承継会社等」とは、認定相続承継会社又は当該認定相続承継会社の特別関係会社（措法70の7の4②一ハ）であって当該認定相続承継会社との間に支配関係（措法70の7の4②四イ）がある法人をいいます。
２．「外国株式等」とは、会社法第２条第２号に規定する外国会社（当該認定相続承継会社の特別関係会社に該当するものに限ります。）又は一定の医療法人（措令40の８の３⑦において準用する措令40の８の２⑫）の株式等をいいます。

以上の1号×2号を算出額とし、上限額（贈与時において外国株式等の価額を除く）と比較する。
元の贈与時（外国株式等を含む）時価＝70,420円（353ページ）
上限額＝贈与時（外国株式等を除く）時価＝58,240円（354ページ）
算出額＝70,420円×$\dfrac{12億円-5億円}{17億円-5億円}$＝41,075円

（財務省　平成22年度「税制改正の解説」472ページ・一部平成23年度改正（459ページ）により修正）

第7章

期限確定の共通事項

101　期限確定の概要

事業承継税制に関して、打切り、取消しなどの言葉を用いることもありますが、円滑化法の要件を満たせない場合は、円滑化法上の認定の取消しに該当します。

税法上は、円滑化法上の取消しに該当すれば、猶予税額の全部について期限確定となります。また、円滑化法上は取消要件に該当しない場合でも、納税者の意思で納税猶予の全部について期限確定とすることも可能です。

経営承継期間は、基本的には５年間あり、その期間中は、円滑化法の規制の中で事業承継を進めていきますが、経営承継期間を経過した後は、猶予税額の免除を受けるまでは、税法上の納税猶予の問題が残ることになります。経営承継期間を経過した後は、一部の株式を譲渡した場合に、譲渡部分に対応する部分の猶予税額について期限が確定するなど、一部の期限確定という概念が生じます。つまり、全部の期限確定というケースと一部の期限確定というケースが混在するようになります。

102　贈与税の承継期間内認定取消し（＝期限確定）要件

最初に、贈与税の納税猶予について、円滑化法による認定取消し、結果として猶予税額の全部について期限が確定する場合について説明を行います。

相続税の納税猶予の場合と要件的には、ほぼ同じですが、先代経営者が代表権を持った場合についてが、取消要件の一つに加わります。

経営贈与承継期間内に経営承継受贈者又は認定贈与承継会社について、以下に該当することとなった場合には、以下に定める日から２か月を経過する日をもって、納税猶予に係る期限となります。

⑴　後継者が、経営承継期間内に、会社の代表権を有しないこととなった場合には、期限確定となります。期限は、代表権を有しないことになった日から起算します。（措法70の７③一）

事業承継税制は、計画的に事業承継を行うための制度であるため、後継者が代表者でなくなった場合は、納税猶予されていた税額について期限が到来します。

なお、後継者が代表者権を有しないことになったことに、やむを得ない理由がある場合は、期限確定とはなりません。具体的には、下記のような場合が、やむを得ない理由となります。

① 精神障害者１級となった場合（措規23の９⑮一）

② 身体障害者１級又は２級となった場合（措規23の９⑮二）

③ 介護保険法に規定する要介護認定を受けた場合（措規23の９⑮三）

④ 上記に類する場合（措規23の９⑮四）

⑵ 雇用確保要件については、円滑化法上、平成30年以降の特例については一定の手続で認定取消しにならない取扱いとされています。円滑化法上の所定の手続をすることで、税法上は期限確定事項が削除されました。

従業員数確認期間内に存する各基準日における会社の常時使用従業員数の数の合計を、従業員数確認期間の末日において従業員数確認期間内に存する第１種基準日の数で除して計算した数が、その常時使用従業員数の雇用が確保されているものとして定める数（80％）を下回った場合は、期限確定となりました。期限は、従業員数確認期間の末日から起算します。（措法70の７③二）

雇用確保要件は、「地域経済の活力の維持」及び「雇用の確保」という政策目的を実現する観点から、認定の取消事由とされていました。この雇用確保要件については、事業承継税制が制定された当初は、最も大きなリスクと考えられていました。従業員が退職するという、会社や経営者の意思とは離れたところで、期限確定事由となるからです。何度かの改正を経て、要件が緩和されてきました。平成30年度税制改正で、雇用確保要件については、事実上廃止されています。詳細については第１章**11**をご参照ください。

⑶ 後継者及び後継者と特別の関係にある者の有する議決権の数が、会社の議決権数の過半数を下回った場合は、取消し＝期限確定となります。期限は、後継者グループの議決権割合が過半数となった日から起算します。（措法70の７③三）

事業承継税制では、後継者が安定して経営権を有することを前提としているので、後継者グループで議決権の過半数を有することが必要とされています。

⑷ 各後継者が後継者グループの中で筆頭株主でなくなった場合、その個人について認定取消し＝期限確定となります。後継者グループ内で、筆頭株主でなくなった日から起算します。（措法70の７③四）

グループ内で筆頭株主である必要はありますが、グループ以外の株主が後継者より議決権を多く保有しているようなケースは問題となりません。趣旨とする安定した経営権は、グループで支配権を有し、グループ内で筆頭であることを要求しているからです。例えば、筆頭株主は取引先、後継者グループで過半数は有していると言うような場合は問題ありません。

⑸　後継者が会社の株式の一部の譲渡又は贈与（以下「譲渡等」といいます。）をした場合は、期限が確定します。株式の譲渡等をした日から起算します。（措置法70の７③五）

経営承継期間である当初の５年間については、後継者は対象株式について１株を譲渡しただけでも、猶予税額の全部について期限確定となります。経営承継期間経過後の場合と異なる取扱いとなります。

譲渡等には、国に対する物納も含まれます。したがって、納税猶予を利用した場合に、特例非上場株式等の一部を物納財産としたときには、期限確定事由になります。特例贈与前の手持株式については物納も金庫株も可能です。

なお、特例株式は１株の譲渡等でも全部確定になります。

特例株式か特例贈与前の手持株式かについては、先入先出法によります。この譲渡の順序については**108**をご参照ください。

⑹　後継者が、株式交換又は株式移転（以下「株式交換等」といいます。）以外の事由により、会社の株式の全部の譲渡等をした場合は期限が確定します。その株式の譲渡等をした日から起算します。（措法70の７③六）

⑺　会社分割及び組織変更の場合で、下記の場合に期限確定となります。（措置法70の７③七）

①　会社分割が行われ、吸収分割承継会社等の株式等を配当財産とする剰余金の配当があった場合は、配当部分に応じた猶予税額について期限が確定します。会社分割の効力の生じた日から起算します。（措法70の７⑤五）

②　会社が組織変更を行い、株式以外の財産の交付をした場合は、期限が確定します。組織変更の効力が生じた日から起算します。（措法70の７⑤六）

組織変更は、株式会社から持分会社へ変更する行為ですが、その際に旧株主にその有する株式に対応する出資持分が割り当てられます。この出資持分の割当があっても、期限確定事由にはなりませんが、その際に出資持分以外の財産の交付があった場合は、譲渡等と同様の効果があるので期限確定事由となります。

⑻　対象会社が解散した場合又は解散したものとみなされた場合は、期限が確定します。解散の日又は解散したものとみされた日から起算します。（措法70の７③八）ただし、合併による解散は除かれます。

解散が期限確定事由となるのは、円滑化法が「地域経済の活力維持」と「雇用の確保」を政策目的としており、解散することでその趣旨から外れるので、認定の取消事由としています。

⑼　会社が資産保有型会社又は資産運用型会社で一定の要件に該当することになった場合は、期限が確定します。一定の要件に該当することとなった日から起算します。（措法70の７③九）

資産保有型会社等の説明については第１章**17**～**20**をご参照ください。

この点についても、円滑化法の趣旨とする「地域経済の活力維持」及び「雇用の確保」の観点から、認定取消事由とされており、税法上も期限確定事由としています。また、税法上は、形式的に特例非上場株式等が譲渡等されていない場合でも、会社が保有資産を売却して後継者などに配当・給与等により資金還流することを防止する趣旨で、資産保有型会社の判定の際にBBを考慮します。

⑽　会社の事業年度における総収入金額がゼロとなった場合は、期限が確定します。総収入金額がゼロとなった事業年度の終了の日から起算します。（措法70の７③十）

総収入金額がゼロとなった場合については、会計的な判断では、営業外収入や特別損益も含めてゼロというように解釈できますが、異なる取扱いとなります。平成25年税制改正で、総収入金額の範囲から「営業外収益」及び「特別利益」が除外され、いわゆる「売上高（売上収入）」で判定することとされました。

この点についても、円滑化法の「地域経済の活力維持」及び「雇用の確保」という政策目的の実現の観点から、円滑化法上の取消事由となっています。また、総収入金額がゼロになるということは、事業実態のない会社であり、納税猶予を認めないことは、事業の継続等に配慮するという趣旨に適った制度の利用を担保し、租税回避行為の防止の観点からも意義があります。

⑾　会社が、会社法第447条第１項、第626第１項により資本金の額を減少した場合又は会社法第486条第１項の規定により資本準備金の額を減少した場合

は期限が確定します。その資本金の額の減少又はその資本準備金の額の減少の効力が生じた日から起算します。（措法70の７③十一）

ただし、会社の減少した資本金の全部を資本準備金とする場合、資本準備金の額の全部を資本金にするなど、会社法第309条第２項第９号イ、ロに該当する場合は除かれます。また、欠損塡補のための資本金・資本準備金の減少も除かれます。（措規23の９⑰）

資本金の額の減少及び資本準備金の額の減少による期限確定は、経営承継期間である５年間だけでなく、納税猶予を受けている期間に渡り期限確定の原因となります。これは、合理的な理由のない減資等により、結果的に事業規模が縮小され、「地域経済の活力維持」等にそぐわない結果となることから、円滑化法による取消事由に該当します。税法上も、配当可能額の増加により、会社の保有資産が流出し、相続人等に還流することがないようにするため、経営承継期間経過後も含めて期限確定事由としています。

事業承継税制を適用した場合は、長期間にわたり予定外の期限確定とならないための管理が必要ですが、資本金の額の減少及び準備金の額の減少については実務上重要な管理となります。実務的には、下請法などその他の法律により資本金の額の減少について検討が必要になる場面などが生じる可能性があるので、気を付けたい部分です。

⑿　後継者が、事業承継税制の適用を受けることをやめる旨を記載した届出書を、所轄税務署長に提出した場合は期限確定となります。届出書の提出があった日から起算します。（措法70の７③十二）

例えば、既に事業承継税制の適用を受けている場合に、別の者が新たに事業承継税制の適用を受けることはできません。事情により、別の者を後継者として事業承継税制の適用を受ける必要が生じた時に、現時点の適用者が自主的に事業承継税制の適用について廃止を選択する場合などが想定されます。

⒀　会社が合併により消滅した場合は期限確定となります。合併の効力が生じた日から起算します。（措法70の７③十三）

なお、事業承継税制上の適格合併をするような場合については、金銭交付部分のみが期限確定となります。（措法70の７③十三、④二）事業承継税上の、適格合併については**110**をご参照ください。

⒁　会社が株式交換等により完全子会社となった場合に期限が確定します。そ

の株式交換の効力が生じた日から起算します。（措法70の７③十四）

なお、事業承継税制上の適格株式交換等に該当する場合には期限確定となりません（措法70の７③十四、④二）。事業承継税制における適格株式交換等については、**111**をご参照ください。

また、株式交換等により他の会社の完全親会社になった場合は、それ自体は期限の確定事由にはなりません。

⒂　会社が上場した場合は期限が確定します。上場した日から起算します。（措法70の７③十五）

事業承継税制は、市場での資金調達が困難とされる非上場の中小企業の経営者が事業を継続していくために、非上場会社が経営と所有が不可分であることを踏まえて、税制上の支援を行うものです。資金調達の方法が質的に変化する上場や店頭公開等は、そうした前提を覆すものであることから、円滑化法による取消事由になっています。

なお、上場等した場合は、期限確定となりますが、通常であれば換金して納税資金が確保できるので、問題点と考える必要はないと思われます。

⒃　会社又はその会社の特定特別関係会社が性風俗営業会社に該当することとなった場合は、期限が確定します。該当することとなった日から起算します。（措法70の７③十六、70の７②一ニ）

特定特別関係会社については、第１章**15**を参照してください。

⒄　上記以外で、会社の円滑な事業の運営に支障を及ぼすおそれがある場合として、下記に該当する場合は、期限が確定します。（措法70の７③十七）

①　会社が会社法第108条第１項第８号に掲げる拒否権付株式を発行していて、その株式を後継者以外が保有することになった場合は期限が確定します。後継者以外は拒否権付き株式を保有することとなった日から起算します。（措令40の８㉕一）

拒否権付株式、いわゆる黄金株の株主は、合併や重要な事業譲渡その他株主総会において決議すべき事項について拒否権を持ち、会社に強い支配力を有します。そのため、後継者が事業の承継をしたとしても、後継者以外の者が黄金株を持っていると、後継者による安定的な事業継続は不可能と考えられるため円滑化法においても取消事由とされ、税法上も期限確定事由とされています。なお、現行省令上は第１種後継者のみが有する場合が考えられ、第２種後継者が有する場合は取扱いが不明です。（**103**において同じです。）

② 株式会社である認定承継会社が、定款の変更により事業承継税制を利用した株式等の全部又は一部について、議決権に制限がある株式に変更された場合は期限が確定します。その変更があった日から起算されます。（措令40の８㉕二）

③ 持分会社である認定承継会社が、定款の変更により、後継者が有する議決権の制限をした場合は期限が確定します。その変更があった日から起算されます。（措令40の８㉕三）

④ 贈与者が、会社の代表権を有することになった場合は期限が確定します。贈与者が代表権を有することになった日から起算されます。（措令40の８㉕四）

103　相続税の承継期間内認定取消し（＝期限確定）要件

経営承継期間内に経営承継相続人又は認定承継会社について、以下に該当することとなった場合には、以下に定める日から２か月を経過する日をもって、納税猶予に係る期限となります。

なお、認定取消しとされる趣旨については、贈与税の承継期間内認定取消の部分（**102**）での記載と同様になりますので、こちらでは記載しません。

(1) 後継者が、会社の代表権を有しないこととなった場合は、期限確定となります。期限は、代表権を有しないことになった日から起算します。（措法70の７の２③一）

なお、後継者が代表者権を有しないことになったことに正当な理由がある場合は、期限確定とはなりません。具体的には、下記のような場合には、やむを得ない理由となります。（措規23の10⑬）

① 精神障害者１級となった場合（措規23の９⑮一）

② 身体障害者１級又は２級となった場合（措規23の９⑮二）

③ 介護保険法に規定する要介護認定を受けた場合（措規23の９⑮三）

④ 上記に類する場合（措規23の９⑮四）

(2) 従業員数確認期間内に存する各基準日における会社の常時使用従業員数の数の合計を従業員確認期間の末日において従業員数確認期間内に存する第一

種贈与基準日の数で除して計算した数が、その常時使用従業員数の雇用が確保されているものとして定める数を下回った場合は、期限確定となります。期限は、従業員確認期間の末日から起算します。（措法70の７の２③二）

平成30年度税制改正で、雇用確保要件については、事実上廃止されています。詳細については第１章**11**をご参照ください。

⑶　後継者及び後継者と特別の関係にある者の有する議決権の数が、会社の議決権数の過半数を下回った場合は、期限確定となります。期限は、後継者グループの議決権割合が過半数となった日から起算します。（措法70の７の２③三）

⑷　後継者が後継者グループの中で筆頭株主でなくなった場合、期限確定となります。後継者グループ内で、筆頭株主でなくなった日から起算します。（措法70の７の２③四）

⑸　後継者が会社の株式の一部について譲渡等をした場合は、期限が確定します。株式の譲渡等をした日から起算します。（措法70の７の２③五）

⑹　後継者が、会社の株式の全部の譲渡等をした場合は期限が確定します。その株式の譲渡等をした日から起算します。（措法70の７の２③六）

ただし株式交換等によりほかの完全子会社等となった場合を除きます。

⑺　会社分割及び組織変更の場合で、下記の場合に期限確定となります。（措法70の７の２③七）

①　会社分割が行われ、吸収分割承継会社等の株式等を配当財産とする剰余金の配当があった場合は、期限が確定します。会社分割の効力の生じた日から起算します。（措法70の７の２⑤五）

②　会社が組織変更を行い、株式以外の財産の交付をした場合は、期限が確定します。組織変更の効力が生じた日から起算します。（措法70の７の２⑤六）

⑻　対象会社が解散した場合又は解散したものとみなされた場合は、期限が確定します。解散の日又は解散したものとみされた日から起算します。（措法70の７の２③八）

⑼　会社が資産保有型会社又は資産運用型会社で一定の要件に該当することになった場合は、期限が確定します。一定の要件に該当することとなった日から起算します。（措法70の７の２③九）

資産保有型会社等については第１章**17～20**をご参照ください。

⑽　会社の事業年度における総収入金額がゼロとなった場合は、期限が確定します。総収入金額がゼロとなった事業年度の終了の日から起算します。（措法70の７の２③十）
総収入金額の範囲については、**112**をご参照ください。

⑾　会社が、会社法第447条第１項、第626条第１項により資本金の額を減少した場合又は会社法第486条第１項の規定により準備金の額を減少した場合は期限が確定します。その資本金の額の減少又はその準備金の額の減少の効力が生じた日から起算します。（措法70の７の２③十一）
ただし、会社の減少した資本金の全部を準備金とする場合、準備金の額の全部を資本金にするなど、会社法第309条第２項第９号イ、ロに該当する場合は除かれます。

⑿　後継者が、事業承継税制の適用を受けることをやめる旨を記載した届出書を、所轄税務署長に提出した場合は期限確定となります。届出書の提出があった日から起算します。（措法70の７の２③十二）

⒀　会社が合併により消滅した場合は期限確定となります。合併の効力が生じた日から起算します。（措法70の７の２③十三）
なお、事業承継税制上の適格合併をするような場合については、金銭交付部分のみが期限確定となります（措法70の７の２③十三、④二）。事業承継税上の適格合併については**110**をご参照ください。

⒁　会社が株式交換等により完全子会社となった場合に期限が確定します。その株式交換の効力が生じた日から起算します。（措法70の７の２③十四）
なお、事業承継税制における適格株式交換等に該当する場合には期限確定となりません（措法70の７の２③十四、④二）。事業承継税制における適格株式交換等については、**111**をご参照ください。
また、株式交換等により他の会社の完全親会社になった場合は、期限の確定事由にはなりません。

⒂　会社が上場した場合は期限が確定します。上場した日から起算します。（措法70の７の２③十五）

⒃　会社又はその会社の特定特別会社が性風俗営業会社に該当することとなった場合は、期限が確定します。該当することとなった日から起算します。（措法70の７の２③十六）

特定特別会社については第１章**15**をご参照ください。

⒄　上記以外で、会社の円滑な事業の運営に支障を及ぼすおそれがある場合として、下記に該当する場合は、期限が確定します。（措法70の７の２③十七）

①　会社が会社法第108条第１項第８号に掲げる拒否権付株式を発行していて、その株式を後継者以外が保有することになった場合は期限が確定します。後継者以外は拒否権付き株式を保有することとなった日から起算します。（措令40の８の２㉛一）

②　株式会社である承継会社が、定款の変更により事業承継税制を利用した株式の全部又は一部について、議決権に制限がある株式に変更した場合は期限が確定します。その変更があった日から起算されます。（措令40の８の２㉛二）

③　持分会社である承継会社が、定款の変更により、後継者が有する議決権に制限をした場合は期限が確定します。その変更があった日から起算されます。（措令40の８の２㉛三）

104　雇用確保要件未達の場合の都道府県への手続

従来の事業承継税制で最も大きなリスクとされてきた雇用確保要件については、平成30年度税制改正において、期限確定の条項から除外されています（措法70の７の５③、70の７の６③）。条文中は一般措置で従来どおり存置、特例措置では実質除外の取扱いとなっている点については注意が必要です。

雇用確保要件を満たさなかった場合は、80％の雇用を下回る数となった理由について認定経営革新等支援機関の所見の記載があり、その理由が経営状況の悪化である場合又は当該認定経営革新等支援機関が正当なものと認められないと判断したものである場合には、認定経営革新等支援機関による経営力向上に係る指導及び助言を受けた旨が記載されている報告書の写し１通を添付して、都道府県知事に提出する必要があります。（円滑化省令20③）

都道府県知事からの確認書の写しを添付した届出書を税務署へ提出することで、結果として雇用確保要件を満たさない場合でも期限確定となりません。（措法70の７の６③）この手続ができなかった場合は、期限確定となります。

105　複数受贈者の場合の受贈者１人の一部譲渡と認定取消し＝期限確定

経営承継期間中に、後継者である受贈者が１株でも株式の譲渡等を行った場合に、猶予税額の全てについて期限が確定することになります。特例制度では、複数の後継者が納税猶予を受けられる点が特徴ですが、１人の受贈者が株式を譲渡した場合にどうなるのかという疑問が生じます。

円滑化法では、認定するのは対象の会社であり、特定の個人に対して認定しているのではありません。一方で、納税猶予について基本的には受贈者ごとに納税猶予や期限確定の判定を行います。結果として、このように受贈者要件については１人の受贈者が株式の譲渡等をしたことが他の受贈者に影響を与えることはありません。

ただし、会社要件及び虚偽の申請などの手続要件で円滑化法で認定取消しになれば、受贈者全てに影響が及ぶことになります。

106　贈与税及び相続税の特例経営承継期間後の期限確定事由（全部確定）

経営承継期間経過後に、一定の要件を満たす場合に、猶予税額の全部について期限確定となります。（措法70の７⑤一、70の７の２⑤一）

⑴　後継者が、会社の株式の全部の譲渡等をした場合は期限が確定します。その株式の譲渡等をした日から起算します。（措法70の７③六、70の７の２③六）

⑵　対象会社が解散した場合又は解散したものとみなされた場合は、期限が確定します。解散の日又は解散したものとみされた日から起算します。（措法70の７③八、70の７の２③八）

⑶　会社が資産保有型会社又は資産運用型会社で一定の要件に該当することになった場合は、期限が確定します。一定の要件に該当することとなった日から起算します。（措法70の７③九、70の７の２③九）

⑷　会社の事業年度における総収入金額がゼロとなった場合は、期限が確定します。総収入金額がゼロとなった事業年度の終了の日から起算します。（措法70の７③十、70の７の２③十）

(5) 会社が、会社法第447条第１項、第626条第１項により資本金の額を減少した場合又は会社法第486条第１項の規定により資本準備金の額を減少した場合は期限が確定します。その資本金の額の減少又はその資本準備金の額の減少の効力が生じた日から起算します（措法70の７③十一、70の７の２③十一）。また､欠損塡補のための資本金･資本準備金の減少も除かれます。（措規23の９⑰）

(6) 後継者が、事業承継税制の適用を受けることをやめる旨を記載した届出書を､所轄税務署長に提出した場合は期限確定となります｡届出書の提出があった日から起算します。（措法70の７③十二、70の７の２③十二）

107 贈与税及び相続税の特例経営承継期間後の期限確定事由（一部確定）

経営承継期間経過後について、以下のような場合には猶予税額の一部について期限が確定します。期限は、起算日から２か月を経過する日です。（措法70の７⑤、70の７の２⑤）

(1) 後継者が、特例株式の一部について譲渡等をした場合は、納税猶予されている税額のうち譲渡割合に応じて、期限が確定します。譲渡等の日から起算します。（措法70の７⑤二、70の７の２⑤二）

譲渡等をした特例非上場株式又は金額
譲渡等の直前における特例非上場株式等の数又は金額

（措令40の８㉘�62）

(2) 会社が合併により消滅した場合、金銭交付された部分について期限確定となります。具体的には、猶予中の税額から下記で計算した金額を除いたものです。合併の効力が生じた日から起算します。（措法70の７⑤三、70の７の２⑤三）

$$\frac{\text{合併前純資産額－合併に際して吸収合併存続会社等が消滅する認定承継会社の全ての株主等に対して交府しなければならない金銭等（株式等以外の金銭その他の資産をいいます。）の額}}{\text{合併前純資産額}}$$

（措令40の８㉙）

⑶　会社が株式交換等により他の会社の株式交換完全子会社等となった場合は、金銭交付された部分について期限確定となります。具体的には、猶予中の税額から下記で計算した金額を除いたものです。株式交換の効力が生じた日から起算します。（措法70の７⑤四、70の７の２⑤四）

以下、被合併法人等となる組織再編成の場合、

①　株式のみ交付の場合は、担保差替等の手続により猶予継続

②　金銭のみ交付の場合は、全部期限確定（措令40の８⑰四～七）

③　株式交付であるが、一に満たない端数等の一部金銭交付の場合が以下となります。ただし⑷は例外で株式交付の分割型分割です。

猶予中贈与税額（当該株式交換に際して当該他の会社の株式等の交付があった場合には、当該株式等の価額に対応する部分（猶予中贈与税額に、次の算式により計算した場合を乗じて得た金額をいいます。）の額を除きます。）

〔算式〕

$$\frac{\text{交換等前純資産額－株式交換等に際して当該他の会社が株式交換完全子会社等の全ての株主等に対して交付しなければならない金銭等の額}}{\text{交換等前純資産額}}$$

（措令40の８㉚）

⑷　会社分割が行われ、株式等を配当財産とする剰余金の配当があった場合は、配当部分に応じた猶予税額について期限が確定します。会社分割の効力の生じた日から起算します。（措法70の７⑤五、70の７の２⑤五）

承継純資産額×	会社分割に際して、認定承継会社から当該認定承継会社の全ての株式等に対して配当された吸収分割承継会社等の株式等の数又は金額 ――― 会社分割に際して、吸収分割承継会社等から認定承継会社が交付を受けた当該吸収分割承継会社等の株式等の数又は金額
分割前純資産額	

(措令40の８㉛)

⑸　会社が組織変更を行い、株式以外の財産の交付をした場合は、その株式等以外の財産の価額に対応する部分について期限が確定します。組織変更の効力が生じた日から起算します。(措法70の７⑤六、70の７の２⑤六)

組織変更に際して認定承継会社から当該認定承継会社の全ての株主等に対して交付された金銭等の額
組織変更前純資産額

(措令40の８㉜)

108　特例株式等の譲渡の順序

経営承継期間中には、贈与又は相続された株式を１株でも譲渡等をしてしまうと、猶予税額の全部について期限確定となります。一方で、経営承継期間である５年経過後は、後継者が特例株式の譲渡等を行った場合に、譲渡等を行った部分に対応する猶予税額について期限確定となります。(措法70の７③五、⑤二)

⑴　特例株式等以外の非上場株式等を有する場合

承継会社の非上場株式等で特例株式等（事業承継税制の適用を受けた株式）以外のものを有する場合で、その会社の非上場株式等の譲渡等をしたときは、特例株式等の譲渡等をしたのか、特例株式等以外のものの譲渡等をしたのか明確ではないことから、このような場合には、特例株式等以外のものから譲渡等したものとみなすこととされています（措令40の８㊷）。これは、結果として、猶予期限の到来する贈与税・相続税が少なくなると考えられるからです。つまり、期限確定の税額を、特例株式のうち譲渡した部分の割合と考える場合は、特例株式以外等から譲渡していく方が有利な計算となります。

平成27年度税制改正で、特例承継期間経過後に、後継者が、次の後継者に特例株式等の贈与をした場合に、その贈与した株式についての猶予税額が免除されることになりました。免除される税額は次のとおりです。

その贈与の直前における猶予中贈与税額	×	その贈与をした特例受贈非上場株式等の数又は金額 ／ その贈与の直前における特例受贈非上場株式等の数又は金額

これを平成27年改正前の制度の取扱いに当てはめると、特例株式等以外のものから譲渡等したものとみなされるため、結果として、免除される贈与税が少なくなることになります。そこで、特例株式等以外の非上場株式等を有する場合において、猶予継続贈与をしたときは、特例株式等から贈与したものとみなすこととされました。（措令40の８㊸）

⑵　特例株式等の譲渡等をした場合

贈与税の納税猶予の適用を受ける経営者が、その後その贈与者以外の者からの相続により同じ会社の非上場株式等について相続税の納税猶予の適用を受けることもあります。この場合に、特例株式等を譲渡等したときには、特例受贈非上場株式等と特例非上場株式等とが混在します。どちらの譲渡等であるのか判然とせず、猶予されている贈与税及び相続税のうち、それぞれの猶予期限が到来する部分の計算ができないことになります。平成27年度税制改正前の制度は、先入先出法により譲渡原価を計算することとされていました。

平成27年度税制改正で、経営承継受贈者が特例受贈非上場株式等について、次世代の経営者に事業承継税制を利用して贈与をした場合には、贈与税の納税猶予制度の適用に係る特例受贈非上場株式等に対応する猶予中贈与税額に相当する贈与税については免除されることとなりました。最初の経営者から贈与による事業承継が行われ、２代目の経営者が贈与税の納税猶予を適用し、更に最初の経営者の相続発生前に、２代目の経営者から３代目に贈与による事業承継が行われ、３代目の経営者も贈与税の納税猶予の適用を受けることも可能になりました。この場合に、２代目から３代目へ贈与される非上場株式等については、最初の経営者が贈与したものだけでなく、元々2代目が所有していた非上場株式等が含まれる場合もあります。この前提で3代目が特例受贈非上場株式等を譲渡等した場合には、その内訳について、特例受贈非上場株式等が最初の経営者からの納税猶予部分のものなのか、2代目が元々所有していたものなのか区別が必要になります。この場合、特例株式等のうち先に取得したものから順次譲渡等したものとみなすこととされています。（措令40の8㊸）

109　事業承継税制と組織再編

法人税における組織再編税制に適格組織再編という概念があります。

事業承継税制では、承継期間中に、合併による消滅や株式交換等による完全子会社化があった場合には、猶予税額の期限が確定します。ただし、事業承継税制においても、一定の条件を満たす場合には、期限確定にならない場合があります。これらについて、事業承継税制における承継期間内における認定会社間の措置法適格合併、措置法適格交換等という、呼び方をする場合があります。いわゆる法人税における適格組織再編成とは別の概念になります。

110　承継期間内措置法適格合併

⑴　事業承継税制上の適格合併

認定承継会社が合併により消滅した場合における吸収合併存続会社等（吸収合併存続会社（吸収合併後存続する会社をいいます。会社法749①）又は新設合併設立会社（新設合併により設立する会社をいいます。同法753①）をいいます。以下同じです。）が、当該合併がその効力を生ずる日において、次に掲げる要件の全てを満たしているときをいいます。（措法70の7の2③十三、措規23の9⑱）

①　吸収合併存続会社等が、事業承継税制における承継会社としての要件を備えていること

②　この特例の適用を受ける経営承継受贈者がその吸収合併存続会社等の代表権を有していること。ただし、代表権に制限がある場合は除かれます。

③　経営承継受贈者及びその同族関係者等の有するその吸収合併存続会社等の

非上場株式等に係る議決権の数の合計が、その吸収合併存続会社等に係る総株主等議決権数の過半数であること

④　その経営承継受贈者が有するその吸収合併存続会社等の非上場株式等に係る議決権の数が、その経営承継受贈者の同族関係者等のうちいずれの者が有するその吸収合併存続会社等の非上場株式等に係る議決権の数をも下回らないこと

⑤　合併に際してその吸収合併存続会社等が交付しなければならない株式又は出資以外の金銭その他の資産（剰余金の配当等（株式又は出資に係る剰余金の配当又は利益の配当をいいます。以下同じです。）として交付される金銭その他の資産を除きます。）の交付がされていないこと

⑵　合併報告書

合併により認定中小企業者が消滅した場合は、原則として認定は効力を失います。ただし、合併効力発生日等に吸収合併存続会社が一定の要件を満たしている場合に限り、認定を承継できますが、要件に該当する旨を都道府県知事に報告をし、確認を受ける必要があります。（円滑化省令12⑨）

（申請様式及び添付書類）

様式第 13

合併報告書

年　　月　　日

都道府県知事　　殿

（吸収合併存続会社等）
郵便番号
会社所在地
会社名
電話番号
代表者の氏名　　　　　　　　印

中小企業における経営の承継の円滑化に関する法律施行規則（以下「施行規則」という。）第 12 条第 9 項の規定（当該規定が準用される場合を含む）により、下記の規定に該当する旨を報告します。

記

1　報告者の種別と該当する規定について

報告者の種別と施行規則第 10 条のうち該当する規定	□第一種特別贈与認定中小企業者（施行規則第 10 条第 1 項各号）	□第二種特別贈与認定中小企業者（施行規則第 10 条第 3 項各号）
	□第一種特別相続認定中小企業者（施行規則第 10 条第 2 項各号）	□第二種特別相続認定中小企業者（施行規則第 10 条第 4 項各号）
	□第一種特例贈与認定中小企業者（施行規則第 10 条第 5 項各号）	□第二種特例贈与認定中小企業者（施行規則第 10 条第 7 項各号）
	□第一種特例相続認定中小企業者（施行規則第 10 条第 6 項各号）	□第二種特例相続認定中小企業者（施行規則第 10 条第 8 項各号）
認定年月日及び番号	年　　月　　日（　　号）	

2　吸収合併存続会社等について

主たる事業内容	

<table>
<tr><td colspan="3">資本金の額又は出資の総額</td><td colspan="4">円</td></tr>
<tr><td colspan="3">合併効力発生日等</td><td colspan="4">年　　月　　日</td></tr>
<tr><td colspan="3">承継の原因</td><td colspan="4"></td></tr>
<tr><td colspan="2" rowspan="4">合併効力発生日等の直前における認定中小企業者</td><td colspan="2">会社名</td><td colspan="3">会社所在地</td></tr>
<tr><td colspan="2"></td><td colspan="3"></td></tr>
<tr><td colspan="2">代表者氏名</td><td colspan="3">代表者住所</td></tr>
<tr><td colspan="2"></td><td colspan="3"></td></tr>
<tr><td colspan="3">合併により交付された財産</td><td colspan="4"></td></tr>
<tr><td colspan="7">合併効力発生日等の翌日の属する事業年度の直前の事業年度（　年　月　日から　年　月　日まで）における特定資産等に係る明細表</td></tr>
<tr><td colspan="2">種別</td><td>内容</td><td>利用状況</td><td>価額</td><td colspan="2">運用収入</td></tr>
<tr><td rowspan="3">有価証券</td><td>特別子会社の株式又は持分((*)を除く。)</td><td></td><td>＼</td><td>(1)　円</td><td colspan="2">(12)　円</td></tr>
<tr><td>資産保有型子会社又は資産運用型子会社に該当する特別子会社の株式又は持分(*)</td><td></td><td>＼</td><td>(2)　円</td><td colspan="2">(13)　円</td></tr>
<tr><td>特別子会社の株式又は持分以外のもの</td><td></td><td>＼</td><td>(3)　円</td><td colspan="2">(14)　円</td></tr>
<tr><td rowspan="2">不動産</td><td>現に自らの利用に供しているもの</td><td></td><td></td><td>(4)　円</td><td colspan="2">(15)　円</td></tr>
<tr><td>現に自らの利用に供していないもの</td><td></td><td></td><td>(5)　円</td><td colspan="2">(16)　円</td></tr>
<tr><td rowspan="2">ゴルフ場その他の施設の利用に関する権利</td><td>事業の用に供することを目的として有するもの</td><td></td><td></td><td>(6)　円</td><td colspan="2">(17)　円</td></tr>
<tr><td>事業の用に供することを目的としないで有するもの</td><td></td><td></td><td>(7)　円</td><td colspan="2">(18)　円</td></tr>
<tr><td rowspan="2">絵画、彫刻、工芸品その他の有形の文化的所産である動産、貴金属及び宝石</td><td>事業の用に供することを目的として有するもの</td><td></td><td></td><td>(8)　円</td><td colspan="2">(19)　円</td></tr>
<tr><td>事業の用に供することを目的としないで有するもの</td><td></td><td></td><td>(9)　円</td><td colspan="2">(20)　円</td></tr>
<tr><td rowspan="2">現金、預貯金等</td><td>現金及び預貯金その他これらに類する資産</td><td></td><td>＼</td><td>(10)　円</td><td colspan="2">(21)　円</td></tr>
<tr><td>経営承継受贈者（経営承継相続人）及び当該経営承継受贈者（経営承継相続人）に係る同族関係者等（施行規則第 1 条第 13 項第 2 号ホに掲げる者をいう。）に対する貸付金及び未収金その他これらに類する資産</td><td></td><td></td><td>(11)　円</td><td colspan="2">(22)　円</td></tr>
<tr><td>特定資産の帳簿価額の合計額</td><td>(23)=(2)+(3)+(5)+(7)+(9)+(10)+(11)　円</td><td colspan="2">特定資産の運用収入の合計額</td><td colspan="3">(25)=(13)+(14)+(16)+(18)+(20)+(21)+(22)</td></tr>
</table>

			円
資産の帳簿価額の総額	(24)　円	総収入金額	(26)　円
合併効力発生日等の翌日の属する事業年度の直前の事業年度終了の日以前の5年間（贈与（相続の開始）の日前の期間を除く。）に経営承継受贈者（経営承継相続人）及び当該経営承継受贈者（経営承継相続人）に係る同族関係者に対して支払われた剰余金の配当等及び損金不算入となる給与の金額		剰余金の配当等	(27)　円
		損金不算入となる給与	(28)　円
特定資産の帳簿価額等の合計額が資産の帳簿価額等の総額に対する割合	(29)=((23)+(27)+(28))/((24)+ (27)+(28))　%	特定資産の運用収入の合計額が総収入金額に占める割合	(30)=(25)/(26)　%

3　経営承継受贈者（経営承継相続人）について

合併効力発生日等における総株主等議決権数			(a)　個
氏名			
住所			
合併効力発生日等における経営承継受贈者（経営承継相続人）及び当該経営承継受贈者（経営承継相続人）に係る同族関係者の保有議決権数の合計及びその割合			(b)+(c)　個 ((b)+(c))/(a)　%
合併効力発生日等における保有議決権数及びその割合			(b)　個 (b)/(a)　%
合併効力発生日等における同族関係者	氏名（会社名）	住所（会社所在地）	保有議決権数及びその割合
			(c)　個 (c)/(a)　%

（備考）

① 用紙の大きさは、日本工業規格A4とする。

② 記名押印については、署名をする場合、押印を省略することができる。

③ 報告書の写し及び施行規則第12条第9項各号に規定する書類を添付する。

④ 本様式上における第一種特別贈与（相続）認定中小企業者に係る規定は、当該規定を、第二種特別贈与（相続）認定中小企業者、第一種特例贈与（相続）認定中小企業者又は第二種特例贈与（相続）認定中小企業者について準用する。なお、本様式において「経営承継受贈者（経営承継相続人）」とある場合は、報告者の種別に合わせてそれぞれ対応する語句に読み替えるものとする。

⑤ 報告者の経営承継受贈者（経営承継相続人）が当該報告者の代表者でない場合（その代表権を制限されている場合を含む。）であって、当該経営承継受贈者（経営承継特例経営承継相続人）が施行規則第9条第10項各号のいずれかに該当するに至って

いたときには、その旨を証する書類を添付する。

⑥　報告者が資産保有型会社又は資産運用型会社に該当する場合において、施行規則第６条第２項第１号及び第２号に該当する場合であって、同項第３号イからハまでに掲げるいずれかの業務をしているときには、その旨を証する書類を添付する。

⑦　合併効力発生日等の翌日の属する事業年度の直前の事業年度終了の日において報告者に特別子会社がある場合にあっては特別子会社に該当する旨を証する書類、当該特別子会社が資産保有型子会社又は資産運用型子会社に該当しないとき（施行規則第６条第２項第１号及び第２号に該当する場合であって、同項第３号イからハまでに掲げるいずれかの業務をしているときを含む。）には、その旨を証する書類を添付する。

（記載要領）

①　「承継の原因」については、吸収合併又は新設合併のいずれかを記載する。

②　単位が「％」の欄は小数点第１位までの値を記載する。

③　「特定資産」又は「運用収入」については、該当するものが複数ある場合には同様の欄を追加して記載する。（施行規則第６条第２項の規定によりそれぞれに該当しないものとみなされた場合には空欄とする。）

④　「損金不算入となる給与」については、法人税法第 34 条及び第 36 条の規定により報告者の各事業年度の所得の金額の計算上損金の額に算入されないこととなる給与（債務の免除による利益その他の経済的な利益を含む。）の額を記載する。（施行規則第６条第２項の規定によりそれぞれに該当しないものとみなされた場合には空欄とする。）

⑤　「同族関係者」については、該当する者が複数ある場合には同様の欄を追加して記載する。

111　承継期間内措置法適格株式交換

⑴　事業承継税制上の適格株式交換等

事業承継税制における適格株式交換等とは、認定承継会社が株式交換等により他の会社の株式交換完全子会社等となった場合における他の会社（以下「株式交換完全親会社等」といいます。）が、当該株式交換等がその効力を生ずる日において、次に掲げる要件の全てを満たしているときをいいます。（措法70の7③十四、措規23の9⑲）

① 株式交換完全親会社等が、事業承継税制における承継会社としての要件を備えていること

② この特例の適用を受ける経営承継受贈者がその株式交換完全親会社等及びその認定承継会社の代表権を有していること

③ 経営承継受贈者及びその同族関係者等の有する株式交換完全親会社等の非上場株式等に係る議決権の数の合計が、その株式交換完全親会社等に係る総株主等議決権数の過半数であること

④ 経営承継受贈者が有する株式交換完全親会社等の非上場株式等に係る議決権の数が、当該経営承継受贈者の同族関係者等のうちいずれの者が有する当該株式交換完全親会社等の非上場株式等に係る議決権の数をも下回らないこと

⑤ 当該株式交換等に際して株式交換完全親会社等が交付しなければならない株式又は出資以外の金銭その他の資産（剰余金の配当等として交付される金銭その他の資産を除きます。）の交付がされていないこと

⑵　株式交換等報告書

株式交換又は株式移転により認定中小企業者が他の会社（完全親会社）の完全子会社となった場合、原則認定取消しとなります。ただし、株式交換効力発生日等に一定の要件を満たしている場合に限り、認定を承継できますが、要件に該当する旨を都道府県知事に報告をし、確認を受ける必要があります。（円滑化省令12⑩）

（申請様式及び添付書類）

様式第 14

株式交換等報告書

年　　月　　日

都道府県知事　　殿

（株式交換完全親会社等）
郵 便 番 号
会社所在地
会　社　名
電 話 番 号
代表者の氏名　　　　　　　　印

中小企業における経営の承継の円滑化に関する法律施行規則第 12 条第 10 項の規定（当該規定が準用される場合を含む）により、下記の規定に該当する旨を報告します。

記

1　報告者の種別と該当する規定について

報告者の種別と施行規則第 10 条のうち該当する規定	□第一種特別贈与認定中小企業者（施行規則第 11 条第 1 項各号） □第一種特別相続認定中小企業者（施行規則第 11 条第 2 項各号） □第一種特例贈与認定中小企業者（施行規則第 11 条第 5 項各号） □第一種特例相続認定中小企業者（施行規則第 11 条第 6 項各号）	□第二種特別贈与認定中小企業者（施行規則第 11 条第 3 項各号） □第二種特別相続認定中小企業者（施行規則第 11 条第 4 項各号） □第二種特例贈与認定中小企業者（施行規則第 11 条第 7 項各号） □第二種特例相続認定中小企業者（施行規則第 11 条第 8 項各号）
認定年月日及び番号	年　　月　　日（　　号）	

2　株式交換完全親会社等

主たる事業内容	
資本金の額又は出資の総額	円

株式交換効力発生日等		年　月　日	
承継の原因			
株式交換完全親会社等	代表者氏名	代表者住所	
株式交換完全子会社等	会社名	会社所在地	
	代表者氏名	代表者住所	
株式交換等により交付された財産			

株式交換効力発生日等の翌日の属する事業年度の直前の事業年度（　年　月　日から　年　月　日まで）における特定資産に係る明細表

種別		内容	利用状況	価額	運用収入
有価証券	特別子会社の株式又は持分（(*)を除く。）			(1)　円	(12)　円
	資産保有型子会社又は資産運用型子会社に該当する特別子会社の株式又は持分(*)			(2)　円	(13)　円
	特別子会社の株式又は持分以外のもの			(3)　円	(14)　円
不動産	現に自ら使用しているもの			(4)　円	(15)　円
	現に自ら使用していないもの			(5)　円	(16)　円
ゴルフ場その他の施設の利用に関する権利	事業の用に供することを目的として有するもの			(6)　円	(17)　円
	事業の用に供することを目的としないで有するもの			(7)　円	(18)　円
絵画、彫刻、工芸品その他の有形の文化的所産である動産、貴金属及び宝石	事業の用に供することを目的として有するもの			(8)　円	(19)　円
	事業の用に供することを目的としないで有するもの			(9)　円	(20)　円
現金、預貯金等	現金及び預貯金その他これらに類する資産			(10)　円	(21)　円
	経営承継受贈者（経営承継相続人）及び当該経営承継受贈者（経営承継相続人）に係る同族関係者等（施行規則第1条第13項第2号ホに掲げる者をいう。）に対する貸付金及び未収金その他これらに類する資産			(11)　円	(22)　円

特定資産の帳簿価額の合計額	(23)=(2)+(3)+(5)+(7)+(9)+(10)+(11) 円	特定資産の運用収入の合計額	(25)=(13)+(14)+(16)+(18)+(20)+(21)+(22) 円
資産の帳簿価額の総額	(24)　　　　円	総収入金額	(26)　　　　円
株式交換効力発生日等の翌日の属する事業年度の直前の事業年度終了の日以前の５年間（贈与（相続の開始）の日前の期間を除く。）に経営承継受贈者（経営承継相続人）及び当該経営承継受贈者（経営承継相続人）に係る同族関係者に対して支払われた剰余金の配当等及び損金不算入となる給与の金額		剰余金の配当等	(27) 円
		損金不算入となる給与	(28) 円
特定資産の帳簿価額等の合計額が資産の帳簿価額等の総額に対する割合	(29)=((23)+(27)+(28))/((24) +(27)+(28)) ％	特定資産の運用収入の合計額が総収入金額に占める割合	(30)=(25)/(26) ％

3　経営承継受贈者（経営承継相続人）について

株式交換効力発生日等における総株主等議決権数			(a)　　　　個
氏名			
住所			
株式交換効力発生日等における経営承継受贈者（経営承継相続人）及び当該経営承継受贈者（経営承継相続人）に係る同族関係者との保有議決権数の合計及びその割合			(b)+(c)　　個 ((b)+(c))/(a)　　％
株式交換効力発生日等における保有議決権数及びその割合			(b)　　個 (b)/(a)　　％
株式交換効力発生日等における同族関係者	氏名（会社名）	住所（会社所在地）	保有議決権数及びその割合
			(c)　　個 (c)/(a)　　％

（備考）

① 用紙の大きさは、日本工業規格Ａ４とする。

② 記名押印については、署名をする場合、押印を省略することができる。

③ 報告書の写し及び施行規則第 12 条第 10 項各号に掲げる書類を添付する。

④ 本様式における第一種特別贈与（相続）認定中小企業者に係る規定は、当該規定を、第二種特別贈与（相続）認定中小企業者、第一種特例贈与（相続）認定中小企業者又は第二種特例贈与（相続）認定中小企業者について準用する場合を含む。なお、本様式において「経営承継受贈者（経営承継相続人）」とある場合は、報告者の種別に合わせてそれぞれ対応する語句に読み替えるものとする。

⑤ 報告者の経営承継受贈者（経営承継相続人）が当該報告者若しくはその株式交換完全子会社等（施行規則第 11 条第１項の規定による地位の承継前の第一種特別贈与認定中小企業者（第２項の規定による地位の承継前の第一種特別相続認定中小企業者）

に限る。）の代表者でない場合(その代表権を制限されている場合を含む。）であって、当該経営承継受贈者（経営承継相続人）が施行規則第9条第10項各号のいずれかに該当するに至っていたときには、その旨を証する書類を添付する。

⑥　報告者が資産保有型会社又は資産運用型会社に該当する場合において、施行規則第6条第2項第1号及び第2号に該当する場合であって、同項第3号イからハまでに掲げるいずれかの業務をしているときは、その旨を証する書類を添付する。

⑦　株式交換効力発生日等の翌日の属する事業年度の直前の事業年度終了の日において報告者に特別子会社がある場合にあっては特別子会社に該当する旨を証する書類、当該特別子会社が資産保有型子会社又は資産運用型子会社に該当しないとき（施行規則第6条第2項第1号及び第2号に該当する場合であって、同項第3号イからハまでに掲げるいずれかの業務をしているときを含む。）には、その旨を証する書類を添付する。

（記載要領）

①　「承継の原因」については、株式交換又は株式移転のいずれかを記載する。

②　「株式交換完全子会社等」については、承継前に第一種特別贈与認定中小企業者（第一種特別相続認定中小企業者）であった者のみの事項を記載する。

③　単位が「%」の欄は小数点第1位までの値を記載する。

④　「特定資産」又は「運用収入」については、該当するものが複数ある場合には同様の欄を追加して記載する。（施行規則第6条第2項の規定によりそれぞれに該当しないものとみなされた場合には空欄とする。）

⑤　「損金不算入となる給与」については、法人税法第34条及び第36条の規定により報告者の各事業年度の所得の金額の計算上損金の額に算入されないこととなる給与（債務の免除による利益その他の経済的な利益を含む。）の額を記載する。（施行規則第6条第2項の規定によりそれぞれに該当しないものとみなされた場合には空欄とする。）

⑥　「同族関係者」については、該当する者が複数ある場合には同様の欄を追加して記載する。

⑦　株式移転の場合にあっては、「株式交換効力発生日等の翌日の属する事業年度の直前の事業年度（　年　月　日から　年　月　日まで）における特定資産等に係る明細表」のうち「運用収入」の欄の記載は不要である。

112　承継期間後の組織再編の概要

経営承継期間を経過した後に、組織再編があった場合は、一部の株式の譲渡等があったと同様に考え、譲渡等に対応する部分の猶予税額の期限が確定します。

期限確定となる猶予税額については、107を参照してください。

（事業承継税制と組織再編等）

組織再編等が行われた場合には、次の金額の納付期限が確定します。

<table>
<tr><th colspan="2" rowspan="2">確定事由（概略）</th><th colspan="2">納付確定額</th></tr>
<tr><th>承継期間内</th><th>承継期間経過後</th></tr>
<tr><td colspan="2">資本金又は準備金を減少する</td><td rowspan="4">全額</td><td rowspan="2">全額</td></tr>
<tr><td rowspan="2">株式の譲渡又は贈与をする</td><td>全部</td></tr>
<tr><td>一部</td><td>譲渡特例株式数対応額</td></tr>
<tr><td colspan="2">分割型分割の分割法人となる</td><td>移転事業割合相当額
（株式対価分も含む）</td></tr>
<tr><td colspan="2">組織変更により株式以外の財産を交付した場合</td><td>全額</td><td>一部交付金銭等に対応する部分の金額のみ</td></tr>
<tr><td colspan="2">合併により消滅する</td><td rowspan="2">全額（注）</td><td rowspan="2">一部交付金銭等に対応する部分の金額のみ</td></tr>
<tr><td colspan="2">株式交換等により完全子会社となる</td></tr>
</table>

（注）　認定要件を満たす同一グループ会社間での組織再編の場合は、一に満たない端数等の交付を受けた金銭等に対応する部分の金額

（ポイント）

組織再編の類型によって、納税猶予が打ち切られるものが定められています。

納税猶予の打切りが定められていない合併法人等となる組織再編であっても、組織再編によって他の要件（同族過半要件など）を満たせなくなれば納税猶予は打ち切られます。

①100％子会社を吸収合併した合併法人、②分社型分割の分割法人については、他の要件を満たす限りにおいて、納税猶予は打ち切られません。

第8章

納税猶予の全部免除

113　納税猶予の免除（贈与者の死亡）

非上場株式についての贈与税の納税猶予を受けている場合において、その贈与者が死亡したときは、以下のとおりとなります。

1　一般措置の適用を受けていた贈与税の納税猶予に係る贈与者が死亡した場合

(1)　特例承継期間内に死亡した場合

贈与税の納税猶予に係る贈与者が死亡した場合には、認定を受けた第1種贈与認定中小企業者又は第2種贈与認定中小企業者は、贈与者の相続の開始の日の翌日から8か月以内に臨時報告書（様式第15）及び切替確認申請書（様式第17）を都道府県知事に提出することとなります。（円滑化省令12⑪、13②）

切替確認申請書の提出を受けた都道府県知事は、確認をした場合は、様式第18による確認書を交付し、確認しない旨の決定をした場合には、様式第19により通知をします。（円滑化省令13⑥）

切替確認申請において都道府県知事が確認する点は次のとおりです。（円滑化省令13①）

①　贈与認定中小企業者の確認点

・性風俗営業会社に該当しないこと

・特定特別関係会社が性風俗営業会社に該当しないこと

・資産保有型会社等に該当しないこと

※　資産保有型会社とは、直前事業年度開始以降のいずれかの日において、特定資産の帳簿価額÷総資産の帳簿価額≧0.7に該当する会社をいいます。

・資産運用型会社に該当しないこと

※　資産運用型会社とは、直前事業年度以降の各事業年度において、特定資産の運用収入÷総収入≧0.75に該当する会社です。

・直前事業年度以降の各事象年度の総収入金額がゼロ超であること

※　総収入金額には、営業外収益・特別利益を含みません。

・常時使用する従業員が1人以上いること

・資産保有型会社等に該当する場合は、後継者の生計一親族を除き5人以上及び実業実態要件があること

※　常時使用する従業員とは、健康保険・厚生年金保険等の被保険者、会社と2か月超の雇用契約を結んでいる75歳以上の者をいいます。（親族の従業員も含みます。）

・特別関係会社が外国会社に該当する場合には、常時使用する従業員が5人以上いること

・後継者以外の株主に拒否権付株式（黄金株）を交付していないこと

＜承継期間中に相続が開始した場合における追加の要件＞

・認定承継会社又は特定特別会社が上場会社等に該当しないこと

事業承継税制適用後に、認定承継会社等が大会社・上場会社（経営承継期間後に限ります）に該当しても納税猶予は打ち切られず、相続税の納税猶予への切替えも認められますが、次の事業承継について事業承継税制を適用することはできません。この点は平成29年度改正になります。

②　後継者の確認点

・後継者グループで過半数の議決権を有しており、後継者グループの中で筆頭株主であること（他の特例適用代表者を除きます。）

※　過半数の判定については、議決権の一部に制限のある株式も含めて行います。

・会社の代表者であること

⑵　承継期間後に死亡した場合

贈与税の納税猶予に係る贈与者が死亡した場合には、認定を受けた第1種贈与認定中小企業者又は第2種贈与認定中小企業者は、贈与者の相続の開始の日の翌日から8か月以内に切替確認申請書（様式第17）を都道府県知事に提出することとなります。（円滑化省令12⑪、13②）

切替確認申請書の提出を受けた都道府県知事は、確認をした場合は、様式第18による確認書を交付し、確認しない旨の決定をした場合には、様式第19により通知をします。（円滑化省令13⑥）

⑶　猶予贈与税の免除及び相続税の納税猶予の適用

死亡した贈与者（先代経営者）が、①先代経営者から2代目後継者に一般措置で贈与した場合、②先代経営者から2代目後継者に一般措置で贈与をし、更に2代目から3代目後継者に特例措置で贈与した連続贈与の場合で適用できる相続税の納税猶予が違ってきます。

①　先代経営者から２代目後継者に贈与した場合

(1)又は(2)により都道府県知事に様式第18による確認書の交付を受けた経営承継受贈者（２代目後継者）は、贈与者の死亡により、その猶予された贈与税について免除されます。その場合において、当該死亡の日から10か月を経過する日までに免除届出書と確認書を納税地の所轄税務署長に提出する必要があります。（措法70の７⑮二）

贈与税の納税猶予（一般措置）の適用を受けた非上場株式は、相続又は遺贈により取得したものとみなして、贈与時の価額により他の相続財産と合算して相続税を計算します。（措法70の７の３①）

相続税の申告書に相続税の納税猶予の適用を受ける旨の記載があり、申告期限までに担保を提供した場合は、相続税の納税猶予を受けることができます。（措法70の７の７①）

この場合の相続税の納税猶予は、一般措置による納税猶予となります。

②　連続贈与により特例措置の適用を受けた場合

(1)又は(2)により都道府県知事に様式第18による確認書の交付を受けた特例経営承継受贈者（３代目後継者）は、贈与者の死亡の日から10か月以内に免除届出書と確認書を納税地の所轄税務署長に提出することにより、その猶予された贈与税について免除されます。（措法70の７⑮二）

贈与税の納税猶予（特例措置）の適用を受けた非上場株式は、相続又は遺贈により取得したものとみなして、贈与時の価額により他の相続財産と合算して相続税を計算します。（措法70の７の７②）

相続税の申告書に相続税の納税猶予の適用を受ける旨の記載があり、申告期限までに担保を提供した場合は、相続税の納税猶予を受けることができます。（措法70の７の８①）

２代目後継者から３代目後継者への贈与が、特例措置である場合、先代経営者から２代目後継者への贈与が、一般措置であっても特例措置の相続税の納税猶予を受けることができます。（措通70の７の７－２（注）５）

２　特例措置の適用を受けていた贈与税の納税猶予に係る贈与者が死亡した場合

(1)　特例承継期間内に死亡した場合

贈与税の納税猶予に係る贈与者が死亡した場合には、認定を受けた第１種特例贈与認定中小企業者又は第２種特例贈与認定中小企業者は、贈与者の相続の開始の日の翌日から８か月以内に臨時報告書（様式第15）及び切替確認申請書（様式第17）を都道府県知事に提出することとなります。（円滑化省令12⑪、13②）

切替確認申請書の提出を受けた都道府県知事は、確認をした場合は、様式第18による確認書を交付し、確認しない旨の決定をした場合には、様式第19により通知をします。（円滑化省令13⑥）

切替確認申請において都道府県知事が確認する前述した**１**の⑴と同じです。

⑵　特例承継期間後に死亡した場合

贈与税の納税猶予に係る贈与者が死亡した場合には、認定を受けた第１種特例贈与認定中小企業者又は第２種特例贈与認定中小企業者は、贈与者の相続の開始の日の翌日から８か月以内に切替確認申請書（様式第17）を都道府県知事に提出することとなります。（円滑化省令12⑪、13②）

切替確認申請書の提出を受けた都道府県知事は、確認をした場合は、様式第18による確認書を交付し、確認しない旨の決定をした場合には、様式第19により通知をします。（円滑化省令13⑥）

⑶　猶予贈与税の免除及び相続税の納税猶予の適用

⑴又は⑵により猶予された贈与税について免除されます。都道府県知事に様式第18による確認書の交付を受けた特例経営承継受贈者は、贈与者の死亡の日から10か月以内に免除届出書と確認書を納税地の所轄税務署長に提出する必要があります。（措法70の７の７①）

贈与税の納税猶予（特例措置）の適用を受けた非上場株式は、相続又は遺贈により取得したものとみなして、贈与時の価額により他の相続財産と合算して相続税を計算します。（措法70の７の７①）

相続税の申告書に相続税の納税猶予の適用を受ける旨の記載があり、申告期限までに担保を提供した場合は、相続税の納税猶予を受けることができます。（措法70の７の７①）

この場合の相続税の納税猶予は、特例措置となります。

114　連続贈与の事例１（先代経営者の死亡後の連続贈与）

連続贈与により贈与税の納税猶予の適用を受けた場合、最も古い贈与者の死亡により、贈与税の納税猶予額は、全額免除となります。

先代経営者から２代目後継者の贈与が、一般措置による贈与税の納税猶予の適用を受け、その先代経営者の相続開始時に２代目後継者が、対象受贈非上場株式等を保有している場合（先代経営者の生前に３代目後継者への連続贈与をしていない場合）の取扱いは、次のとおりです。

対象受贈非上場株式等は、最初の贈与時の価額で、相続により先代経営者から２代目後継者が、取得したものとみなされ、相続税が計算されます。（措法70の７の３①）

２代目後継者は、代表者である等の受贈者要件と中小企業である等の要件を満たす場合は、都道府県知事の切替確認（円滑化省令12⑪、13②）を受けて、贈与者（先代経営者）に係る相続税の納税猶予の適用を受けることができます。（措法70の７の３①）

適用することができる相続税の納税猶予は、一般措置となります。

２代目後継者は、経営相続承継期間経過後に３代目後継者に適用対象株式の贈与を行った場合は、その贈与が、平成30年１月１日から平成39年12月31日までに行われ、かつ、平成30年４月１日から平成35年３月31日までに特例承継計画を都道府県に提出して確認を受けているときは、２代目後継者から３代目後継者の贈与は、特例措置による贈与税の納税猶予を受けることができます。（措法70の７の５①）

例えば、認定贈与承継会社であるＡ社（発行済株式数300株）の株式について⑴先代経営者（乙）から２代目後継者（甲）にＡ社株式の贈与、⑵乙の相続により乙の配偶者丙が残りのＡ社株式100株を配偶者の税額軽減により取得、⑶甲から３代目後継者（丁）にＡ社株式の贈与、⑷丙が所有するＡ社株式を丁に贈与を行った場合におけるＡ社株式の相続税及び贈与税の納税猶予等の取扱いは、以下のとおりとなります。（先代経営者、２代目後継者、３代目後継者、中小企業者の要件を満たしているとします。）

1　A社株式の贈与及び相続の経緯

⑴　＜承継①（第1種贈与）＞　贈与日　2017/6/30

甲は、乙からA社株式200株の贈与を受け、相続時精算課税制度を併用することにより、贈与税の納税猶予を受けました。（贈与時の株価　1株当たり100万円）

⑵　＜承継②（第1種みなし相続及び相続）＞　相続開始日　2022/9/30

乙が亡くなり、甲は、①で納税猶予を受けた200株について相続税の納税猶予を受け（みなし相続時の時価1株当たり100万円）、残りのA社株式100株については、先代経営者の配偶者（丙）が、配偶者の税額軽減を適用して相続しました。（相続時の株価　1株当たり150万円）

⑶　＜承継③（第1種特例贈与）＞　贈与日　2023/5/1

丁は、甲からに納税猶予を受けたA社株式200株の贈与を受け、相続時精算課税を併用することにより、贈与税の納税猶予を受けました。（贈与時の株価　1株当たり180万円）

⑷　＜承継④（第2種特例贈与）＞　贈与日　2025/10/1

丁は、丙から保有するA株式100株の贈与を受け、相続時精算課税を併用することにより、贈与税の納税猶予を受けました。（贈与時の株価　1株当たり200万円）

	現状	承継① 乙→甲 贈与 2017/6/30	承継①後	承継② 乙→丙 相続 2022/9/30	承継②後	承継③ 甲→丙 贈与 2023/5/1	承継③後	承継④ 丙→丁 贈与 2025/10/1	承継④後
乙（先代）	300株	−200株	100株	−100株	0株		0株		0株
甲（2代目）	0株	200株	200株	（200株）	200株	−200株	0株		0株

丙				100株	100株		100株	−100株	0株
丁（3代目）	0株		0株		0株	200株	200株	100株	300株
合計	300株	0株	300株	0株	300株	0株	300株	0株	300株

2　A社株式の贈与及び相続における相続税及び贈与税の納税猶予

承継①～承継④におけるＡ社株式の相続税及び贈与税の納税猶予は次のとおりとなります。

⑴　＜承継①（第１種贈与）＞　贈与日　2017/６/30

先代経営者（乙）から２代目後継者（甲）の贈与については、2017年12月31日以前の贈与であることから、一般措置による贈与税の納税猶予となります。

①　一括贈与要件

Ａ社は、乙と甲の保有議決権数の合計が２/３以上であることから、贈与後の甲の議決権数が２/３以上となるように贈与をする必要があります。（措法70の７①一）

乙の所有株式数300株＋甲の保有株式数０株≧発行済株式数300株×２/３

今回の贈与で必要な株数は、200株以上です。今回の贈与株数200株ですので一括贈与要件は、満たしていることとなります。

②　猶予税額（Ａ社株式以外に贈与がないものとします。）

乙から甲の贈与は、一般措置ですので贈与税の納税猶予の対象となる株数は、発行済株式総数の２/３に達するまでとなります。今回の納税猶予の対象となる株式は、200株です。また贈与税の猶予割合は、100％です。

㋑　贈与税の総額

（２億円（100万円×200株）－　2,500万円）×20％　＝　3,500万円

㋺　猶予税額

（２億円（100万円×200株）－　2,500万円）×20％　＝　3,500万円

㋩　今回納付すべき贈与税額　①－②＝０円

⑵　＜承継②＞　相続開始日　2022/ 9 /30

①　承継①における贈与税の免除

贈与者（乙）の死亡により、猶予された贈与税は免除されます。贈与税の納税猶予の適用受けた非上場株式は、相続又は遺贈により贈与時の価額（@100万円）で他の相続財産と合算して相続税が計算します。（措法70の７の３①）

②　免除された非上場株式について相続税の納税猶予への切替え

相続又は遺贈により取得したものとみなされた非上場株式について都道府県に切替申請により確認（円滑化省令12⑪、13②）を受け、一定の要件を満たす場合には、相続税の納税猶予を受けることができます。（措法70の７の４①）

相続税の納税猶予は、2017年（平成29年12月31日）以前に贈与取得しているため、一般措置となります。

相続税の納税猶予の一般措置における猶予割合は、80％となり、また納税猶予の対象となる株式数は、200株となります。

甲が、猶予された相続税は、5,000万円と仮定します。

③　乙の配偶者である丙が相続取得した100株

丙が、乙より取得したＡ社株式100株は、相続財産として他の相続財産と合算して相続税が計算されます。今回の事例では、乙は配偶者の税額軽減を適用したものと仮定します。

⑶　＜承継③（第１種特例贈与）＞　贈与日　2023/ 5 / 1

甲から丁への贈与は、2023年３月31日までに経営承継計画を策定し、都道府県庁に確認申請した場合は、特例措置により贈与税の納税猶予を受けることができます。

承継③において納税猶予を受ける為の必要な贈与株数及び猶予税額は、次のとおりです。

①　一括贈与要件

Ａ社は、甲と丁の保有議決権数の合計が２/３以上であることから、贈与後の甲の議決権数が２/３以上となるように贈与をする必要があります。（措法70の７の５①一）

甲の所有株式数200株＋丁の保有株式数０株≧発行済株式数300株×２/３

今回の贈与で必要な株数は、200株以上となります。

②　猶予税額（Ａ社株式以外に贈与がないものとします。）

㋑　贈与税の総額

(3.6億円（180万円×200株）－　2,500万円）×20％　＝　6,700万円

㋺　猶予税額

(3.6億円（180万円×200株）－　2,500万円）×20％　＝　6,700万円

㋩　今回納付すべき贈与税額　㋑－㋺＝０円

③　甲の相続税の納税猶予の免除

甲は、承継期間経過後（2023/３/15）に丁に贈与しています。丁が贈与税の納税猶予を受けることにより、甲の相続税の納税猶予について免除となります。

甲は、贈与税の申告期限から６か月以内に「非上場株式についての贈与税（相続税）の納税猶予の免除届出書（特例免除）」を納税地の所轄税務署長の提出する必要があります。（措法70の７の２⑯二）

(4)　＜承継④（第２種特例贈与）＞　贈与日　2025/10/１

丙から丁への贈与は、第１種特例贈与に係る認定の有効期間（承継③の贈与税の申告期限2024/３/15から５年を経過する2029/３/15までの期間）内の贈与であり、第２種贈与対象期間となります。また2027年12月31日までの贈与であることから、第２種特例贈与として贈与税の納税猶予を受けることができます。

Ａ社株式以外に贈与がないものとした場合の猶予税額は、次のとおりです。

①　贈与税の総額

（２億円（200万円×100株）－　2,500万円）×20％　＝　3,500万円

②　猶予税額

（２億円（200万円×100株）－　2,500万円）×20％　＝　3,500万円

③　今回納付すべき贈与税額　①－②＝０円

丙の相続の開始時に丁は、贈与税の納税猶予を受けたＡ社株式100株を相続により取得したものとみなされ相続税が課税されますが、相続の開始時がいつであるかにかかわらず、第２種特例相続として相続税の納税猶予を受けることができます。なお丁は、丙の相続では孫として相続税の２割加算の対象となります。

承継③における第１種特例贈与に係る認定の有効期間及び第２種特例相続の対象期間は、次のとおりです。

（承継③第１種特例贈与）

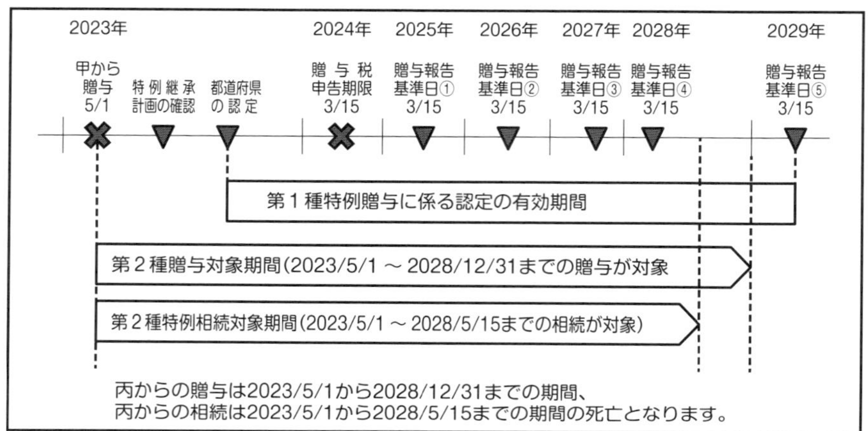

2023年
2024年
2025年
2026年
2027年
2028年
2029年
甲から
贈与
5/1
特例継承
計画の確認
都道府県
の認定
贈与税
申告期限
3/15
贈与報告
基準日①
3/15
贈与報告
基準日②
3/15
贈与報告
基準日③
3/15
贈与報告
基準日④
3/15
贈与報告
基準日⑤
3/15
第１種特例贈与に係る認定の有効期間
第２種贈与対象期間（2023/5/1 ～ 2028/12/31までの贈与が対象
第２種特例相続対象期間（2023/5/1 ～ 2028/5/15までの相続が対象）
丙からの贈与は2023/5/1から2028/12/31までの期間、
丙からの相続は2023/5/1から2028/5/15までの期間の死亡となります。

本事例を図にすると次のとおりです。

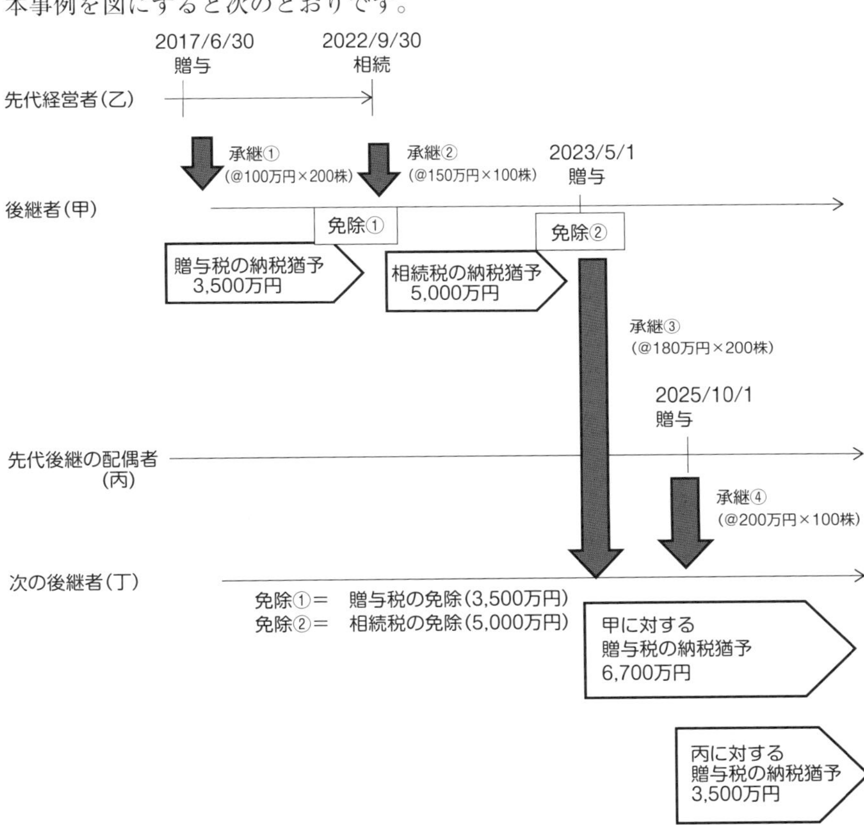

115　相続人からの贈与

1　相続税の納税猶予（一般措置）の適用を受けていた相続人から贈与を受けた場合

相続税の納税猶予（一般措置）の適用を受けていた経営承継相続人（２代目後継者）が、次の後継者（３代目後継者）に生前一括贈与をした場合において、その３代目後継者が、贈与税の納税猶予を受け、その贈与の日から６か月以内に免除申請書を提出した場合は、その２代目後継者の猶予された相続税のうち、

贈与した株式に相当する猶予税額が免除されます。（措法70の７の２⑯二、措通70の７の２－41）

⑴　経営承継期間内に贈与した場合

経営承継期間内に２代目後継者が、納税猶予の適用を受けた対象非上場株式等の全部又は一部を贈与した場合には、猶予税額の確定となり、贈与した日から２か月を経過する日をもって猶予税額の全額を納付することとなります。（措法70の７の２③五、六）

ただし、２代目後継者が、やむを得ない事由（措規23の10⑬、23の９⑮）により代表者を退任した場合において、その２代目後継者が、対象非上場株式を贈与して、贈与を受けた３代目後継者が、贈与税の納税猶予を受ける場合には、猶予された相続税のうち、贈与した株式に相当する猶予税額が免除されます。

⑵　経営承継期間経過後に贈与した場合

経営承継期間経過後に２代目後継者が、対象非上場株式を贈与し、その贈与を受けた３代目後継者が、贈与税の納税猶予を受ける場合は、猶予された相続税のうち、贈与された株式に相当する猶予税額が免除されます。

⑶　３代目後継者の贈与税の納税猶予

２代目後継者から３代目後継者への贈与についてその贈与が、平成30年１月１日から平成39年12月31日までの贈与で平成30年４月１日から平成35年３月31日までに特例承継計画を都道府県に提出して確認を受けているときは、特例措置（措法70の７の５）となり、そうでない場合は、一般措置（措法70の７）となります。

２　相続税の納税猶予（特例措置）の適用を受けていた相続人から贈与を受けた場合

相続税の納税猶予（特例措置）の適用を受けていた特例経営承継相続人（２代目後継者）が、次の後継者（３代目後継者）に生前一括贈与をした場合において、その３代目後継者が、贈与税の納税猶予を受け、その贈与の日から６か月以内に免除申請書を提出した場合は、その２代目後継者の猶予された相続税のうち、贈与した株式に相当する猶予税額が免除されます。（措法70の７の６⑫、措通70の７の６－23）

⑴　特例経営承継期間内に贈与した場合

特例経営承継期間内に２代目後継者が、納税猶予の適用を受けた対象非上場株式等の全部又は一部を贈与した場合には、猶予税額の確定となり、贈与した日から２か月を経過する日をもって猶予税額の全額を納付することとなります。（措法70の７の６③）

ただし、２代目後継者が、やむを得ない事由（措規23の10⑬、23の９⑮）により代表者を退任した場合において、その２代目後継者が、（特例）対象非上場株式を贈与して、贈与を受けた３代目後継者が、贈与税の納税猶予を受ける場合には、猶予された相続税のうち、贈与した株式に相当する猶予税額が免除されます。

⑵　特例経営承継期間経過後に贈与した場合

特例経営承継期間経過後に２代目後継者が、対象非上場株式を贈与し、その贈与を受けた３代目後継者が、贈与税の納税猶予を受ける場合は、猶予された相続税のうち、贈与された株式に相当する猶予税額が免除されます。

⑶　３代目後継者の贈与税の納税猶予

２代目後継者から３代目後継者への贈与についてその贈与が、平成30年１月１日から平成39年12月31日までの贈与で平成30年４月１日から平成35年３月31日までに特例承継計画を都道府県に提出して確認を受けているときは、特例措置（措法70の７の５）となり、そうでない場合は、一般措置（措法70の７）となります。

116　相続人の死亡

１　相続税の納税猶予（一般措置）の適用を受けていた相続人が死亡した場合

相続税の納税猶予（一般措置）の適用を受けた経営承継相続人等が死亡した場合は、以下のとおりとなります。

⑴　経営承継期間後に相続人が死亡した場合

経営承継相続人等（２代目後継者）が死亡した場合には、相続税の納税猶予額が免除されます。

経営承継相続人等の相続人（３代目後継者）は、その経営承継相続人等が死亡した日から６か月以内に次の事項を記載した免除届出書を納税地の所轄税務署長に提出します。（措法70の７の２⑯一、措令40の８の２㊸、措規23の10㉕）

① 届出書を提出する者の氏名及び住所並びに死亡した経営承継相続人等の続柄並びに認定承継会社の商号

② 死亡した経営承継相続人等の氏名及び住所並びに死亡した年月日

③ 相続税の免除を受けようとする旨並びに免除を受けようとする相続税額

④ その他参考となる事項

次の後継者（３代目後継者）は、経営承継円滑化法及び租税特別措置法の各要件を満たせば、改めて相続税の納税猶予を受けることができます。

その相続が、平成30年１月１日から平成39年12月31日までの相続で平成30年４月１日から平成35年３月31日までに特例承継計画を都道府県に提出して確認を受けているときは、特例措置（措法70の７の６）となり、そうでない場合は、一般措置（措法70の７の２）となります。

２代目後継者の死亡に伴う免除届出書の提出と３代目後継者が、相続税の納税猶予を受ける場合の流れを図にしますと次のとおりとなります。

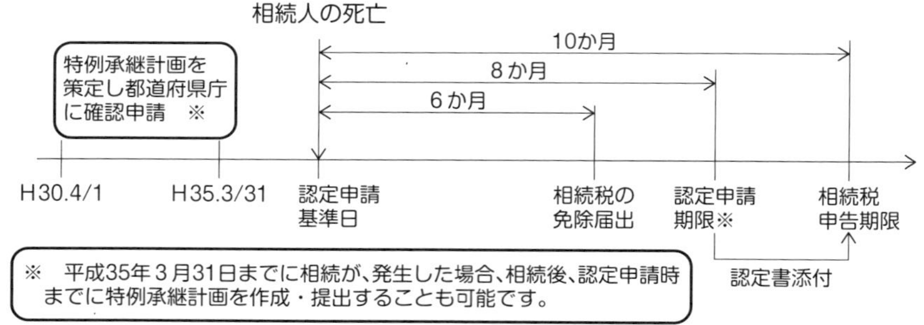

(2) 経営承継期間中に死亡した場合

経営承継期間中に経営承継相続人等が死亡した場合は、上記の手続の他に経営承継相続人等の死亡の日から４か月以内に随時報告書を都道府県庁に提出する必要があります。

随時報告書には、経営承継相続人等が死亡したことを記載し次に掲げる事項も併せて報告します。（円滑化省令12⑦二）

① 随時相続報告基準期間における代表者の氏名

② 随時相続報告基準日における常時使用する従業員の数

③ 随時相続報告基準期間における特定相続認定中小企業者の株主又は社員の氏名及びこれらの者が有する株式等に係る議決権の数

④　随時相続報告基準期間において、特定相続認定中小企業者が上場会社等又は風俗営業会社のいずれも該当しないこと

⑤　随時相続報告基準期間において、特定相続認定中小企業者が資産保有型会社に該当しないこと

⑥　随時相続報告基準事業年度においていずれも特定相続認定中小企業者が資産運用会社に該当しないこと

⑦　随時相続報告基準年度における特定相続認定中小企業者の総収入金額

⑧　随時相続報告基準期間において特定相続認定中小企業者の特定特別子会社が風俗営業会社に該当しないこと

随時報告書は、相続税を免除するに当たり、経営承継相続人等の死亡以外の認定取消事由に該当していないことを報告するものです。

報告の結果、認定取消事由に該当しないことが確認された場合は、都道府県知事から確認書が交付されます。

納税地の所轄税務署長に提出する免除届出書に交付を受けた確認書を添付します。

２代目後継者の死亡に伴う免除届出書の提出と３代目後継者が、相続税の納税猶予を受ける場合の流れを図にしますと次のとおりとなります。

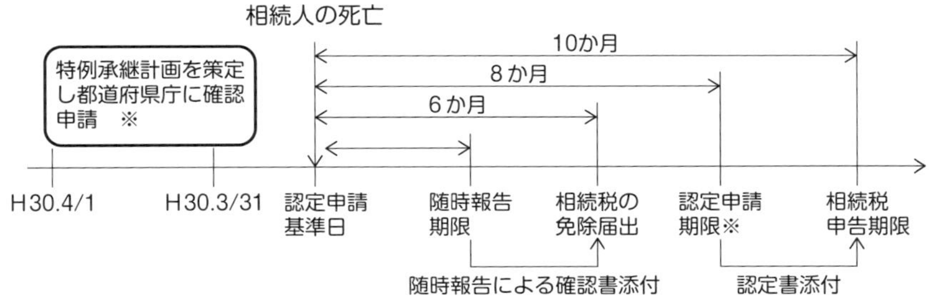

2　相続税の納税猶予（特例措置）の適用を受けていた相続人が死亡した場合

相続税の納税猶予（特例措置）の適用を受けた特例経営承継相続人等が死亡した場合は、以下のとおりとなります。

(1)　特例経営承継期間後に相続人が死亡した場合

特例経営承継期間経過後に特例経営承継相続人等（２代目後継者）が死亡した場合には、相続税の納税猶予額が免除されます。

特例経営承継相続人等の相続人（３代目後継者）は、その特例経営承継相続人等が死亡した日から６か月以内に次の事項を記載した免除届出書を納税地の所轄税務署長に提出します。（措法70の７の６⑫、措令40の８の２㉘、措規23の10⑲）

① 届出書を提出する者の氏名及び住所並びに死亡した（特例）経営承継相続人等の続柄並びに認定承継会社の商号

② 死亡した特例経営承継相続人等の氏名及び住所並びに死亡した年月日

③ 相続税の免除を受けようとする旨並びに免除を受けようとする相続税額

④ その他参考となる事項

次の後継者（３代目後継者）は、経営承継円滑化法及び租税特別措置法の各要件を満たせば、改めて相続税の納税猶予を受けることができます。

その相続が、平成30年１月１日から平成39年12月31日までの贈与で平成30年４月１日から平成35年３月31日までに特例承継計画を都道府県に提出して確認を受けているときは、特例措置（措法70の７の６）となり、そうでない場合は、一般措置（措法70の７の２）となります。

２代目後継者の死亡に伴う免除届出書の提出と３代目後継者が、相続税の納税猶予を受ける場合の流れを図にしますと次のとおりとなります。

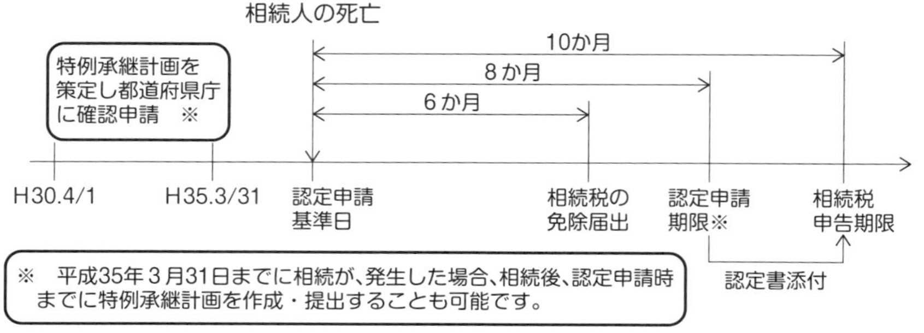

⑵　特例経営承継期間中に死亡した場合

特例経営承継期間中に特例経営承継相続人等が死亡した場合は、上記の手続きの他に経営承継相続人等の死亡の日から４か月以内に随時報告書を都道府県庁に提出する必要があります。（円滑化省令12⑦二十）

随時報告書には、特例経営承継相続人等が死亡したことを記載し次に掲げる事項も併せて報告します。

①　随時相続報告基準期間における代表者の氏名

②　随時相続報告基準日における常時使用する従業員の数

③　随時相続報告基準期間における特定特例相続認定中小企業者の株主又は社員の氏名及びこれらの者が有する株式等に係る議決権の数

④　随時相続報告基準期間において、特定特例相続認定中小企業者が上場会社等又は風俗営業会社のいずれも該当しないこと

⑤　随時相続報告基準期間において、特定特例相続認定中小企業者が資産保有型会社に該当しないこと

⑥　随時相続報告基準事業年度においていずれも特定特例相続認定中小企業者が資産運用会社に該当しないこと

⑦　随時相続報告基準年度における特定特例相続認定中小企業者の総収入金額

⑧　随時相続報告基準期間において特定特例相続認定中小企業者の特別子会社が風俗営業会社に該当しないこと

随時報告書は、相続税を免除するに当たり、特例経営承継相続人等の死亡以外の認定取消事由に該当していないことを報告するものです。

報告の結果、認定取消事由に該当しないことが確認された場合は、都道府県知事から確認書が交付されます。

納税地の所轄税務署長に提出する免除届出書に交付を受けた確認書を添付します。

２代目後継者の死亡に伴う免除届出書の提出と３代目後継者が、相続税の納税猶予を受ける場合の流れを図にしますと次のとおりとなります。

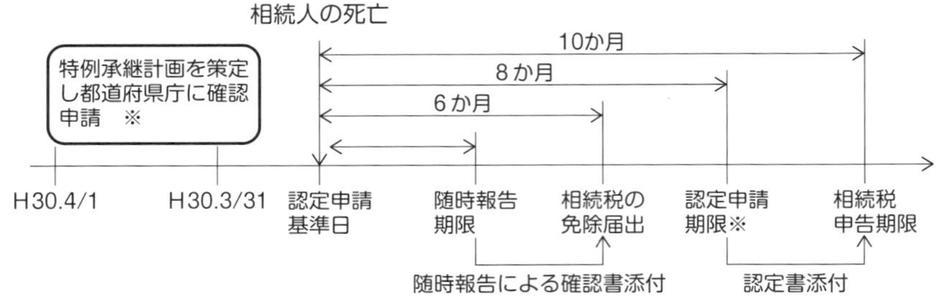

117　贈与者の死亡前の受贈者の死亡

1　贈与税の納税猶予（一般措置）の適用を受けていた受贈者が死亡した場合

贈与税の納税猶予（一般措置）の適用を受けた経営承継受贈者が死亡した場合は、以下のとおりとなります。

(1)　３代目後継者の相続税の納税猶予の適用

２代目後継者の死亡により３代目後継者が、対象非上場株式を相続により取得した場合には、２代目後継者の相続財産として相続税が課税されます。

経営承継受贈者（２代目後継者）が死亡した場合には、贈与税の納税猶予額が免除されます。

経営承継受贈者の相続人は、その受贈者が死亡した日から６か月以内に次の事項を記載した「非上場株式等について贈与税（相続税）の納税猶予の免除届出書（死亡免除）」を納税地の所轄税務署長に提出します。（措法70の７⑮一、措令40の８㊲、措規23の９㉗）

①　届出書を提出する者の氏名及び住所並びに死亡した経営承継受贈者との間柄

②　死亡した経営承継受贈者の氏名及び住所並びに死亡した年月日

③　贈与税の免除を受けようとする旨及び免除を受けようとする贈与税額

④　その他参考となる事項

新たな後継者（３代目後継者）は、経営承継円滑化法及び租税特別措置法の各要件を満たせば、改めて相続税の納税猶予を受けることができます。

その相続が、平成30年１月１日から平成39年12月31日までの相続で平成30年４月１日から平成35年３月31日までに特例承継計画を都道府県に提出して確認を受けているときは、特例措置（措法70の７の６）となり、そうでない場合は、一般措置（措法70の７の２）となります。

経営承継受贈者（２代目後継者）が先に死亡した場合において、その後に経営承継受贈者に係る贈与者（先代経営者）の相続が発生した場合は、対象受贈非上場株式は、既に２代目後継者を被相続人とする相続の相続財産となっていることから、先代経営者の相続時は、２代目後継者が暦年課税により贈与を受けていた限りにおいてみなし相続財産とはなりません。(措法70の７の３①カッコ書き)

相続時精算課税贈与の場合は、その贈与税は免除されますがその後の贈与者の死亡において相続税法第21条の17が適用されます。

２代目後継者の死亡に伴う免除届出書の提出と３代目後継者が、相続税の納税猶予を受ける場合の流れを図にしますと次のとおりとなります。

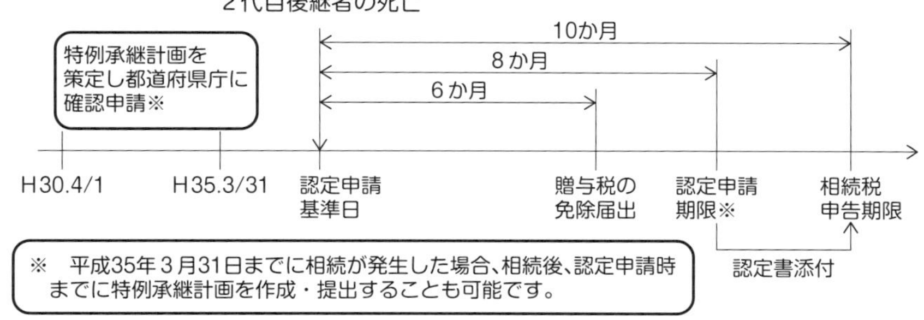

⑵　経営贈与承継期間中に死亡した場合

経営贈与承継期間中に経営承継受贈者が死亡した場合は、上記の手続の他に経営承継受贈者の死亡の日から４か月以内に随時報告書を都道府県庁に提出する必要があります。(円滑化省令12⑤二)

随時報告書には、経営承継受贈者が死亡したことを記載し次に掲げる事項も併せて報告します。

①　随時贈与報告基準期間における代表者の氏名

②　随時贈与報告基準日における常時使用する従業員の数

③　随時贈与報告基準期間における特別贈与認定中小企業者の株主又は社員

の氏名及びこれらの者が有する株式等に係る議決権の数

④　随時贈与報告基準期間において、特別贈与認定中小企業者が上場会社等又は風俗営業会社のいずれも該当しないこと

⑤　随時贈与報告基準期間において、特別贈与認定中小企業者が資産保有型会社に該当しないこと

⑥　随時贈与報告基準事業年度においていずれも特別贈与認定中小企業者が資産運用会社に該当しないこと

⑦　随時贈与報告基準年度における当該贈与認定中小企業者の総収入金額

⑧　随時贈与報告基準期間において特別贈与認定中小企業者の特定特別子会社が風俗営業会社に該当しないこと

随時報告書は、贈与税を免除するに当たり、経営承継受贈者の死亡以外の認定取消事由に該当していないことを報告するものです。

報告の結果、認定取消事由に該当しないことが確認された場合は、都道府県知事から確認書が交付されます。

納税地の所轄税務署長に提出する免除届出書に交付を受けた確認書を添付します。

２代目後継者の死亡に伴う免除届出書の提出と３代目後継者が、相続税の納税猶予を受ける場合の流れを図にしますと次のとおりとなります。

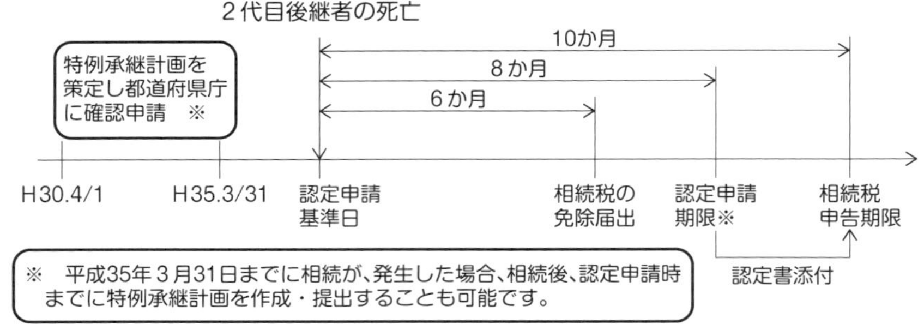

２　贈与税の納税猶予（特例措置）の適用を受けていた受贈者が死亡した場合

贈与税の納税猶予（特例措置）の適用を受けた特例経営承継受贈者が死亡した場合は、以下のとおりとなります。

(1)　３代目後継者の相続税の納税猶予の適用

２代目後継者の死亡により３代目後継者が、特例対象非上場株式を相続により取得した場合には、２代目後継者の相続財産として相続税が課税されます。

特例経営承継受贈者（２代目後継者）が死亡した場合には、贈与税の納税猶予額が免除されます。

特例経営承継受贈者の相続人は、その受贈者が死亡した日から６か月以内に次の事項を記載した「非上場株式等について贈与税（相続税）の納税猶予の免除届出書（死亡免除）」を納税地の所轄税務署長に提出します。（措法70の７の５⑪、措令48の８の５㉑、措規23の９の２⑲）

① 届出書を提出する者の氏名及び住所並びに死亡した経営承継受贈者との間柄

② 死亡した経営承継受贈者の氏名及び住所並びに死亡した年月日

③ 贈与税の免除を受けようとする旨及び免除を受けようとする贈与税額

④ その他参考となる事項

新たな後継者（３代目後継者）は、経営承継円滑化法及び租税特別措置法の各要件を満たせば、改めて相続税の納税猶予を受けることができます

その相続が、平成30年１月１日から平成39年12月31日までの相続で平成30年４月１日から平成35年３月31日までに特例承継計画を都道府県に提出して確認を受けているときは、特例措置（措法70の７の６）となり、そうでない場合は、一般措置（措法70の７の２）となります。

この確認は、平成35年３月31日までは、死亡後の認定申請との同時提出も可能です。

特例経営承継受贈者（２代目後継者）が先に死亡した場合において、その後に特例経営承継受贈者に係る贈与者（先代経営者）の相続が発生した場合は、特例対象受贈非上場株式は、既に２代目後継者を被相続人とする相続の相続財産となっていることから、先代経営者の相続時は、２代目後継者が暦年課税により贈与を受けていた限りにおいてみなし相続財産とはなりません。（措法70の７の７①カッコ書き）

相続時精算課税の場合には、贈与者死亡時に、相続税法第21条の17により、みなし相続財産となり、受贈者の相続人が納税義務を承継します。

２代目後継者の死亡に伴う免除届出書の提出と３代目後継者が、相続税の納税猶予を受ける場合の流れを図にしますと次のとおりとなります。

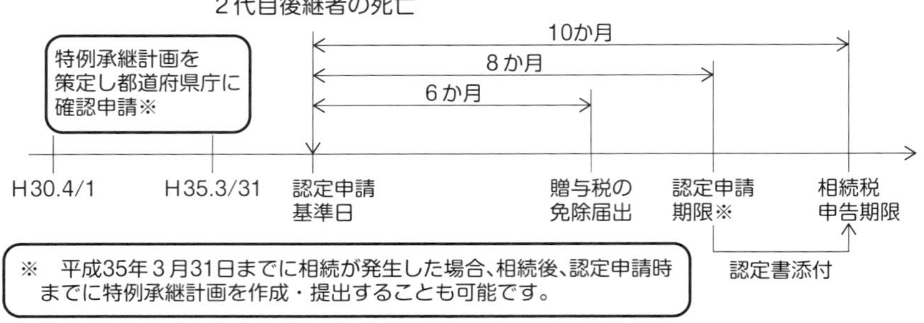

⑵　特例経営贈与承継期間中に死亡した場合

特例経営贈与承継期間中に特例経営承継受贈者が死亡した場合は、上記の手続きの他に経営承継受贈者の死亡の日から４か月以内に随時報告書を都道府県庁に提出する必要があります。（円滑化省令12⑤十九）

随時報告書には、特例経営承継受贈者が死亡したことを記載し次に掲げる事項も併せて報告します。

①　随時贈与報告基準期間における代表者の氏名

②　随時贈与報告基準日における常時使用する従業員の数

③　随時贈与報告基準期間における特別贈与認定中小企業者の株主又は社員の氏名及びこれらの者が有する株式等に係る議決権の数

④　随時贈与報告基準期間において、特別贈与認定中小企業者が上場会社等又は風俗営業会社のいずれも該当しないこと

⑤　随時贈与報告基準期間において、特別贈与認定中小企業者が資産保有型会社に該当しないこと

⑥　随時贈与報告基準事業年度においていずれも特別贈与認定中小企業者が資産運用会社に該当しないこと

⑦　随時贈与報告基準年度における当該贈与認定中小企業者の総収入金額

⑧　随時贈与報告基準期間において特別贈与認定中小企業者の特定特別子会社が風俗営業会社に該当しないこと

随時報告書は、贈与税を免除するに当たり、特例経営承継受贈者の死亡以外の認定取消事由に該当していないことを報告するものです。

報告の結果、認定取消事由に該当しないことが確認された場合は、都道府県知事から確認書が交付されます。

納税地の所轄税務署長に提出する免除届出書に交付を受けた確認書を添付します。

２代目後継者の死亡に伴う免除届出書の提出と３代目後継者が、相続税の納税猶予を受ける場合の流れを図にしますと次のとおりとなります。

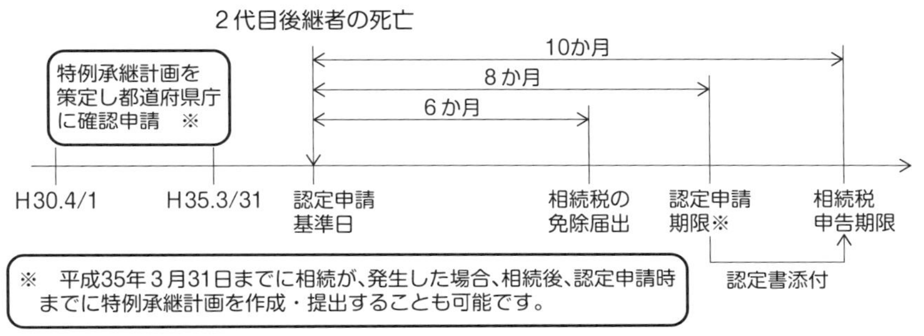

贈与税の納税猶予と相続時精算課税				
区分	暦年課税	同贈与者死亡	相続時精算課税	同贈与者死亡
贈与者死亡等以前に全部期限確定	累進税率による税額の納付	３年以内加算以外に課税関係はない	**20%の税率による税額**の納付	相続税法21の16により贈与時の価額相続財産加算
贈与者死亡等以前に経営環境悪化による全部期限確定	譲渡時の時価等で上記税額が減免されて納付	課税関係はない	譲渡時の時価等で上記税額が減免されて納付	
贈与者死亡による全額免除の場合	暦年課税猶予税額免除	措法70の７の７によりみなし相続及び切替確認	**20%の猶予税額免除**	措法70の７の７によりみなし相続及び切替確認

贈与税の納税猶予と相続時精算課税				
贈与者より先の受贈者の死亡による全額免除	暦年課税猶予税額免除	課税関係はない	**20%の猶予税額免除**	相続税法21の17により贈与時の価額相続財産加算され死亡した受贈者の相続人が納税義務を承継（左記免除税額は控除できる）

118　連続贈与の事例２（先代経営者の死亡前の連続贈与）

経営贈与承継期間後又は特例経営贈与承継期間後に、贈与税の納税猶予の適用を受けている２代目後継者が、３代目後継者に贈与税の納税猶予の規定の適用に係る贈与した場合は、２代目後継者が先代経営者から贈与を受けて猶予された贈与税額のうち、２代目後継者が３代目後継者に贈与した部分に相当する贈与税が免除されます。（措法70の７⑮三、70の７の５⑪）

３代目後継者は、最も古い贈与者（先代経営者）の死亡により、贈与税の納税猶予額は、全額免除となります。

先代経営者から２代目後継者への贈与に贈与税の納税猶予（一般措置）を適用し、経営贈与承継期間後に２代目後継者から３代目後継者に贈与をして贈与税の納税猶予（特例措置）を適用した後に、先代経営者の相続が開始した場合の取扱いは次のとおりです。

この場合、対象受贈非上場株式等は、最初の贈与時の価額で、先代経営者から３代目後継者から相続により取得したものとみなされ、相続税が計算されます。（70の７の７②）

例えば、認定贈与承継会社であるＡ社（発行済株式数300株）の株式について⑴先代経営者（乙）から２代目後継者（甲）にＡ社株式の贈与、⑵経営贈与承継期間後に、甲から３代目後継者（丙）に株式を贈与し、その後に乙から丙に株式の贈与、⑶乙の相続があった場合のＡ社株式の相続税及び贈与税の納税猶予等の取扱いは、以下のとおりとなります。（先代経営者、２代目後継者、３代目後継者、中小企業者の要件を満たしているとします。）

１　Ａ社株式の贈与及び相続の経緯

⑴　＜承継①（第１種一般贈与）＞　贈与日　2017/６/30

甲は、乙からＡ社株式200株の贈与を受け、相続時精算課税制度を併用することにより、贈与税の納税猶予を受けました。（贈与時の株価　１株当たり100万円）

⑵　＜承継②（第１種特例贈与、第２種特例贈与）＞　贈与日　2023/５/１

甲は、丙にＡ社株式200株を贈与しました。その後、乙は、丙にＡ社株式100株を贈与しました。丙は甲及び乙からの贈与について相続時精算課税制度を併用することにより、贈与税の納税猶予を受けました。（贈与時の株価　１株当たり150万円）

⑶　＜承継③（第１種特例みなし相続及び第２種みなし特例相続）＞　相続開始日　2027/７/31

乙が亡くなり、承継②で乙から相続に取得したとみなされたＡ社株式300株について相続税の納税猶予を受けました。

	現状	承継① 乙→甲 贈与 2017/ 6/30	承継① 後	承継② 甲→丙贈与 乙→丙贈与 2022/9/30	承継② 後	承継③ 乙 相続 2027/ 7/31
乙（先代）	300株	－200株	100株	－100株	0株	0株
甲（2代目）	0株	200株	200株	－200株	0株	0株
丙（3代目）				300株	300株	300株

合計	300株	0株	300株	300株	300株	300株

2　Ａ社株式の贈与及び相続における相続税及び贈与税の納税猶予

承継①～承継③におけるＡ社株式の相続税及び贈与税の納税猶予は次のとおりとなります。

(1)　＜承継①（第１種特例贈与）＞　贈与日2017/６/30

先代経営者（乙）から２代目後継者（甲）の贈与については、2017年12月31日以前の贈与であることから、一般措置による贈与税の納税猶予となります。

①　一括贈与要件

Ａ社は、乙と甲の保有議決権数の合計が２／３以上であることから、贈与後の甲の議決権数が２／３以上となるように贈与をする必要があります。（措法70の７①一）

乙の所有株式数300株＋甲の保有株式数０株≧発行済株式数300株×２／３

今回の贈与で必要な株数は、200株以上です。今回の贈与株数　200株ですので一括贈与要件は、満たしていることとなります。

②　猶予税額（Ａ社株式以外に贈与がないものとします。）

乙から甲の贈与は、一般措置であることから納税猶予の対象となる株数は、発行済株式総数の２／３に達するまでとなり、今回の納税猶予の対象となる株式は、200株です。また贈与税の猶予割合は、100％です。

㋑　贈与税の総額

（２億円（100万円×200株）－　2,500万円）×20％　＝　3,500万円

㋺　猶予税額

（２億円（100万円×200株）－　2,500万円）×20％　＝　3,500万円

㋩　今回納付すべき贈与税額　①－②＝０円

(2)　＜承継②（第１種特例贈与、第２種特例贈与）＞　贈与日　2023/５/１

①　甲から丙に対する贈与

甲から丙への贈与は、2023年３月31日までに経営承継計画を都道府県庁に提出して確認を受けているときは、第１種特例贈与として特例措置により贈与税の納税猶予を受けることができます。

承継②の甲から丙に対する贈与において納税猶予を受けるための必要な贈与

株数及び猶予税額は、次のとおりです。

㋑　一括贈与要件

Ａ社は、甲と丙の保有議決権数の合計が２／３以上であることから、贈与後の丙の議決権数が２／３以上となるように贈与をする必要があります。（措法70の７の５①一）

甲の所有株式数200株＋乙の保有株式数０株≧発行済株式数300株×２／３

今回の贈与で必要な株数は、200株以上を贈与することにより一括贈与要件は満たすこととなります。

㋺　猶予税額（Ａ社株式以外に贈与がないものとします。）

ⓐ　贈与税の総額

（３億円（150万円×200株）－　2,500万円）×20％　＝　5,500万円

ⓑ　猶予税額

（３億円（150万円×200株）－　2,500万円）×20％　＝　5,500万円

ⓒ　今回納付すべき贈与税額　ⓐ－ⓑ＝０円

㋩　甲の贈与税の納税猶予の免除

甲は、承継期間（承継①の贈与税の申告期限2018/３/15から５年を経過する日である2023/３/15までの）経過後に丙に贈与しています。丙が贈与税の納税猶予を受けることにより、納税猶予を受けていた贈与税について免除となります。（措法70の７⑮三）

甲は、贈与税の申告期限から６か月以内に「非上場株式についての贈与税（相続税）の納税猶予の免除届出書（特例免除）」を納税地の所轄税務署長の提出する必要があります。

②　乙から丙に対する贈与

乙から丙に対する贈与は、甲から丙に対する第１種特例贈与以後に、第１種特例贈与に係る認定の有効期間（2029/３/15まで）内の贈与であることから、第２種特例贈与として贈与税の納税猶予を受けることができます。（措法70の７の５①、円滑化省令13①）

乙から丙に対する贈与（第２種特例贈与）は、甲から丙に対する贈与（第１種特例贈与）は、同日であっても適用可能ですが、甲から丙に対する贈与（第１種特例贈与）が先に行われている必要があります。

承継②の甲から丙に対する贈与において納税猶予を受ける為の猶予税額は、

次のとおりです。

㋑　贈与税の総額

（３億円（150万円×100株）－　2,500万円）×20％　＝　2,500万円

㋺　猶予税額

（３億円（150万円×100株）－　2,500万円）×20％　＝　2,500万円

㋩　今回納付すべき贈与税額　㋑－㋺＝０円

承継②における第１種特例贈与に係る認定の有効期間及び第２種特例相続の対象期間は、次のとおりです。

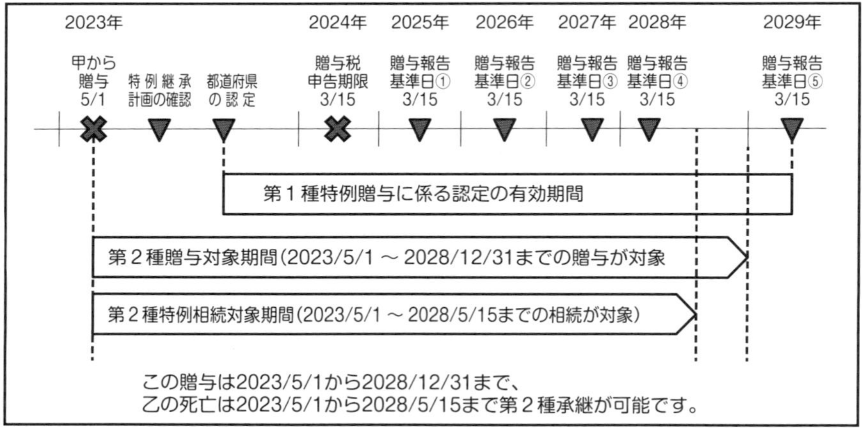

(3)　＜承継③＞　相続開始日　2027/７/31

㋑　承継①における贈与税の免除

贈与者（乙）の死亡により猶予された贈与税は免除されます。納税猶予の適用受けた非上場株式は、相続又は遺贈により取得したものとみなされ、甲から受贈した株式は、承継①贈与時の価額（@100万円）で、乙から受贈した株式は、承継②の贈与時の価額（@150万円）で他の相続財産と合算して相続税が計算します。（措法70の７の７①）

㋺　免除された非上場株式について相続税の納税猶予への切替え

相続又は遺贈により取得したものとみなされた非上場株式について都道府県に切替申請により確認（円滑化省令12⑪、13②）を受け、一定の要件を満たす場合には、相続税の納税猶予を受けることができます。（措法70の７の

４①）

承継②で甲から丙への贈与は、第１種特例贈与として、また乙から丙への贈与は、第２種特例贈与として贈与税の納税猶予を受けているので、相続税の納税猶予は、特例措置となります。丙が猶予された相続税は、１億円と仮定します。

本事例を図にすると次のようになります

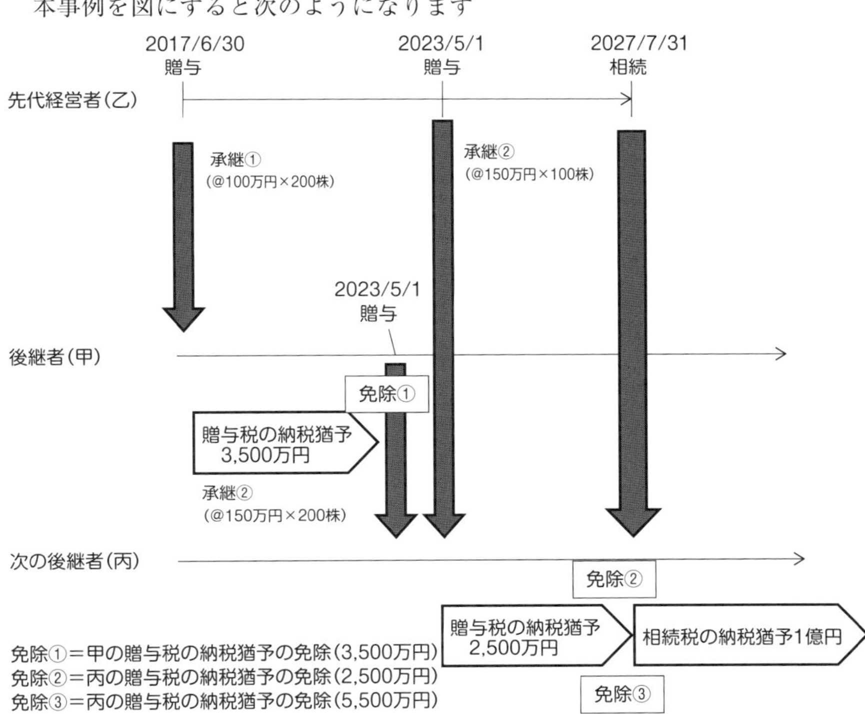

３　特例期間内における２世代連続贈与についてのまとめ

特例期間内における２世代連続贈与のメリットは、次のとおりです。

①　先代経営者と２代目後継者の贈与が、一般措置による贈与税の納税猶予である場合において、その後、先代経営者の生前に３代目後継者への連続

贈与が、第１種特例贈与特例措置であるときは、先代経営者の死亡に際しての相続税の納税猶予は、特例措置の適用が受けられる。（措法70の７の７②、措通70の７の７－２）

② ①の第１種特例贈与以後、第１種特例贈与に係る認定の有効期間内に、先代経営者の保有する残りの株式について贈与した場合は、第２種特例贈与の適用が受けられる。

第9章

納税猶予の期限確定の場合の納付

119　期限確定の場合、延納・物納制度の利用はできない

1　期限確定の場合の延納・物納

事業承継税制の適用を受けている場合は、納税猶予期間中に納付資金が準備できると考えられること等から、期限確定により納付することとなった贈与税又は相続税については、原則として延納及び物納の規定を適用することはできません。（措法70の７⑬十一、70の７の２⑭九）

平成25年改正では、雇用確保要件については経済環境の変化等外的要因も考えられることから、雇用確保要件を満たさないことにより期限確定する場合に限り、贈与税については延納、相続税については延納・物納制度を適用することができることとされ、平成27年１月１日以後の相続又は贈与から適用されています。（措法70の７⑬十二、70の７の２⑭十）

なお、平成30年度改正による特例事業承継制度では、雇用要件実質廃止なので、雇用要件未達期限確定による延納・物納制度を利用することはできなくなりました。

期限確定の場合、猶予税額の納付となり、利子税を合わせて納付します。

雇用確保期間＝事業継続期間を経過した後の期限確定については、事業継続期間中の利子税は免除され、事業継続期間後の期間に対応した利子税を合わせて納付します。

利子税の税率は、特例基準割合が1.6％のときは、0.7％です。

120　雇用確保要件に係る期限確定の場合の延納（贈与税・相続税）・物納（相続税）規定は実質廃止

一般制度では、雇用確保要件を満たせない場合は認定が取り消されますが（措法70の７③二、70の７の２③二）、特例制度では、雇用確保要件を満たせなかったことでは、認定が直ちに取り消されることはなく（措法70の７の５③、70の７の６③）、雇用確保要件を満たせなかった理由を都道府県に報告し、都道府県からの確認書を税務署に提出することで、引き続き納税猶予を受けることができます。したがって、雇用確保要件の未達事由では実質的に納税猶予を継続できることになり、期限確定とならないため、延納及び物納制度の要請はない

ことになります。

雇用確保要件を満たせなかった場合の都道府県への報告には、実績報告に加え、雇用が減少した理由について認定支援機関の所見を記載しますが、雇用が減少した理由が経営悪化によるもの、あるいは正当ではない理由によるものである場合には、認定支援機関による経営改善のための指導及び助言を受け、その内容を記載する必要があります。

なお、報告書類に不備がある場合は、都道府県の確認書が交付されないことになり、確認書を税務署に提出できない場合には届出要件の未達事由により期限が確定するため、雇用確保要件を満たせなかったことが期限確定の原因だとしても、延納及び物納制度を適用することはできません。

121 利子税の税率

納税猶予の適用を受けた後、原則的な猶予期限が到来する前に納税猶予の期限が繰上げ又は打切りにより確定し、猶予税額の全部又は一部を納付することとなった場合には、本来は申告期限において納付すべきであった相続税・贈与税の納付が延ばされたのと同様になるため、猶予されていた税額とともに利子税を納付する必要があります。

利子税の税率は、原則として3.6％ですが（70の７㉗、70の７の２㉘、70の７の４⑮、70の７の５㉒、70の７の６㉓）、特例基準割合が7.3％に満たない場合には、次のとおり軽減されます。（措法93②⑤）

利子税の割合＝3.6％×特例基準割合※÷7.3％（0.1％未満の端数切捨て）

※　特例基準割合とは、各年の前々年の10月から前年の９月までの各月における銀行の新規の短期貸出約定平均金利の合計を12で除して得た割合として、各年の前年の12月15日までに財務大臣が告示する割合に１％の割合を加算した割合をいいます。

平成30年の特例基準割合は1.6％ですので、利子税の割合は3.6％×1.6％÷7.3％＝0.7％となります。

122 利子税特例＝承継期間後期限確定の場合の利子税の免除

事業承継税制は、雇用確保と中小企業の安定的な事業継続を確保することを目的としていますが、猶予が打ち切られた場合には利子税の負担が重くなることも、制度の利用が進まない一因になっていると考えられます。

雇用の確保や事業継続を促す観点から、５年間の経営贈与承継期間、経営承継期間又は経営相続承継期間の末日以後に、納税猶予期限の確定事由に該当し、納税猶予税額の全部又は一部を納付することとなった場合には、その経営贈与承継期間等の利子税を年零パーセントにすることとされており、利子税はかかりません。（措法70の７㉘、70の７の２㉙、70の７の４⑮、70の７の５㉓、70の７の６㉔）

（納税猶予額１億円で10年後に全部確定事由が生じた場合）

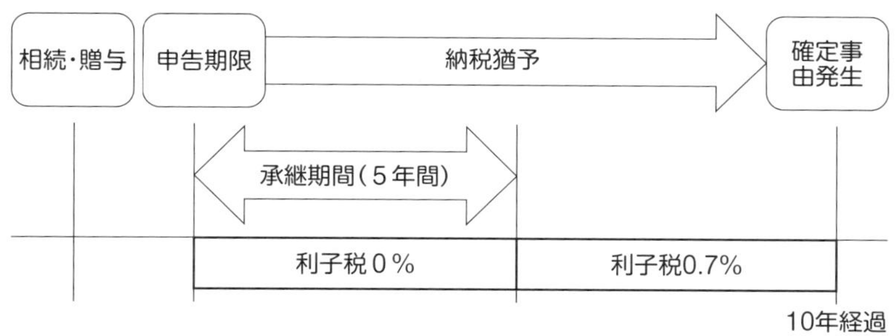

利子税　１億円×0.7％※×（10年－５年）＝350万円

承継期間の利子税は０円になります。

※　利子税の割合＝3.6％×特例基準割合÷7.3％（0.1％未満の端数切捨て）

平成30年の特例基準割合は1.6％ですので、利子税の割合は3.6％×1.6％÷7.3％＝0.7％となります。

123 価値下落の場合の一部免除及び一部期限確定

経営承継受贈者又は経営承継相続人等が、贈与税又は相続税の納税猶予の対象となっている特例対象非上場株式等を経営承継期間後に譲渡等した場合には、その譲渡等した部分について猶予期限が確定し、猶予税額のうちその譲渡等した株式等に対応する部分の税額を利子税と併せて納付する必要があります。（措法70の７の５③、70の７の６③、70の７⑤、70の７の２⑤、措令40の８㉗）

ただし、５年間の経営承継期間等の経過後に経営状況が悪化し、株式価値が下落した場合、一定の猶予税額について免除申請ができる特例が設けられています。

現行制度の場合には、下記「**1 現行制度**」の特例による免除申請しかありませんが、特例制度の場合には、現行制度の特例に加えて、下記「**2 特例制度**」の特例により免除申請することができます。

1　現行制度

特例対象非上場株式等の時価が猶予中の贈与・相続税額を下回るまでに下落した場合において事業継続のために第三者（１人の者）に対して受贈者が保有する全株式を譲渡したときや、破産手続の開始決定があったとき等には、猶予税額のうち、その時価（相続税評価額（措規23の９、措通70の７－40）。株式の譲渡対価より小さい金額の場合には譲渡対価）と５年内に経営承継者及びその生計一親族等が受けた配当・過大役員給与を合計した金額を超える金額について、納税が免除されます（措法70の７⑯、70の７の２⑰、措令40の８㊵～㊺）。詳細は「**128　価値下落の場合の再計算特例（現行制度）**」を参照してください。

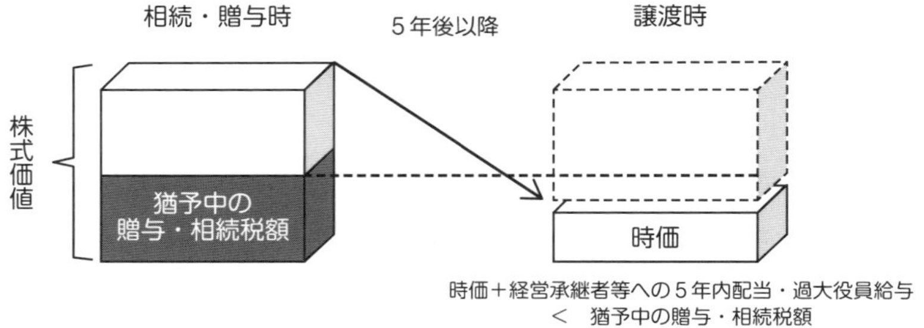

2　特例制度

特例対象非上場株式等を譲渡等した場合において、納税猶予適用時の株価よりも株式譲渡等の時の株価が下落しているときは、免除申請書を提出することにより納税猶予額が再計算され、当初納税猶予額との差額が免除されます（措法70の７の５⑫、70の７の６⑬）。この再計算特例は、事業の継続が困難な事由が生じた場合のみ適用可能です（措令40の８の５㉒）。詳細は「**124　特例制度のみの緩和された価値下落の場合の再計算特例**」、「**125　特例制度の価値下落の場合の再計算特例に係る適用要件**」を参照してください。

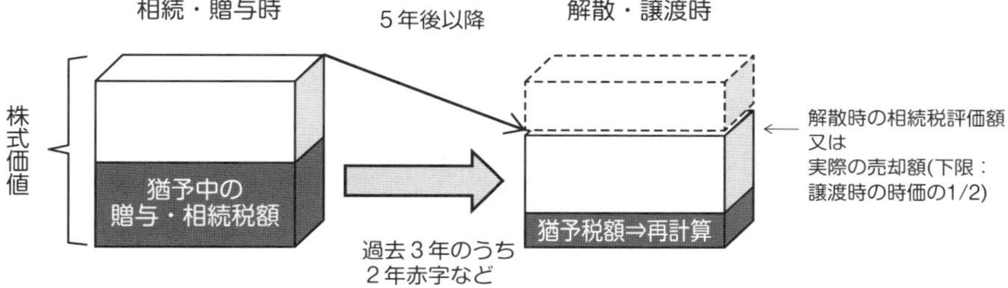

124　特例制度のみの緩和された価値下落の場合の再計算特例

特例経営（贈与）承継期間の末日の翌日以後に、事業の継続が困難な事由が生じた場合において、特例経営承継相続人・受贈者又は特例認定（贈与）承継会社が次のいずれかに該当することとなったときは、納税地の所轄税務署長に免除申請書を提出することにより納税猶予額が再計算され、それぞれに定める金額が免除されます。（措法70の７の５⑫、70の７の６⑬）

免除された金額以外の納税猶予額は一定の場合を除き期限が確定し納税する必要があります。適用要件である「事業の継続が困難な事由が生じた場合」の詳細は「**125　特例制度の価値下落の場合の再計算特例に係る適用要件**」を参照してください。免除申請書が申請期限までに提出されない場合にはこの再計算特例の適用はなく、提出がなかった場合の宥恕規定も設けられていません。（措基通70の７の５－31）

この再計算の特例は、下に示す「譲渡等」「合併」「株式交換・株式移転」「解散」の４つのケースで一定の要件に該当する場合のみ適用することができます。会社が資産保有型会社又は資産運用型会社に該当することとなった場合など、他の期限確定事由に該当した場合には再計算特例は適用されないため注意が必要です。

なお、①譲渡等、②合併、③株式交換等において、対価の額が譲渡等の時におけるその特例対象非上場株式等の時価の２分の１以下であることにより、２分の１に相当する金額を基に猶予税額を再計算したとき、その再計算された金額については、引き続き納税猶予（措法70の７の５⑬、70の７の６⑭）され、その譲渡等の後２年経過後に一定要件を満たすことでその金額と対価の額を基に計算した金額との差額は追加免除することができます（措法70の７の５⑭、70の７の６⑮）。詳細は「**126　価値下落の場合の再再計算**」を参照してください。

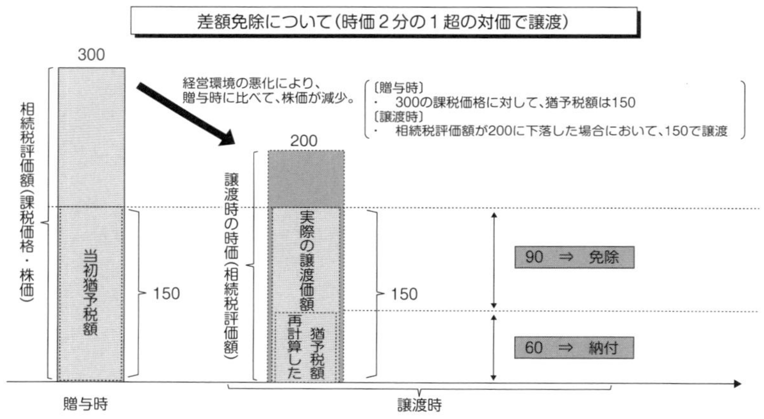

（財務省「平成30年度　税制改正の解説」604ページ）

この図は、贈与税の納税猶予について、暦年課税の場合です。

相続時精算課税の場合は、次の概算になります。

当初猶予税額＝300×20％＝60

納付＝150×20％＝30（全部期限確定）

免除＝60－30＝30

この場合の問題は次の２点です。

(1)　全部期限確定なので、贈与者の死亡時に措置法70条の７の７の適用はありませんが、相続税法21条の14から21条の16が適用されて、贈与時の時価の300で相続財産に加算されます。

(2)　このとき、贈与税額が控除されますが、これは納付が確定した40ではなく、当初の贈与税額の60が控除されます。（相続税法21の15③、21の16④）

（暦年課税と相続時精算課税の比較のイメージ）

課税価格	暦年課税	相続時精算課税
贈与時 300	贈与税　150（猶予） （税率50%）	贈与税　60（猶予） （税率20%）
免除時 150	納付額　60 （税率40%） 免除額　90	納付額　30 （税率20%） 免除額　30
相続時 300	相続税　0	相続税　120 （税率40%） 贈与税▲60　差引60
納付額計	60	30+60＝90

（再計算特例の概略）

免除事由	要件	一部免除額	一部期限確定
①　譲渡等（措法70の７の５⑫一、70の７の６⑬一）	再計算贈与税額等（※１）＋BB（※２）＜譲渡等の直前の納税猶予中の贈与税額・相続税額	譲渡等の直前の納税猶予額－（再計算贈与税額等＋BB）	再計算贈与税額等＋BB（※３）
②　合併（措法70の７の５⑫二、70の７の６⑬二）			
③　株式交換・株式移転（措法70の７の５⑫三、70の７の６⑬三）			

（※１）　譲渡等の対価の額（対価の額が譲渡時の相続税評価額（措規23の９、措通70の７－40）の２分の１以下であればその２分の１の額）を特例対象非上場株式等のその贈与等の時における価額とみなして猶予税額を再計算（措法70の７の５②八）した金額

（※２） 譲渡等以前５年以内において、特例経営承継受贈者・相続人及びその特別関係者（措令40の８の５⑭、40の８⑪）が特例認定承継会社から受けた剰余金の配当等の額と過大役員給与（法人税法34）又は過大使用人給与（法人税法36）の金額の合計額

（※３） 対価の額が譲渡時の相続税評価額（措規23の12の２、措通70の７の５－28）の２分の１以下である場合は、選択により納税猶予が継続できます。

ここで、特例制度における「BB」と現行制度における「BB」（「**128 価値下落の場合の再計算特例（現行制度）**」参照）は相違点があるため注意が必要です。「BB」とは、譲渡等の日以前５年以内において、特例経営承継受贈者・相続人及びその“関係者”が特例認定承継会社から受ける剰余金の配当等の額と過大役員給与（法人税法34）又は過大使用人給与（法人税法36）の金額の合計額です。特例制度における“関係者”は「特別関係者（措令40の８の５⑭、40の８⑪）」ですが、現行制度の“関係者”は「生計一親族」となっており、特例制度の方が対象となる関係者の範囲が広くなっています。

⑴ 特例対象非上場株式等の全部又は一部を譲渡等した場合（措法70の７の５⑫一、70の７の６⑬一）

特例対象非上場株式等の全部又は一部を譲渡等した時において、次のイとロの合計額が、譲渡直前の納税猶予中の贈与税額・相続税額に満たないときは、次の金額に相当する贈与税・相続税が免除されます。

なお、譲渡等した場合において、特例経営承継受贈者・相続人が特例認定承継会社の非上場株式等で特例対象非上場株式等以外のものを有するときには、免除申請書において選択した特例対象非上場株式等について再計算の特例が適用されます。（措基通70の７の５－32）

（免除を受けることができる金額）

譲渡直前の納税猶予額　－　（イ　＋　ロ）

イ　譲渡等の対価の額（※１）を特例対象非上場株式等のその贈与等の時における価額とみなして猶予税額を再計算（措法70の７の５②八）した金額

（※１） 対価の額が譲渡等をした時におけるその特例対象非上場株式等の相続税評価額（措規23の12の２㉖、措通70の７の５－28）の２分の１以

下である場合には、２分の１に相当する金額

ロ　譲渡等があつた日以前５年以内において、特例経営承継受贈者・相続人及びその特別関係者（措令40の８の５⑭、40の８⑪）（※２）が特例認定承継会社から受けた次の金額（措令40の８の５㉗、40の８の５⑫）の合計額（BB）

㋑　剰余金の配当等（株式等に係る剰余金の配当又は利益の配当をいいます。）の額

㋺　支給を受けた給与のうち、過大役員給与（法人税法34）又は過大使用人給与（法人税法36）として特例認定承継会社の所得の金額の計算上損金の額に算入されないこととなる金額

（※２）　特例経営承継受贈者・相続人の特別関係者とは次に掲げる者です。（以下⑵、⑶、⑷において同じ）

①　その個人（特例経営承継受贈者・相続人）の親族

②　その個人と婚姻の届出をしていないが事実上婚姻関係と同様の事情にある者

③　その個人の使用人

④　その個人から受ける金銭その他の資産によって生計を維持している者（①、②、③に該当する者を除きます。）

⑤　①、②、③に掲げる者と生計を一にするこれらの者の親族

⑥　次に掲げる会社

・その個人が会社の総株主等議決権数の50％超を有する場合のその会社

・その個人と上記の会社が、他の会社の総株主議決権数の50％超を有する場合のその他の会社

・その個人と上記２つの会社が議決権数の50％超を有する場合のその会社

⑵　特例認定承継会社が合併により消滅した場合（措法70の７の５⑫二、70の７の６⑬二）

特例認定承継会社が合併により消滅した場合（吸収合併存続会社等が特例経営承継受贈者・相続人の特別関係者（措令40の８の５⑭、40の８⑪）以外のものである場合に限ります。）において、次のイとロの合計額が、その合併が効力を生ずる直前の納税猶予中の贈与税額・相続税額に満たないときは、次の金

額に相当する贈与税・相続税が免除されます。

(免除を受けることができる金額)

合併の効力発生直前の納税猶予額　－　(イ　＋　ロ)

イ　合併対価の額（※１）を特例対象非上場株式等のその贈与等の時における価額とみなして猶予税額を再計算（措法70の７の５②八、70の７の６②八）した金額

（※１）　合併対価の額が合併の効力発生直前におけるその特例対象非上場株式等の相続税評価額（措規23の12の２、措通70の７の５－28）の２分の１以下である場合には、２分の１に相当する金額

ロ　合併の効力発生日以前５年以内において、特例経営承継受贈者・相続人及びその特別関係者（措令40の８の５⑭、40の８⑪）が特例認定承継会社から受けた次の金額の合計額（BB）

㋑　剰余金の配当等（株式等に係る剰余金の配当又は利益の配当をいいます。）の額

㋺　支給を受けた給与のうち、過大役員給与（法人税法34）又は過大使用人給与（法人税法36）として特例認定承継会社の所得の金額の計算上損金の額に算入されないこととなる金額

(3)　特例認定承継会社が株式交換又は株式移転により他の会社の株式交換完全子会社等になった場合（措法70の７の５⑫三、70の７の６⑬三）

特例認定承継会社が株式交換又は株式移転(以下､｢株式交換等｣といいます。)により他の会社（特例経営承継受贈者・相続人の特別関係者以外のものである場合に限ります。）の株式交換完全子会社等（会社法768①一､773①五）となった場合において、次のイとロの合計額が、その株式交換等が効力を生ずる直前における猶予中の贈与税額・相続税額に満たないときは、次の金額に相当する贈与税・相続税が免除されます。

(免除を受けることができる金額)

株式交換等の効力発生直前の納税猶予額　－　(イ　＋　ロ)

イ　交換等対価の額（※１）を特例対象非上場株式等のその贈与等の時における価額とみなして猶予税額を再計算（措法70の７の５②八､70の７の６②八）

した金額

（※１）　交換等対価の額が株式交換等の効力発生直前におけるその特例対象非上場株式等の相続税評価額（措規23の12の２、措通70の７の５－28）の２分の１以下である場合には、２分の１に相当する金額

ロ　株式交換等の効力発生日以前５年以内において、特例経営承継受贈者・相続人及びその特別関係者（措令40の８の５⑭、40の８⑪）が特例認定承継会社から受けた次の金額の合計額（BB）

㋑　剰余金の配当等（株式等に係る剰余金の配当又は利益の配当をいいます。）の額

㋺　支給を受けた給与のうち、過大役員給与（法人税法34）又は過大使用人給与（法人税法36）として特例認定承継会社の所得の金額の計算上損金の額に算入されないこととなる金額

⑷　特例認定承継会社が解散した場合（措法70の７の５⑫四、70の７の６⑬四）

特例認定承継会社が解散した場合において、次のイとロの合計額が、解散の直前における猶予中の贈与税額・相続税額に満たないときは、次の金額に相当する贈与税・相続税が免除されます。

（免除を受けることができる金額）

解散直前の納税猶予額　－　（イ　＋　ロ）

イ　解散直前のその特例対象非上場株式等の相続税評価額（措規23の12の２、措通70の７の５－28）を特例対象非上場株式等のその贈与等の時における価額とみなして猶予税額を再計算（措法70の７の５②八、70の７の６②八）した金額。なお、解散の場合には対価がないため、上記⑴～⑶のように相続税評価額の１/２を上限とするなどの制限は設けられていません。

ロ　解散の日以前５年以内において、特例経営承継受贈者・相続人及びその特別関係者（措令40の８の５⑭、40の８⑪）が特例認定承継会社から受けた次の金額の合計額（BB）

㋑　剰余金の配当等（株式等に係る剰余金の配当又は利益の配当をいいます。）の額

㋺　支給を受けた給与のうち、過大役員給与（法人税法34）又は過大使用人給与（法人税法36）として特例認定承継会社の所得の金額の計算上損金の

額に算入されないこととなる金額

125　特例制度の価値下落の場合の再計算特例に係る適用要件

特例制度における株価が下落した場合の猶予税額の免除について、この再計算特例は、事業の継続が困難な事由が生じた場合のみ適用可能です。（措令40の8の5㉒、措基通70の7の5－26）

事業の継続が困難な事由とは、下表に掲げる事由です。ただし、「**4**」に掲げる場合に該当することになった場合には、「**5**」の事由を除きます。

この事業の継続が困難な事由が生じた場合に該当するかどうかの判定は、「**124　特例制度のみの緩和された価値下落の場合の再計算特例**」に示す事由が生じたごとに行います。（措基通70の7の5－25）

1	譲渡等した日の属する事業年度の前事業年度（直前事業年度）及びその直前の3事業年度（※1）のうち、2以上の事業年度において経常損益金額（※2）が零未満であること（措令40の8の5㉒一）	
2	直前事業年度及びその直前の3事業年度（※1）のうち、2以上の事業年度において、各事業年度の平均総収入金額（※3）が、その各事業年度の前事業年度の平均総収入金額を下回ること（措令40の8の5㉒二）	
3	次の事由のいずれかに該当すること（措令40の8の5㉒三）	
	イ	特例認定承継会社の直前事業年度の終了の日における負債（※4）の帳簿価額が、直前事業年度の平均総収入金額（※3）に6を乗じて計算した金額以上であること（措令40の8の5㉒三イ）
	ロ	特例認定承継会社の直前事業年度の前事業年度の終了の日における負債（※4）の帳簿価額が、その事業年度の平均総収入金額（※3）に6を乗じて計算した金額以上であること（直前事業年度終了の日の翌日以後6か月を経過する日後に譲渡等した場合を除く。措令40の8の5㉒三ロ）

4	次の事由のいずれかに該当すること（措令40の８の５㉒四）	
	イ	判定期間（※５）における業種平均株価（※６）が、前判定期間（判定期間の開始前１年間をいいます。）における業種平均株価を下回ること（措令40の８の５㉒四イ）
	ロ	前判定期間における業種平均株価が、前々判定期間（前判定期間の開始前１年間をいいます。）における業種平均株価を下回ること（措令40の８の５㉒四ロ）
5	特例経営承継受贈者（譲渡等した時において特例認定承継会社の役員又は業務執行社員（会社法329①）であった者に限ります。）が心身の故障その他の事由により特例認定贈与承継会社の業務に従事することができなくなったこと（解散による場合を除きます。）（措令40の８の５㉒五、措規23の12の２㉓）	

（※１）　直前事業年度の終了の日の翌日以後６か月を経過する日後に譲渡した場合には、２事業年度です。

（※２）　会社計算規則第91条第１項に規定する経常損益金額をいいます。（措規23の12の２⑳）

（※３）

$$\text{平均総収入金額} = \frac{\text{特例認定承継会社の各事業年度の総収入金額}}{\text{特例認定承継会社の各事業年度の月数}}$$

上の計算式中、総収入金額は、主たる事業活動から生ずる収入の額に限るものとし、会社計算規則第88条第１項第４号に掲げる営業外収益及び同項第６号に掲げる特別利益以外のもの（措規23の12の２㉑）です。

（※４）　利子（特例経営承継受贈者と特別の関係がある者（措令40の８⑪）に対して支払うものを除く。）の支払の基因となるものに限ります。

（※５）　直前事業年度の終了の日の１年前の日の属する月から同月以後１年を経過する月までの期間をいいます。

（※６）　特例認定承継会社の事業が該当する業種に属する事業を営む上場会社（金融商品取引法第２条第16項に規定する金融商品取引所に上場されている株式を発行している会社をいう。）の株式の価格の平均値として、判定期間若しくは前判定期間又は前々判定期間に属する各月における上場株式平均株価（金融商品取引法第130条の規定により公表された上場会社の株式の毎日の最終の価格を利用して算出した価格の平均値をいいます。）を合計した数を12で除して計算した価格（措規23の12の２㉒）をいいます。

（参考）特例認定贈与承継会社の事業の継続が困難な事由とその判定について

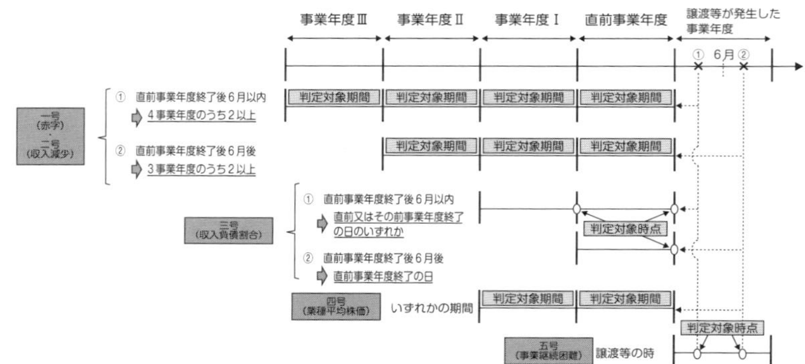

（注）　上記は、各事業年度が１年間の場合である。

126　価値下落の場合の再再計算

「**124　特例制度のみの緩和された価値下落の場合の再計算特例**」を適用する場合に、時価の２分の１以下の対価の額で譲渡等したときは、その２分の１に相当する金額を基に再計算されて当初猶予税額との差額が免除されます。この場合に、納税猶予額のうち免除されなかった金額については、担保提供の上、申請書を納税地の所轄税務署長に提出することで引き続き納税猶予することができます。（措法70の７の５⑬、70の７の６⑭）

引き続き納税猶予された部分の金額（猶予中贈与（相続）税額）について、その譲渡等の日から２年を経過する日においてその事業を継続している場合には、実際の譲渡対価を基に再計算した金額とBBとの合計額（特例再計算贈与（相続）税額）は、その２年経過日から２か月を経過する日をもって納税猶予期限とされ利子税と共に納税する必要があります。猶予中贈与（相続）税額と特例再計算贈与（相続）税額との差額は追加免除されることとなります（措法70の７の５⑭⑮、70の７の６⑮⑯）。譲渡等の日から２年を経過する日において事業を継続していない場合には、猶予中贈与（相続）税額を利子税と併せて納付する必要があります。

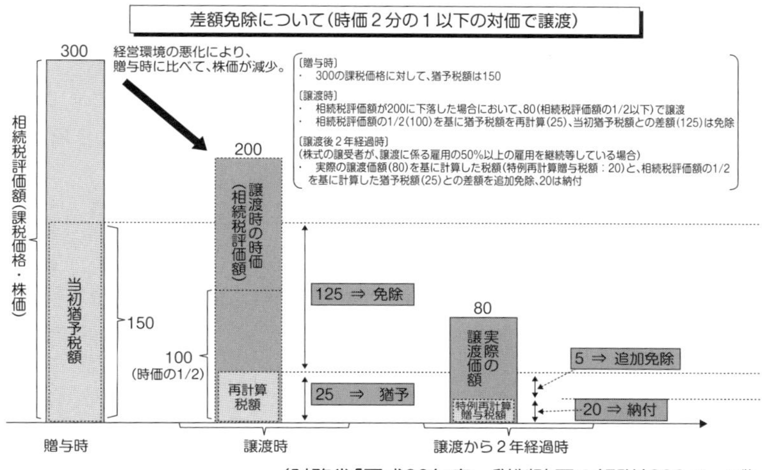

（財務省「平成30年度　税制改正の解説」606ページ）

この図は、贈与税の納税猶予について、暦年課税の場合です。

相続時精算課税の場合は、次の概算になります。

当初猶予税額＝300×20％＝60

納付＝80×20％＝16（全部期限確定）

免除＝60－16＝44

この場合の問題は次の２点です。

⑴　全部期限確定なので、贈与者の死亡時に措置法第70条の７の７の適用はありませんが、相続税法第21条の14から第21条の16が適用されて、贈与時の時価の300で相続財産に加算されます。

⑵　このとき、贈与税額が控除されますが、これは納付が確定した16ではなく、当初の贈与税額の60が控除されます。（相法21の15③、21の16④）

事業を継続している場合とは、譲渡等をした日から２年を経過する日において譲渡先の会社等が次に掲げる要件の全てを満たす場合です。（措令40の８の５㉛）

1	商品の販売その他の業務（※１）を行っていること
2	譲渡等した時の直前の特例認定承継会社の常時使用従業員の１/２以上がその２年を経過する日まで引続いて譲渡先の会社等（※２）の常時使用従業員であること
3	常時使用従業員が勤務している事務所、店舗、工場その他これらに類するものを所有し、又は賃借していること

（※１）　次に掲げるいずれかの業務

①　商品販売等（商品の販売、資産の貸付け（経営承継受贈者及び当該経営承継受贈者と特別の関係がある者に対する貸付けを除きます。）又は役務の提供で、継続して対価を得て行われるものをいい、その商品の開発若しくは生産又は役務の開発を含みます。）

②　商品販売等を行うために必要となる資産の所有又は賃借

③　①又は②に類する業務

（※２）　次のそれぞれに定める会社です。

①　譲渡等した場合…その譲渡等をした特例対象非上場株式等に係る会社

②　合併した場合…その合併に係る吸収合併存続会社等

③　株式交換等した場合…その株式交換等に係る株式交換完全子会社等

127 期限確定明細書

贈与税・相続税について、納税の猶予に係る期限が到来した場合に、贈与税・相続税の一定の猶予税額について免除を受ける場合には、期限が到来した事由、事由が生じた日、期限が到来した株数等及び期限が到来した猶予中の贈与税・相続税額を記載した「納税の猶予に係る期限が到来した猶予中贈与税・相続税額又は再計算免除贈与税・相続税額の明細書」（以下、「期限確定明細書」といいます。）を納税地の所轄税務署長に提出しなければなりません。（措法70の７⑯、70の７の２⑰）

ただし、平成30年８月時点において、特例制度の利用時に納税猶予に係る期限が確定した場合に提出する期限確定明細書の様式が未公表となっています。

したがって、特例制度を利用時に納税猶予に係る期限が確定した場合に、猶予税額の一部について免除を受ける場合には、提出する期限確定明細書については、現行制度の様式が使用可能であるか否か、また、別途様式があるか否か等を確認する必要があるので留意が必要です。

なお、現行制度（一般措置）での期限確定明細書の様式及び記載事項は以下のとおりです。

納税の猶予に係る期限が到来した猶予中贈与税・相続税額又は再計算免除贈与税・相続税額の明細書（一般措置）

受贈者、相続人（受遺者）の氏名		入力	確認
		※	※

※欄には記載しないでください。

1　納税の猶予に係る期限が到来した猶予中贈与税・相続税額の明細

「非上場株式等についての贈与税・相続税の納税猶予の継続届出書（一般措置）」の１の報告基準日の直前の経営（贈与・相続）報告基準日の翌日からその報告基準日までの間に、納税の猶予に係る期限が到来した猶予中 贈与税／相続税 額の明細は、次のとおりです。

番号	期限の到来した事由（該当する事由にレ点を付してください。）	事由が生じた年月日	期限が到来した株(口)数等	期限が到来した猶予中贈与税・相続税額
	□ 対象（受贈・相続）非上場株式等の一部贈与 □ 適格合併・適格交換等 □ 対象(受贈・相続)非上場株式等の一部譲渡等 □ 合併により消滅 □ 株式交換等により他の会社の株式交換完全子会社等に該当 □ 会社分割 □ 組織変更	・　・	株(口)円	円
	□ 対象（受贈・相続）非上場株式等の一部贈与 □ 適格合併・適格交換等 □ 対象(受贈・相続)非上場株式等の一部譲渡等 □ 合併により消滅 □ 株式交換等により他の会社の株式交換完全子会社等に該当 □ 会社分割 □ 組織変更	・　・	株(口)円	円
	□ 対象（受贈・相続）非上場株式等の一部贈与 □ 適格合併・適格交換等 □ 対象(受贈・相続)非上場株式等の一部譲渡等 □ 合併により消滅 □ 株式交換等により他の会社の株式交換完全子会社等に該当 □ 会社分割 □ 組織変更	・　・	株(口)円	円
	□ 対象（受贈・相続）非上場株式等の一部贈与 □ 適格合併・適格交換等 □ 対象(受贈・相続)非上場株式等の一部譲渡等 □ 合併により消滅 □ 株式交換等により他の会社の株式交換完全子会社等に該当 □ 会社分割 □ 組織変更	・　・	株(口)円	円

2　再計算免除贈与税・相続税額の明細

「非上場株式等についての贈与税・相続税の納税猶予の継続届出書（一般措置）」の１の報告基準日の直前の経営(贈与・相続)報告基準日の翌日からその報告基準日までの間に、免除された再計算免除 贈与税／相続税 額の明細は、次のとおりです。

番号	認可決定日	剰余金の配当等の額	再計算免除贈与税・相続税額
	・　・	円	円
	・　・	円	円
	・　・	円	円

（資12②－15－Ａ４統一）

（裏）

１　「経営（贈与・相続）報告基準日」とは、

イ　「非上場株式等についての贈与税の納税猶予及び免除」（租税特別措置法第 70 条の７第１項）の適用を受けている方は、同条第２項第７号に規定する「経営贈与報告基準日」をいいます。

ロ　「非上場株式等についての相続税の納税猶予及び免除」（租税特別措置法第 70 条の７の２第１項）の適用を受けている方は、同条第２項第７号に規定する「経営報告基準日」をいいます。

ハ　「非上場株式等の贈与者が死亡した場合の相続税の納税猶予及び免除」（租税特別措置法第 70 条の７の４第１項）の適用を受けている方は、同条第２項第６号に規定する「経営相続報告基準日」をいいます。

２　「期限の到来した事由」中

イ　「対象（受贈・相続）非上場株式等の一部贈与」とは、租税特別措置法第 70 条の７第４項第１号又は同法第 70 条の７の２第４項第１号（同法第 70 条の７の４第３項により準用する場合を含みます。）に該当した場合をいいます。

ロ　「適格合併・適格交換等」とは、同法第 70 条の７第４項第２号又は第 70 条の７の２第４項第２号(同法第 70 条の７の４第３項により準用する場合を含みます。)に該当した場合をいいます。

ハ　「対象（受贈・相続）非上場株式等の一部譲渡等」とは、同法第 70 条の７第５項第２号又は第 70 条の７の２第５項第２号(同法第 70 条の７の４第３項により準用する場合を含みます。)に該当した場合をいいます。

ニ　「合併により消滅」とは、同法第 70 条の７第５項第３号又は第 70 条の７の２第５項第３号(同法第 70 条の７の４第３項により準用する場合を含みます。)に該当した場合をいいます。

ホ　「株式交換等により他の会社の株式交換完全子会社等に該当」とは、同法第 70 条の７第５項第４号又は第 70 条の７の２第５項第４号(同法第 70 条の７の４第３項により準用する場合を含みます。)に該当した場合をいいます。

ヘ　「会社分割」とは、同法第 70 条の７第５項第５号又は第 70 条の７の２第５項第５号(同法第 70 条の７の４第３項により準用する場合を含みます。)に該当した場合をいいます。

ト　「組織変更」とは、同法第 70 条の７第５項第６号又は第 70 条の７の２第５項第６号(同法第 70 条の７の４第３項により準用する場合を含みます。)に該当した場合をいいます。

３　「事由が生じた年月日」とは、

イ　「対象（受贈・相続）非上場株式等の一部贈与」に該当する場合は、その贈与をした日をいいます。

ロ　「適格合併・適格交換等」に該当する場合は、その合併又は株式交換等の効力が生じた日をいいます。

ハ　「対象（受贈・相続）非上場株式等の一部譲渡等」に該当する場合は、その譲渡等をした日をいいます。

ニ　「合併により消滅」に該当する場合は、その合併の効力が生じた日をいいます。

ホ　「株式交換等により他の会社の株式交換完全子会社等に該当」に該当する場合は、その株式交換等の効力が生じた日をいいます。

ヘ　「会社分割」に該当する場合は、その会社分割の効力が生じた日をいいます。

ト　「組織変更」に該当する場合は、その組織変更の効力が生じた日をいいます。

４　「２　再計算免除贈与税・相続税額の明細」欄は、租税特別措置法第 70 条の７第 24 項又は第 70 条の７の２第 25 項（同法第 70 条の７の４第 13 項により準用する場合を含みます。）による通知があった場合に記載します。

５　「認可決定日」とは、租税特別措置法第 70 条の７第 21 項又は第 70 条の７の２第 22 項（同法第 70 条の７の４第 13 項により準用する場合を含みます。）に規定する「認可決定日」をいいます。

６　「剰余金の配当等の額」とは、租税特別措置法第 70 条の７第 21 項第２号又は第 70 条の７の２第 22 項第２号（同法第 70 条の７の４第 13 項により準用する場合を含みます。）に掲げる金額をいいます。

128 価値下落の場合の再計算特例（現行制度）

５年間の経営承継期間等の経過後に経営状況が悪化し、株式価値が下落した場合、一定の猶予税額について免除申請ができる特例があります。（措法70の７⑯～㉓、70の７の２⑰～㉔、70の７の４⑫⑬、70の７の５⑪⑳、70の７の６⑫㉑、70の７の８⑪⑫）

特例の適用を受ける場合及び免除される税額は以下のとおりです。

（特例及び一般共通減免規定）

<table>
<tr><th colspan="5">30現行制度（特例において11項、20項準用）＝全期間</th></tr>
<tr><th>現行税制で適用できる場合</th><th>条文</th><th>要件</th><th>一部免除額</th><th>一部期限確定</th></tr>
<tr><td>全部譲渡等</td><td>16項１号</td><td rowspan="3">譲渡時時価（相続税評価額、譲渡対価の大）＋BB＜猶予税額</td><td rowspan="3">猶予税額－(譲渡時時価＋BB)</td><td rowspan="3">譲渡時時価＋BB</td></tr>
<tr><td>民事再生法（他者再生）</td><td>16項１号</td></tr>
<tr><td>会社更生法</td><td>16項１号</td></tr>
<tr><td>破産</td><td>16項２号</td><td>破産命令</td><td>猶予税額－BB</td><td>BB</td></tr>
<tr><td>特別清算</td><td>16項２号</td><td>特別清算開始決定</td><td>猶予税額－BB</td><td>BB</td></tr>
<tr><td>現金等交付合併</td><td>16項３号</td><td rowspan="2">譲渡時時価（相続税評価額、譲渡対価の大）＋BB＜猶予税額</td><td rowspan="2">猶予税額－(譲渡時時価＋BB)</td><td rowspan="2">譲渡時時価＋BB</td></tr>
<tr><td>現金等交付株式交換</td><td>16項４号</td></tr>
<tr><td>民事再生法（自己再生、25年改正追加納税猶予継続）</td><td>21項～23項</td><td>再生計画認可決定かつ資産評定</td><td>猶予税額－時価による再計算猶予贈与税額（納税猶予継続）</td><td>BB</td></tr>
</table>

BBとは、再計算事由前５年以内の納税者と同一生計親族が受けた配当等の額（旧減免規定共通）、新減免では同族関係者です。（旧減免措法70の７⑯一ロのように条文に明記、新減免措法70の７の５⑫一ロにおいて政令委任）

譲渡時時価とは、譲渡時点の相続税評価額（措通70の７－40）と、譲渡対価のいずれか大をいいます。

この計算事例は、第６章**83**（319ページ）にあるように、旧減免では譲渡時相評以下の譲渡対価の場合、持ち出しとなります。

旧減免において猶予税額再計算があるのは、25年改正の民事再生法自己再生の場合だけです。

129　新減免の概要

新減免は特例期間中の贈与税・相続税の納税猶予についてその猶予継続期間中に適用されます。（措法70の７の５⑫～⑰、70の７の６⑬～⑱、７の７の８⑰）

30年改正で追加された特例免除制度（12項から17項）＝特例期間に係る贈与・相続の納税猶予期間中及びみなし相続の猶予期間中				
30年度改正、再計算猶予税額＋bb＜元の猶予税額	要件＝事業継続困難事由（措令40の８の５㉒）	対価≧譲渡等時相続税評価額×１/２（１/２超）	対価＜譲渡等時相続税評価額×１/２（１/２以下）	同左で２年後買収者が事業継続かつ従業員半数以上雇用維持
		対価による再計算	相続税評価額×１/２による再計算	対価による再再計算

<table>
<tr>
<td>全部又は一部譲渡</td>
<td rowspan="2">イ　直前３年中２年以上赤字
ロ　直前３年間中２年以上対前年比売上高減少
ハ　直前期の有利子負債≧直前期後期売上高
ニ　類似業種比準株価の直前１年平均<同前年平均
ホ　特例後継者の特段の理由
解散はホを除く、ただし譲渡等が期首より６か月以内は上記イからハは、１年前倒しで判定</td>
<td rowspan="2">免除額＝元の納税猶予額－（再計算贈与税額等＋bb）、残額は期限確定</td>
<td rowspan="2">免除額＝元の納税猶予額－（再計算納税猶予額＋bb）、残額は選択により納税猶予→右へ</td>
<td rowspan="2">免除額＝再計算納税猶予額－再再計算猶予税額、残額は期限確定</td>
</tr>
<tr>
<td>合併及び株式交換等（交付財産あり）</td>
</tr>
<tr>
<td>解散</td>
<td>上記いずれかで判定</td>
<td colspan="3">解散時相続税評価額による猶予税額再計算＋bbとの差額は免除、残額期限確定</td>
</tr>
<tr>
<td colspan="5">新減免のbbとは、再計算事由前５年以内の納税者と同族関係者が受けた配当等の額（＝措通70の７－11においては、単にＣとされるものと同額）>旧減免のBB（生計一親族）</td>
</tr>
<tr>
<td colspan="5">贈与税の納税猶予において効果があるのは暦年課税選択のみ、相続時精算課税選択においては減免の効果は相続時精算課税の贈与税に限られ、その後の贈与者死亡で贈与時の価額でみなし相続財産となるので、減免の効果はかなりなく、控除する贈与税において免除された税額が含まれることのみとなる。</td>
</tr>
</table>

第10章

事例検討

130　事業承継税制と種類株式

1　種類株式

事業承継税制の対象は、「（特例）認定贈与承継会社の非上場株式等（議決権に制限のないものに限る。）を有していた個人として政令で定める………」（措法70の７①、70の７の５①）とあるように、「議決権に制限のない者」です。

会社法では、ある一定の決議内容について議決権が無いという内容や、全ての決議事項について議決権が無いという内容の株式を発行することができます（会社法108①三）。議決権が制限される代わりに配当の分配で優先される株式もあります。

このような議決権に制限のある種類株式は事業承継税制の移転対象にはなりません。（措通70の７－１、70の７の５－１）

なお、最初の特例贈与者（特例被相続人）は、その贈与・相続直前まで、その個人と個人のグループ（特別関係者（親族、同族会社等））で過半数の議決権を有し、グループの中で後継者（特例経営承継受贈者、特例経営承継相続人）を除いて筆頭株主であることという要件があります（措法70の７②三ニ、70の７の５②三ニ、措令40の８①、40の８の５①他）。この過半数の判定については、議決権の一部に制限のある株式も含めて行います。

したがって、事業承継税制の対象となる議決権に制限のないもの、と範囲が異なることになります。図示すれば次のとおりです。

（非上場株式等に係る相続税・贈与税の納税猶予の要件）

普通株式 完全議決権株式　　一部制限株式　　完全 無議決権株式

要　件	要件の判定対象となる非上場株式等
納税猶予の対象となる特例(受贈)非上場株式等の種類(措法70の7①、70の7の2①)	議決権に制限のない非上場株式等
後継者及び被相続人(贈与者)の同族内筆頭株主等要件(措法70の7②三ニ、70の7の②三ニ、措令40の8①、40の8の2①)	完全無議決権株式以外の非上場株式等
後継者及び被相続人(贈与者)の同族過半数要件(措法70の7②三ハ、70の7の2②三ハ、措令40の8①、40の8の2①)	完全無議決権株式以外の非上場株式等

2　黄金株

特例認定承継会社の認定要件には、会社が発行する会社法第108条第１項第８号に掲げる事項についての定めがある種類の株式（拒否権付株式、いわゆる「黄金株」）を、第１種経営承継相続人等以外の者が有していないこと（措法70の７の２②一ホ、措令40の８の５⑨、40の８⑩、40の８の２⑨二、措通70の７の５－９）というものがあります。

黄金株の株主は、合併や重要な営業譲渡その他株主総会において決議すべき事項についての拒否権、つまりは会社への強い支配力を有します。そのため、経営承継相続人等が（この特例の適用を受けて）被相続人から事業の承継をしたとしても、経営承継相続人等以外の者が黄金株を持っている限りにおいては、経営承継相続人等への事業承継は不完全なものと考えられるため、安定的な経営の継続の観点から、そのような会社は経済産業大臣認定の対象からも除外されており（円滑化省令６八チ）、納税猶予制度の対象にもなりません。

なお第２種経営承継相続人等が黄金株を保有していいかどうかは、現行省令では定かでなく、今後の改正での明確化が望まれます。

3　属人的種類株式

会社法は、非公開会社に限り、剰余金の配当・残余財産の分配・議決権について「株主ごとに」異なる取扱いができます（会社法109②）。この「属人的種類株式」は、定款に定める必要がありますが、種類株式と異なり、登記をすることはできません。このような議決権を行使できる事項の全部又は一部について制限がある株主の有する株式等は事業承継税制の対象にはなりません。（措通70の７－１⑵、70の７の５－１）

会社法は、種類株式として、いわゆる複数議決権付株式は認めていません。しかし、この属人的種類株式を活用することによって、複数議決権付株式と同様の効果をもたらすことができます。例えば、「社長の有している株式は、１株について100個の議決権がある」と定款で定めた株式がこれに当たります。このような属人的種類株式を発行している会社においては、受贈者の地位の定め方によっては議決権に制限が加わることとなるので、定款の見直しを行う必要があり得ます。この会社法第109条の属人的種類株式を定めている会社は、会社法第108条の種類株制度に移行することが望ましいと考えます。

131　事業承継税制と持分会社

事業承継税制の対象となる非上場株式等には、「合名会社、合資会社又は合同会社の出資のうち財務省令で定める要件を満たすもの」（措法70の７の５②五、70の７②二ロ）が含まれ、持分会社であっても事業承継税制の対象です。

持分会社は、社員の議決権については、一人一議決権であること（会社法590）から、同族グループで議決権の過半数を支配し、経営承継受贈者が他の者の議決権の数を下回らない（全員が筆頭で同数）、という条件（措法70の７の５②六）は満たすことができます。この一人一議決権原則については定款により出資額比例に変更することもできます。

また、持分会社の出資の持分等であっても担保提供することができます（措法70の７⑬二、措通70の７－37）。なお、持分会社から株式会社に組織変更を考えている場合は、これから行う最初の贈与前に完了することが望ましいです。

132　相続等３年以内の現物出資等がある場合の適用除外

１　現物出資等がある場合の適用除外

事業承継税制特例の政策目的や租税回避防止の観点を踏まえれば、個人資産の保全を主たる目的としているような会社については、この特例の適用を認めるべきではありません。

相続開始の直前に被相続人となる者（又は贈与直前の贈与者）がその個人資産を会社に移転し、当該個人資産を株式等の形に変えてこの株式等を相続（又は贈与）することにより、この特例の適用を受けて相続税（贈与税）負担の回避を図るといった行為を適切に防止する必要があります。

このため、相続開始の直前（又は贈与の直前に）認定承継会社へ現物出資等があった場合については、この特例の適用を認めないこととされています。認定承継会社の要件「資産保有型会社又は資産運用型会社に該当しないこと」（措法70の７の５②三、四等）なども、これと同様の考え方に基づいて設けられたものです。

2　具体的適用除外規定

特例対象非上場株式等に係る特例認定承継会社がこの特例の適用を受けようとする特例経営承継相続人等及びその同族関係者等から現物出資又は贈与により取得した資産（その取得時期が相続開始前３年以内のものに限ります。以下「現物出資等資産」といいます。）がある場合において、その相続開始があった時において次の算式を満たすときは、その特例経営承継相続人等については、この特例の適用を受けることができないこととされています。（措法70の７の６㉕、70の７の２㉚、措令40の８の２㉙⑪）

$$\frac{B}{A} \geqq \frac{70}{100}$$

Ａ：当該特例認定承継会社の資産の価額の合計額

Ｂ：現物出資等資産の価額（当該特例認定承継会社が当該相続開始の時において当該現物出資等資産を有していない場合には、当該相続開始の時に有しているものとしたときにおける当該現物出資等資産の価額）の合計額

（注）　上記Ａ及びＢは、相続開始の時における価額をいいます。また、特例認定承継会社が相続開始の時において現物出資等資産を有していなくなっている場合であっても、それを有しているものとして算式の分子に含めて判定する必要があります。

贈与の場合、すなわち、特例対象受贈非上場株式等に係る特例認定贈与承継会社がこの特例の適用を受けようとする受贈者及びその同族関係者等から現物出資又は贈与により取得をした資産（その取得時期が特例対象贈与前３年以内のものに限ります。）がある場合においても同様です。（措法70の７の５㉔、70の７㉙、措令40の８⑳⑪）

133　同族会社等の行為又は計算の否認等

1　同族会社等の行為又は計算の否認等

この特例は、事業の継続・発展を通じた地域経済の活力維持や雇用の確保を実現することを政策目的とした税制ですので、そのような趣旨に馴染まない会

社はこの特例の適用対象から除外する必要があります（産業政策的な観点）。また、個人財産等を会社に出資して株式等の形で相続する租税回避行為についても適切に防止する必要があります（租税回避防止の観点）。そのため、これまで述べてきたように、この特例には、これらの観点に基づいた様々な措置が設けられているところです。

しかし、今後この特例が定着していく中で、制度創設時には予期できない類型の租税回避行為などが発生し、これらの措置ではこの特例の適正な利用を確保できない可能性も否定しがたいところです。そこで、そのような事態に対応するため、包括的に租税回避行為を防止するための規定が設けられています。

2　具体的否認規定

事業承継税制では、相続税法第64条（同族会社等の行為又は計算の否認等）を準用しています。すなわち、特例認定承継会社の行為又は計算で、これを容認した場合においては特例経営承継相続人等又は被相続人その他これらの者の同族関係者等の相続税又は贈与税の負担を不当に減少させる結果となると認められるものがあるときは、税務署長は、相続税又は贈与税についてのこの特例の適用に関し、その行為又は計算にかかわらず、その認めるところにより、納税の猶予に係る期限を繰り上げ、又は免除する納税の猶予に係る相続税を定めることができることとされています。（措法70の７の６⑪、70の７の２⑮）

また、特例認定贈与承継会社の行為又は計算で、これを容認した場合においては経営承継受贈者又は贈与者その他これらの者の同族関係者等の相続税又は贈与税の負担を不当に減少させる結果となると認められるものがあるときも同様です。（措法70の７の５⑩、70の７⑭）

3　読替え後の条文

租税特別措置法第70条の７第14項において準用される相続税法第64条の読替え後の規定は次のとおりです。

> 租税特別措置法第70条の７第２項第１号（非上場株式等についての贈与税の納税猶予及び免除）に規定する認定贈与承継会社の行為又は計算で、これを容認した場合においてはその同条第１項の経営承継受贈者又は同項の贈与者その他これらの者と政令で定める特別の関係がある者の相続税又

は贈与税の負担を不当に減少させる結果となると認められるものがあるときは、税務署長は、同条の規定の適用に関し、その行為又は計算にかかわらず、その認めるところにより、納税の猶予に係る期限を繰り上げ、又は免除する納税の猶予に係る贈与税を定めることができる。
2　前項の規定は、租税特別措置法第70条の7第2項第1号に規定する認定贈与承継会社の行為又は計算につき、法人税法第132条第1項（同族会社等の行為又は計算の否認）若しくは所得税法第157条第1項（同族会社等の行為又は計算の否認等）又は地価税法（平成3年法律第69号）第32条第1項（同族会社等の行為又は計算の否認等）の規定の適用があった場合における当該認定贈与承継会社の租税特別措置法第70条の7第1項の経営承継受贈者の納税の猶予に係る期限の繰上げ又は贈与税の免除について準用する。
4　合併、分割、現物出資若しくは法人税法第2条第12号の6に規定する現物分配又は株式交換若しくは株式移転（以下この項において「合併等」という。）をした法人又は合併等により資産及び負債の移転を受けた法人（当該合併等により交付された株式又は出資を発行した法人を含む。以下この項において同じ。）の行為又は計算で、これを容認した場合においては当該合併等をした法人若しくは当該合併等により資産及び負債の移転を受けた法人の株主若しくは社員又はこれらの者と政令で定める特別の関係がある者の相続税又は贈与税の負担を不当に減少させる結果となると認められるものがあるときは、税務署長は、租税特別措置法第70条の7の規定の適用に関し、その行為又は計算にかかわらず、その認めるところにより、納税の猶予に係る期限を繰り上げ、又は免除する納税の猶予に係る贈与税を定めることができる。」

4　会計検査院からの指摘事項

平成29年11月に会計検査院から提出された報告書では、事業承継税制について、特に減資と資産保有型会社を利用した資産承継への利用について問題視し、次のとおり報告しています。

「事業承継税制は、中小企業における経営の承継に伴い、当該中小企業の株式等に係る贈与税及び相続税の納付が見込まれることなどにより事業活動の継続に支障が生じていると経済産業大臣が認定する企業の株式等を有する後継者に対して贈与税及び相続税の納税を猶予等し、中小企業の事業承継を円滑化することにより、中小企業の事業活動の継続を実現し、雇用の確保や地域経済の活力維持につなげることなどを目的とする制度である。

贈与承継会社153件及び承継会社237件について適用状況をみたところ、事業承継税制の対象となる中小企業者は資本金の額が一定の金額以下であることなどが要件となっているが、資本金の額に対して多額の資本剰余金の額を計上している会社等も見受けられ、最大で資本金の約885倍の資本剰余金が計上されていた。

また、事業実態がなく単に資産を管理している会社を対象外とするなどのために、資産保有型会社等に該当しないことが要件となっているが、66件の会社については、従業員の数が５人以上であることなどの要件を満たすことから、事業実態がある資産保有型会社として、事業実態に係る資産のみではなく、全ての資産の価額を対象として納税猶予税額を計算し、事業承継税制が適用されていた。

関係省庁は、23年度に事後評価、25年度及び29年度税制改正要望の際に事前評価を実施するなどしていたが、このように、事業承継税制の政策目的に照らして、必ずしも必要最小限のものとなっていないと考えられる状況が見受けられた。」

134　事例検討（代表者要件）

特例を受けるためには、特例認定贈与承継会社の代表権を有していた個人である要件があります（措令40の８の５①一）。また、「当該贈与の直前（当該個人が当該贈与の直前において当該特例認定贈与承継会社の代表権を有しない場合には、当該個人が当該代表権を有していた期間内のいずれかの時及び当該贈与の直前）において、当該個人が有する当該特例認定贈与承継会社の非上場株式等に係る議決権の数が、当該個人と法第70条の７の５第２項第６号ハに規定する特別の関係がある者（特例経営承継受贈者となる者を除く）のうちいずれの者が有する当該非上場株式等に係る議決権の数をも下回らないこと。」とあります。

しかし、先々代の相続時に、配偶者控除を活用するために先々代の妻に株式の多くが相続されたり、長女が相続人であって、娘婿が会社の代表者である場合など、現代表者が同族内筆頭株主要件を満たさない場合があります。

1　高齢な母が筆頭株主の場合

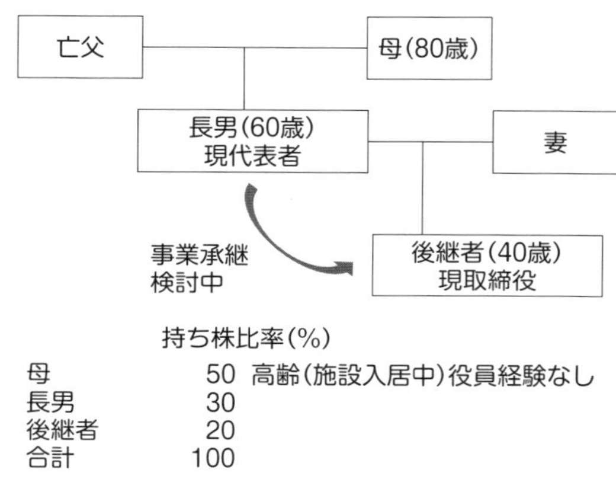

持ち株比率(%)

母	50	高齢(施設入居中)役員経験なし
長男	30	
後継者	20	
合計	100	

筆頭株主である母は現在施設に入所しており、役員経験はありません。

このため、このままでは特例を適用できないので、今から代表者に選任したうえで、後継者（孫）に一括贈与（第１種特例贈与）してはどうか、と考えられますが、疑義がないとはいえません。

このため、母から長男（後継者）等へ生前贈与又は譲渡、若しくは事業会社への自社株買取りを検討すべきです。その結果、母の持ち株比率を長男以下とした上で、長男から後継者への第１種特例贈与を行い、母から後継者へは第２種特例贈与又は第２種特例相続を検討すべきでしょう。

2　代表者の妻が筆頭株主

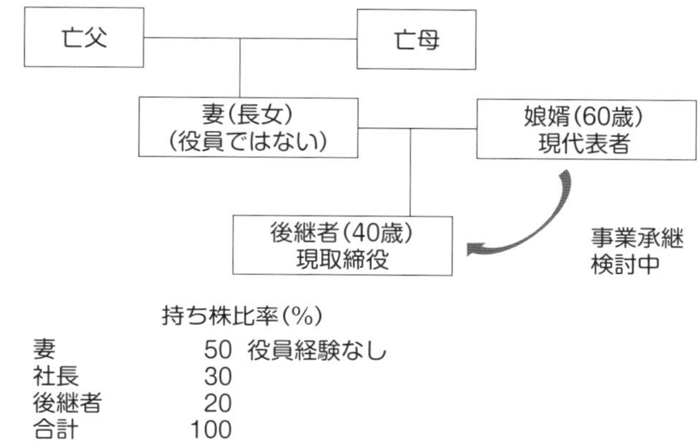

	持ち株比率（%）	
妻	50	役員経験なし
社長	30	
後継者	20	
合計	100	

先々代の長女である妻が先々代から株式の相続を受けた結果、筆頭株主となっている場合にも、このままでは先代経営者筆頭株主要件を満たしません。

しかし、妻を役員とし、２人代表取締役とした場合、代表者としての責任を負って職務を行うことができるのであれば、妻から後継者へ、第１種特例贈与を行うことも考えられます。

135　事例検討（組織再編等と筆頭株主要件）

1　筆頭株主が同族会社である場合の株式交換

事業承継税制において、「その個人が有するその特例認定贈与承継会社の非上場株式等に係る議決権の数が、その個人の同族関係者等のうちいずれの者が有する議決権の数をも下回らないこと」という筆頭株主要件があります。（措令40の８の５①、40の８①）

筆頭株主要件については、直接保有している議決権数で判定し、間接保有分は含まれないので、次の会社のままでは筆頭株主は贈与前後、相続開始前後で同族会社（持株会社）となってしまい、先代経営者、後継者共に筆頭株主要件を満たせず、事業承継税制が適用できないことになります。

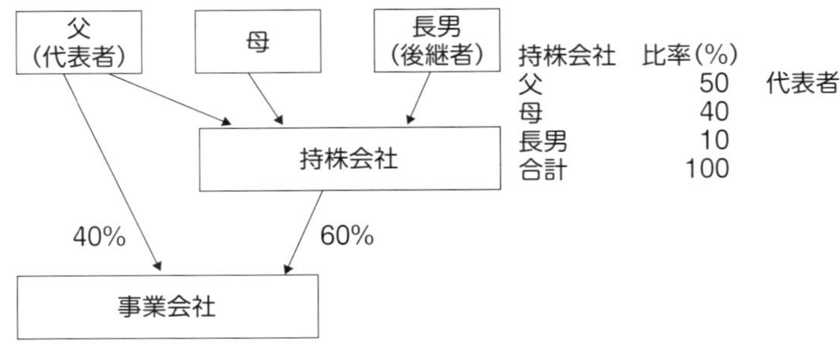

そこで、株式交換を行って、次のような組織再編を行うことを検討します。

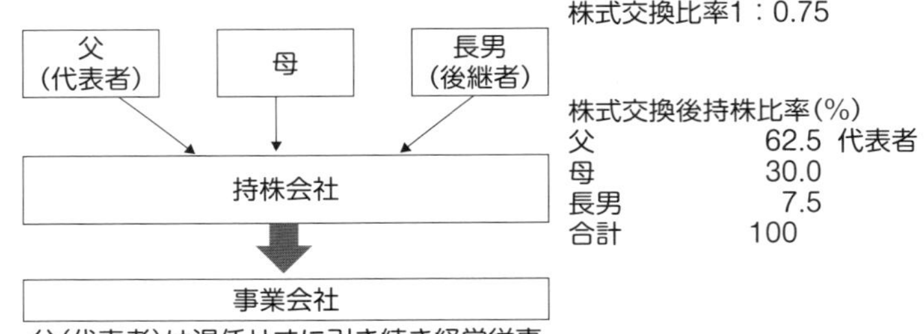

事業会社の株式は、資産保有型会社に該当しない特別関係会社の株式に該当する場合には、持株会社を特例認定贈与承継会社と位置付けることが可能となります。また、この場合、役員退任要件は、持株会社における要件なので、父は事業会社の代表者を退任せずに引き続き経営に従事することができます。

持株会社を株式交換完全親会社とすることが、包括的租税回避否認規定（措法70の７の５⑩、70の７⑭）に抵触するか否かは、この行為が「相続税又は贈与税の負担を不当に減少させる結果となると認められるもの」、すなわち「不当に減少」させるか否かで判断されることになると思われますが、事業経営のための経済合理性がある場合には、不当減少とまではいえないと考えます。

2　先行する分割型分割

特例経営受贈者は１社につき３人までとされていますが、長男、次男がともに代表者のまま事業を継続することは、お互いの対立等により、経営意思決定の迅速化にそぐわない場面が予想されることから、会社を分割して後継者をそれぞれに立てることを検討します。ところで、分割型分割の分割法人となることは納税猶予に係る期限となります(措法70の７の５③､70の７③七)。そこで、先行して会社分割を行うことにします。

この先行する分割型分割は、安易に、複数受贈者を考えるよりも、複数後継者を検討している場合には、先行する分割型分割により、各社において後継者１人として事業承継を進めることが望ましいと考えます。

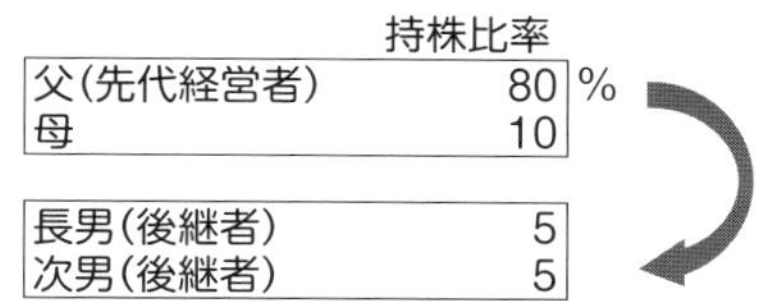

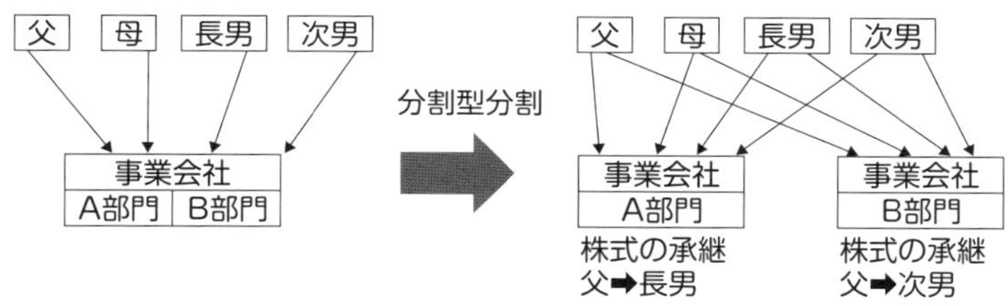

この組織再編（会社分割）が、「特例認定承継会社の行為又は計算で、これを容認した場合においては特例経営承継相続人等又は被相続人その他これらの者の同族関係者等の相続税又は贈与税の負担を不当に減少させる結果となると認められるもの」（措法70の７の５⑩、70の７⑭）に該当するかどうかですが、経営意思決定の迅速化や内部の混乱回避のために有効であれば、十分に経済合理性があり、「不当に減少」させることに該当することはないと考えられます。

なお、特例対象贈与を検討している場合には、分割型分割によって新設されるいずれかの会社の後継者は、「その個人が、特例対象贈与の日まで引き続き３年以上継続してその特例認定贈与承継会社の役員であること」（措法70の７の５②六へ）の要件を満たすためには３年間の期間が必要ですので、早めの意思決定が必要になります。

一方、相続が発生してしまった場合では、新設法人といえども相続開始の日の翌日から５か月以内に後継者が代表者に就任すれば適用を受けられます（措法70の７の６⑦イ）。ただし、円滑化法の認定を受ける必要があり、第１種特例経営承継相続人の要件には、被相続人が60歳以上の時は相続開始の直前において当該中小企業者の役員である必要があります。(円滑化省令6①十二ト(2))

136 事例検討（資産保有型会社と従業員数）

資産保有型会社又は資産運用型会社に該当する場合、特例認定承継会社の認定要件を満たすことができません。

また、認定後であっても、資産保有型会社又は資産運用型会社に該当すると、該当することとなった日（一の日）において、特例認定承継会社の特例承継期間内の認定取消要件該当、特例承継期間後の期限確定要件該当となります。さらに、特例贈与者に相続が開始した場合の切替要件でも非該当が要件です。

この場合、その会社が、資産管理会社（資産保有型会社又は資産運用型会社）のうち事業実態があるものは除かれます。

資産保有型会社・資産運用型会社に該当しないものとみなされる要件（措令40の8の5⑤、40の8⑥）は、次のとおりです。

① 常時使用従業員が勤務する事業所等の施設を所有又は賃借していること
② 常時使用従業員数（後継者及び後継者の生計同一親族を除きます。）が5人以上であること
③ 贈与・相続時において、3年以上継続して自己の名義・計算において商品の販売・資産の貸付（後継者グループに対する貸付を除きます。）・役務提供等を行っていること

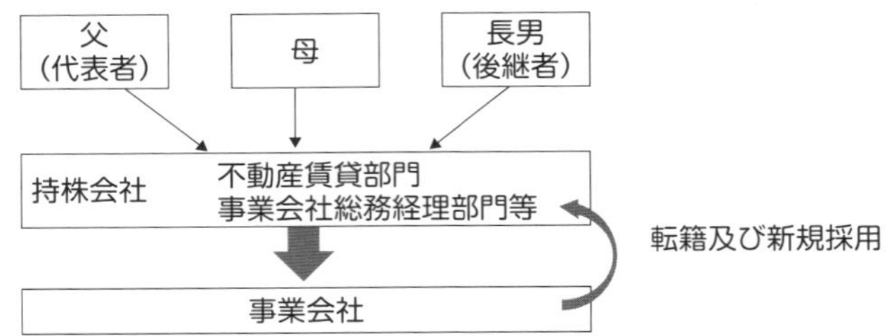

持株会社（兼不動産賃貸会社）を特例認定承継会社としたい場合、例えば、事業会社から経営戦略部門、新規事業開拓部門、総務経理部門等の5名以上を転籍させて、持株会社にて5人以上要件を軽くクリアしていく必要があります。

137 事例検討（資産保有型会社と子会社・孫会社）

認定会社が資産保有型会社に該当するか否かを判定する際、子会社株式が特定資産に該当するか（＝子会社が資産保有型子会社に該当するか）で判定結果が左右されます。まず、円滑化省令では次のとおり規定されています。（円滑化省令1⑫）

「「資産保有型会社」とは、一の日において、第1号及び第3号に掲げる金額の合計額に対する第2号及び第3号に掲げる金額の合計額の割合が100分の70以上である会社をいう。

一　当該一の日における当該会社の資産の帳簿価額の総額

二　当該一の日における次に掲げる資産（以下「特定資産」）の帳簿価額の合計額

イ　金融商品取引法第2条第1項に規定する有価証券及び同条第2項の規定により有価証券とみなされる権利（以下「有価証券」）であって、当該会社の特別子会社（資産の帳簿価額の総額に対する有価証券（当該特別子会社の特別子会社の株式又は持分を除く。）及びロからホまでに掲げる資産（イにおいて「**特別特定資産**」）の帳簿価額の合計額の割合が100分の70以上である会社（第6条第2項において「資産保有型子会社」）又は当該一の日の属する事業年度の直前の事業年度における総収入金額に占める特別特定資産の運用収入の合計額の割合が100分の75以上である会社（同項において「資産運用型子会社」）以外の会社に限る。）の株式又は持分以外のもの（以下略）。」

すなわち、子会社が資産保有型子会社に該当するかの判定方法について、「特別子会社が資産保有型子会社・資産運用型子会社に該当するか否かを判定するに当たっては、当該特別子会社に特別子会社がある場合、当該特別子会社における特別子会社（認定会社から見ると孫会社）の株式又は持分は、その資産状況や収入状況を問わず、全て「**特別特定資産**」から除外されます。

孫会社が上場会社株式や賃貸不動産を多く所有していても、事業承継税制が適用できてしまいます。次図のように、会社分割を繰り返すとX社は資産保有型会社非該当になります。

このような場合、会社分割を繰り返したことに、合理性がない場合には、包括的租税回避否認規定（措法70の7の5⑩、70の7⑭）に抵触する可能性が高いと考えられます。しかし、Y社が事業会社である場合は、X社は資産保有型会社に該当しない場合が多いです。

この事例の問題点は、X社が不動産賃貸業なので、この場合においては、常時使用従業員5人要件及び事業実態要件によることを考えた方がいいと思います。

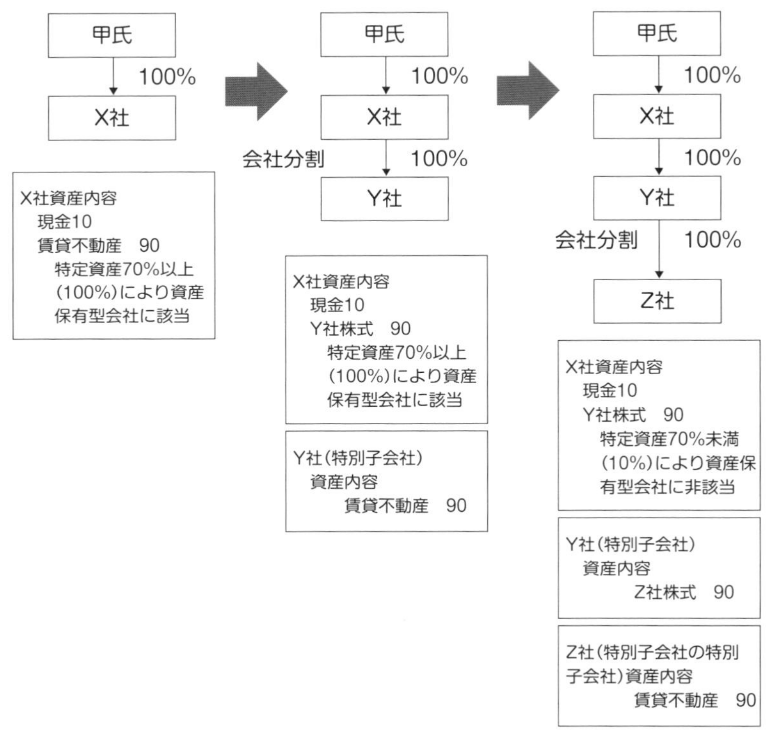

138　資産保有型会社と株式等保有特定会社

1　資産保有型会社

「資産保有型会社」とは、一の日において、会社の資産の帳簿価額の合計額（判定日以前５年以内に後継者グループに支払われた配当及び過大役員給与の額＝以下「BB」を加算）に対して特定資産（及びBB）の合計額の割合が100分の70以上である会社をいいます。（円滑化省令１⑫、措通70の７の５－６、70の７の５－７）

「特定資産」には、当該会社の特別子会社で、資産保有型子会社、資産運用型子会社以外の会社の株式は含まれません（円滑化省令１⑫ニイ）。すなわち、資産保有型子会社等に該当しない、事業会社である子会社株式は特定資産に含まれないことになります。

一方、①当該会社が現に自ら使用していない不動産（不動産の一部分につき現に自ら使用していない場合は、当該一部分に限ります。）、②ゴルフ場その他の施設の利用に関する権利（当該会社の事業の用に供することを目的として有するものを除きます。）、③絵画、彫刻、工芸品その他の有形の文化的所産である動産、貴金属及び宝石（当該会社の事業の用に供することを目的として有するものを除きます。）、④現金、預貯金その他これらに類する資産（経営承継受贈者及びその経営承継受贈者の同族関係者に対する貸付金、未収金その他これらに類する資産を含みます。）は、特定資産に含まれることになります。

２　株式等保有特定会社の株式

課税時期において評価会社の有する各資産を評価した価額の合計額のうちに占める株式及び出資の価額の合計額の割合が50％以上である評価会社は、「株式等保有特定会社」とされ（評基通189）、その株式の価額は、原則１株当たりの純資産価額（相続税評価額によって計算した金額）によって評価する（評基通189－３）とされています。

３　対比

事業承継の実務では、株式等保有特定会社を回避するために、株価対策として子会社株式の割合を低く抑えるべく、現金預金その他の資産を保有する傾向にありましたが、事業承継税制の活用に当たっては、特定資産の割合を低く抑えることが重要になっており、次のような対比を検討する必要があります。

納税猶予及び免除制度において、万一の期限確定のリスクを軽減するために株価の引下げが引き続き重要となるからです。この場合、贈与時・相続時には株式等保有特定会社を回避して万一の取消リスクを抑え、かつ認定以降、資産保有型会社を回避し続けることができるようにコントロールすることが重要です。

下記対比表では、資産保有型会社、株式等保有特定会社を回避するために保有が有益な財産は○、避けるべき財産は×で表示します。

	資産保有型会社回避	株式等保有特定会社回避
特定資産割合（※１）	70%未満	
株式等保有割合（※２）		50%未満
子会社株式		
資産保有型会社等	×	×
上記以外（事業会社）	◎	×
その他有価証券	×	×
不動産		
自己使用	○	○
貸付用他	×	○
ゴルフ会員権		
事業供用目的	○	○
その他	×	○
絵画貴金属等		
事業供用目的	○	○
その他	×	○
現金預金等		

後継者グループへの債権	×	○（※３）
現金預金	×	○（※３）
保険積立金	×	○

※１　貸借対照表に計上されている帳簿価額ベース（措通70の７の５－６）
※２　相続税評価額ベース（評基通189）
※３　借入金と両建てしている現金預金、グループ内債権は問題となるケースあり

139 受贈者・相続人が非居住者の場合（国外転出時課税との重複適用）

1　事業承継税制の適用

特例の適用を受ける「非上場株式等を有していた個人として政令で定める者」は、特例認定贈与承継会社の代表権を有していた個人で、次に掲げる要件の全てを満たすもの（措法70の７の５①）として、非居住者を排除していませんので、受贈者・相続人が非居住者であっても、特例事業承継税制は適用可能です。

したがって、後継者が、外国子会社の責任者となって非居住者扱いされたとしても対象となります。もっとも、後継者は事業承継税制の適用を受ける前提として認定会社（内国法人）の代表者でもあることから、居住者か非居住者かは生活実態等を踏まえた総合的判断となります。

2　国外転出時課税の適用

国外転出（国内に住所及び居所を有しないこととなることをいいます。）をする時点で、１億円以上の有価証券等対象資産を所有等している場合には、一定の居住者に対して、国外転出の時に、対象資産の譲渡等があったものとみなして、対象資産の含み益に対して所得税が課税されます（「国外転出時課税」）。（所得税法60の２）

また、上記の一定の居住者が国外転出をしていなくても、贈与、相続又は遺贈により非居住者に対象資産が移転した場合にも、その時に対象資産を譲渡等

したものとみなして、対象資産の含み益に対して所得税が課税されます（「国外転出（贈与・相続）時課税」）。（所得税法60の３）

したがって、特例経営承継受贈者候補である後継者に特例贈与を行うときは、事業承継税制の特例における納税猶予の手続に併せて、国外転出（贈与・相続）時課税制度における納税猶予の手続にも留意する必要があります。

贈与者は、贈与をした年分の確定申告期限までに、贈与時の価額（所得税法上の時価）で贈与対象資産の譲渡等があったものとみなして、その年の各種所得に国外転出（贈与）時課税の適用による所得を含めて所得税の確定申告書の提出及び納税をする必要があります。

また、国外転出時課税に係る納税猶予の特例の適用を受ける場合は、確定申告期限までに、納税猶予分の所得税額及び利子税額に相当する担保を提供する必要があります。（所得税法137の２）

担保については、「税務署長が確実と認める保証人の保証」など（国税通則法50）がありますが、実務において同族法人による保証で認められるのか、などの問題がある上に、事業承継税制と国外転出時課税の両方で担保提供が必要になると考えられますので留意してください。

国外転出時課税に係る納税猶予期間中は、贈与者は、受贈者（非居住者）が各年12月31日において所有等している適用贈与資産（納税猶予の特例の適用を受けている贈与対象資産）について、適用贈与資産の種類、名称、銘柄別の数量などを記載した「継続適用届出書」を所轄税務署に提出する必要があります。

帰国の日から４か月以内に更正の請求をすることにより、帰国の時まで引き続き所有等している適用贈与資産について、国外転出（贈与）時課税の適用がなかったものとして、贈与をした年分の所得税を再計算することができます。（所得税法153の３）

このように複雑な手続が必要となります。

140 現行制度（一般措置）と特例制度の適用関係

現行制度（一般措置・措法70の７ ～70の７の４）と特例制度（措法70の７の５ ～70の７の８）の適用関係は、以下のとおりとなります。

①　平成29年12月31日までに行われた贈与・相続	・一般措置が適用されます。
	・平成30年１月１日以降に贈与税の納税猶予から相続税の納税猶予に切り替える場合も、一般措置が適用されます。
②　相続税の納税猶予（一般措置）の適用を受けている２代目後継者が特例制度適用期間（10年間）に行う３代目後継者への贈与及び相続	・特例制度が適用できます。
③　贈与税の納税猶予（一般措置）の適用を受けている２代目後継者が特例制度適用期間（10年間）に行う３代目後継者への贈与	・特例制度が適用できます。
	・先代経営者の死亡に伴い、３代目後継者が切り替える相続税の納税猶予については、特例制度が適用されます。
④　贈与税の納税猶予（一般措置）の適用を受けている後継者に対し、平成30年１月１日以降に行う第２種贈与・相続	・一般措置が適用されます。
⑤　相続税の納税猶予（一般措置）の適用を受けている後継者に対し、平成30年１月１日以降に行う第２種贈与・相続	・一般措置が適用されます。
⑥　特例制度適用期間（10年間）に行われる最初の贈与・相続	・特例制度が適用できます。
	・贈与税の納税猶予（特例制度）から相続税の納税猶予に切り替える場合、時期を問わず特例制度が適用されます。

⑦　贈与税の納税猶予（特例制度）の適用を受けている後継者に対し、平成30年１月１日以降に行う第２種贈与・相続	・特例制度が適用できます。
⑧　相続税の納税猶予（特例制度）の適用を受けている後継者に対し、平成30年１月１日以降に行う第２種贈与・相続	・特例制度が適用できます。

141　現行制度適用者はいつから特例制度を適用できるか

平成29年以前の株式の承継について認定を受けた中小企業者は、施行規則の経過措置により、自動的に第１種特別贈与中小企業者又は第１種特別相続認定承継会社とみなされます。（円滑化省令附則２③）

なお、一般措置（現行制度）の認定を受けている場合は、当該認定を特例措置に切り替えることはできませんが、一般措置でも先代経営者以外の株主からの贈与・相続について、第２種認定を受けることができるようになりました。（平30改法附118㉓㉕）

一般措置における贈与税の納税猶予に係る免除を規定している租税特別措置法第70の７第15項第３号はその２代目経営者（経営承継受贈者）が再贈与（猶予継続贈与）した場合でも贈与税の特例制度（措法70の７の５）の適用があることを明記しています。また、同様に、一般措置である相続税の納税猶予に係る免除を規定している租税特別措置法70の７の２第16項第２号はその２代目経営者（経営承継相続人等）が贈与した場合でも贈与税の特例制度（措法70の７の５）の適用があることを明記しています。みなし相続に係る納税猶予についても同様です。現行制度適用相続人・受贈者は、その者が行う贈与及びその者の死亡から、基本的に第１種特例適用となります。現行制度適用第１種贈与者は、その死亡前に２世代連続贈与が行われた場合に、第２種特例移転が可能です。

142　持分あり医療法人におけるＭＳ法人の医療法人出資の保有

医療法人の持分を株式会社が保有すること自体は否定されていません。「医療法人に対する出資又は寄附について」（平成３年１月17日、東京弁護士会会長あて厚生省健康政策局指導課長回答）

回答においては、医療法第７条第６項において「営利を目的として、病院、診療所又は助産所を開設しようとする者に対しては、都道府県知事は開設の許可を与えないことができる。」と規定されており、医療法人が開設する病院、診療所は営利を否定されているので、営利を目的とする会社は、医療法人に出資することにより社員となることはできないものと解されるとされています。

すなわち、出資又は寄附によって医療法人に財産を提供する行為は可能であるが、それに伴っての社員としての社員総会における議決権を取得することや役員として医療法人の経営に参画することはできません。したがって、ＭＳ法人は議決権のない出資者という立場です。

これらのことから、事業承継税制においての取扱いは以下のようになっています。（財務省「平成22年度　税制改正の解説」456ページ）

「医療法人については、平成18年の医療法人制度改革（非営利性の徹底）により、『“持分あり法人”から“持分なし法人”への移行』を政策的に推進すべきとされたこと等を踏まえ、（医療法人に事業承継税制の適用を認めることは、持分あり法人であり続けることを支援し、政策に逆行することになりかねないため）事業承継税制の適用対象とはされていません。しかしながら、医療法人の出資を認定承継会社に保有させることにより、実質的に医療法人の出資に対して納税猶予が認められるような行為が行われる可能性は否定できず、こうした行為は事業承継税制を利用した租税回避行為と考えられます。

他方で、中小企業が医療法人の出資を有することについて際限なくこの特例の適用を排除することは、執行上の観点から適当ではありません。このような点を踏まえ、医療法人と特別の関係がある認定会社の納税猶予税額の計算においても、その有する当該医療法人の出資の価額相当を除外して算出することとされました。」（計算事例は**93**参照）

143 持分あり医療法人から持分なし医療法人への移行

1 医療法人の持分の贈与税・相続税の納税猶予及び免除制度

医療法人については、株式会社等の事業承継税制の適用対象外となっていますが、別途租税特別措置法により、相続税・贈与税の納税猶予及び免除に加えて、医療法人が経済的利益を受けた場合であっても、その医療法人が受けたその経済的利益については、贈与税が課されない制度が措置されています。(措法70の7の9 ～ 70の7の14)

2 平成29年度税制改正の背景

医療法人は、平成18年の医療法改正において、医療法人の非営利性の徹底を図るとともに、地域医療の安定性を確保するため、残余財産の帰属先を国又は地方公共団体等に限定し、出資者に分配できないこととされ、持分あり医療法人の新設ができなくなっています。しかし、この改正は既存の医療法人には適用されず、新法適用への移行は自主的な取組みと位置付けられたため、当分の間、持分あり医療法人は、経過措置医療法人として存続することとされました。

その後、平成26年の医療法改正においては、厚生労働大臣による移行計画の認定制度（旧認定制度）を創設し、平成26年10月1日から3年以内に認定を受けた医療法人に対し各種の支援を行うこととされました。この経過措置医療法人の新医療法人への移行促進という政策を後押しするため、平成26年度税制改正において、贈与税等の納税猶予制度等が創設されました。

このように持分なし医療法人への移行のための取組みがなされてきたところではありますが、持分あり医療法人は依然として約4万法人（総数：約5万法人）存在しており、持分なし医療法人への移行はあまり進んでいない状況でした。その原因の一つとして、持分なし医療法人に移行するために出資者が出資持分を放棄した際のその医療法人に対する贈与税課税の問題が指摘されていました。これは、相続税の納税猶予制度を適用し、出資者間で調整した結果、持分なし医療法人に移行しようとしても、最終的にその持分なし医療法人に対し、相続税法第66条4項（持分の定めのない法人に対する課税）の規定により、贈与税が課税されるリスクがあるということで、その移行に二の足を踏んでしまうという問題です。

こうした状況を踏まえ、持分あり医療法人から持分なし医療法人への移行を後押しするため、平成29年度税制改正においては、移行計画について厚生労働大臣の認定（新認定制度）を受けた医療法人については、持分なし医療法人への移行後一定期間、適正な運営が確保されることを要件に、持分の定めのない法人に対する贈与税課税の対象から除外する特例措置を創設するとともに、既存の贈与税等の納税猶予制度等の措置について適用期限の延長を行うこととされました。

3　医療法人の持分の放棄があった場合の贈与税の非課税の特例

認定医療法人（平成29年10月１日から平成32年９月30日までの間に厚生労働大臣の認定を受けた医療法人）の持分を有する個人がその持分の全部又は一部の放棄（その認定医療法人がその移行期限までに持分なし医療法人への移行をする場合におけるその移行の基因となる放棄に限るものとし、その個人の遺言による放棄を除きます。）をしたことによりその認定医療法人が経済的利益を受けた場合であっても、その認定医療法人が受けたその経済的利益については、贈与税は課されません。（措法70の７の14①）

144　社団法人等が株主にいる場合

1　公益財団（社団）法人の場合

公益社団法人及び公益財団法人の認定等に関する法律第５条第15号は、「他の団体の意思決定に関与することができる株式その他の内閣府令（公益法人認定法施行規則４）で定める財産を保有していないものであること。ただし、当該財産の保有によって他の団体の事業活動を実質的に支配するおそれがない場合として政令（公益法人認定法施行令７）で定める場合は、この限りでない。」と定めています。

これは、公益法人が株式等の保有を通じて営利法人等の事業を実質的に支配することにより、公益目的事業比率が50％以上という認定基準を潜脱することを防ぐために設けられた株式保有制限基準です。そのため、「株主総会その他の団体の財務及び営業又は事業の方針を決定する機関における議決権の過半数を有していない場合」（公益法人認定法施行令７）は、その株式の保有は制限されません。

また、公益認定等ガイドラインⅠ－14は、「例えば無議決権株にするか議決権を含めて受託者に信託することにより、本基準を満たすことが可能である。」としていますので、公益財団（社団）法人が株主の場合に、無議決権株であることも往々にしてあります。

このため、先代経営者（最初の特例贈与者／最初の特例被相続人）の要件である、贈与・相続直前まで、先代経営者グループで過半数の議決権を有し、先代経営者グループの中で後継者を除いて筆頭株主であること（措令40の８の５①、40の８①）という議決権判定基準には留意が必要です。

2　一般財団（社団）法人の場合

一般財団（社団）法人の場合には、上記の株式保有制限はなく、議決権株を保有している場合には、株式の移動や無議決権株式にすることを検討する必要があります。（135参照）

145　筆頭株主が代表者でない場合

事業承継税制において、「その個人が有するその特例認定贈与承継会社の非上場株式等に係る議決権の数が、その個人の同族関係者等のうちいずれの者が有する議決権の数をも下回らないこと」という筆頭株主要件があります。（措令40の８の５①、40の８①）

筆頭株主が代表者でない場合及びなることが困難な場合の対策方法としては次の方法が考えられます。（134参照）

①　筆頭株主が代表者となる。

②　代表者（先代経営者）又は後継者への生前贈与・譲渡により持株数を減らす。

③　会社に自己株式取得させる。（金庫株）

④　筆頭株主の保有する株式を無議決権化する。

146　筆頭株主が同族内法人の場合

過去（昭和28年度～63年度）において有価証券譲渡益は、原則非課税（(回数多、売買株式数大、事業類似は総合課税）であったことから、持株会社が筆頭株主である場合、又は分散した株式の買取会社として同族会社が筆頭株主である場合等があります。

筆頭株主要件については、直接保有している議決権数で判定し、間接保有分は含まれないので、これらの場合には、筆頭株主は贈与後、相続開始後で後継者ではなく同族会社（持株会社）となってしまい、筆頭株主要件（措令40の8の5①、40の8①）を満たさないことになります。

このように同族会社が筆頭株主である場合に、先代経営者が筆頭株主要件を満たすために、考えられるのは、

① 同族会社から事業会社が自社株を買い取る。（金庫株）

② 同族会社から代表者（先代経営者）又は後継者が自社株を買い取る。

③ 同族会社を吸収合併する。

④ 同族会社を完全親法人とする株式交換を行い、持株会社となった同族会社を特例認定贈与承継会社とする。

⑤ 同族会社の保有する株式を配当優先条項のある無議決権株式とする。

などが考えられます。(**135**参照)

147　取引先企業が筆頭株主である場合

先代経営者（最初の特例贈与者／最初の特例被相続人）の要件である、贈与・相続直前まで、先代経営者グループで過半数の議決権を有し、先代経営者グループの中で後継者を除いて筆頭株主であること（措令40の8の5①、40の8①）という議決権判定基準では、筆頭株主が取引先企業であっても構いません。

取引先企業（30%）、同族グループ＝先代経営者グループ（先代経営者25%、妻20%、叔父15%、後継者10%、合計70%）のような場合には、特例事業承継税制の対象となり得ます。

148 必ず特例期間の贈与の実行が必要か

特例制度の適用を受けるためには、2018年４月１日から2023年３月31日までに特例承継計画を提出し、都道府県知事の「確認」を受ける必要があります。ただし、2023年３月31日以前に（贈与･相続に伴う）認定申請をする場合には、認定申請をする前、若しくは認定申請と同時に特例承継計画を提出する必要があります。（円滑化省令17）

特例承継計画を提出したものの、結果として特例制度の適用期間内（2018年１月１日から2027年12月31日まで（措法70の７の５））に贈与・相続がなかったとしても、デメリットはありません。

そして、適用期間内（2018年１月１日から2027年12月31日まで（措法70の７の５））に贈与の実行や相続が発生しなかった場合には、一般措置（現行制度）の適用は受けることができます。

第11章

事業承継制度の創設以降の各年度改正

149　平成22年度税制改正

（参照欄について）
財務省ホームページ（https://www.mof.go.jp/tax_policy/tax_reform/outline/index.html）で公表されている各年度の「税制改正の解説」の参照ページを記載しています。

（適用関係）

平成22年4月1日以後の贈与・相続（みなし相続を含む）（改正法附則124⑥）

項目	改正の内容	参照
1　認定会社が外国会社株式等を有する場合の猶予税額の見直し	国内雇用の確保を事業承継税制の政策目的の重要な柱としていることから、海外子会社の価値相当に納税猶予を認めることは適当でなく、また、“持分なし法人”への移行を推進する医療法人の価値相当に納税猶予を認めることは、“持分あり法人”であり続けることを支援し、政策に逆行することになります。	P.456
措法70の7②五、措令40の8⑫、措通70の7－14 措法70の7の4②四、措令40の8の4⑧、措規23の12③、措通70の7の4－6	そこで、認定会社又は特別関係会社（認定会社との間に支配関係がある法人に限る）が、 ①　外国会社（認定会社の特別関係会社に限る）又は ②　医療法人（認定会社及び後継者グループに出資総額の過半数を保有される法人に限る） の株式等を有するときは、認定会社が当該外国会社又は医療法人の株式等を有していなかったものとして計算した金額を猶予税額とみなすこととされました。 具体的には、認定会社の株価（相続税評価額）の減額を行うことにより猶予税額を計算し直すことになりますが、	

	① 贈与税（相続税）の納税猶予の適用を受ける場合　と、 ② みなし相続により相続税の納税猶予に切り替える場合 で株価を減額する方法が異なりますので注意が必要です。 **（平成23年度改正項目２へ続く）**	
2　特別関係会社の範囲の拡大 措法70の７②一ハ、措令40の８⑦	特別関係会社（改正前　特別子会社等）の範囲に、会社法第２条第２号に規定する外国会社を含むこととした上で、認定会社の特別関係会社が外国会社に該当する場合の取扱いが整備されました。	P.459
3　認定会社の適用要件の追加 措法70の７②一ホ、措令40の８⑨ 措規23の９④一、措通70の７－10	認定会社の適用要件として、「認定会社の特別関係会社が外国会社に該当する場合には、認定会社の常時使用従業員数が５人以上であること」が追加されました。 ※認定会社と外国会社との間に支配関係がある場合に限ります。 ※常時使用従業員について、厚生労働大臣等の確認により被保険者の資格を取得している者に限るという条件が付されました。	P.459
4　資産保有型会社の判定要件の明確化	**⑴　会社の資産の帳簿価額の意義の明確化** 資産保有型会社に該当するかどうかを判定する場合の「会社の資産の帳簿価額」については、それが「会計上の帳簿価額」なのか、「法人税法上の帳簿価額」なのかが明確でありませんでした。	P.459

措法70の７②ハイロ	そこで、会計上の帳簿価額（会社の貸借対照表に計上されている帳簿価額）であることが明記されました。	
	⑵　特定資産に含まれる資産の範囲の明確化	P.459
措法70の７②ハロ、措規23の９⑭	イ　認定会社が「現に自ら使用していない不動産」の範囲について、不動産の一部について現に自ら使用していない場合には、当該自ら使用していない部分に限ることが明記されました。 ロ「現金、預貯金に類する資産」を「現金、預貯金その他これらに類する資産」と改正し、後継者及びその同族関係者等に対する貸付金・未収入金のほかにも、保険積立金や預り金、差入保証金など現預金と実質的に同一視できる資産が含まれることを明確にしました。 **（平成23年度改正項目４へ続く）**	
	⑶会社から受けた給与の意義の明確化	P.460
措法70の７②ハハ、措令40の８⑳㉑、措通70の７－11の２	資産保有型会社の70％判定の分母・分子に考慮される「後継者及びその同族関係者等に支払われた損金不算入役員給与」については、役員としての職制上の地位に基づいて支給を受けた給与のみならず、債務の免除による利益その他の経済的な利益を含むことが明記されました。	

5　猶予継続贈与を可能とする措置の創設 措法70の７⑦	相続税の納税猶予を受けている２代目後継者が、経営承継期間経過後に３代目後継者へ適用対象株式の一部を贈与し、残部について引き続き納税猶予を受ける場合でも、３代目が贈与税の納税猶予を受けることができる（猶予継続贈与ができる）こととされました。 **（平成27年度改正項目１へ続く）**	P.460
6　後継者等が贈与税（相続税）の申告期限後１年以内に死亡した場合の報告書類の明確化 措法70の７⑮、措令40の８㊲、措規23の９㉗～㉙	後継者又は贈与者が死亡した場合、所定の書類を免除届出書に添付して提出する必要があります。 所定の書類とは、直近の報告基準日から当該死亡日までの間に期限確定事由に該当していないことを報告するものですが、１回目の報告基準日が到来する前に後継者又は贈与者が死亡した場合の取扱いが明確ではありませんでした。 そこで、１回目の報告基準日が到来する前に後継者又は贈与者が死亡した場合においても、所定の書類を免除届出書に添付して提出する必要があることが明記されました。	P.461
7　適用対象株式等の譲渡等の判定 ※譲渡等＝譲渡又は贈与 措令40の８㊷㊸、措通70の７－17	「①適用対象株式」と「②認定会社株式で適用対象株式以外のもの」の双方を有する後継者が、認定会社株式（議決権の制限の有無を問わない）を譲渡等した場合には、②から先に譲渡等したものとみなし、①の譲渡等については先に取得したものから順次譲渡等したものとみなされていました。 ただし、後継者が「③祖父から相続した認定会社株式」と「④父から受贈した認定会社株式」の両方に納税猶予の適用を受けている	P.461

	ような場合の取扱いが明確でなかったことから、③④共に①に含まれるとした上で、上記のとおり取り扱われることとしました。 **（平成27年度改正項目４へ続く）**	
8　免除申請した場合に免除されない配当等の範囲の見直し（相続税の納税猶予に切り替えた場合に限る） 措法70の７の４⑫・70の７の２⑰、措令40の８の４⑮・40の８の２㉖	免除申請をすることにより納税猶予を受けていた贈与税・相続税の免除を受ける場合において、「後継者及びその生計同一者に支払われた配当・過大役員給与」は免除されません。 みなし相続により相続税の納税猶予に切り替えた後継者が免除申請をした場合において、免除されない配当・過大役員給与の範囲が次のように改正されています。 （改正前）相続の開始前に受けたものを除く （改正後）贈与の時前に受けたものを除く	P.473

150 平成23年度税制改正

（適用関係）

平成23年６月30日以後の贈与・相続（みなし相続を含む）（改正法附則78②）

項　目	改正の内容	参照
1　風俗営業会社等に該当してはならないこととされる特別関係会社の範囲の見直し 措法70の７②一ハ、措令40の８⑧、措通70の７－11の３	認定会社の適用要件の１つである「特別関係会社が上場会社等、大会社、性風俗営業会社に該当しないこと」について「特定特別関係会社が上場会社等、大会社、性風俗営業会社に該当しないこと」へと改正されました。 特別関係会社には、代表者の親族（配偶者、６親等内の血族、３親等内の姻族）が過半数の議決権を有する会社が含まれ、あまりに範囲が広いことが問題視されていました。そこで、代表者と生計を一にする親族が過半数の議決権を有する会社に範囲を限定したものが特定特別関係会社です。	P.458
2　認定会社が外国会社株式等を有する場合の猶予税額の見直し 措法70の７の４②四イ、措規23の12③、措通70の７の４－６	**（平成22年度改正項目１より続く）** ①　贈与税の納税猶予を受ける時　と、 ②　みなし相続により相続税の納税猶予に切り替える時 で株価を減額する方法が異なるため、相続税の納税猶予への切替えにより猶予税額が増える可能性がありました。 そこで、いずれか小さい金額を猶予税額とすることにより、相続税の納税猶予への切り替えにより猶予税額が増えないよう改正されています。	P.458

3　延納期間等の判定に用いる「適用対象株式の価額に20%を乗じて計算した価額」の見直し 措法70の7の2⑭十一、措令40の8の2⑫	相続税額（猶予税額以外の部分）の延納をする場合において、延納期間・延納利子税割合の判定の際に用いる「不動産等の価額」に含める「適用対象株式の価額に20%を乗じて計算した価額」について、次のように改正されています。 （改正前）認定会社が外国株式等を有していなかったものとして計算した適用対象株式の価額に20%を乗じて計算した価額 （改正後）認定会社が外国株式等を有していなかったものとして計算した適用対象株式の価額に20%を乗じて計算した価額と外国株式等の価額との合計額	P.460
4　特定資産の範囲の見直し 措法70の7②八ロ、措規23の9⑭	**（平成22年度改正項目4より続く）** 「一定の者に対する貸付金、未収金その他これらに類する資産」について、その「一定の者」の範囲に経営承継受贈者等に係る同族関係者に該当する外国会社が加えられました。	P.459

151 平成25年度税制改正

（適用関係）

平成27年１月１日以後の贈与・相続（みなし相続を含む）

（改正法附則86①②⑥⑦⑩⑪）

項目	改正の内容	参照
1 後継者に係る親族内承継要件の廃止 措法70の７②三イ	中小企業の後継者不足が叫ばれるなか、有能な人材を広く登用できるようにすることで中小企業の円滑な事業承継に資する観点から、事業承継税制の適用を受けることができる後継者について、先代経営者の親族に限定しないこととされました。	P.606
2 先代経営者に係る役員退任要件の緩和 措法70の７①、措令40の８①一	代表権を後継者に譲らなければ、事業承継が行われたとは評価できない反面、事業承継後も先代経営者の知見を活用することは事業の継続・発展にとっても望ましい面があることから、先代経営者に係る役員退任要件が見直されました。 具体的には、先代経営者の適用要件の１つである「贈与時までに**役員**を退任すること」について「贈与時までに**代表者**を退任すること」へと改正されました。 また、「先代経営者が役員に再就任し、かつ、認定会社から給与を受けたこと」が経営承継期間内の認定取消要件とされていましたが、有給の平役員として会社経営に参画し続けた場合でも、納税猶予の適用を受けることができるようになりました。	P.607

3　雇用確保要件（5年間・雇用の8割確保）の緩和等 措法70の7③二、措令40の8㉓、措規23の9⑯、措通70の7－16の2 措法70の7②六 措法70の7③二・70の7の2③二・70の7の4③	雇用確保という政策目的は維持しつつ、予測しがたい毎年の景気変動といった、中小企業を取り巻く経済状況にも配慮する観点から、雇用確保要件（経営承継期間内の認定取消要件の1つ）について「5年間**毎年**8割維持」から「5年間**平均**8割維持」へと改正されました。 この改正に伴い、以下が整備されました。 ⑴　**経営承継期間の終期の追加と見直し** （改正前）5年経過日・贈与者死亡日（相続税の納税猶予に切り替えない場合に限る）のいずれか早い日 （改正後）5年経過日・贈与者死亡日の**前日**（相続税の納税猶予に切り替えない場合に限る）・後継者死亡日の**前日**のいずれか早い日 ※死亡日の前日に改正した理由は、納税猶予の免除日（＝死亡日）の1日前に雇用確保要件の判定を行い、要件を満たしていなければ（免除に優先して）納税猶予の期限を確定させるためです。 ⑵　**常時使用従業員数の平均値の算定方法** 経営承継期間の末日までに到来した各基準日の従業員数の合計を基準日の数で除すことにより平均値を算定することとしました。 したがって、通常は5つの基準日の平均値となりますが、例えば後継者の死亡等により経営承継期間の終了までに基準日が2回しか到来しなかった場合には、	P.608

措法70の７の４②五、措令40の８の４⑩・40の８⑤	（基準日[1]の従業員数 ＋ 基準日[2]の従業員数）÷ 2 で平均値を計算することになります。 **(3) 経営相続承継期間の始期の見直し** みなし相続により相続税の納税猶予に切り替えた場合、経営贈与承継期間の終了に伴い経営相続承継期間が開始します。 経営贈与承継期間の終期が１日前倒し（贈与者死亡日 → 贈与者死亡日の前日）されたことから、経営相続承継期間の始期も１日前倒し（贈与者死亡日の翌日 → 贈与者死亡日）されました。	
4 猶予税額の免除事由（適用対象株式を全部譲渡した場合）の拡充 ※他社再生を支援する措置 措法70の７⑯一、措令40の８㊶、措通70の７－39	後継者が、次の事由により適用対象株式の全部を譲渡し、譲渡価額が猶予税額を下回る場合には、その差額について猶予税額の免除を受けることができるとされていました。 ① 第三者（１名）への全部譲渡 ② 民事再生法・会社更生法の規定による計画に基づく全部譲渡 今回の事業承継税制の見直しにより創設された「再生計画の認可決定等があった場合の猶予税額の再計算特例（**改正項目５**）」では、中小企業再生支援協議会の支援による自己再生についても再計算特例の対象とされました。 そこで、他社再生を支援する本特例においても「③中小企業再生支援協議会の支援により策定された再生計画に基づく全部譲渡」を免除事由として追加することとされました。	P.611

5　再生計画の認可決定等があった場合の猶予税額の再計算の特例の創設 ※自己再生を支援する措置	中小企業の経営者自身が主体となって事業再生（自己再生）に取り組むことを支援するため、認定会社について次の事由により資産評定が行われた場合には、認可決定日（計画成立日）における株価に基づいて再計算した金額（再計算猶予税額）で納税猶予を継続し、当初猶予税額から再計算猶予税額とBBの合計金額を控除した残額は免除することとされました。	P.612
措法70の７㉑㉒、措令40の８㊶、措通70の７－46～70の７－48	①　民事再生計画若しくは会社更生計画の認可決定 ②　中小企業再生支援協議会の支援による再生計画の成立 認可決定日における株価は、資産評定に基づく価額ではなく、財産評価基本通達に基づく価額となります。なお、認可決定日前５年以内に後継者及びその生計同一者に対して支払われた配当及び過大役員給与（BB）については、免除通知日から２か月以内に利子税と併せて納付する必要があります。 この特例の適用を受けるためには、次の要件を満たす必要があります。 **＜認定会社の要件＞**	
措令40の８㊻	・中小企業者に該当すること ・上場会社等に該当しないこと **＜後継者の要件＞**	
措法70の７㉓、措規23の９㊱	・認可決定日の直前に代表権を有していたこと ・認定会社の役員又は業務執行社員であること ・後継者グループで過半数の議決権を有しており、後継者グループの中で筆頭株主であ	

措法70の7㉑カッコ書き 措法70の7㉓、措規23の9㊲㊳ 措法70の7㉔	ること **＜その他の要件＞** ・認可決定日から免除通知が発せられた日の前日までに期限確定事由に該当しないこと ・監督委員又は管財人が選任されていること（民事再生に限る） 認可決定日から2か月以内に免除申請書に再生計画等に関する一定の書類を添付して、納税地の所轄税務署に提出する必要があります。申請期限から6か月以内に当該申請を認めるか否かについて通知されます。	
6　猶予税額の計算方法の見直し（相続税の納税猶予のみ） 措法70の7の2②五、措令40の8の2⑬⑭	相続税の課税価格から控除すべき被相続人の債務・葬式費用がある場合には、猶予税額を算定するための評価額から先に控除（債務控除）することとされていたため、その分、猶予税額が少なく計算されていました。 相続税の猶予税額が少しでも多くなるように、被相続人の債務・葬式費用については、猶予税額を算定するための評価額**以外**の部分から先に控除することとされました。 ※猶予税額を算定するための評価額＝外国会社株式等を有する場合には、当該株式等を有していなかったものとして計算した適用対象株式の評価額のことです。	P.617
7　経営承継期間を経過した場合における当該期間に係る利子税率の特例の創設	納税猶予期間が長期にわたる場合、納税猶予が打ち切られた際の利子税の負担が重くなることが、事業承継税制の利用を躊躇する一因になっているとの意見を踏まえ、経営承継期間（5年間）を経過した場合には、当該期	P.618

措法70の7㉘ 措法70の7㉗・93⑤	間の利子税を課さないこととされました。 なお、平成25年度改正により、延滞税等の利率について市場金利等を踏まえて引下げが行われました。これに伴い、納税猶予が打ち切られた際の利子税についても、引き下げられています。	
8　担保提供手続の簡素化等（株券不発行会社への適用拡大） 措法70の7⑬二、措令40の8③、措規23の9①	株式を担保として提供する場合には、株券を供託してその供託書の正本を提出する必要があるとされていました。そのため、株券不発行の株式会社が適用対象株式を担保として提供するためには、定款変更・登記を行った上で株券を発行する必要がありました。 事業承継税制を受けるためだけに株券の発行を余儀なくされるのは、中小企業にとって手間・コスト面で負担であるという意見を踏まえ、（持分会社の持分を担保提供する場合と同様に）適用対象株式の全てを担保として提供し「みなす充足」の適用を受けるときに限り、一定の書類を提出することにより、株券の発行を行わなくても株式による担保の提供を可能とする措置が講じられました。 **＜一定の書類＞** ①　質権設定承諾書 ②　納税者の印鑑証明書（上記①の押印に係るものに限る。） ③　株主名簿記載事項証明書（質権者の氏名等が記載された株主名簿で代表取締役が記名押印したもの） ④　法人の印鑑証明書（上記③の押印に係るものに限る。）	P.622

措令40の8㉝	この措置に伴い、納税猶予期間中に株券発行会社が株券不発行会社になる場合（又は、その逆の場合）には、その定款変更の効力が生じる前に、一定の手続を行わない限り、引き続き「みなす充足」の適用を受けることができなくなりました。	
9　税務署への提出書類の簡素化（減量） 措法70の7⑧⑨、措令40の8㊱、措規23の9㉒㉓	事業承継税制の利用者の利便性を高める観点から、相続税申告書・継続届出書等に係る添付書類のうち、経済産業局にも提出している一定の書類については原則として税務署への提出を不要とすることとし、提出書類を大幅に簡素化することにしました。	P.624
10　雇用確保要件を満たせなかった場合における猶予税額に対する延納・物納の利用 措法70の7⑬十一、十二・70の7の2⑭九、十	期限確定事由に該当したことにより猶予税額を納付する場合には、延納・物納はできないこととされていました。 雇用確保要件が達成できずに納税猶予が終了した場合には、外部環境の悪化等により、図らずも納税猶予が終了してしまうことも考えられることから、延納・物納ができることとされました。 なお、贈与税の納税猶予は延納のみが可能であり、相続税の納税猶予は延納・物納が可能となっています。	P.624
11　事前確認制度の見直し	事業承継税制の適用の前提となる経済産業大臣の認定を受けるためには、事前に「計画的な承継に係る取組み」を行っていることについて確認を得ておく必要がありました。 しかし、不慮の事故など想定外の事由で現	P.626

	経営者が突然亡くなった場合に、事前確認を受けていないことだけをもって、事業承継税制の適用対象から除外してしまうことは、その結果として事業活動の継続に支障を来し、本来の政策目的（雇用確保と地域における経済活力の維持）に逆行するおそれがあります。そこで、この事前確認制度が廃止されることになりました。 　なお、経済産業大臣認定を受けるための要件としての「事前確認制度」は廃止されましたが、事前確認制度自体は、経済産業大臣の指導・助言の一環として存続することとされています。	
12　認定会社が上場株式等を有する場合の猶予税額の見直し 措法70の７②五、措令40の８⑫	上場株式等（投資信託及び投資法人に関する法律第２条第14項に規定する投資口を含む）を大量に保有している中小企業の株式等についてまで事業承継税制の適用を認めることは、上場株式等について事業承継税制の適用を認めることと実態として変わらないことになりかねません。 　そこで、上場株式等を、認定会社及び後継者グループが１銘柄につき発行済株式総数の３％以上保有する時は、認定会社が当該上場株式等を有してなかったものとして計算した価額を猶予税額とみなすこととされました。 　なお、この計算除外の特例が適用される認定会社は、（外国会社株式等に係る計算除外と異なり）資産管理会社に限ります。	P.628

13　資産管理会社に係る事業実態要件の見直し 措法70の7②一ロ、措令40の8⑥、措規23の9⑤	次の①～③の要件（事業実態要件）を満たす場合には、従来より、資産管理会社でも事業承継税制の適用が受けられます。 ①　贈与・相続時において、3年以上継続して自己の名義・計算において商品の販売・資産の貸付・役務提供等を行っていること ②　常時使用従業員数が5人以上であること ③　常時使用従業員が勤務する事業所等の施設を所有又は賃借していること 課税の適正化を図り、資産管理会社に係る要件をより実効性の高いものとする観点から、事業実態要件①②について、次のとおり厳格化されました。 ①　贈与・相続時において、3年以上継続して自己の名義・計算において商品の販売・資産の貸付（後継者グループに対する貸付を除く）・役務提供等を行っていること ②　常時使用従業員数（後継者及び後継者の生計同一親族を除く）が5人以上であること	P.631
14　適用要件と期限確定事由に係る総収入金額の見直し	事業承継税制は、事業実態のある中小企業を支援するため、贈与日（相続開始日）の属する事業年度の直前事業年度以降、継続して総収入額が零を超えることを納税猶予の条件としています。	P.633

措法70の7②一へ、措令40の8⑩一、措規23の9⑥ 措法70の7③十、措規23の9⑥	しかし、事業継続を断念して本業収入が零となっても、預金利息が全くないような中小企業は事実上想定し難く、総収入額に預金利息を含めたままだと、事業実態の有無を判断する基準として十分に機能しないことが想定されます。 そこで、認定会社の適用要件（総収入金額が零を超えること）及び期限確定事由（総収入金額が零となった場合）について、その総収入金額の範囲から「営業外収益」及び「特別利益」が除外され、いわゆる「売上高（売上収入)」で判定することとされました。	
15　免除届出書の提出期限等の見直し（贈与税の納税猶予のみ）	雇用確保要件が「5年間平均8割維持」へと緩和されたことに伴い、贈与税の納税猶予を受けている場合において、贈与税の申告期限から5年以内に贈与者が死亡したときは、相続税の納税猶予に切り替えるか否かにより、雇用確保要件の判定時期が次のように区別されました。 ①　相続税の納税猶予に切り替えない場合、贈与者の死亡の日の前日までに到来した報告基準日における雇用者数で判定 ②　相続税の納税猶予に切り替える場合、経営承継期間中に到来する5つの報告基準日における雇用者数で判定 相続税の納税猶予に切り替えるか否かは、相続税の申告期限までに確定することから、雇用確保要件の判定に支障をきたすことのないよう「贈与者が死亡した場合の（贈与税の納税猶予に係る）免除届出書の提出期限」を	P.633

措法70の7⑮ 措令40の8㊲	相続税の申告期限に合わせる改正がなされています。 **（贈与者が死亡した場合の免除届出書の提出期限）** 贈与者死亡から6か月経過日まで → 10か月経過日まで ※受贈者が死亡した場合の免除届出書の提出期限は、従来どおり、受贈者死亡から6か月経過日 **（贈与者が死亡した場合の免除届出書の提出方法）** 免除届出書を単独提出 → 相続税申告書と併せて提出	
16　死亡免除に係る規定の明確化 措法70の7⑮、措令40の8㊲	贈与者・後継者の死亡に伴い猶予税額の免除を受けるためには、当該死亡日まで期限確定事由に該当しなかったことが確認される必要があります。 直前の報告基準日から死亡日までの間に期限確定事由に該当しなかったことについては、免除届出書により確認が行われていましたが、平成25年度改正では、その点について法令上明確にすることとされました。	P.635
17　制度の名称変更	事業承継税制は納税猶予されるだけではなく免除があることを明確にするため、制度の名称を、「非上場株式等についての贈与税（相続税）の納税猶予」から、「非上場株式等についての贈与税（相続税）の納税猶予及び免除」に改めることとされました。	P.635

152 平成27年度税制改正

（適用関係）

平成27年４月１日以後の贈与・相続（みなし相続を含む）

（改正法附則１、97⑥～⑪）

項目	改正の内容	参照
1　免除事由となる猶予継続贈与の範囲拡大 措法70の７⑮三、措令40の８㊴、措通70の７－37の３	**（平成22年度改正項目５より続く）** ２代目後継者が３代目後継者に適用対象株式（２代目が既に納税猶予を受けている株式）を贈与し、３代目が贈与税の納税猶予を受けた場合（猶予継続贈与をした場合）の免除事由が追加されました。 **＜免除事由となる猶予継続贈与の範囲＞** （下表参照） ※「猶予継続贈与」＝既に納税猶予を受けている適用対象株式を次世代後継者に贈与し、且つ、次世代後継者が贈与税の納税猶予を受けることで、納税猶予自体を承継していく贈与のことです。 **【追加①】** 贈与税の納税猶予を受けている２代目が、経営承継期間経過後に３代目に猶予継続贈与をした場合、２代目の猶予中贈与税額のうち、当該贈与に対応する金額が免除されます。	P.595

	承継期間中	承継期間経過後
贈与税の納税猶予	**【追加②】**	**【追加①】**
相続税の納税猶予	**【追加③】**	従来から免除事由

	免除額＝猶予税額×贈与した適用対象株式数÷贈与直前の適用対象株式数
	なお、免除届出書は、3代目への贈与に係る贈与税の申告期限から6か月以内に提出しなければなりません。
	【追加②】
措法70の7③一、措規23の9⑮	贈与税の納税猶予を受けている2代目が、経営承継期間中にやむを得ない理由により代表権を有しないこととなり、その有しないこととなった日以後に3代目に猶予継続贈与をした場合、2代目の猶予中贈与税額のうち、当該贈与に対応する金額が期限確定すると同時に免除されます。
措法70の7④一、⑮三	免除届出書の提出期限は**【追加①】**と同様です。
措法70の7③三～五	また、やむを得ない理由による猶予継続贈与に伴い、次に該当したとしても、全部期限確定事由には該当しないこととされました。 ・後継者グループで過半数の議決権を有さなくなったこと ・後継者が後継者グループの中において筆頭株主でなくなったこと ・後継者が適用対象株式の一部を贈与したこと
措法70の7③六、⑮三	※適用対象株式の全部を猶予継続贈与する場合は、猶予中贈与税額の全額が期限確定すると同時に免除されます。

措法70の７の２③一、措規23の10⑬ 措法70の７④一、⑮三 措法70の７の２③三～五 措法70の７の２③六、⑯二	**【追加③】** 相続税の納税猶予を受けている２代目が、経営承継期間中にやむを得ない理由により代表権を有しないこととなり、その有しないこととなった日以後に３代目に猶予継続贈与をした場合、２代目の猶予中相続税額のうち、当該贈与に対応する金額が期限確定すると同時に免除されます。 免除届出書の提出期限は**【追加①】**と同様です。 また、やむを得ない理由による猶予継続贈与に伴い、次に該当したとしても、全部期限確定事由には該当しないこととされました。 ・後継者グループで過半数の議決権を有さなくなったこと ・後継者が後継者グループの中において筆頭株主でなくなったこと ・後継者が適用対象株式の一部を贈与したこと ※　適用対象株式の全部を猶予継続贈与する場合は、猶予中相続税額の全額が期限確定すると同時に免除されます。	P.597
2　贈与税の納税猶予期限の改正 措法70の７①、措令40の８⑤一	１代目の存命中に、２代目から３代目に猶予継続贈与することが可能になったことから、猶予継続贈与に係る３代目の贈与税の納税猶予期限（及びみなし相続による相続税の課税時期）を１代目（当初の贈与者）の死亡日とするか、２代目（直前の贈与者）の死亡日とするかという問題が生じました。 「直前の贈与者」の死亡日を贈与税の納税猶	P.598

	予期限とすると、適用対象株式がいつまでも相続税の対象にならない可能性があることから、「当初の贈与者」の死亡日を贈与税の納税猶予期限にすることとされました。	
3　当初の贈与者が死亡した場合の相続税の課税の特例 措法70の7の3②、措規23の11②二	3代目は1代目（当初の贈与者）が死亡した際、2代目から受贈した株式のうち「猶予継続贈与に係る株式」について、1代目から遺贈により取得したものとみなされることとされました。 また、相続税の課税価格に算入される「猶予継続贈与に係る株式」の価額は、当初の贈与の時の価額とされました。	P.598
4　適用対象株式等の譲渡等の判定（猶予継続贈与の場合） 措令40の8㊷	**（平成22年度改正項目7より続く）** 後継者が認定会社株式を譲渡・贈与した際、適用対象株式と適用対象**外**株式の両方を有している場合には、適用対象**外**株式から譲渡・贈与したものとされています。 ただし、2代目が3代目に適用対象株式と適用対象**外**株式の両方を贈与し、3代目が贈与税の納税猶予を受けた場合に限り、2代目は適用対象株式から贈与したものとするとされました。 （例1） ①　2代目は1代目から70株受贈し、納税猶予を受けた。2代目は贈与前から保有していた30株と合わせて100株を保有することになった。 ②　3代目は2代目から90株受贈し、納税猶予を受けた。 →2代目は適用対象株式70株の全部と適用	P.599

措令40の８63	対象**外**株式30株のうち20株を贈与したものとみなされます。 更に、３代目が認定会社株式を譲渡・贈与した際、適用対象株式（**猶予継続贈与分**）と適用対象株式（その他）の両方を有している場合には、適用対象株式（**猶予継続贈与分**）から譲渡・贈与したものとされました。 （例１の続き） ③　４代目は３代目から80株受贈し、納税猶予を受けた。 →３代目は適用対象株式（猶予継続贈与分）70株の全部と適用対象株式（その他）20株のうち10株を贈与したものとみなされます。	
５　猶予継続贈与を行った年に２代目後継者が死亡した場合 措令40の８の２② 措令40の８64	贈与税の納税猶予を受けることを意図して贈与した場合でも、贈与年に贈与者が死亡し、かつ、受贈者がその贈与者の相続により財産を取得したことにより、当該贈与株式が相続税の課税対象となる場合には、（贈与税の納税猶予ではなく）相続税の納税猶予が受けられるとされています。 ただし、２代目が３代目に猶予継続贈与をし、２代目が贈与年に死亡した場合には、当該贈与株式を２代目の相続税の課税対象とはせずに、３代目が贈与税の納税猶予を受けられるよう規定が整備されました。 （例２） ①　２代目は１代目から70株受贈し、納税猶予を受けた。２代目は贈与前から保有していた30株と合わせて100株を保有する	P.600

	ことになった。 ②　３代目は２代目から90株受贈した。 →２代目は適用対象株式70株の全部と適用対象外株式30株のうち20株を贈与したものとみなされます。 ③　②の贈与年に２代目が死亡した。 ④　３代目は70株（**猶予継続贈与分**）について贈与税の納税猶予を受け、20株について相続税の納税猶予を受けた。 →70株については、相続開始前３年以内贈与の規定（相法19）が適用されず、贈与税の納税猶予が適用されます。 →20株については、２代目から相続により取得したものとみなされ、相続税の納税猶予が適用されます。	
6　相続税の納税猶予制度の重複適用排除の例外 措法70の７の２⑧	一般措置においては、後継者は１名に限られており、既に納税猶予を受けている後継者がいる場合には、他の者は納税猶予を受けることができません。 この重複適用排除の原則に基づくと、２代目が適用対象株式の一部を３代目に猶予継続贈与し、残部について贈与税の納税猶予を受け続ける場合において、３代目が死亡すると、４代目が相続する認定会社株式には相続税の納税猶予が受けられないことになります。 そこで、既に贈与税の納税猶予を受ける者（２代目）が猶予継続贈与に係る贈与者である場合には、他の者（４代目）が認定会社株式について相続税の納税猶予を受けられることになりました。	P.600

153 平成29年度税制改正

（適用関係）

平成29年１月１日以後の贈与・相続（みなし相続を含む）

（改正法附則88⑩⑬⑯）

<table>
<tr><th>項目</th><th colspan="4">改正の内容</th><th>参照</th></tr>
<tr><td rowspan="4">１　被災した場合や取引先が倒産等した場合に係る要件緩和の特例の創設

措法70の７㉚～㉞、措令40の８㊾～61、措規23の９㊴～㊾、措通70の７－51～70の７－61

措法70の７の２㉛～㊴、措令40の８の２54～69、措規23の10㊲～㊽、措</td><td colspan="4">安心して制度を利用できるよう、事業所等が被災した場合や取引先が倒産等した場合における要件の緩和措置が常設化されました。</td><td rowspan="4">P.602</td></tr>
<tr><td></td><td>（イ）資産の被害が大きい会社</td><td>（ロ）従業員の多くが属する事業所が被災した会社
（イに該当する場合を除く）</td><td>（ハ）売上高が大幅に減少した会社
（イ、ロに該当する場合を除く）</td></tr>
<tr><td>被災の態様</td><td>①÷②≧30%
①　罹災証明書の発行を受けた資産（特定資産を除く）

②　災害発生日直前の事業年度終了時における総資産簿価</td><td>①÷②≧20%
①　罹災証明書の発行を受けた事業所で、災害後６か月間継続して稼働できない事業所の従業員数

②　従業員の総数

※「従業員」は、「災害発生日前日における常時使用従業員」</td><td>①÷②≦70%
①　事由発生後６か月間の売上高

②　①の前年同期間の売上高

※中小企業信用保険法第２条第５項に規定する下記の事由による売上減少が対象
㋑　取引先の倒産
㋺　取引先の事業活動の制限
㋩　事故
㊁　災害</td></tr>
<tr><td>認定会社

【事業継続要件の緩和】</td><td>次の要件を免除</td><td>次の要件を免除</td><td>次の要件を緩和
（上記㋑㋺については①のみ緩和）</td></tr>
</table>

根拠	内容				頁
通70の7の2－55～70の7の2－66		① 雇用確保要件 ② 資産管理会社に非該当【10年間】 ※【10年間】災害発生直前の報告基準日から10年間をいう	① 雇用確保要件（被災事業所のみ） ② 資産管理会社に非該当【10年間】	① 雇用確保要件 ② 資産管理会社に非該当【10年間】 ※次の雇用確保割合を満たせば、上記①②を免除 ○災害後売上高が災害直前対比70%未満 0% ○70%～100% 40% ○100%以上 80%	
	【猶予税額の免除事由の追加】	経営承継期間内に破産した場合等であっても、猶予税額を免除	同左	同左	
	災害後に適用を受ける会社（災害後1年内の相続が対象） 【適用要件の緩和】	次の要件を**免除** ①資産管理会社非該当要件 ②事前役員就任要件	同左	同左 （上記㋩㋥に限る）	
2 雇用確保要件の計算方法の見直し 措法70の7③二、措令40の8㉓、措規23の9⑯	従業員の少ない小規模事業者への配慮等の観点から、雇用確保要件における「維持すべき常時使用従業員数」の計算について、贈与・相続時における常時使用従業員数に80%を乗じて計算した数の端数処理を切捨て（改正前：切上げ）にしました。 （例）贈与時の常時使用従業員数が4人だった場合における「維持すべき常時使用従業員数」の計算				P.617

	改正前　４人×80％＝3.2人→４人（端数切上げ） 改正後　４人×80％＝3.2人→３人（端数切捨て） ⇒「経営承継期間中の平均従業員数」が３人以上であれば雇用確保要件を満たすようになりました。	
3　相続時精算課税制度と贈与税の納税猶予制度の併用 旧措法70の７③削除 措法70の７②五ロ 措法70の７⑬九、十、措通70の７－37の４	相続時精算課税に係る特定贈与者から受贈した認定会社株式について納税猶予を受ける場合に、相続時精算課税との併用が可能になりました。 これまでは、相続時精算課税適用者である後継者が、その特定贈与者から認定会社株式を受贈したとしても、当該贈与に納税猶予を受ける場合には、暦年課税が適用されていました。そのため、猶予期限の確定事由に該当した場合には、相続税よりも累進度の高い暦年課税の贈与税率により計算された猶予税額の納付が必要であり、事業承継税制を利用する場合のリスクと認識されていました。 **（納税猶予額の計算）** 併用した場合、適用対象株式の価額**のみ**を受贈者（後継者）に係るその年分の贈与税の課税価格とみなして計算される金額（相続時精算課税を適用した場合の贈与税額）が納税猶予額となります。 **（猶予継続贈与と「みなし相続」規定の重複適用除外）** 猶予継続贈与を行った場合、１代目（当初の贈与者）の死亡時に３代目（適用対象株式の保有者）が相続したものとみなされます。 そこで、相続時精算課税と併用して猶予継続贈与を行った場合には、特定贈与者から相続時精算課税適用者が相続したものとみなされる規定（相法21の	P.617

14～21の16）を適用しないこととしました。

（例）

① 2代目は1代目から相続時精算課税により100株受贈し、納税猶予を受けた。

② 3代目は2代目から相続時精算課税と猶予継続贈与を併用することにより100株受贈し、納税猶予を受けた。

③ 1代目死亡時、2代目に相続時精算課税制度による「みなし相続」は適用されず、3代目に事業承継税制による「みなし相続」が適用される。

④ 2代目死亡時、3代目に相続時精算課税制度による「みなし相続」は適用されない。2代目から受贈した適用対象株式は全て猶予継続贈与に係るものだったので、3代目に事業承継税制による「みなし相続」も適用されない。

（参考）相続時精算課税を選択するメリットとデメリット

平成29年度の税制改正の解説を読む限り、相続時精算課税を選択する方が、暦年課税を選択するよりも絶対に有利と思えてしまいます。しかし、以下に示すとおり、暦年課税が有利になる場合がありますので注意が必要です。

納税猶予額の期限確定（猶予額の免除なし）					
	課税価格	暦年課税		相続時精算課税	
贈与時	300	贈与税（猶予） 税率50%	150	贈与税（猶予） 税率20%	60
期限確定時	300	贈与税（納付）	150	贈与税（納付）	60
相続時	300	相続税（納付）	0	相続税（納付） 税率40% 贈与税（控除）	120 ▲60
納付額計			150		120

相続時精算課税が有利

納税猶予額の期限確定（事業継続困難事由による減免）					
	課税価格	暦年課税		相続時精算課税	
贈与時	300	贈与税（猶予） **税率50%**	150	贈与税（猶予） **税率20%**	60
期限確定時	150	贈与税（納付） **税率40%** 贈与税（免除）	60 90	贈与税（納付） **税率20%** 贈与税（免除）	30 30
相続時	300	相続税（納付）	0	相続税（納付） **税率40%** 贈与税（控除）	120 ▲60
納付額計			60		90

暦年課税が有利

納税猶予額の期限確定（受贈者が贈与者より先に死亡）					
	課税価格	暦年課税		相続時精算課税	
贈与時	300	贈与税（猶予） **税率50%**	150	贈与税（猶予） **税率20%**	60
期限確定時	0	贈与税（納付） 贈与税（免除）	0 150	贈与税（納付） 贈与税（免除）	0 60
相続時	300	相続税（納付）	0	相続税（納付） **税率40%** 贈与税（控除）	120 ▲60
納付額計			0		60

暦年課税が有利

4　贈与者が死亡した場合の切替要件の見直し

措法70の7の4②一、措令40の8の4⑥

P.620

意欲ある中小企業者の成長を支援するため、贈与税の納税猶予から相続税の納税猶予に切り替える際の要件として、次の要件が撤廃されました。

① 認定会社又は特定特別関係会社が中小企業者に該当すること

② 認定会社又は特定特別関係会社が上場会社に該当しないこと

（補足）

適用要件である「中小企業者に該当すること」は、期限確定事由にはなっていません。また、適用要件及び承継期間中の期限確定事由である「上場会社に該当しないこと」は、承継期間経過後の期限確定事

	由にはなっていません。 その一方で、従前は、「中小企業者に該当すること」と「（承継期間経過後であっても）上場会社に該当しないこと」が切替要件とされていたため、これらの要件は切替時まで、実質的には満たし続ける必要がありました。	
5　継続届出書・免除届出書における特定資産の内訳等の記載の省略 措規23の9㉔三、㉗八	手続簡素化の観点から、事業実態要件（納税猶予の適用が受けられる資産管理会社の要件と同じ）を満たしている場合には、その旨を記載することとし、特定資産及び特定資産の運用収入に関する明細の記載は不要とされました。	P.620
6　常時使用従業員の範囲の見直し 措規23の9④	厚生年金保険・健康保険の適用対象者が拡大され、一定の適用事業所で働く短時間労働者（勤務時間・勤務日数が、常時雇用者の４分の３未満で、週の労働時間が20時間以上である等の要件を満たす方）も厚生年金保険等の適用対象となりました。 常時使用従業員の範囲を厚生年金保険等の被保険者としていることから、上記の改正の前後で、常時使用従業員の範囲が変わらぬよう、常時使用従業員の範囲から短時間労働者が除外されました。	P.620

（参考）後継者グループに対して支払われた配当及び過大役員給与等

当該金額は、いくつかの計算において考慮されますが、計算事由に応じて後継者グループの範囲や集計期間が異なりますので注意が必要です。

計算事由		後継者グループの範囲	集計期間
①	資産保有型会社の判定（措法70の7②八）	後継者＋同族関係者（措令40の8⑳）	政令で定める期間内のいずれかの日以前5年以内
②	他社再生事由による猶予税額の再計算（措法70の7⑯）	後継者＋生計同一者（措法70の7⑯各号ロ）	譲渡等があった日以前5年以内
③	自社再生事由による猶予税額の再計算（措法70の7㉑）	後継者＋生計同一者（措法70の7㉑二）	認可決定日前5年以内
④	事業継続困難事由による猶予税額の再計算（措法70の7の5⑫）**（H30改正創設）**	後継者＋同族関係者（措令40の8の5⑭）	譲渡等があった日以前5年以内

154 平成30年度税制改正

(適用関係)

平成30年1月1日以後の贈与・相続（みなし相続を含む）

(改正法附則118⑤⑳～㉗)

項目	改正の内容	参照
1　特例制度の概要 措法70の7の5①、措令40の8の5①② 措法70の7の6①、措令40の8の6①④	特例が適用される贈与・相続の範囲は以下のとおりです。 ①　2018年1月1日から2027年12月31日までの間に行われる会社にとって最初の贈与・相続　**及び** ②　その後、会社にとって最初の贈与・相続に係る経営承継期間の末日までに申告期限が到来する（未だ特例贈与を実行していない株主からの）贈与・相続 （補足） ・先代経営者以外の者からの承継も適用対象となったことから、複数の贈与・相続が適用範囲となっています。 ・会社にとって最初の贈与・相続（先代経営者からの承継）と、後継者にとって最初の贈与・相続を区別する必要があります。 ・複数の後継者が適用対象となったことから、経営承継期間が後継者ごとに設定されることになりました。	P.597 P.606
措通70の7の5－3	ある贈与者から同年中に1人の後継者に贈与が行われた場合には、一般制度と同じ**一括贈与要件**（2/3基準）が課されます。一方で、ある贈与者から同年中に複数人の後継者に贈	

	与が行われた場合には、当該贈与のうち最後に行われた贈与直後に、全ての後継者が次の要件を満たす必要があります。 ・後継者の完全議決権株式の所有割合が10％以上 ・後継者の完全議決権株式の持株数 ＞ 贈与者の持株数 （補足）	
措通70の７の５－２	・１人の贈与者が特例制度の適用対象となる贈与が行えるのは、１回限り（複数の後継者に贈与する場合、同年中の贈与は１回とカウントされます）です。	
措通70の７の５－３ 注３ロ	・複数の後継者に贈与が行われた場合には、全ての後継者が要件を満たさない限り、要件を満たしている後継者についても特例制度の適用はありません。	
2　特例認定贈与承継会社の範囲	後継者への贈与について特例円滑化法認定（措法70の７の５②二、措規23の12の２⑥）を受けた会社をいいます。その他の要件は、一般制度と同じです。	P.598
円滑化省令６①十一、十三、７⑥十・⑧、16、17	特例円滑化法認定を受けるためには、事前に特例承継計画の確認を受けておく必要があります。なお、特例承継計画は、認定支援機関の指導・助言を受けて作成し、2023年３月31日までに都道府県知事に提出する必要があります。	
3　特例経営承継受贈者の範囲	都道府県知事の確認を受けた特例承継計画に定められた特例後継者をいいます。**同族内筆頭要件**を除くその他の要件は、一般制度と同じです。	P.599
措法70の７の５②		

六 措通70の７の５－10 措法70の７の５②六ト	ある贈与者から同年中に１人の後継者に贈与が行われた場合には、一般制度と同じ**同族内筆頭要件**が課されます。一方で、ある贈与者から同年中に複数人の後継者に贈与が行われた場合には、当該贈与のうち最後に行われた贈与直後に、各後継者は次の要件を満たす必要があります。 ・後継者の完全議決権株式の所有割合が10％以上 ・後継者の完全議決権株式の持株数が、同族関係者（他の後継者を除く）の持株数を下回らない なお、特定の後継者が、同一の会社について、一般制度と特例制度を重複して適用することはできません。	
４　特例贈与者の範囲 措法70の７の５①、措令40の８の５①	特例制度では、先代経営者以外の者からの承継も適用対象となりましたが、会社にとって最初の贈与（又は相続）に係る贈与者（被相続人）の要件は、改正前の一般制度と同じ要件（先代経営者要件）が課されます。一方で、２回目以降の贈与に係る贈与者は、次の要件を満たす必要があります。 ・贈与時において、認定会社の代表権を有していないこと （参考）　贈与税の納税猶予について特例制度の適用を受けていれば、特例贈与者の死亡時期に係わらず、相続税の納税猶予についても特例制度に切り替えることができます。	P.599 P.609

5　特例対象受贈非上場株式等の範囲と納税猶予分の贈与税額 措法70の７の５②八、措令40の８の５⑮、措通70の７の５－13	納税猶予の適用対象となる特例対象受贈非上場株式等は、議決権に制限のない株式等に限られています（措通70の７の５－１）。なお、特例制度では、適用対象株式数の上限（発行済議決権総数の３分の２）が撤廃されています。 納税猶予分の贈与税額の計算は、一般制度と同じです。 （参考）	P.600
	・特例贈与者が、その相続開始の直前に保有していた認定会社株式についても相続税の納税猶予の適用対象となります。（円滑化省令第６条第１項第14号トには、「既に認定贈与をした者でないこと」という被相続人要件が規定されていません。）	P.608
措法70の７の６②八	・特例制度では、相続税の納税猶予割合が80％から100％に引き上げられています。	
6　特例経営贈与承継期間 措法70の７の５②七 措通70の７の５－12	特例経営贈与承継期間は、贈与ごと・後継者ごとに設定されます。 経営承継期間の末日は、後継者にとって最初の贈与（又は相続）に係る申告書の提出期限の翌日以後５年を経過する日とされています。当該５年経過日前に後継者又は特例贈与者（※）が死亡した場合には、死亡の日の前日が経営承継期間の末日となります。 ※特例贈与者の行った贈与が免除対象贈与（措法70の７⑮三、70の７の５⑪）に該当する場合には、「特例贈与者」を「当初の贈与者」と読み替えます。（**平成27年度改正項目１～３参照**）	P.600

<table>
<tr><td>7　雇用確保要件の実質廃止

措法70の７の５③

円滑化省令20①③⑭

措法70の７の５⑥⑧、措令40の８の５⑳五、措規23の12の２⑮六、措通70の７の５－15</td><td>納税猶予の期限確定事由は、雇用確保要件（５年間平均８割維持）を除き、一般制度と同じです。
雇用確保要件を満たさない場合でも、次の条件を満たせば、納税猶予期限は確定しません。
・満たせなかった理由について認定支援機関の所見（当該理由が経営状況の悪化である場合又は正当なものと認められない場合には、認定支援機関の指導・助言を受けた旨）が記載されている報告書（様式第27）を都道府県知事に提出すること
・税務署に提出する継続届出書に上記報告書の写し及び都道府県知事の確認書の写しを添付すること</td><td>P.600</td></tr>
<tr><td>8　経営環境の変化に対応した新たな減免制度の創設

措法70の７の５⑫、措令40の８の５㉔～㉘、措規23の12の２㉔㉕、措通70の７の５－37、70の７の５－38</td><td>⑴　時価（相続税評価額）の２分の１までの部分に対応する猶予税額の免除
経営承継期間経過後に、免除事由に該当した場合において、当初猶予税額の一部について免除を受けようとするときは、申請期限までに申請書を税務署に提出する必要があります。
なお、期限確定事由にも該当するため（合併・株式交換等の場合は、対価として株式等以外の財産が交付された部分に限る）、免除されない猶予税額は利子税と併せて納税する必要があります。
<table><tr><td>免除事由</td><td>表Ａのいずれかに該当し、当初猶予税額が（再計算猶予税額＋bb）を上回る場合　かつ　表Ｂのいずれかに該当する場合</td></tr><tr><td>申請期限</td><td>事由が生じた日から２か月を経過する日</td></tr></table></td><td>P.601</td></tr>
</table>

免除額①	当初猶予税額－（再計算猶予税額＋bb）
納付額	（再計算猶予税額＋bb）＋利子税

※bb＝事由が生じた日以前５年以内に後継者及びその同族関係者に対して支払われた配当及び過大役員給与等

（表Ａ）

措規23の12の２㉖

事由		再計算猶予税額
イ	適用対象株式の譲渡等	譲渡等の対価額（※）で再計算した猶予税額
ロ	合併による消滅	合併対価額（※）で再計算した猶予税額
ハ	株式交換等による完全子会社化	交換等対価額（※）で再計算した猶予税額
ニ	解散	解散直前の相続税評価額で再計算した猶予税額

※「事由が生じた時における相続税評価額×１／２」とのいずれか高い額

（表Ｂ）事業の継続が困難な事由

措令40の８の５㉒㉓、措規23の12の２⑳～㉓、措通70の７の５－25～70の７の５－29

①	過去４事業年度（※）のうち２以上の事業年度で、経常損失であること
②	過去４事業年度（※）のうち２以上の事業年度で、平均総収入金額が前事業年度の平均総収入金額を下回ること
③	直前事業年度又は直前々事業年度（※）の有利子負債の額が、その事業年度の平均総収入金額×６　以上であること
④	判定期間（直前事業年度の終了の日以前１年間）における業種平均株価が、前判定期間における業種平均株価を下回ること **又は** 前判定期間における業種平均株価が、前々判定期間における業種平均株価を下回ること
⑤	後継者が（再計算事由が生じた時において役員であった者に限る）が心身の故障等により会社の業務に従事できなくなったこと

※直前事業年度の終了日の翌日以後６か月を経過した後に事由が生じた場合は、次のように読み替えます。
①②＝過去３事業年度　③＝直前事業年度
※※解散の場合には、⑤を除きます。

(2) 実際の譲渡等の価額が相続税評価額の２分の１を下回った場合の納税猶予

P.604

措法70の７の５⑬、措令40の８の

経営承継期間経過後に、納税猶予継続事由に該当した場合において、当初猶予税額の一

5㉙㉚、措通70の7の5－30～70の7の5－32

部について免除を受け、残部について納税猶予を継続しようとするときは、申請期限までに申請書を税務署に提出する必要があります。

納税猶予継続事由	上記の免除事由（解散を除く）に該当した場合 **かつ**対価額が「事由が生じた時における相続税評価額×１／２」以下である場合
申請期限	事由が生じた日から２カ月を経過する日（上記期間中に後継者が死亡した場合は、死亡日から６ヶ月を経過する日）
免除額①	当初猶予税額－（再計算猶予税額＋bb）
猶予税額	（再計算猶予税額＋bb）※猶予税額に相当する担保の提供が必要

※　再計算猶予税額＝「事由が生じた時における相続税評価額×１／２」で再計算した猶予税額

⑶　実際の譲渡等の価額が相続税評価額の２分の１を下回った場合の猶予税額の免除

P.604

措法70の7の5⑭～⑯、措令40の8の5㉛～㉝、措規23の12の2㉗～㉙、措通70の7の5－33～70の7の5－36

納税猶予継続事由に該当した日から２年を経過する日に、事業を継続している場合において、猶予税額の一部について免除を受けようとするときは、再申請期限までに申請書を税務署に提出する必要があります。

事業継続要件	譲渡等した株式の発行会社（合併存続会社、株式交換完全子会社）が、次の全てを満たす必要があります。 ⅰ　商品の販売その他の業務を行っていること ⅱ　事由が生じた時の直前における常時使用従業員の半数以上が２年経過日まで引き続き常時使用従業員であること ⅲ　常時使用従業員が勤務している事務所等を所有し、又は賃借していること
再申請期限	２年経過日から２か月を経過する日
免除額②	（再計算猶予税額＋bb）－（再々計算猶予税額＋bb）
納税額	当初猶予税額－免除額①－免除額②＋利子税 ※合併・株式交換等の場合、対価として交付された株式等以外の財産の価額に対応する部分の額に限り納税が必要 ※免除を受けない（受けられない）場合は、上記計算式の「免除額②」をゼロとして計算

	※　再々計算猶予税額＝実際の対価額で再計算した猶予税額 ※　bbは、事由が生じた日を基準として計算した金額をそのまま用います。	
措法70の7の5⑰	**(4)　税務署長による調査** 税務署長は申請書の記載事項について調査を行い、申請期限（再申請期限）から6か月以内に、免除額又は却下した旨及びその理由を記載した書面により、後継者に通知することとされています。	P.606
9　相続時精算課税適用者の特例の拡充 措法70の2の7、措通70の2の7－2 措通70の2の7－1	特例制度（措法70の7の5①）の適用を受ける後継者が、特例贈与者の「直系卑属である推定相続人（相法27の9①）及び孫（措法70の2の6）」以外の者であっても、一定の要件（※）を満たせば、相続時精算課税の適用も併せて受けることが可能となりました。 ※一定の要件＝後継者20歳以上、かつ、特例贈与者60歳以上 なお、相続時精算課税を適用すると猶予税額がゼロになるという場合には、この特例（措法70の2の7）は適用できず、強制的に暦年課税の適用を受けた上で猶予税額が計算されることになります。	P.610
10　一般制度の改正 措令40の8①	**(1)　用語の整理** 特例制度の創設に伴い、適用対象株式について「特例受贈非上場株式等」という用語を「対象受贈非上場株式等」に改めました。 **(2)　贈与者及び被相続人の要件** 一般制度でも特例制度と同様に、先代経営者以外の者からの承継も適用対象となりましたが、最初の贈与（又は相続）に係る贈与者（被	P.611

	相続人）の要件は、改正前の一般制度と同じ要件(先代経営者要件)が課されます。一方で、２回目以降の贈与に係る贈与者は、次の要件を満たす必要があります。 ・贈与時において、認定会社の代表権を有していないこと	
	⑶　経営贈与承継期間等の改正	
措法70の７②六、③二	⑵のとおり、複数の者からの贈与・相続が適用対象となったため、経営贈与承継期間は贈与・相続ごとに設定されます。 経営承継期間の末日は、最初の贈与（又は相続）に係る申告書の提出期限の翌日以後５年を経過する日とされました。当該５年経過日前に後継者又は特例贈与者が死亡した場合には、死亡の日の前日が経営承継期間の末日となります。雇用確保要件を判定するための従業員数確認期間についても、最初の贈与（又は相続）を基準に５年間と改正されています。 なお、一般制度では、後継者は１人のため、会社にとって最初の贈与と後継者にとって最初の贈与は区別されません。	

第12章

遺留分制度の改正

155 遺留分の減殺請求と納税猶予制度

1　遺留分制度

被相続人は、生前贈与や遺言により自分の財産を自由に処分することができますが、相続人の生活保障や相続財産の公平な分配を行う趣旨から、被相続人の相続財産について一定割合の相続する権利を保障する制度（遺留分）が下記のとおり定められています。

（遺留分権利者）

相続人の区分	遺留分の有無
配偶者	○
子	○
直系尊属	○
兄弟姉妹	遺留分なし

（遺留分の割合）

相続人の内訳	遺留分の割合
相続人が直系尊属のみ	被相続人の財産の３分の１
上記以外	被相続人の財産の２分の１

（注）　遺留分権利者が複数いる場合は、法定相続分で配分されます。

2　遺留分の減殺請求

生前贈与や遺贈により自己の遺留分を侵害された遺留分権利者は、他の相続人等に対して遺留分の限度に達するまで取り戻すことができます。これを遺留分減殺請求といいます。（改正後は遺留分侵害額請求権。「**159　遺留分に係る民法改正**」参照。）

遺留分減殺請求を受けた他の相続人等は、侵害した贈与や遺贈を現物で返還するのが原則ですが、例外としてこれに相当する金額で弁償（価額弁償）することで現物の返還義務を免れることができます。

(1)　減殺請求権の時効

遺留分減殺請求のできる期間は次のいずれか早いときまでです。(旧民法1042、新民法1048)

①　相続の開始及び減殺すべき贈与又は遺贈があったことを知った時から1年以内

②　相続開始の時から10年を経過する日

(2)　遺留分算定の基礎となる財産

遺留分の基礎となる財産は、

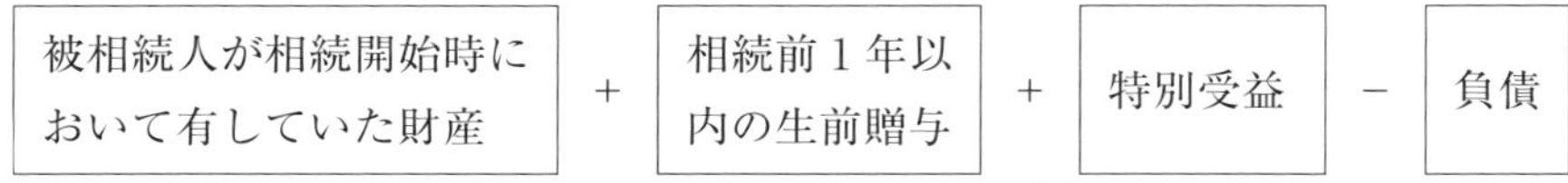

により計算されます。(旧民法1029①、新民法1043①)

①　相続開始時の財産

被相続人が相続開始時に有していた財産をいい、死因贈与も遺贈に準じて取り扱われ相続開始時に有していた財産に含まれます。

②　生前贈与財産

生前贈与は、原則として相続開始前1年以内にされたものに限りますが、当事者双方が遺留分権利者に損害を加えることを知ってした贈与は、1年前の日より前に行った贈与も含みます。(旧民法1030、新民法1044①)

③　特別受益

被相続人から相続人に対して行った遺贈又は婚姻、養子縁組のため若しくは生計の資本としての贈与をいいます。特別受益は相続開始前1年以上前のものであっても、特段の事情がない限り遺留分算定基礎財産に含まれます。(旧民法1044、903、最高裁平成10年3月24日判決)

自社株式を被相続人から後継者である相続人に贈与した場合は、生計の資本としての贈与のため特別受益に該当し、何年も前にした贈与でも遺留分算定基礎財産に含まれます。

④　遺留分算定基礎財産の評価

遺留分算定の基礎となる生前贈与財産の価額は、相続開始時を基準に評価された価額となります（新民法1044②)。生前贈与財産が受贈者自身の行為により存在しない場合には、相続開始時にその財産が存在するものとしてその価額を算定します。天災等の受贈者自身の行為によらず財産が滅失した場合は、特別受益はないものとして取り扱われます。

（事例）
相続人：配偶者、子２人
被相続人の相続開始時の財産：不動産2,000万円、預金1,000万円
後継者である子に対する贈与：自社株式１億2,000万円
負債：3,000万円
【遺留分算定基礎財産の価額】
不動産2,000万円＋預金1,000万円＋自社株式１億2,000万円－負債3,000万円
＝１億2,000万円
【相続人全体にとっての遺留分の額】
１億2,000万円×１／２＝6,000万円
【個々の相続人の遺留分の額】
配偶者＝6,000万円×１／２＝3,000万円
子２人＝6,000万円×各１／４＝各1,500万円

（平成28年４月中小企業庁：中小企業経営承継円滑化法申請マニュアル「民法特例」）

３　遺留分の減殺請求と納税猶予制度

先代経営者は、会社経営を安定させ、発展させるために後継者に対し自社株式を集中して生前贈与や遺贈を行います。事業承継税制を活用すれば自社株式の承継に対する納税負担が少なくなります。特例制度の創設により相続税の納税猶予割合100％への引き上げや対象株式数の上限が撤廃されることから今後はより後継者に自社株式を集中させやすくなりますが、遺留分の減殺請求との関係で以下の問題点があります。

①　自社株式の集中と遺留分

先代経営者の財産のほとんどが自社株式の場合、後継者以外の相続人の遺留分を侵害してしまうことがあります。その際、遺留分の減殺請求権を行使されてしまうと自社株式が分散する結果となります。

また、価額弁償を行う場合においても多額の資金が必要になります。

② 遺留分算定基礎財産の評価

遺留分算定基礎財産の評価は相続開始時の価額となります。贈与により承継した自社株式の価値が、後継者の貢献で会社をより発展させ、相続開始時までに著しく上昇した場合でも、相続開始時の価額で遺留分算定基礎財産に算入されます。後継者の貢献も考慮されることなく、後継者以外の相続人の遺留分を侵害してしまう結果となることがあります。

（事例）

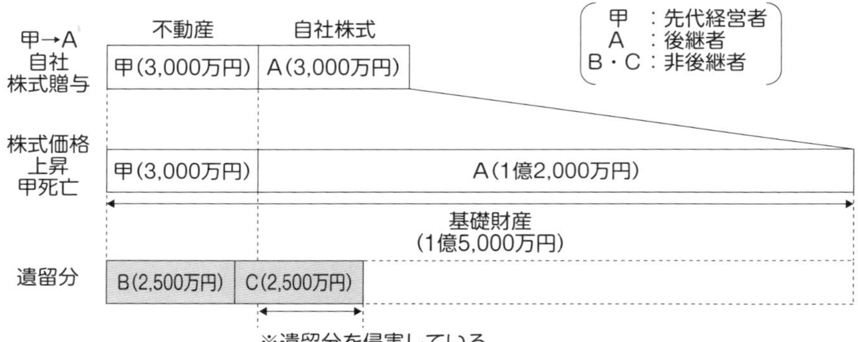

先代経営者甲の不動産をB・Cが各1,500万円を相続した場合、後継者Aが先代経営者から受けた自社株式の贈与により、B・Cは各1,000万円の遺留分侵害を受けていることになるので、それぞれ後継者Aに自社株式の生前贈与につき遺留分の減殺請求をすることができます。その結果、後継者が価額弁済のための資金を準備できない場合にあっては後継者が贈与を受けた自社株式が分散してしまうことになります。

事業承継税制の活用により納税負担は少なくてすみます。しかし、先代経営者から後継者へ自社株式を集中して承継した場合は、

・後継者以外の相続人について、遺留分を侵害しない相続財産の確保
・遺留分減殺請求権を行使された場合の後継者の価額弁償の資金確保

など、生前より検討し自社株式を分散させない対策の必要があります。

4　遺留分の減殺請求と事業承継税制の特例制度

事業承継税制の特例制度創設により「先代経営者以外の者から承継」や「最大３名までの後継者に対する承継」が納税猶予の適用対象となりました。

先代経営者以外の者からの承継が納税猶予の適用対象となり、例えば先代経営者の配偶者や兄弟姉妹、親族外の株主から自社株式を承継するための納税負担が少なく、より後継者への自社株式の集中が行いやすくなります。しかし、先代経営者以外の株主の財産のほとんどが自社株式の場合は、自社株式を贈与すると遺留分を侵害する可能性があるため個々に対策が必要となります。

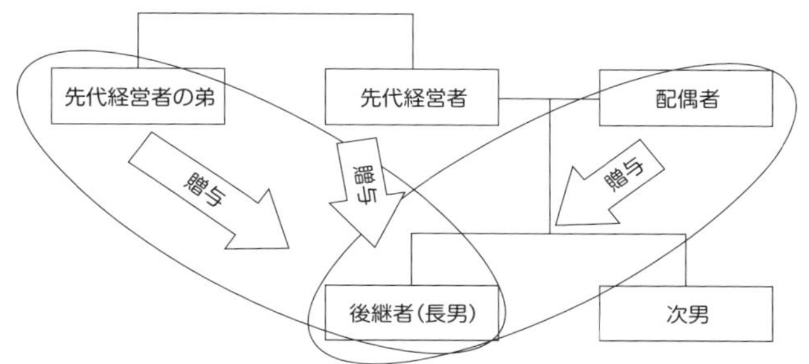

※　先代経営者の贈与のみならず配偶者や先代経営者の弟からの贈与について遺留分を侵害していないかの検討が必要になります。

また、最大３名までの後継者に対する承継が納税猶予の対象となりました。他の後継者にも自社株式を分散して相続させる場合は、事業承継税制の一般措置では他の後継者は納税猶予の制度が適用されず納税負担が重くのしかかり納税資金の調達の問題がありました。特例制度では他の後継者についても納税猶予の負担が少なくなるため、他の後継者への遺留分の対策として自社株式の利用がしやすくなりました。

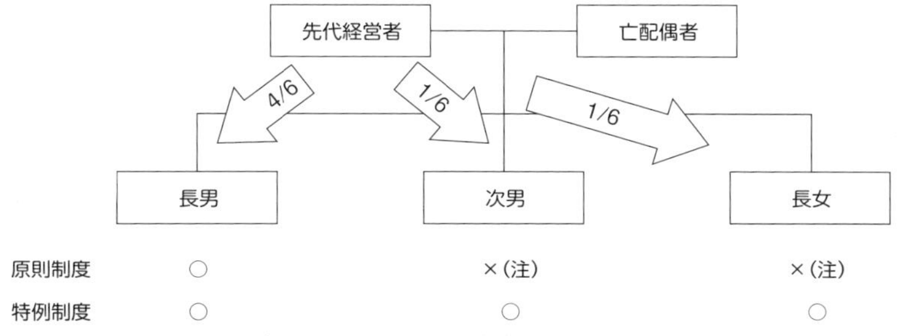

	長男	次男	長女
原則制度	○	×(注)	×(注)
特例制度	○	○	○

(注)　納税猶予の適用が受けられないため納税資金の調達が必要です。

しかし、遺留分確保のために自社株式を分散して相続させることが、相続後の経営や次世代の事業承継の妨げにならないか検討が必要です。

156　生前贈与について遺留分減殺請求があった場合の納税猶予

1　贈与者が死亡した場合の贈与税の納税猶予

贈与税の納税猶予の特例の適用を受けていた場合において、特例贈与者が死亡した時は、特例の適用を受けていた猶予中贈与税額に相当する贈与税について免除届出書等必要な書類を提出すれば、免除されます。

その特例贈与者の死亡による相続又は遺贈に係る相続税については、その特例経営承継受贈者が特例贈与者から相続等により贈与税の納税猶予の特例制度の規定の適用に係る特例対象受贈非上場株式等を取得したものとみなします。

この場合において、その死亡による相続又は遺贈に係る相続税の課税価格の計算の基礎に算入すべきその特例対象受贈非上場株式等の価額については、贈与の時における価額を基礎として計算します。（第２章**45**、第３章**48**参照）

2　遺留分減殺請求と納税猶予

(1)　贈与税の納税猶予

特例贈与者の死亡に係る遺産の相続に関し、特例経営承継相続人に対し遺留分権利者である他の相続人から遺留分の減殺請求がなされ、特例受贈非上場株式等の一部を他の相続人に返還した場合に、特例受贈非上場株式等の一部を返還することにより、特例経営承継相続人が適用を受けていた贈与税の納税猶予の特例について、特例の対象となる贈与に係る要件を満たさないこととして遡及して取り消されることになるのかが問題となります。

特例経営承継相続人が特例贈与者から受けた生前贈与に対して、遺留分減殺請求があったことにより遺留分権利者へ返還した特例受贈非上場株式等は、遺留分権利者の固有財産として直接帰属するものとされ、その返還時にいったん遡及的に特例贈与者の所有に帰属するものではないと考えることになります。

したがって、経営承継相続人が適用を受けていた贈与税の納税猶予の特例について、遡及して贈与税の納税猶予特例の対象となる贈与の要件を満たしていたかどうかを判定する必要はないため、適法に受けていた贈与税の納税猶予の特例の適用については、特例適用時に遡及して取り消されることはありません。

また、特例受贈非上場株式等を返還したことにより、当初の贈与税の申告に係る課税価格及び贈与税額が過大となったときは、更正の請求をすることがで

きます。（相法32三）

⑵　相続税の納税猶予

特例経営承継相続人が特例贈与者の死亡に伴い相続税の納税猶予の特例（措法70の７の４）の規定の適用を受けている場合には、遺留分の減殺請求があったことにより、特例経営承継相続人は遺留分権利者に対し返還した特例相続非上場株式等を有しないこととなるため、返還した株式等に係る特例相続非上場株式等は、特例贈与者が死亡した場合の相続税の納税猶予の特例の対象となりません。

したがって、特例経営承継相続人は、特例相続非上場株式等を返還した場合において、相続税の納税猶予の要件（筆頭株主要件など）を満たしているのであれば、課税課価格及び納税猶予額を再計算する必要があります。再計算により特例贈与者の死亡による相続等に係る相続税の申告における課税価格及び相続税額が過大となったときは、相続税の申告について更正の請求をすることができます。（相法32三）

３　価額弁償の場合の納税猶予

特例経営承継相続人に対し遺留分権利者である他の相続人から遺留分の減殺請求がなされ、特例受贈非上場株式等を返還によらず、現金等価額による弁償があった場合も上記と同様の取り扱いとなります。

なお、改正された民法においては「遺留分減殺請求」が「遺留分侵害額の請求」と金銭債権化されましたので、改正民法の施行日（2019年７月１日）以後は遺留分侵害額の請求に対しては金銭給付が原則となりました。当事者間の合意があれば、現物財産を返還することも可能です。（**159**参照）

（事例）

相続開始の４年前に父から自社株式5,000万円と現金5,000万円の贈与を受けて、自社株式については贈与税の納税猶予の特例の適用を受けていた。

今回、父の死亡による相続について他の相続人から遺留分減殺請求を受け自社株式2,500万円を返還しました。この贈与税の納税猶予税額はどうなるのでしょうか。

計算事例

当初の贈与税申告	円		遺留分和解（自社株式一部返還）	円	
課税価格	100,000,000		課税価格	75,000,000	
基礎控除	1,100,000		基礎控除	1,100,000	
贈与税額	47,995,000	①	贈与税額	34,245,000	①
納税猶予額の計算			納税猶予額の計算		
課税価格	50,000,000		課税価格	25,000,000	
基礎控除	1,100,000		基礎控除	1,100,000	
納税猶予額	20,495,000	②	納税猶予額	8,105,000	②
納税額	27,500,000	①－②	納税額	26,140,000	①－②

遺留分減殺請求により贈与税の納税猶予の特例適用については、特例適用時に遡及して取り消されませんが、更正の請求により課税価格、猶予税額ともに再計算となり1,360,000円の還付請求となります。

157　遺留分に関する民法特例

1　事業承継上の問題点

事業承継を円滑に行うためには、特定の後継者に自社の株式や持分（以下、「株式等」という）を集中させる事が必要ですが、先代経営者からの贈与等により取得した株式等は、その贈与がいつ行われたものであっても「特別受益」として遺留分の算定基礎財産に加えられます（旧民法1044、903、最高裁平成10年３月24日判決）。持戻し免除の意思表示（民法903③）があった場合でも、相続分の算定基礎財産から除外することはできますが、遺留分算定の際には除外できないことになっています。これにより自社の株式等が分散してしまい安定した会社経営を阻害するおそれがあります。また、遺留分の算定基礎に算入する財産の価額は相続開始時の評価額となります。

贈与以降、後継者の手腕により株価が上昇した場合、非後継者の遺留分を増加させる結果となるため、後継者の経営意欲を阻害する原因となっています。

2　遺留分に関する民法特例による対応

1の問題点に対処するため経営承継円滑化法において「遺留分に関する民法特例」が創設され、平成21年3月1日より施行されています。

この特例には「基本合意」と「付随合意」があり、基本合意には除外合意（円滑化法4①一）と固定合意（円滑化法4①二）があり、付随合意には後継者が贈与を受けた株式等以外の財産についての除外合意（円滑化法5）と後継者以外の推定相続人が贈与を受けた財産についての除外合意（円滑化法6②）があります。その他、「後継者以外の推定相続人の取るべき措置」（円滑化法4③）もあります。

3　民法特例の合意の内容

(1)　基本合意

①　除外合意

後継者が先代経営者からの贈与等により取得した株式等（完全無議決権株式等を除く。以下同じ。）の全部又は一部について、遺留分算定基礎財産に算入しない事ができます。この合意がない場合、贈与等を受けた株式等について、それが何年前のものであっても原則として遺留分の算定基礎財産に算入され、遺留分減殺請求の対象となってしまいます。

②　固定合意

後継者が先代経営者からの贈与等により取得した株式等の全部又は一部について、遺留分算定基礎財産に算入する価額を合意時における価額とする事ができます。この合意が無い場合、使用する価額は相続開始時を基準とした価額になります。

なお、この合意は株価上昇局面においては後継者に有利となりますが、下落している場合であっても算入する価額は合意時点の高い株価となるので、後継者にとっては不利な結果となりますので十分に考慮する必要があります。

また、合意時における価額は贈与税の申告に使用する相続税評価額ではなく別途、先代経営者の推定相続人間において、弁護士等の専門家が「その時における相当な価額として証明したもの」で固定合意を行わなければなりません。

その相当な価額の評価方式の在り方については、中小企業庁が「経営承継法における非上場株式等評価ガイドライン」（平成21年２月９日）を公表しています。

⑵　付随合意

①　後継者が受ける付随合意

後継者が先代経営者からの贈与等により取得した特例中小企業者の株式等以外の財産の全部又は一部について、その価額を遺留分算定基礎財産に算入しない事ができます。この制度を利用することによって、例えば会社経営に必要な事業用不動産や現金を遺留分算定基礎財産から除外する事ができます。

なお、この合意の対象とすることができる財産の種類や金額には制限はありません。また、付随合意には基本合意にあったような固定合意は無く、除外合意しか認められておりません。（以下、⑵②において同じ。）

②　非後継者が受ける付随合意

後継者以外の推定相続人が先代経営者からの贈与等により取得した財産の全部又は一部について、その価額を遺留分算定基礎財産に算入しない事ができます。後継者と非後継者間の衡平を図る措置の一つとして設けられた制度です。

⑶　後継者以外の推定相続人の取るべき措置

民法特例の適用を受ける場合、下記①②の事由が生じた場合に非後継者が取ることができる措置を定めなければなりません。

①　合意の対象とした株式等を処分した場合

②　先代経営者の生存中に、後継者が代表者として経営に従事しなくなった場合

非後継者が取ることができる措置については、個別具体的な基準は設けていませんので当事者間の協議により定める事ができます。後継者に対し罰則を与えることも、又は逆に後継者の経営の自由度を高めるため、株式等を処分しても非後継者は何ら異議を述べず、一切の金銭を請求しない旨を定めることもできます。

各合意の関係を図示すると下記のようになります。なお、基本合意なしに付随合意を行うことはできません。

⑴基本合意
①除外合意 ②固定合意 } どちらか一方又は　両方

＋【任意】

⑵付随合意
①後継者が受ける付随合意
②非後継者が受ける付随合意

＋【必ず】

⑶　後継者以外の推定相続人の取るべき措置
①株式等処分の場合 ②経営不従事の場合

4　民法特例制度の適用対象

⑴　対象会社の要件（円滑化法３①、円滑化省令１②）

民法特例の対象となる会社は、３年以上継続して事業を行っている会社（上場会社等を除きます。）で、次の表の要件を満たす中小企業者が該当する事となります（以下「特例中小企業者」といいます。）。業種ごとに資本金と従業員数の範囲が定められており、いずれか一方に該当すれば中小企業者とされます。

法の対象となる中小企業者の範囲

中小企業基本法上の中小企業者の定義

	資本金　又は	従業員数
製造業その他	３億円以下	300人以下
卸売業	１億円以下	100人以下
小売業	５千万円以下	50人以下
サービス業	５千万円以下	100人以下

政令により範囲を拡大した業種（　部分を拡大）

	資本金　又は	従業員数
ゴム製品製造業（自動車又は航空機用タイヤ及びチューブ製造業並びに工業用ベルト製造業を除く）	３億円以下	900人以下
ソフトウェア・情報処理サービス業	３億円以下	300人以下
旅館業	５千万円以下	200人以下

※　対象となり得る会社は、会社法上の会社（株式会社、特例有限会社、合同会社、合名会社及び合資会社）が該当します。医療法人や外国法人、税理士法人等は民法特例を受けることができません。

⑵　先代経営者の要件（円滑化法３②、円滑化省令１③）

特例中小企業者の代表者であった者（代表者である者を含む）であって、推定相続人のうち少なくとも１人に対して当該特例中小企業者の株式等の贈与をした者をいいます。

なお、相続税・贈与税の納税猶予制度で定められているような持株要件はありません。

(3) 後継者の要件（円滑化法３③、円滑化省令１④）

先代経営者の推定相続人のうち、先代経営者から特例中小企業者の株式等の贈与を受けた者、又はその贈与を受けた者から株式等を相続、遺贈若しくは贈与により取得した者をいい、特例中小企業者の総株主又は総社員の議決権の過半数を有し、かつ、その特例中小企業者の代表者であるものをいいます。なお、過半数の判定においては、相続税・贈税の納税猶予制度のように同族関係者の持分を合算するのではなく、後継者単独で50％超の議決権を保有（贈与後）する必要があります。

平成30年度改正における事業承継税制の特例制度では、後継者を最大３名まで設定することができますが、この民法特例の合意を行う場合は、上記の50％超保有要件があるため、その内の１名しかこの要件を満たすことができません。後継者が複数いる場合については遺留分の生前放棄による対策を検討する必要があります。

５　手続

民法特例を受けるための手続は下記のとおりです。

①　先代経営者から後継者へ特例中小企業者の株式等の贈与を行う。

↓

②　遺留分権利者である推定相続人全員の合意を書面にする。

↓【合意した日から１か月以内】

③　経済産業大臣に確認申請を行う。（後継者単独で手続）

↓【確認を受けた日から１か月以内】

④　家庭裁判所に許可の申立てを行う。（後継者単独で手続）

↓

⑤　効力開始

<遺留分に関する民法の特例に係る確認申請書（経済産業大臣に提出）>

様式第１

遺留分に関する民法の特例に係る確認申請書

年　　月　　日

経済産業大臣名　　殿

住　所
氏　名　　　　　　　　　印

中小企業における経営の承継の円滑化に関する法律第７条第１項の確認を受けたいので、別紙その他の必要書類を添えて申請します。

（備考）

1　用紙の大きさは、日本工業規格A4とする。

2　記名押印については、署名をする場合、押印を省略することができる。

3　法第７条第２項に掲げる書類各１通並びに申請書（別紙を含む。）の写し及び法第７条第２項第１号の書面の写し各２通を添付する。

（別紙）

<table>
<tr><td rowspan="9">特例中小企業者</td><td>会社所在地</td><td colspan="4"></td></tr>
<tr><td>会社名</td><td colspan="4"></td></tr>
<tr><td>代表者の氏名</td><td colspan="4"></td></tr>
<tr><td>設立日</td><td colspan="4">年　月　日</td></tr>
<tr><td>資本金の額又は出資の総額（*）</td><td colspan="4">円</td></tr>
<tr><td>株式上場又は店頭登録の有無（*）</td><td colspan="4">ア　株式を上場又は店頭登録している。
イ　株式を上場又は店頭登録していない。</td></tr>
<tr><td>主たる事業内容（*）</td><td colspan="4"></td></tr>
<tr><td>総株主又は総社員の議決権の数（*）</td><td>個</td><td>常時使用する従業員の数（*）</td><td colspan="2">人</td></tr>
<tr><td rowspan="3">旧代表者</td><td>住所</td><td colspan="4"></td></tr>
<tr><td>氏名</td><td colspan="4"></td></tr>
<tr><td>代表権の有無（*）</td><td colspan="4">あり　／　なし（退任日　年　月　日）</td></tr>
<tr><td rowspan="5">後継者</td><td>住所</td><td colspan="4"></td></tr>
<tr><td>氏名</td><td colspan="4"></td></tr>
<tr><td>電話番号</td><td colspan="4"></td></tr>
<tr><td>保有議決権数及び割合（*）</td><td colspan="4">個（　%）</td></tr>
<tr><td>旧代表者との続柄</td><td colspan="4"></td></tr>
<tr><td colspan="2">後継者以外の推定相続人</td><td colspan="4">目録記載のとおり。</td></tr>
</table>

<table>
<tr><td rowspan="8">合意の内容</td><td>チェック欄</td><td colspan="3">合意をした事項</td><td>添付書類</td></tr>
<tr><td></td><td colspan="3">旧代表者の推定相続人間の合意が特例中小企業者の経営の承継の円滑化を図るためにされたものであること。</td><td></td></tr>
<tr><td></td><td>法第4条第1項第1号の規定による合意</td><td>左記合意の対象とした株式等に係る議決権の数</td><td>個</td><td></td></tr>
<tr><td></td><td>法第4条第1項第2号の規定による合意</td><td>左記合意の対象とした株式等に係る議決権の数及び価額</td><td>個
円</td><td></td></tr>
<tr><td></td><td colspan="3">法第4条第3項の規定による合意</td><td></td></tr>
<tr><td></td><td colspan="3">法第5条の規定による合意</td><td></td></tr>
<tr><td></td><td colspan="3">法第6条第1項の規定による合意</td><td></td></tr>
<tr><td></td><td colspan="3">法第6条第2項の規定による合意</td><td></td></tr>
</table>

（記載要領）

1　（*）の事項については、合意をした日における状況を記載すること。

2　「合意の内容」欄については、合意をした事項の「チェック欄」に○印を記載し、「添付書類」欄には当該事項を確認できる書類及び該当箇所（例:合意書第●条）を記載すること。

後継者以外の推定相続人目録

住　　　　　所			
氏　　　　　名			
電　話　番　号		旧代表者との続柄	

住　　　　　所			
氏　　　　　名			
電　話　番　号		旧代表者との続柄	

住　　　　　所			
氏　　　　　名			
電　話　番　号		旧代表者との続柄	

住　　　　　所			
氏　　　　　名			
電　話　番　号		旧代表者との続柄	

住　　　　　所			
氏　　　　　名			
電　話　番　号		旧代表者との続柄	

<遺留分の算定に係る合意の許可の申立書記載例（家庭裁判所に提出）>

受付印	
収入印紙	円
予納郵便切手	円
予納収入印紙	円

家事審判申立書　事件名（遺留分の算定に係る合意）

（この欄に申立手数料として１件について８００円分の収入印紙を貼ってください。）

印紙

（貼った印紙に押印しないでください。）

（注意）登記手数料としての収入印紙を納付する場合は，登記手数料としての収入印紙は貼らずにそのまま提出してください。

準口頭		関連事件番号　平成　　年（家　　）第　　号

○○　家庭裁判所 御中 平成 ○ 年 ○ 月 ○ 日	申立人（又は法定代理人など）の記名押印	甲　野　次　郎　㊞

添付書類	

申立人	本籍（国籍）	（戸籍の添付が必要とされていない申立ての場合は，記入する必要はありません。） ○○ 都道府県（県） ○○市○○町○丁目○番地
	住所	〒 ○○○ － ○○○○　電話 ○○○（○○○）○○○○ ○○県○○市○○町○丁目○番○号 （　　方）
	連絡先	〒　－　電話（　　） （注：住所で確実に連絡ができるときは記入しないでください。） （　　方）
	フリガナ 氏名	コウノ　ジロウ 甲野次郎　　大正・昭和（○）・平成 ○ 年 ○ 月 ○ 日生（○ 歳）
	職業	会社代表者
※ 旧代表者	本籍（国籍）	（戸籍の添付が必要とされていない申立ての場合は，記入する必要はありません。） ○○ 都道府県（県） ○○市○○町○丁目○番地
	住所	〒 ○○○ －○○○○　電話 ○○○（○○○）○○○○ ○○県○○市○○町○番地○ （　　方）
	連絡先	〒　－　電話（　　） （　　方）
	フリガナ 氏名	コウノ　ハナコ 甲野花子　　大正・昭和（○）・平成 ○ 年 ○ 月 ○ 日生（○ 歳）
	職業	無職

（注）　太枠の中だけ記入してください。
※の部分は，申立人，法定代理人，成年被後見人となるべき者，不在者，共同相続人，被相続人等の区別を記入してください。

別表第一（1/ 2）

申　立　て　の　趣　旨
経済産業大臣が平成○年○月○日付け中第○○号をもって確認した遺留分の算定に係る合意を許可するとの審判を求めます。

申　立　て　の　理　由
1　申立人は旧代表者の二男です。旧代表者は○○株式会社の代表取締役でしたが，平成○年○月○日，申立人が旧代表者から同会社の代表権を受け継ぎ，それ以後，申立人が代表者を務めています。
2　申立人及び「遺留分に関する民法の特例に係る確認証明書」添付の「後継者以外の推定相続人目録」記載の旧代表者の推定相続人全員は，平成○年○月○日，同会社の経営の承継の円滑化を図るために，上記証明書添付の合意書面の写しのとおり，中小企業における経営の承継の円滑化に関する法律４条１項（及び５条／６条２項）の遺留分の算定に係る合意をしました。
3　申立人は，平成○年○月○日，経済産業大臣に対し，上記合意の確認申請を行い，同法７条１項の各号のいずれにも該当することについて，平成○年○月○日にその確認を受けましたので，合意の効力を生じさせるため，申立ての趣旨のとおりの審判を求めます。

別表第一（２/２）

6　合意の効力範囲等

(1)　効力の範囲

合意当事者以外の第三者に対して遺留分の減殺請求を行う場合には、合意の内容に関わらず、原則通り民法の定めに従って遺留分額を計算することになります。（円滑化法９）

(2)　効力が消滅する事由

下記の事由に該当した場合、その効力は当然に消滅し、原則通り民法の定めに従って遺留分額を計算することになります。

① 経済産業大臣の確認が取り消された事

② 先代経営者の生存中に、後継者が死亡や後見開始、保佐開始の審判を受けた事

③ 合意当事者（先代経営者の推定相続人でない後継者を除きます。）以外の者が新たに先代経営者の推定相続人になった事

④ 合意当事者の代襲者が、先代経営者の養子となった事

158　遺留分の生前放棄

1　遺留分の放棄について

生前に相続の放棄を行うことはできませんが、遺留分を生前に放棄することができます。遺留分の放棄は生前に家庭裁判所へ申述し、その許可を受けたときに限りその効力を生ずる、とされています。遺留分の放棄の許可の際、家庭裁判所は以下の点について本人に確認を行います。

・遺留分の放棄が、本人の自由意思によるものか

・遺留分の放棄に、合理的な理由と必要性があるのか

・遺留分の放棄の代わりに、見返りとなる財産をもらっているのか

家庭裁判所は、その遺留分の放棄が他の者からの強要でないのか、その放棄の代わりに経済的な価値を受けているのかを確認します。なお、遺留分の放棄の許可がおりると、原則的には撤回や取消しはできません。

2　遺留分の放棄の手続

遺留分を有する相続人が、被相続人の生存中に、被相続人の住所を管轄する

家庭裁判所に申し立てます。

申立ての際には、下記の書類が必要になります。

(1)　申立書

(2)　被相続人の戸籍謄本（全部事項証明書）

(3)　申立人の戸籍謄本（全部事項証明書）

なお、申立書には、申立ての理由や財産目録を記載します。

上記の書類と申立ての費用・収入印紙800円、連絡用の郵便切手を用意し、家庭裁判所に申し立てます。

申立てが受理されると、家庭裁判所から審問期日の通知が行われます。通知された期日に申立人が家庭裁判所に出頭し、審問を受けます。審問の際には、申立人本人が遺留分の放棄について理解しているのか、誰かからの強要ではないのかについての確認が行われます。

遺留分の放棄の許可が下りると、家庭裁判所から申立人に通知があります。被相続人や他の相続人には通知は行われません。

3　事業承継対策としての遺留分の放棄

事業承継対策として、後継者以外の推定相続人（非後継者）へ生前に見返りとなる財産を贈与し、遺留分の放棄の申述をしてもらうことが考えられます。

しかし、中小企業庁財務課によって平成28年4月に公表されている中小企業経営承継円滑化法申請マニュアルによると、以下のような限界があるとされています。

(1)　非後継者の手続負担

遺留分の事前放棄は、遺留分を放棄しようとする者が自ら個別に家庭裁判所に申立てをして、許可を受ける必要があります。非後継者にとっては、何らのメリットもないのに、このような手続をしなければならないというのは、相当な負担となります。

(2)　遺留分算定基礎財産に算入すべき価額の固定化

自社株式のように、後継者の貢献が価値の変動に影響を及ぼす財産については、一切遺留分を主張することができないことには非後継者の同意を得られないが、一定時点における価額に固定し、その後の価値上昇分に対しては遺留分を主張しないということには同意を得ることができる場合も考えられます。しかしながら、遺留分の事前放棄では、遺産全てに対する遺留分を放棄するか、遺留分の一部を放棄する場合であっても特定の財産の全部を放棄するしかなく、推定相続人全員の同意があったとしても、予め特定の財産について遺留分算定基礎財産に算入すべき価額を固定することはできません。

159 遺留分に係る民法改正

高齢化の進展等の社会経済情勢の変化に鑑み、相続が開始した場合における配偶者の居住の権利及び遺産分割前における預貯金債権の行使に関する規定の新設、自筆証書遺言の方式の緩和、遺留分の減殺請求権の金銭債権化等を行う必要から「民法及び家事事件手続法の一部を改正する法律案」が第196回国会において可決し改正されました。

遺留分に係る改正については、事業承継が進めやすくなる内容になっています。

1 遺留分算定基礎財産の見直し

(1) 改正前の制度の概要

遺留分の基礎となる財産は、以下の算式により計算されます。

被相続人が相続開始時において有していた財産	+	相続前１年以内の生前贈与	+	特別受益	−	負債

特別受益は、被相続人から相続人に対して行った遺贈又は婚姻、養子縁組のため若しくは生計の資本としての贈与をいいます。特別受益は、期間的な制限がなく相続開始前１年以上前のものであっても、特段の事情がない限り遺留分算定基礎財産に含まれます。(旧民法1044、903、最高裁平成10年３月24日判決)

自社株式を被相続人から後継者である相続人に贈与した場合は、特別受益に該当し、何年も前にした贈与でも遺留分算定基礎財産に含まれるため、後継者以外の相続人の遺留分を侵害せず事業承継を円滑に進めるためには固定合意・除外合意といった遺留分に関する民法特例の利用が必要でした。しかし、民法特例を適用するためには、推定相続人全員による合意書の作成と家庭裁判所の許可を受ける必要がありました。推定相続人全員の合意が得られない場合は、利用できませんでした。

また、先代経営者以外の株主から後継者へ自社株式を承継させる場合は、遺留分に関する民法特例は利用できない問題点もありました。

(2)　民法改正の内容

平成30年の民法の改正では、遺留分算定基礎財産のうち相続人に対する贈与（特別受益）は相続開始前10年間にしたものに限り、財産の価額に算入されることになりました。改正により相続人に対して相続開始の10年前の日より前に贈与された財産は、遺留分算定基礎財産の価額に算入されないこととなります。しかし、当事者双方が遺留分権利者に損害を加えることを知って贈与したときは、10年前の日より前にしたものについても、遺留分算定基礎財産の価額に算入されます。

（改正後の生前贈与の取扱い）

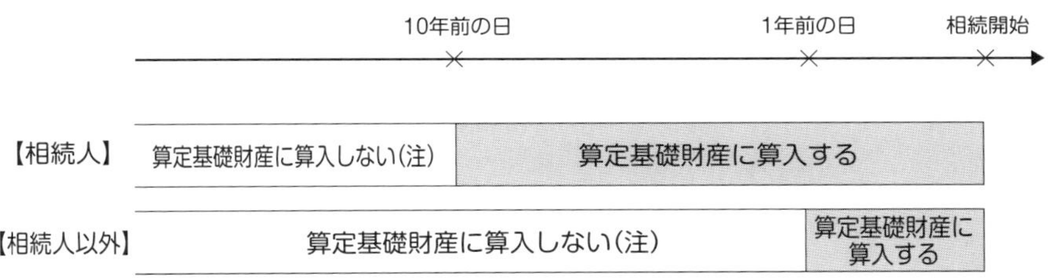

（注）当事者双方が遺留分権利者に損害を加えることを知って贈与したときは、算入されます。

これにより、先代経営者から後継者へ早期に自社株式を贈与して10年を経過すれば遺留分の問題はなくなります。また、事業承継税制の特例制度も10年間の特例です。

承継計画を策定し、早期に贈与を実行することにより納税負担と遺留分の問題をクリアした円滑かつ安定的な承継が可能となります。

繰り返しになりますが、当事者双方（贈与者及び受贈者）が遺留分権利者に損害を加えることを知って贈与したときは減殺請求の対象となります。贈与する自社株式が、贈与者の全財産に占める割合が大きければ、贈与の際に遺留分を侵害しているか、慎重に判断しなければなりません。

2　遺留分の金銭債権化

(1)　改正前の制度の概要

改正前の遺留分減殺請求は、遺贈を返還し、その後相続開始に近い贈与から減殺していきます。遺留分の減殺は、原則として現物返還が必要とされています。しかし、受遺者又は受贈者の選択で価額弁償することができました。

改正前では、先代経営者から自社株式を承継した後継者が、価額弁償をできない場合は、自社株式が遺留分権利者へ返還され分散する結果となり、円滑な事業承継が阻害されていました。

⑵ 民法改正の内容

遺留分減殺請求権の行使によって当然に物権的効果が生ずるとされていた点を見直し，遺留分に関する権利の行使によって遺留分侵害額に相当する金銭債権が生ずることになりました。遺留分権利者は受遺者又は受贈者に対し、遺留分侵害額に相当する金銭の支払いを請求することになりました（新民法1046①）。当事者間の合意があれば、現物財産を返還することも可能です。含み益のある現物財産を返還する場合には、遺留分義務者に所得税が課されます。

また、遺留分権利者から金銭請求を受けた受遺者又は受贈者が、金銭を直ちには準備できない場合には、受遺者等は裁判所に対し、金銭債務の全部又は一部の支払につき相当の期限の許与を求めることができるようになりました（新民法1047⑤）。その場合に遅延損害金が生じることになるのか、また、担保の提供が求められるのかという点については、不明です。

これにより、先代経営者から後継者への自社株式の承継が遺留分を侵害している場合でも、自社株式の現物を返還するのではなく侵害額に相当する金銭の支払をすることになります。後継者が承継した自社株式が分散することがなくなりますので安定的な事業承継が行われることになります。

３　改正の時期

改正された民法（遺留分制度に関する見直し）の施行期日は、2019年７月１日とされました。

改正された民法は、施行日以後の相続について適用され、施行日前に開始した相続については、適用されず旧法の取扱いとなります。

〈執筆者一覧〉

【共　編】

竹内　陽一　税理士　一般社団法人 FIC 代表理事
大阪市北区南森町１－４－19　サウスホレストビル４Ｆ
TEL 06-6312-5788　FAX 06-6312-5799

有田　賢臣　公認会計士・税理士
東京都千代田区岩本町２－11－３　KATO ビル７Ｆ
TEL 03-3864-1991　FAX 03-3864-1990

伊藤　良太　弁護士　ベイス法律事務所
東京都千代田区神田淡路町１－19－１　木村ビル２Ｆ
TEL 03-3525-4131　FAX 03-3525-4132

【共　著】

浅野　　洋　税理士　しんせい綜合税理士法人
名古屋市西区上小田井２－302
TEL 052-504-1133　FAX 052-504-1134

飯田聡一郎　税理士　TSK 税理士法人
東京都新宿区新宿１－11－４　TSK ビル７Ｆ
TEL 03-5363-5958　FAX 03-5363-5449

池田　真之　税理士
神戸市中央区東川崎町１－８－４　神戸市産業振興センター５Ｆ
TEL 078-367-1708　FAX 078-367-1718

掛川　雅仁　税理士　掛川会計事務所
大阪市北区芝田２－１－18　西阪急ビル９Ｆ
TEL 06-6375-3364　FAX 06-6375-1139

神谷　紀子　税理士　税理士法人フィールド・ネクサス
名古屋市中区錦１－１－２　ザイソウビル２Ｆ
TEL 052-205-9800　FAX 052-205-9801

小林磨寿美　税理士
厚木市中町２－13－14　サンシャインビル４Ｆ
TEL 046-225-3114　FAX 046-225-3158

佐々木克典　税理士
東京都千代田区鍛冶町２－２－２　神田パークプラザ７Ｆ
TEL 03-5209-7070　FAX 03-5209-7071

鈴木　達也　税理士
東京都千代田区神田須田町１－５　KS ビル８Ｆ
TEL 03-3527-1307　FAX 03-3527-1308

武地　義治　税理士・CFP®　税理士法人カオス代表社員
大阪市北区南森町１－４－19　サウスホレストビル４F
TEL 06-6311-6000　FAX 06-6311-6001

中尾　　健　公認会計士・税理士　㈱パートナーズ・コンサルティング
東京都中央区京橋１－３－１　八重洲口大栄ビル12F
TEL 03-3510-1033　FAX 03-3510-1065

西山　　卓　税理士　西山税務会計事務所
大阪市北区堂山町１－５　三共梅田ビル６F
TEL 06-6131-0634　FAX 06-6537-4773

長谷川敏也　公認会計士・税理士　税理士法人アズール
名古屋市東区東桜１－８－16　ロータス東桜ビル
TEL 052-684-8120　FAX 052-684-8130

「新・事業承継税制」徹底解説

2019年1月15日　発行

編　者　竹内　陽一
　　　　有田　賢臣 ©
　　　　伊藤　良太

発行者　小泉　定裕

発行所　株式会社 清文社

東京都千代田区内神田1-6-6（MIFビル）
〒101-0047　電話03(6273)7946　FAX03(3518)0299
大阪市北区天神橋2丁目北2-6(大和南森町ビル)
〒530-0041　電話06(6135)4050　FAX06(6135)4059
URL http://www.skattsei.co.jp/

印刷：大村印刷㈱

■本書の内容に関するお問い合わせは編集部までFAX（06-6135-4056）でお願いします。

ISBN978-4-433-62688-4